탐정사 시험대비 명탐정실무지침서

탐정활동 및 탐정실무기법 총람 Ⅱ

민간조사실무 · 관련 법률

법학박사 · 행정사 김 동 근
법학박사 · 탐정사 이 기 원   공저

- 민간경비
- 시큐리티 교육훈련
- 탐정활동방법 및 활동기법
- 도청, 감청, 탐문, 감시 및 관찰, 미행기법
- 탐정업 관련 법률 해설

법률출판사

머리말

PIA 탐정, 민간조사 분야는 선진국에서 이미 활성화되어 있는 유망 전문직으로 OECD국가 중 우리나라가 유일하게 민간조사(탐정) 제도가 마련되지 않은 국가였지만, 최근 정부는 민간조사원을 신 직업 지원육성업종으로 지정하여 활성화 한다는 계획을 발표하였습니다. 정부의 신 직업 육성에 발맞춰 관련 전문인력의 수요가 증가할 것으로 예상되고 있으며, 활동 영역 또한 확대될 것으로 보입니다.

더구나 2020년 8월부터 신용정보법 일부 개정으로 탐정이라는 명칭의 사용과 탐정업의 영리 활동이 가능해졌음에도 불구하고 현재 탐정업이 법제화가 되지 않은 까닭에, 국내에서 실제 활동하는 탐정인원이 8,000명 정도에 이르고, 또 탐정업을 준비 중인 일반시민 및 학생들이 다수 있음에도 불구하고 그에 대한 관리감독이 제대로 되지 않고 있을 뿐만 아니라 정확한 교육기관도 없어 통제를 벗어난 불법성이 우려되고 있는 실정입니다.

이에 따라 본서는 이러한 시대의 흐름에 맞추어 현재 무분별하게 양산되고 있는 탐정사 자격제도를 올바르게 정립하고 적법한 범위 내에서 활동할 수 있는 탐정의 가이드라인을 제시하여 향후 국회에 입법 계류 중인 공인탐정법에 대비함은 물론 탐정활동에 관한 실무지침을 제시하고자 합니다.

아무쪼록 본서가 탐정업에 관심이 있는 분들이나 현직 탐정 등 관련 분야 전문가들에게 탐정활동의 지침서로서의 역할을 충분히 해낼 수 있기를 바랍니다. 부족하거나 미흡한 점에 대하여는 독자 여러분들의 지도편달을 바라며, 계속 판을 거듭하면서 이를 보완하고자 합니다.

이제 본서의 출간에 도움을 주신 분들에게 감사를 표하고자 합니다. 먼저 본서의 저술에 필요한 각종 일들을 맡아주신 권대원 행정사(전 종로경찰서장) 님의 도움에 감사의 뜻을 전합니다. 또한 본서를 기꺼이 출간해 주신 법률출판사 김용성 사장님께 감사말씀을 드리며, 편집과 교정을 맡아 준 편집부 직원 분들께도 감사를 표하는 바입니다.

2021. 4. 공저자 씀

차 례

제1편 민간조사실무

제2편   민간조사 관련 법률

제3편   공익신고자보호법

제4편 통신비밀보호법

제5편 신용정보의 이용 및 보호에 관한 법률

제7편 실종아동 등의 보호 및 지원에 관한 법률

제8편 부정경쟁방지 및 영업비밀보호에 관한 법률

제9편   변호사법

제1편
민간조사실무

제1장 민간조사관(탐정)의 역할과 업무

제1절 개념

1. 민간조사 제도의 도입

과거의 경우에도 사회에서의 인적자원은 산업화를 이끌어가는 과정에서 매우 중요한 원천에 해당되나 현재(21세기)의 경우에도 인적자원은 산업화를 이끌어 감에 있어서 매우 중요한 원천에 해당된다. 현재의 경우처럼 지식, 정보가 매우 중요한 생산요소가 되는 지식정보화 시대, 인적자원으로 경쟁하는 개방화 시대에 있어서 인적자원의 중요성은 몇 번을 강조해도 지나치지 않은 것이다. 최근 사회적 수요에 호응하고 각 분야의 전문성을 강조하기 위한 수단으로 각 분야별로 다양한 많은 자격제도가 운영되고 있다. 법률영역의 경우에도 여러 다양한 시대의 변화와 형사사법의 민영화 추세와 맞물려서 다른 나라에서는 이미 시행되고 있다. 그러나 우리의 경우에 있어서는 아직 제대로 시행되고 있지는 않다.

다만, 2020. 8. 5. 국내에서도 '탐정사무소' 개업이 공식적으로 가능해졌다. 1977년 이후 신용정보법에 따라 탐정업과 탐정 명칭 사용이 금지됐는데, 2018년 6월 헌법재판소가 탐정 명칭 사용 가능 결정을 한 데 이어 국회가 지난해 2월 신용정보법에서 탐정 명칭 사용금지 조항을 삭제했기 때문이다. 그동안 탐정이란 명칭 사용을 금지하던 조항이 삭제됐지만 기존에 국민들이 일반적으로 탐정의 업무라고 생각하는 민·형사 사건에서의 증거수집 활동 내지 잠적한 불법행위자의 소재파악 등은 변호사법, 개인정보보호법에 따라 계속 제한된다. 탐정은 탐문·관찰 등 합당한 수단으로 사실관계 등을 조사한다. 이들은 교통사고나 화재, 보험사기 등의 사건에서부터 기업부정조사, 해외도피자 추적까지 다양한 일을 한다. 때로는 검경의 수사 결과나 법원판결을 뒤집는 결정적 증거를 확보하기도 한다. 현재 한국을 제외한 경제협력개발기구(OECD) 회원국(35개국)이 탐정제도를 운영 중인데, 미국·일본·독일에선 각각 2만~6만 명의 탐정이 활동 중이다. 세계적으로 탐정에 대한 법제화는 크게 두 개의 모델이 있다. 먼저 대표적으로 미국에서 활용하고 있는 '공인제'란 일정한 인원을 선발하여 그들에게만 탐정업을 허용하는 탐정제를 말한다. 그리고 '보편적 관리제'란 탐정업을 원하는 사람들에게 모두 등록하게 하고 이를 적정하게 관리하는 탐정제도를 말한다.

문재인 대통령은 대선 후보 시절 탐정을 합법화하는 공인탐정제도 도입을 공약했다. 이에 정부는 2020년 8월 새로운 일자리를 창출하고 법 통제 밖의 활동에 따른 폐해를 없애기 위해 공인탐정법에 관한 법률을 제정하고 국가에 의한 관리·감독 체계를 마련하겠다고 발표했다.

[국내 민간조사 업태분류][1]

분류	자격증 유무	주업무	종사자 수(추정)
흥신소	없음	가정사(불륜) 채권,채무 관련 증거조사	4,000명
민간조사기업		가정사 채권채무 증거조사 실종자 소재파악 상표무단사용조사 부동산사기관련조사 교통사고, 의료사고조사 사업스파이 등 기업기밀유출증거조사	1,000명

2. 민간조사제도의 개관

민간조사(탐정)제도의 경우에는 기존 심부름센터나 흥신소를 대체하고 경찰 등 형사사법기관의 기능을 보완하여 법률적인 서비스에 대해서 많은 질적 향상을 이룰 수 있다는 점에 있어서 매우 긍정적인 측면을 지니고 있다. 사회가 급속도로 발전됨에 따라 더욱 다양한 범죄와 사건이 발생되고 이에 따라 개인과 기업의 피해가 매우 빠르게 진행되어 지고 범죄의 특수성, 전문화, 수사인력과 예산의 한계 등으로 인해서 경찰과 같은 수사기관이 모든 사건을 해결 할 수 없는 문제점이 발생되어지고 있다. 또한 사건이 제대로 해결되지 않는 점(미해

---

1) 한국일보, 2018. 9. 29. 기사원용

결), 사생활의 비밀이 생대방에 노출됨으로써 이에 따른 2차 피해의 문제점의 발생 등으로 인해서 당사자가 범죄신고를 기피하여 수사가 이루어지지 않는 경우도 발생된다. 그동안 범죄나 위법행위에 대한 해결은 공권력의 주체인 정부만이 할 수 있다는 사고에서 벗어나 국가가 개인의 고충을 해결해 주지 못할 경우에 민간부문의 인적자원을 활용할 수 있는 시스템의 도입이 계속적으로 요청되는 것이 사실이고 그러한 한 예가 바로 민간조사제도(탐정)인 것이다.

3. 탐정의 용어 설명

(1) 탐정이란?

> '의뢰인으로부터 계약에 의한 보수를 받고 위법하지 않는 범위 안에서 위임받은 업무의 조사나 활동을 통해서 의뢰인의 필요한 자료 및 정보를 수집하고 분석하여 제공하여 의뢰인의 니즈를 충족시켜주는 일을 하는 사람이다.'라고 정의 내리고 있다. 영어로는 private investigator 또는 private detective라는 용어로도 사용된다. 즉, 개인적인 기반을 바탕으로 해서 수사와 관련되는 일을 하는 사람을 말한다.

탐정에 대한 사전적 정의는 '드러나지 않는 사정을 몰래 살펴 은밀히 알아내는 일 또는 그 일에 종사하는 사람'으로 해석된다. 탐정(探偵)을 뜻하는, 영어로는 Inspector General, The Detective Service, Private Investigator, Private Detective, Detective, Private eye 등 여러 종류로 쓰이고 있다. 미국에서는 각 주에 따라서 경찰권을 행사할 수 있는 사람을 주로 'DetectiveAgency'라는 용어를 사용하는 등 해석의 차이가 상이하지만 보편적으로 'Private Investigator' 또는 'Private Detective'를 구분 없이 사용하고 있다.

따라서 탐정(PI: Private Investigator)의 일반적인 개념을 정리하면 '수익자 부담원칙에 의한 의뢰인으로부터 계약에 의한 보수를 받고 위법하지 않은 범위 내에서 위임받은 업무의 조사활동을 통하여 의뢰인의 필요한 자료 및 정보를 수집하고 분석하여 의뢰인에게 사실대로 제공하는 업무를 수행하는 사람'이라 할 수 있다. 다시 말해 탐정은 사람의 생사나 그 소재, 도난 자산 등 물건의 소재, 또는 권리 · 의무의 기초가 되는 관련 정보와 사실관계의 존부 등을 확인할 정당한 이해관계가 있는 사람이 관련 사실 조사를 의뢰한 경우에 이에 대해 정보를 수집하고 사실을 조사하여 의뢰인에게 제공하는 사람을 말한다.

탐정의 조사는 예를 들면, 언론사 기자의 취재 목적의 조사와 비교할 때 그 목적만 다를 뿐, 임의적인 방식으로만 조사한다는 점에서 유사성이 크다. 따라서 탐정에 의한 사실조사와 수사는 다른 개념으로 사용해야 한다.

한편, 호주나 뉴질랜드 일부의 주에서는 'field operators(FO: 현장운영자)'로 불리고, 호주의 뉴사우스웨일즈(NSW) 주와 퀸즐랜드(Queensland) 주에서는 FO가 'private inquiry agent(사설탐정)'라고 불리고 있다.

(2) 탐정 업무

경찰기관의 형사가 맡는 업무와 비교했을 경우 수사활동이나 수사의 권한 및 이해관계의 면에서 여러 차이점이 있다. 탐정의 경우 거리의 시민이 가지고 있는 체포의 권한(형사소송법 제212조)과 동일한 권한을 가지고 있는 것뿐이고, 탐정의 면허에 관련된 법규를 지켜야 한다. 탐정은 의뢰인(고객)이 요청한 정보를 확실한 방법으로 수집하기 위해 의뢰인에게 고용되어 지식과 정보를 제공해준다. 탐정의 경우 정보수집을 함에 있어서 신속하고 빠르고 정확하게 합법적인 방법의 범위 안에서 해결을 해야 한다.

제2절 민간조사관(탐정)의 역할과 업무

민간조사관은 의뢰인과의 계약을 통해서 일에 대한 보수적인 것을 받고 적법한 범위 내에서 위임을 받은 조사활동을 통해서 의뢰인이 필요로 한 정보를 수집하고 이를 분석해서 제공을 해주는 사람을 말한다.

미국, 영국, 호주 등의 국가 등의 경우에는 민간조사제도가 활성화되고 활발하게 진행되고 있다. 이러한 국가의 경우에는 민간조사와 관련된 분야에 대해서는 전문직업으로 인정받고 있으며 전문화되어 있다. 민간조사관(탐정)의 경우 탐정의 개인적 능력, 회사의 크기 여하에 따라 여러 다양한 업무에 대해서 동시에 직무를 수행할 수 있다.

1. 영역별 구별

탐정의 경우에도 영역별로 구분하면 여러 종류의 탐정들이 존재한다. 이를 살펴보면 다음과 같다.

(1) 법률탐정(legal investigator)

법률탐정의 경우에는 여러 다양한 소송사건에 대한 분야를 전문적으로 진행(특히 형사관련 소송)하여 변호사들이 소송을 위해 필요로 하는 증거나 자료의 수집, 증인의 확보, 경찰과 면담증거를 수집, 검토, 사진촬영을 하고 이를 법정에서 증언을 하는 탐정을 말한다.

(2) 기업탐정(coporate investigator)

기업탐정은 여러 다양한 기업들에서 의뢰한 회사의 내부, 외부에 대한 여러 조사, 회사재산에 대한 절도, 사기, 비용지출내역의 허위사실을 조사하는 업무를 수행하는 탐정을 말한다.

(3) 재정탐정(financial investigator)

재정탐정은 금전과 관련된 횡령, 사기 사건들을 전문회계지식을 이용해서 이를 조사하고, 회사의 재무상태, 횡령당한 자금의 소재파악을 해서 추적하는 일을 담당한다. 그 밖에도 자금거래와 관련성이 있는 회사나 개인에 대한 다양한 정보를 수집해서 이를 제공하는 업무를 수행하는 탐정을 말한다.

(4) 보험탐정(insurance investigator)

보험탐정은 보험과 관련된 조사업무 수행하는 일을 담당한다. 보험금을 노리고 하는 자해공갈단들의 자해행위, 보험금을 노리고 행하는 보험사기 등에 대한 조사, 사고나 재해에 관한 적정한 피해보상 등의 업무에 대해서 이를 전반적으로 수행하는 탐정을 말한다. 예컨대 자동차관련 등이다.

(5) 경비탐정(store detective)

경비탐정은 백화점, 대형마트 등의 판매회사에 소속되어 여기에서 벌어지는 여러 절도,

소매치기 등을 하는 자들을 검거하거나 사기행위, 내부직원의 부정행위 등에 대해서도 이를 적발하고, 직원이 고객에게 하는 서비스 등의 근무에 관한 여러 태도를 감시하는 업무를 수행하는 탐정을 말한다.

(6) 기타

현상수배범의 소재파악을 전문으로 하는 탐정, 뺑소니차량을 추적하거나 해외도피사범의 소재파악을 전문으로 하는 탐정 등 다양한 분야에서 업무를 수행하고 있다.

전문 분야별 탐정의 유형[2]

탐정의 유형	주요 업무	세부내용
법률탐정 (Legal investigator)	주로 이들은 소송 사건 등 변호사의 위임 사항에 대한 사실 조사와 증거 수집 등을 수행하거나 검토하는 업무 등	– 법률문서의 작성 지원, 증인이 예상되는 사람들에 대한 면담, 증거의 수집과 검토 등 – 민사소송에 필요한 자료 및 증거수집 · 사진촬영 – 법정증언– 로펌 · 법률사무소 등에서 주로 근무함.
기업탐정 (Corporate investigator)	기업의 불법적인 문제에 대한 감시, 보안관리 등 기업 관련 사항 및 지적재산권침해조사	– 기업의 내 · 외부에 대한 불법적인 문제에 대한업무 – 회사 내의 작업현장에서 일어나는 불법적인 문제 – 지출계좌의 오 · 남용 여부 확인 – 지적재산권 침해 및 유출 등에 대한 감시 및 디지털 포렌식 증거분석 등 조사
재정탐정 (Financial investigator)	주로 자신의 회계 지식을 활용하여 문제가 있는 자금과 관련된 횡령 · 사기 · 배임 등의 사건들을 전문적으로 조사함.	– 장래 대규모의 재정적 거래의 당사자가 될 개인이나 기업의 사적인 재정 관련 자료나 정보 수집. – 법원에 의하여 사기 또는 절도의 혐의가 확정된 경우 피해를 회복하기 위한 조사 활동. – 회사의 재무 상태나 피해회사 자금의 소재파악 · 추적해서 보고하는 업무. – 사기 · 횡령 피의자에 대하여 변제 판결로 인한 숨겨 놓은 재산을 추적해서 찾아내는 업무. – 투자은행이나 변호사들과 공동으로 업무를 진행하면서 자금거래에 관계된 기업이나 개인들에 대한 다양한 정보를 수집 · 보유하는 업무.

보험탐정 (Insurance investigator)	보험금 부당 청구 등 보험관련 사항 조사	– 보험금을 노리고 자해 행위 또는 교통사고 위장환자 등 보험사기를 행하는 자들에 대한 조사 – 보험회사가 입게 될 보험금 누수에 대한 피해를 사전에 예방하거나 방지하는 업무
경비탐정 (Store detective)	백화점·대형마트·지하상가 등에 근무하면서 주로 절도범이나 소매치기 등을 검거하거나 예방하는 업무	– 상품의 절도나 상점물품의 손괴를 시도하는 사람을 검거하거나 예방하는 업무 – 창고·탈의실 및 휴게실 등을 순찰하고 때로는 상점을 열고 닫는 것을 돕기도 한다. – 관리자를 위해 손실방지 및 보안을 위한 보고서를 작성하는 업무를 주로 한다.
사이버탐정 (Cyber investigator)	사이버 공간 상에서 이루어지는 인터넷사기, 사이버 금융범죄, 사이버도박, 명예훼손, 개인정보침해, 사이버저작권침해 등 불법행위에 대한 감시 및 자료수집에 대한 조사.	– 자료수집 또는 증거 수집을 위해서 컴퓨터의 데이터를 복구·분석 – 불법행위자의 IP를 추적하여 자료 등을 찾아내는 업무를 주로 한다. – 컴퓨터에 대한 외부침입에 대한 예방 등의 감시 및 조사업무 활동을 주로 한다.
사회안전 탐정 (Social safety detective)	국민의 안전과 관련된 공익 침해 사실조사나 미아·실종자·가출인 등 소재조사.	– 국민의 안전과 관련된 공익 침해 피해사실조사·자료 수집을 하거나 미아·실종자·가출인 등 소재파악 등 조사하는 업무를 주로 한다.

2. 역할과 업무

(1) 역할

탐정의 역할과 업무의 경우에는 국가와 지역마다 규정에 있어서 차이가 있다. 예컨대 미국뉴저지의 경우(The Private Detective Act of 1963)의 경우에는 규정된 사항에 대해 수수료를 받고 조사나 정보획득에 의한 자료를 의뢰인에게 제공하는 것을 일컫는다. 능력 있는

---

2) 황요한, 공인탐정제도 도입 시 문제점 및 해결방안에 대한 입법론적 연구, 동아대학교 대학원 국제법무학과 박사학위논문, ㈜ 7 원용.

탐정의 경우에는 다른 탐정보다 더 많은 양의 정보를 수집, 조사업무를 수행하게 된다. 예컨대 형사나 민사사건의 업무 중 사적영업의 업무, 공공기관의 의뢰나 요청으로 공공영역의 업무를 대신 수행한다.

이러한 탐정에 의해 조사하여 수집된 증거의 경우 재판시에 원고나 피고인의 이익을 위해 제공된다. 또한 이러한 의뢰가 공공영역을 대신해 증거를 수집하기 위하여 지시받은 경우나 정부에 의해 고용된 경우에는 형사사건, 행정사건에 대한 것들도 조사를 할 수 있다. 예컨대 미국의 경우에 있어서 대선기간 동안 고객의 요청이 있는 경우 대선후보들의 각종 기록을 찾거나 누구와 만나 무엇을 하는지 등을 감시하고 있는 경우 등이다.

이러한 다양한 일에 대해서 사설탐정들의 고용은 후보자들이 로펌을 고용하고, 로펌들이 사설탐정들을 고용하는 형식이다. 이외에도 사설탐정업체들의 경우 정부로부터 여러 다양한 일거리를 의뢰받기도 한다. 예컨대 법무부가 각 도시의 경찰관들이 민권을 위반하는지 등의 감찰활동 등을 맡긴다.

(2) 업무

탐정업무의 범위의 경우 매우 광범위하고 다양하다. 사적 영역에서 이루어지는 업무유형에 대해서 살펴보면 다음과 같다.

---

1) 사고조사(예컨대 항공기. 차량 등)
2) 조정(예컨대 채무 청구의 경우)
3) 독점금지 활동
4) 재산의 소재파악, 추적
5) 계약위반(예컨대 사실과 가능한 손해의 결정)
6) 경쟁적인 정보수집
7) 컨설팅
8) 유용(예컨대 타인의 재산에 대한 통제)
9) 저작권 및 상표위반
10) 사이버 범죄
11) 전자대응책
12) 직원의 경력조사

---

13) 산업스파이

14) 화재사건

15) 사기(예컨대 부정행위)

16) 명령

17) 보험청구 또는 소송청구

18) 실종자 소재파악

19) 해운업조사

20) 인수 및 합병(M&A)

21) 과실

22) 개인적 손해

23) 특허권 침해

24) 거짓말탐지기 조사

25) 제품부담

26) 재산 및 순수가액청구

27) 공공기록 조사(예컨대 인구통계, 재산, 신용, 범죄, 채무, 교육)

28) 채용조사

29) 성희롱

30) 감시

31) 재판준비

32) 비밀활동

33) 근로자 배상

34) 근무 및 근무지 위반 등

오늘날 세계적인 추세는 민간경비산업 등에서 수행하고 있는 민간조사 역할이 점점 확대되고 있다. 기업마다 예방적 역할이 강조, 발전되면서 전문적인 조사관들을 요청하는 가운데 조사에 관련된 책무들은 비약적으로 성장하게 되었다.

오늘날 많은 기업 및 조직체들의 경우 직접적으로 자체 프로그램의 일부로서 조사관들을 고용하거나 일시적인 임무에 대해서 이를 수행하기 위해서 계약을 통한 민간조사관(탐정)들을 고용하고 있는 추세이다.

[표] 업무법위 법률안 규정내용

발의자	업무내용	비고
하순봉 의원안 (1998)	1. 범죄 조사 및 위법, 부당행위의 조사 2. 분실 또는 도난당한 재산의 소재확인 3. 화재 · 사고 · 손실 · 명예훼손의 원인과 그 책임의 조사 4. 사망 · 상해 및 물건의 피해에 대한 원인과 책임의 소재조사 5. 법정 등 제출될 증거서류의 확보 6. 개인에 관한 정보 중 사생활을 침해하지 아니하는 범위 내에서 대통령령이 정하는 사항의 조사	공인탐정에 관한 법률안 (폐기)
이상배 의원안 (2005)	1. 범죄 및 위법 행위와 관련된 조사 2. 분실 또는 도난당한 재산의 소재 확인 3. 화재 · 사고 · 손실 · 명예훼손의 원인과 책임의 조사 4. 소재가 불명한 친족의 소재파악 등과 관련된 조사 5. 법원 등에서 사용될 증거의 확보 6. 개인에 관한 정보 중 사생활을 침해하지 아니하는 범위 내에서 대통령령이 정하는 사항의 조사	민간조사업 법안 (폐기)
최재천 의원안 (2006)	1. Cyber범죄, 보험범죄, 지적재산권침해, 기업회계부정 등 각종전문적인 범죄 및 위법 · 불법행위조사 2. 사망 · 상해, 화재, 교통사고, 물건의 멸실 및 훼손 등 각종 사고의 원인 및 책임의 조사 3. 분실 · 도난 · 도피자산의 추적 및 소재확인 4. 행방불명자, 상속인, 소유불명재산의 소유자, 국내외 도피사범 등 특정인에 대한 소재 탐지 5. 법원 등에서 사용될 증거 자료의 확보 6. 그 밖에 대통령령이 정하는 사항의 조사	민간조사업 법안 (폐기)
이인기 의원안 (2008)	1. 미아 · 가출인 · 실종자에 대한 가족의 의뢰에 의한 소재파악 2. 소재가 불명확한 물건의 소재파악 3. 의뢰인의 피해 확인 및 그 원인에 관한 사실 조사를 수행하는 업무	경비업법 일부개정안 (폐기)
강성천 의원안 (2009)	1. 미아, 가출인(실종자) 및 불법행위로 인한 소재불명자에 대한소재확인과 관련된 조사 2. 물건의 도난, 분실과 국내외 도피자산의 추적 및 소재 확인과 관련된 조사 3. 변호사가 수임한 소송 건과 관련하여 해당 변호사로부터 의뢰받은 소송자료의 수집 및 조사	민간조사업 법안 (폐기)
송영근 의원안 (2013)	1. 미아, 가출인, 실종자, 소재 불명인 불법행위자에 대한 소재 파악과 관련된 조사 2. 도난, 분실, 도피자산의 추적 및 소재 확인과 관련된 조사 3. 의뢰인의 피해사실에 대한 조사	민간조사법에 관한 법률안 (폐기)

	4. 변호사가 수임한 사건과 관련하여 해당 변호사로부터 의뢰받은 자료의 수집	
윤재옥 의원안 (2015)	사람의 생사나 그 소재, 재산상 이익의 소재, 또는 권리 · 의무의기초가 되는 관련 정보와 사실관계의 존부 등을 확인할 정당한 이해관계가 있는 사람이 관련 사실 조사를 의뢰한 경우에 이에 대해 정보를 수집하고 사실을 조사하여 의뢰인에게 제공하는 업무	민간조사업의 관리에 관한 법률 (폐기)
윤재옥 의원안 (2016)	사람의 생사나 그 소재, 도난 자산 등 물건의 소재, 또는 권리 · 의무의 기초가 되는 관련 정보와 사실관계의 존부 등을 확인할 정당한 이해관계자가 관련 사실조사를 요청한 경우에 이에 대한정보를 수집하고 사실을 조사하여 의뢰인에게 제공하는 업무	

제3절 영역별 조사업무

1. 탐정의 업무영역

가. 영역별 업무

탐정의 업무영역을 영역별로 나누어 살펴보면 다음과 같다

직업 또는 사업체분야	탐정의 조사업무 유형
검사와 법집행기관	범죄수사
변호사	소송과 판결준비시 사전조사, 증인확보 행방불명의 상속인 소재파악 및 확인 등 은닉재산 파악 및 확인, 필요서류 준비.
변리사(특허변호사)	특허권 침해조사 특허의 채택, 사용, 포기에 관한 사실 확증
출판사	명예훼손, 모욕에 대한 조사 불공정 · 경쟁조사 저작권 침해조사
은행	범죄조사 중요직위에 승진예정인 후보자나 직원에 대한 조사 고가의 귀중품 운송시 보호

	부정행위 의혹이 있는 직원이나 기타 사항 감시 보고된 재산의 사실 확인 및 검증 사업경영체크 신용대출자 조사
보험회사, 보험업자	위탁금 부당유용(횡령), 강도, 주거침입절도, 손실, 화재 및 기타 사고나 재난의 지급청구조사 생명, 사고, 의료과실, 배상 및 기타 사건조사
운송기관(철도, 버스, 항공회사)	정직성과 서비스에 대한 감시 및 조사 사고조사
자동차화물 운송창고, 물류터미널 회사	절도나 사고의 조사
사업장(가게)	가게 매장감시, 절도나 유사행위조사 신용위반 및 사기사건 조사
공장 및 도매상	제조물이나 생산품의 책임소재 사건조사 불공정 경쟁, 생산품의 평판을 훼손시키려는 고의적 시도, 거래상 비밀의 누설, 거래협정 위반조사
호텔	절도, 기타 유사사건조사 정직성, 효율성, 낭비 및 규칙위반에 대한 각 부서의 업무감시
특성조사(character investigation)	평판이나 명성조사 거주지 주소확인 현재 및 과거의 고용이나 사업관계조사 혼인상태나 습관 주거형태 수입, 재정 및 신용도 사회 및 사업적 관계 경찰처분, 전과기록, 기타 의뢰인이 요구한 사항의 상세조사
감시(surveillance)	행동(동향)포착, 태도, 근무태도, 생활방식 및 기타 개인적 상해사건의 청구자 행동에 관한 증거자료의 비디오 녹화 업무
공장 및 물류저장소 감시	주말, 공휴일, 야간시간의 재물절취현장과 약탈행위 기도·탐지를 위한 가게나 건물의 감시 비인가자의 출입 및 부적절한 행동 확인
비밀조사	부정, 낭비, 불의, 비효율성, 고의적 태만, 안전규칙위반, 탐닉, 종업원차별, 저하된 윤리의식, 사보타주(태업), 기타 불법행위 조사

나. 불가능한 업무

(1) 수사재판 중인 사건에 관한 증거 수집

- 사건 사건에서 상대방 기망행위 등 법행 입증자료 수집
- 교통사고 사건 인근 CCTV 확인 등 사고 원린 규명자료

(2) 도피한 불법행위자 혹은 가출 성인 소재확인

- 잠적한 채무자 법죄가해자 은신처 파악
- 가출한 배우자 내지 성인 자녀 거주지 확인

다. 탐정업무와 관련 법률의 저촉여부

(1) 초상권침해 - 손해배상청구 가능

초상권의 내용에는

- 함부로 얼굴을 촬영당하지 않을 권리(촬영거절권)
- 촬영된 초상사진의 이용을 거절할 권리(이용거절권)
- 초상의 이용에 대한 재산적 권리(재산권)가 포함되어 있다.

법원은 소송에서 '진실발견 이익'과 '초상권·사생활의 비밀과 자유'가 충돌할 때는 어느 것이 중대한지를 따져보아야 한다는 입장이다.

> 법원의 보험회사의 증거수집과 관련된 사안에서, 보험회사가 달성하려는 이익의 중대성, 필요성, 긴급성 등과 정 씨가 보호하려는 이익의 중대성과 피해 정도를 비교해보아야 한다는 것이다. 법원은 보험회사의 이익이 피해자들의 초상권과 사생활을 침해하면서까지 사진을 촬영할 만큼 긴급하거나 중대하지는 않다고 보고, 위자료를 지급해야 한다고 판결했다. 이 판결은 수단과 방법을 가리지 않고 고객이나 소송 상대방의 뒷조사를 일삼던 보험회사의 잘못된 관행에 경종을 울린 판결이었다.

(2) 통신비밀보호법위반

통신비밀보호법위반과 관련하여 중요하게 판단되는 부분은 본인이 대화에 직접 참여했는지 여부이다. 특히, 녹취 부분은 동신비밀보호법에 의해 규정되어 있는데, 본인이 포함되어

있지 않은 타인의 대화를 녹음하는 것을 불법녹취이다. 따라서 이를 위반 시 통신비밀보호법 제14조 규정에 의하여 10년 이하의 징역 또는 5년 이하의 자격정지 처분을 받을 수 있다.

(3) 위치정보 및 신용정보에 관한 법률위반 - 흥신소 미행, 추적

신용정보의 이용 및 보호에 관한 법률 제15조 제1항은 "누구든지 개인 또는 소유자의 동의를 얻지 아니하고 당해 개인 또는 이동성이 있는 물건의 위치정보를 수집, 이용 또는 제공하여서는 아니 된다"고 규정하고 있으며, 같은 법 제40조는 "위 규정에 위반하여 개인 동의를 얻지 아니하고 당해 개인의 위치정보를 수집, 이용 또는 제공한자는 3년 이하의 징역 또는 3천만 원 이하의 벌금에 처한다고 규정하고 있다.

따라서 배우자의 유책성에 대한 증거 수집을 위해 위치추적기를 설치할 경우 위 법률에 의하여 형사처벌을 받을 수 있다.

(4) 신용정보의 이용 및 보호에 관한 법률

불륜증거의 수집을 위해 흥신소 등의 미행 및 추적행위는 신용정보의 이용 및 보호에 관한 법률 제16조(수집, 조사, 처리의 제한)에 관한 법률에 의거 5년 이하의 징역 또는 5천만 원 이하의 벌금에 처해질 수 있다.

(5) 절도 등

타인의 우편물을 절취(절도죄 - 형법 제 329조)하는 경우 죄가 성립하며, 타인의 우편물을 개봉(재물손괴죄 - 형법 제 366조)하여 내용을 확인(비밀침해죄 - 형법 제316조 1항)하는 경우 죄가 성립된다.

(6) 변호사법 위반문제

변호사법에서 기본이 되는 법률사무취급단속법(1961. 10. 17. 법률 제751호로 제정)은 변호사 아닌 자의 변호활동 등으로 생기는 피해를 예방하고 법질서를 수립하기 위한 목적으로 제정되었다. 위 법에 의거 수사기관에서 수사 중인 형사피의사건 또는 탐사사건의 조사 시 7년 이하의 징역 또는 5천만 원 이하의 벌금에 처해질 수 있다.

2. 탐정의 책임관련(Karen M. Henry M. Wrobleski, op. cit., p.340.)

탐정들에게는 업무와 관련해서 다음과 같은 책임이 부과되는데 이를 살펴보면 다음과 같다.

(1) 의뢰인이 불리한 상황에서는 먼저 관련정보의 제공이 필요.

(2) 탐정과 관련된 현재상황의 안전유지, 증거보전, 의뢰인이나 관련된 사람의 피해가 발생 하지 않도록 안전.

(3) 사진촬영, 비디오녹화, 스케치 필요.

(4) 정보에 대한 상세기록과 보관의 유지

(5) 물질적 증거수집과 탐색

(6) 사고나 범죄피해자 혹은 증인들의 면담을 통한 정보의 수집

(7) 용의자나 의심스러운 자에 대한 질문 혹은 심문

(8) 보고서 작성

(9) 법정에서의 증언 등의 책임이 수반된다.

제2장 민간경비의 개념과 역할에 대해

제1절 민간경비의 개념과 이론적 고찰

1. 민간경비의 개념에 대해서

(1) 민간경비의 개념

민간경비란 모든 재산에 대한 손실을 방지하고 주위의 위험상황으로부터 개인의 자유와 생명과 재산 등을 보호해 준다. 민간경비는 공경비에 상대되는 개념으로서 외국의 경우에는 '사경찰' 또는 '사경비(private security)'로 불린다.

즉, 민간경비는 개인의 이익이나 생명, 재산을 여러 다양한 위협으로부터 보호하기 위해서 특정의뢰인(special client)인 고객으로부터 받는 보수에 따른 경비 서비스(service)를 행하는 개인, 단체 및 영리기업을 뜻한다.

고객들의 재산(유형, 무형)을 보호하며, 법집행적 측면이 아닌 범죄 예방적 측면에 초점을 맞추어 수행한다.

이와는 반대되는 개념으로 '공경찰' 또는 '공경비'는 경찰의 범죄예방활동을 뜻하는 것으로서, 공공의 질서유지, 범인의 체포 및 수사, 범죄의 예방 등 공공의 이익과 안전 등에 관한 보호의 일반적 업무에 대해서 국민을 위해서 수행하는 활동을 뜻한다. 이러한 관점으로 살펴본 경우 민간경비라는 용어의 개념은 일반적으로 요금을 지불하는 고객 또는 자기를 고용한 개인이나 조직체에 대해서 신변이나 재산, 다른 이익을 각종 위험으로부터 보호하기 위한 경비관계 서비스를 공급하는 모든 종류의 개인 및 기업체와 조직을 포함하는 것이다.

민간경비 / 공경비 제관계

민간경비	경비서비스	공경비
고객 (Client)	투입(Input)	시민 (Citizen)
범죄 예방 (Crime Prevention)	역할/기능	범죄 대응 (Crime Response)
특정고객 대상 (Specific)	서비스대상	일반시민 대상 (General)
영리기업 (Profit-Oriented Enterprise)	전달 조직	정부 (Government)
손실감소 및 재산 보호 (Loss Reduction/Asset Protection)	산출(Output)	법집행 및 범인 체포 (Law Enforcement/Apprehension)

자료 : Arthur J. Bilek & Peter P. Leiins, *Private Security* (Cincinnati: Anderson Publishing co., 1997), p. 7.

(2) 민간경비업의 영역과 대상

민간경비업의 영역과 대상의 경우 민간경비업의 발달정도에 따라서 국가마다 차이가 있으며, 민간경비업이 발달한 나라일수록 업무의 범위가 매우 넓다.

1) 미국의 경우 민간경비업이 개인 및 기업의 시설과 재산의 보호에서 손실방지, 컴퓨터 보안, 사설탐정, 개인의 정보조사 등 여러 다양한 분야에 걸쳐 경찰의 기능을 수행하고 있으며, 경비업무에 종사하는 인원에 있어서도 경찰보다 더 많은 인원이 이를 수행하고 있다.

2) 우리나라의 경우 경비업법상 민간경비의 경우 '시설경비업무', '호송경비업무', '신변보호 업무'에 제한적으로 되어 있고, 업체의 여러 질적(장비) · 양적(인력)인 부분도 미국이나 일본 등에 비해서 현저히 떨어져 있다. 하지만 우리나라의 경우에는 앞으로 다른 나라에 비해서 비약적으로 발전할 가능성이 많다고 생각된다.

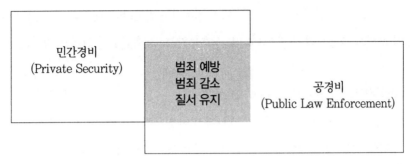

민간경비와 공경비의 공통 목적

자료 : Arthur J. Bilek & Peter P. Leiins, *Private Security* (Cincinnati: Anderson Publishing co., 1997), p. 6.

2. 이론적 고찰에 대해서

민간경비와 관련된 이론적 배경은 크게 6가지로 설명할 수 있다. 이를 살펴보면 다음과 같다.

(1) 경제환원론적 이론(Economic Reduction Theory)

특정한 현상에 대해서 이를 설명하는데 있어서 그러한 현상이 경제와 직접적으로는 무관함에도 불구하고 그 원인에 대해서 경wp문제에서 찾으려는 입장이다. 이러한 입장을 취하는 학자들은 민간경비시장의 성장을 범죄의 증가에 따른 직접적 대응이라는 전제하에 출발하고 있고, 범죄의 증가에 대한 원인을 실업의 증가에서 찾으려고 하고 있다.

(2) 공동화이론(Vacum Theory)

한 사회에 있어서 민간경비가 경찰이 수행하고 있는 경찰 본연의 기능 또는 역할에 대해서 이를 보완 또는 대체한다는 일반적인 관점에서 맥을 같이 하는 이론이다(Kakalik & Widhom, 1972). 이 이론의 경우 경찰관 자신들에게 부여된 기능과 역할인 범죄예방이나 통제와 같은 서비스를 제공할 수 있는 능력, 즉 인적·물적 측면들이 감소됨으로써 발생된 공동상태에 대해서 민간경비가 이를 메워준다는 주장을 기본적인 골격으로 하고 있다. 사회의 다원화와 민족과 지역의 문화적 차이에서 비롯된 여러 사회적 긴장과 갈등, 대립으로 말미암은 무질서나 범죄의 증가에 대응하기 위해서는 경찰의 인원이 증가되어야 하나 현실적으로는 이에 부응하기 못하고 있기에 그러한 결과로 말미암아 발생되는 공동상태에 대해서 이를 보완하기 위해서는 민간경비가 발전된다는 이론이다. 경찰과 민간경비의 경우에 있어서 서로 경쟁적인 관계가 아니라 상호보완적 · 역할분담적 관계를 가지는 점이다.

(3) 이익집단이론(Interest Groups Theory).

경제환원론적 이론이나 공동화이론에 대해서 이를 부정적으로 보는 이론으로서 그냥 방치해서 나둘 경우 이에 대한 보호를 받지 못하는 재산에 대해서 민간경비가 보호해준다는 주장을 하고 있다(Flovel, 1973).

이 이론은 한 사회 내에서 존재하는 많은 이익집단들이 그들의 이익을 최대화시키기 위해서 행위하는 것과 유사한 방식으로 민간경비의 경우에도 자신의 집단적 이익을 실현하기 위해서 더욱더 규모를 넓히고, 새로운 규율과 제도에 대해서 이를 창출시키는 등의 노력을 하는 것을 말한다. 궁극적으로는 이익집단으로서의 내부적 결속과 제도화 그리고 조직화의 결과, 세력과 입지에 대해서 이를 강화시키게 된다는 것이 이 이론의 내용이다.

(4) 수익자 부담이론(Profit-Oriented Enterprise Theory)

자본주의 사회에서 국가기구의 일부로서 경찰이 갖는 근본적인 성격과 역할 및 개개인의 안전과 사유재산을 보호한다는 일반적 통념에 대해서 이를 거부하는 이론을 말한다. 자본주의 사회에 있어서 경찰의 공권력 작용은 질서유지나 체제수호 등과 같은 역할과 기능만으로 이를 제한하고 사회구성원의 개개인적 차원이나 집단과 조직 등 회사차원 등의 안전과 보호에 대해서 이에 해당되는 개인이나 조직이 이를 담당해야 한다는 인식에 기초를 둔 이론인 것이다. '역할분담적 이론'이라고도 한다(Shearing & Stenning, 1981). 예컨대 개인이 자신의 건강을 위해서 의료보험에 가입 한 경우 등이다.

자본주의 사회의 경우에는 개인의 재산보호나 범죄에서 발생 할 수 있는 신체적 피해로부터의 보호 등의 경우에 있어서는 결국 개인적 부담에 의해 담보 받을 수밖에 없다는 이론이다(Gion Green, 1981). 국가의 재정적인 위기가 사회안전보호와 범죄예방능력을 만족시켜주지 못해서 국민 스스로가 수익자 부담원칙에 입각해서 자신의 안전에 대해서 민간경비업체에 이를 맡김으로써 민간경비가 성장된다는 이론이다.

(5) 치안서비스 공동생산이론(Police Service Co-production Theory)

민간부문에서의 풍부한 인적, 물적 자원에 대해서 이를 효율적으로 활용하게 되면 다양한 서비스를 제공할 수 있을 뿐만 아니라, 전통적 치안을 담당하고 있는 경찰과의 협력을 통해서 사회의 질서유지를 보다 더 효율적으로 다룰 수 있다. 이러한 관점에서 경찰과 민간부문이 공동으로 치안서비스를 제공할 수 있다는 것이 치안서비스 공동생산의 이론적 접근이다. 민간경비가 치안활동에 참여하는 방법은 독자적, 자체적으로 하기도 하며, 경찰과 동일한 영역 내에서도 이루어질 수 있는 것이다(최선우, 1999).

(6) 지역사회 경찰활동이론(Community Policing)

점점 더 증가하는 범죄율에 대해서 이를 억제하고 경찰과 사회를 재통합하려는 전통적 경찰활동의 실패에 대해서 이를 대체하고자(1970년대까지 수행) 지역사회 경찰활동이라고 불리는 새로운 경향이 나타나게 되었다(Louis A Radelet & David L.)

지역사회 경찰활동은 범죄에 관련된 문제에 있어서는 사후대응보다는 사전에 적극적인 범죄예방을 선호하며, 경찰활동에 시민의 참여를 유도함으로써 경찰력의 한계점을 극복하고 있다.

경찰의 경우 다양한 사회체계들 가운에 하나로서 다른 체계와의 상호작용을 통해서 개방적인 자세로 사회문제에 대해서 이를 해결하려는 것이다(이기현·임영철·기관도, 1995).

이러한 경찰의 변화에 따라 민간경비와의 협력을 증진시키게 되었고, 지역사회의 범죄예방 활동에 있어서 민간경비의 역할이 더욱 중요시되고 있는 것이다.

제2절 민간경비의 역할

민간경비의 기본적인 목적은 조직의 자산을 보호하고, 손실을 예방 하는데 있는 것이다. 이를 살펴보면 다음과 같다.

1 노만 보톤(Norman Botton)과 코스타노스키(John Kostanoski)

민간경비는 넓게 범죄를 포함한 5개 유형의 위험을 통제하려고 한다.

> ⇨ 낭비(waste), 사고(accidents), 에러(errors), 범죄(crime),
>
> 비윤리적인 활동(unethical practices).

낭비와 사고는 기업의 이익을 잠식하게 된다. 예컨대 현대적인 테크놀로지는 결과적으로 새로운 잠재적 위험을 만든다. 에러는 제품의 질과 고객의 만족도에 영향을 주는 생산의 과정에 있어 에러뿐만 아니라 정보의 전달과 보전에 있어서의 에러도 포함시키는 것이다. 낭비, 사고, 에러는 다수의 산업경비 프로그램의 중요한 국면으로 주목을 모은다. 출하·입하·재고의 각 과정에 있어서 안전과 통제의 기능을 달성시키기 위해 경비의 인재의 이용이 도모되고 있다. 비윤리적인 활동, 예컨대 뇌물수수, 산업스파이 등은 민사나 형사재판과 관련에서 불이익을 받는다는 것뿐만 아니라 위신의 상실이라는 점에서도 기업에 영향을 주고 있다.

2 토마스 스코트(Thomas Scott)와 메어리스 맥퍼슨(Marlys McPherson)

이들의 주장은 민간경비의 활동에 대해서는 실제적으로 경찰에 의해서 행해지는 활동들과 많은 점에서 같다고 주장한다. 공과 사의 경찰활동(policing)의 주요한 차이는 수행되는 활동 자체가 아니라 누구에게 서비스가 행해지는가 또는 행사되는 권한의 정도에 있다고 시사하였다. 그러나 이러한 차이는 항상 명료한 것이라고 볼 수 없다. 왜냐하면 민간경비원의 경우에는 때때로 고용된 한정된 구역이나 시설 안에서 경찰직 권능에 대해서 이를 부여받기 때문이다. 예컨대 전미조사에서 중규모나, 대규모의 경찰본부의 4분의1에서는 경비원에게 특별한 대리적 권능이나 경찰적 권능을 부여한다는 보고이다(홀크레스트, 1981).

3 경비·레터(Security Letter)

불안감은 특히 기업사회에 있어서 민간경비에 대해서 이를 더 필요로 하는 다른 하나의 이유가 되는 것이다. 그러한 불안감은 다음과 같은 5가지로 살펴 볼 수 있다.

① 용인할 수 없는 손실을 보는 것에 대한 불안감

② 보험료가 과대하게 되거나 보험에 가입할 수 없게 되는 것에 대한 불안감

③ 기업인이나 다른 사원에 위해가 첨가되는 것에 대한 불안감

④ 손실을 입은 것에서 무능하다고 보이는 것에 대한 불안감

⑤ 소송에 휘말리는 것에 대한 불안감

4 민간경비특별위원회

민간경비특별위원회(PSTF)의 보고서에서는 민간경비와 경찰의 직무가 다음과 같은 연속대로 그려지고 있다. 민간경비특별위원회는 양자가 공급하는 서비스의 차이를 5개의 영역으로 나누어 설명하고 있는데, 이를 살펴보면 다음과 같다.

(1) 경비업무투입: 서비스를 요구하는 주체(일반시민인가, 고객인가)

(2) 역할 또는 기능: 주요한 활동이나 목적(범죄의 발생에 대응하는 것인가, 범죄를 예방하는 것인가)

(3) 경비대상: 서비스를 받는 수익자나 대상자(일반 공중인가, 특정의 고객인가)

(4) 운영조직: 서비스를 공급하는 기구(정부인가, 영리기업인가)

(5) 투입결과: 공급된 서비스의 최종결과(법집행/범죄자체포인가, 손실감축/자산보호인가).

민간	⇨	공공
	〈시큐리티 시스템〉	
고객	경비업무투입	시민
범죄의 예방	역할/기능	범죄의 대응
특정대상	경비대상	일반대상
영이기업	공급시스템(운영조직)	정부
손실감축/자산보호	투입결과	법집행/체포

자료: William C. Cunningham Clifford W. Van Meter, The Hall Crest ReportII : Private Security 1970 to 2000(Boston, MA : Butterworth-Heineman, 1990), p.116.

제3절 민간경비의 임무와 기능

1. 민간경비의 임무

(1) 민간경비는 인간의 생명, 재산, 안전(유형, 무형)을 지키기 위한 모든 노력들을 뜻한다.

(2) 민간경비는 일반적으로 수사, 경비, 순찰, 거짓발견, 경보, 경비수송을 포함하는 모든 종류의 경비관계서비스를 공급하는 것으로 모든 종류의 민간조직과 개인을 포함하는 것이다.

(3) 민간경비 분야에서는 기본적 임무는 손실의 예방(예컨대 화재, 범죄 등)이라고 본다. 민간경비의 관리직에 의해서 평가된 민간경비의 임무는 생명과 재산의 보호, 범죄의 예방, 손실의 예방, 화재의 방지, 출입통제, 범죄수사, 직원신분확인, 질서유지, 사고방지, 체포와 고소 · 고발, 범죄통보, 정보보호, 교통통제 등이다.

민간경비임무

상주경비관리자	계약경비관리자
생명과 재산의 보호	생명과 재산의 보호
2. 범죄예방	2. 범죄예방
3. 손실예방	3. 손실예방
4. 화재방지	4. 화재방지
5. 출입통제	5. 출입통제
6. 범죄수사	6. 질서유지
7. 직원신분확인	7. 직원신분확인
8. 질서유지	8. 범죄통보
9. 체포, 고소 · 고발	9. 체포, 고소 · 고발
10. 사고방지	10. 정보보호
11. 범죄통보	11. 범죄수사

12. 정보보호	12. 사고방지
13. 교통통제	13. 교통통제

출처: William C. Cunning and Others, The Hallcrest Report II. 1990, p.120.

2. 민간경비의 기능

(1) 민간경비의 영역에 대해서 예를 들어 살펴보면 귀중품을 보관하기 위해 안방에 마련된 금고나 위조지폐를 감식하기 위한 감식기, 컴퓨터 해커의 방지, 유명인사들의 안전을 담당하는 신변보호 등이 포함된다. 그리고 현장감시폐쇄회로 TV, 출입통제시스템, 도난경보시스템, 도난차량시스템 등도 이 범주 안에 해당되는 것이다.

(2) 최근 들어 민간정부기능이 민간에 지속적으로 이양되면서 민간경비의 영역은 더욱 넓어지고 있는 것이다. 기능상 인력경비와 기계경비로 양분화되고 있는데 살펴보면 다음과 같다.

> 인력경비의 경우에는 인력이 일반경비에 동원되는 것을 뜻하고, 기계경비는 각종 장비를 이용해 경비의 목적을 달성하는 것을 의미한다.

(3) 법집행기관에 의해서 수행하지 않는 모든 보호와 손실예방활동에 대해서 민간경비의 영역에 해당되는 것으로 표현하고 있다(Rand Report).

제4절 민간경비의 주요부문

홀크레스트는 민간경비에 대해서 다음 9개의 영역으로 분류하였다. 이를 살펴보면 다음과 같다.

> ① 자영의 경비
> ② 경비와 순찰서비스
> ③ 경보응답서비스

④ 민간조사(사설탐정)

⑤ 경비수송서비스

⑥ 자물쇠업

⑦ 컨설턴트

⑧ 경비기기의 제조와 유통

⑨ 기타

1. 자영의 경비프로그램

경비프로그램은 일반적으로 기업, 정부, 그 외의 조직에 있어서 그 조직의 자산을 보호하고, 손실을 예방·통제하기 위한 것이다. 여기에서 범죄는 잠재적인 손실이라는 하나의 범주에 불과한 것이고, 중요한 것은 사고, 화재, 자연재해에 기인하는 손해이고, 또 명예손상 등 눈에 보이지 않는 손해이다. 이러한 여러 이유로 말미암아 경비책임자는 조직의 최고경영진의 감독 하에 두는 경우가 많다.

2. 경비와 순찰서비스

(1) 경비서비스는 제조, 금융, 운송, 소매, 건강관리, 그 외에 거의 모든 조직이나 산업그룹에서 경비서비스의 계약이 이루어지고 있다. 여기에는 사설경비원과 사설순찰경비원이 있다.

(2) 대부분 모든 기업의 경우에 있어서는 사설경비원들이 업무를 행하고 있다. 이것은 가장 일반적인 경비유형으로서 경비원들은 제복을 착용하고, 경우에 따라서는 무장을 하고 있으며, 일정 시설물에 대해서 24시간 혹은 일정한 시간을 정하여 경비근무를 수행하고 있다.

(3) 사설순찰서비스는 일정한 구역을 정기적으로 순찰을 행함으로써 범죄 등으로부터 지역 사회의 시설과 사람의 안전을 지켜주는 것을 말한다.

(4) 주요 서비스에 대해서 이를 살펴보면 다음과 같다.

예컨대

① 무허가 침입이나 활동의 예방이나 탐지

② 화재, 절도, 손해의 예방이나 탐지

③ 차나 보행자의 교통정리와 규제

④ 신체적인 위해로부터의 개인보호

⑤ 자산보호에 관계된 규칙, 규정, 방침의 집행

3. 경보응답서비스

(1) 개관

어떠한 것에 대한 경보가 울리게 되면 직원들은 파견되지 않고 주된 장소만 알려주는 경보의 경우도 있겠으나, 대부분의 경보시스템의 경우에는 경찰서와 서로 상호 연결이 되어 있어서 경보가 울리게 될 시에는 경찰이 출동하도록 연결되어져 있다. 이러한 경보서비스는 이용의 증가(주택용)와 기술적인 진보로 인해 민간경비 중에서 가장 급성장하고 있는 부문 중 하나이다. 예컨대 광케이블 기술의 발전 등이다.

(2) 경보서비스에 종사하는 사람들

경보서비스 분야에 종사하는 사람은 4 가지의 범주로 구성되어져 있다. 이를 살펴보면 다음과 같다.

① 경보기의 판매담당자

　시스템 판매에 있어서 잠재적인 고객들과 직접적으로 접촉을 한다.

② 경보기기의 공사담당자 · 기술자

　훈련을 받아 각종 시스템을 설치 · 유지하며 응급서비스를 제공한다.

③ 경보감시원

　중앙감시소에서 경보상태를 감시하고 경보가 울린 경우에는 공공안전기관, 가입자, 정보
　회사 이외의 경비원들에게 이를 통보한다.

④ 경보서비스의 대응요원[=러너(runners)]

　그 시스템에 설치된 현장의 이상상태에 대해서 대응을 한다.

4. 민간조사(사설탐정서비스)

사설탐정의 경우에는 개인뿐만 아니라 조직의 정보와 관련된 다양한 서비스를 제공하며, 공공업무 집행기관들의 수사활동을 도와주는 역할을 담당하고 있다.

미국의 경우에 있어서는 우리나라와는 달리 이러한 탐정관련 서비스가 활발히 진행되고 있기 때문에 어느 정도 성공을 하면 수입 또한 높은 편에 속하게 된다. 미국의 탐정의 경우에는 고수입자들이 많고, 탐정사무소의 경우에 있어서도 대형로펌처럼 규모가 상당히 크다.

대부분의 사람들이 민간조사원(사설탐정(private investigator)(PI)이 어떠한 일들에 대해서 업무를 행하고 있는 지에 대해서 텔레비전 프로그램(TV)에서 소개하는 것을 보아 어떠한 일을 하는지에 대해서 어느 정도는 알고 있다.

그러나 실질적으로는 사설탐정 대다수가 행하는 일들이 텔레비전 프로그램에서 소개한 것과는 다르다는 것에 주의를 해야만 한다. 예컨대 미국의 경우에 있어서는 대부분의 주에서 일하는 탐정은 공인면허를 갖도록 규정하고 있으며, 최근에 경찰과 상호협력 및 보완관계가 되면서 인식이 점점 좋아지고 있다.

탐정은 21세기의 유망직종 중에 하나에 해당된다. 왜냐하면 많은 법률사무소나 보험회사 등이 조사서비스와 인재를 계속적으로 이용하고 있기 때문이다. 특히 민간조사서비스와 인재는 일반적으로 다음의 경우 이를 이용하고 있다.

---

① 신용조사를 포함한 구직자의 경력조사

② 내부자의 절도, 그 외의 종업원에 의한 범죄

③ 약물의 비밀조사

④ 도난당한 재산의 탐색이나 회복

⑤ 조사위원회 또는 민사나 형사의 공판에 있어서 사용되는 여러 증거의 보전

우리나라의 경우에는 아직 국가적으로 공인탐정이 없기 때문에 하루속히 국가공인 시험을 통해서 탐정자격증에 대해서 국가공인 자격증으로 대체할 필요성이 있다. 이에 대해서는 여러 기관에서 논의가 되고 있다.

5. 경비수송서비스

경비수송서비스는 사용자가 통화, 경화, 증권, 귀금속, 보석, 신용카드, 그 외에 고가의 물품을 한 장소에서 다른 장소로 이전할 것을 원할 경우에 사용자가 이러한 것들을 안전하게 운송해주는 경비서비스 활동을 뜻한다.

6. 자물쇠업

경비손실을 막아주는 자물쇠업 역시 민간경비에 있어서 중요한 부분을 구성하고 있다. 민간경비에 있어서 열쇠제조업자들은 중요한 역할을 담당하고 있다.

자물쇠의 효용성의 경우에는 디자인, 제조, 장치 등을 포함하는 모든 요소들이 서로 알맞게 들어가는 지에 달려 있는 것이다. 그렇지 않을 경우에는 자물쇠에 대한 아무런 가치도 없는 것이다. 예컨대 미국의 경우에는 수많은 자물쇠업자가 공업, 상업, 주택의 고객들을 위해서 각종 자물쇠장치 공사를 시행하고 있으며, 많은 자물쇠가게가 금고나 금고실의 매매, 공사, 수리를 행하고 있다.

7. 경비 · 컨설턴트 서비스

경비 · 컨설턴트의 서비스의 경우에는 일반적으로 4가지의 영역이 있다. 이를 살펴보면 다음과 같다.

---

① 엔지니어링 관련
② 경비관련
③ 기업인 신변보호
④ 컴퓨터 · 경비의 각 영역

---

(1) 엔지니어링 관련 경비컨설턴트

일반적으로는 경비시스템 관련 디자인을 하거나 기술적인 경비와 물리적인 경비의 대책을 마련하기 위해서 시방서나 설계도의 개발에 종사하고 있다. 통상 자산의 보호필요도를 결정하고 경비시스템의 실행에 가장 비용대비 효과를 가지는 방법을 책정하는 조사에 근본을 두고 있다. 대부분의 경우에 있어 컨설턴트/경비 · 엔지니어링의 경우에는 디자인과 공사의 단계에 있어서 건축가나 의뢰주와 밀접하게 협력하는 일이다.

(2) 경비관리 컨설턴트

경비조사를 실시하여 경비의식 계발 프로그램을 디자인하고 특정의 손해문제를 분석해 관계예산과 인원배치의 계획을 포함한 자산보호 프로그램을 강구한다. 컨설턴트는 법률, 회계, 기업의 합병 · 매수의 실무에 관한 상당한 전문지식을 필요로 하는 특별한 서비스를 제공하는 경우도 있고, 전문가로서 소송사건과 관련하여 증인이 되는 경우도 있다.

(3) 위기관리와 기업인의 신변보호 컨설턴트

기업의 근간이 되는 기업인과 시설의 보호 · 기획에 종사한다. 민간경비 중 기업인의 신변보호 분야의 경우에는 테러리즘에의 불안감이나 기업의 다국적화와 그에 따른 위험의 확대에 의해서 급속도로 성장을 하고 있다. 이러한 컨설턴트는 외 · 내부의 요인에서 오는 위기에 대응을 하는 관리에 대해서 이를 가능하게 하고 위기관리의 계획을 개발한다. 여기에서 중점이 되는 것은 예컨대 기업인의 유괴, 공갈의 기도 등이다.

(4) 컴퓨터경비의 컨설턴트 서비스

기업비밀이나 컴퓨터베이스의 정보보호의 필요성 증대에 대응하기 위해서 확대시키고 있다. 예컨대 EDPS 시스템(컴퓨터에 의한 회계처리시스템)의 검사, 경비용 소프트웨어나 데이터 암호와의 개발, 위험평가의 실시 등의 서비스를 제공하는 경우이다.

8. 제조업과 유통업

제조업부문은 민간경비와 일관되게 확대되고 있는 분야 중의 하나에 해당된다. 민간경비의 이 기술적인 부문을 구성하는 기기제조업의 주요한 유형을 살펴보면 다음과 같다.

(1) 접근 · 통제

(2) 폐쇄회로 텔레비전(CCTV)

(3) 경보기기

(4) 폭발물탐지시스템

(5) 금속탐지기

(6) 전자식 물품감시장치

(7) 컴퓨터경비용의 차폐장치

(8) 전화용 경비기기

(9) 경비용 조명

(10) 경비용 울타리(펜스)

(11) 금고나 금고실

(12) 경비용 자물쇠

9. 기타

민간경비산업에는 상기의 주요한 구성부문 이외에도 20개 이상의 잡다한 분야가 존재한다.

이러한 분야 중에는 다음과 같은 영역을 전문으로 하는 업무가 포함되는 것이다.

(1) 경비견
(2) 약물검사
(3) 감식
(4) 경비에 관계하는 보험의 인수
(5) 경비시장조사
(6) 경비관련 문헌 출판
(7) 경비보관업
(8) 경비 훈련(트레이닝)
(9) 쇼핑 · 서비스
(10) 정직성 검사
(11) 제복의 대여 · 판매

제3장 현대사회의 변화와 시큐리티 교육훈련 일반적 이론

제1절 현대사회 변화의 특징에 대해

1. 현대사회 변화의 특징에 대해

현대사회의 가장 두드러진 특징에 대해서 이를 대표하는 것은 정보화(디지털화)인 것이다. 정보화 사회는 컴퓨터와 뉴미디어, 통신기술 등을 포함하는 정보통신기술의 혁명적인 발달에 의해 진행되고 있다. 정보통신기술의 발달은 산업의 정보화를 일으켰으나, 정보화의 과정은 사회전반으로 확산이 되어 정보의 사회화가 진행되고 있는 것이다.

(1) 정보화 사회의 성격

정보화 사회는 기존의 산업사회와는 또 다른 성격을 지니고 있다. 정보화 사회는 자본보다는 지식의 정보가 더 중시되고, 종래의 기계적인 기술보다는 정보에 기초한 새로운 지식기술과 이론적 지식이 더 중요시된다. 산업의 변화로 말미암아 제조업 중심에서 서비스 중심으로 변화되면서 전문적인 지식이나 기술을 가진 사람들을 더 필요로 하는 사회가 형성되고 있는 것이다.

(2) 정보화 사회의 특징

정보화 사회의 특징에 대해서 이를 살펴보면 다음과 같다.

1) 양적인 대량생산체제 사회에서 질적인 소량생산체제 사회로의 변화에 있는 것이다. 기존의 양적인 사회의 경우에 있어서는 단순히 공급적인 측면만을 강조하는 바람에 서비스에 있어서 질적인 면에 대해서 이를 등한시 하게 되었다. 현대사회에 접어들면서 시민들의 삶의 질이 많이 향상되고 그에 따른 욕구의 다양화로 인해서 양적인 것보다는 질적인 것을 중시하는 공급위주의 사회에 변화를 가져오게 되었다. 이러한 변화를 가능하게 만들어 준

핵심이 바로 정보통신기술의 비약적인 발전이었다. 정보통신의 발전은 다양한 욕구를 충족시키기 위하여 다품종 소량생산의 사회로 전환을 하게 된 것이다.

2) 경계의 모호화에 있는 것이다.

정보화 사회는 사회의 모든 영역 간에 있어서 명확하게 구분되어 있지 않은 경계가 없는 사회인 것이다.

경계란 일반적으로 지리적 차원에서 생겨나는 것이므로 거리의 소멸함과 동시에 지리적 경계의 개념도 모호해지는 것이다. 또한 영역들 간의 경계가 서로 모호해짐으로서 공공부문과 민간부문 또는 민간부문이나 공공부문 자체 내에서 끊임없이 상호작용과 이합집산이 발생되는 것이다.

3) 위계제도 사회에서 네트워크화 사회로의 전환인 것이다.

위계제도의 경우에는 상명하복의 수직적 관계의 중심인 반면, 네트워크 사회는 수평적 협력에 의한 움직임에 의해 다원화, 수평화, 분권화된 사회가 된다는 것이다.

2. 민영화

(1) 민영화 개념

민영화의 개념에 대해서 살펴보면 학자의 주장에 따라서 견해차이가 있다. 이에 대해서 살펴보면 다음과 같다.

---

① Savas

자산의 소유나 활동에 있어서 정부의 역할을 줄이는 대신, 민간의 역할을 증대시키는 것을 민영화로 정의내리고 있다.

② Kamerman과 Kahn

민영화의 개념을 광의와 협으로 나누어 구분지었다. 정부의 규제를 축소하고 정부지출을 감소시키는 것에 대해서는 넓은 의미의 민영화로, 재화나 서비스의 생산이 공공부문에서 민간부문으로 이전되는 것을 좁은 의미의 민영화로 규정하고 있다.

---

(2) 민영화의 배경

현대사회가 민영화되고 있는 배경에 대해서 살펴보면 다음과 같다.

다원화시대의 각국 정부가 작지만 효율적인 작은 정부를 지향하고 있다는 점이다. 정부의 지나친 비대는 민주주의를 위협하고 있으며 자원의 비효율적인 공급으로 자원의 낭비를 초래한다는 것이다. 민영화를 통해서 재화나 서비스에 대한 정부의 공급을 줄이게 될 경우 상대적으로 민간부문이 확대되어 민간의 활동이 활성화될 수 있는 것이며, 자원이용의 효율성을 높일 수도 있는 것이다.

민영화됨으로써 국민들이 공급과정에 대해서 함께 참여를 할 수 있게 되는 것이며, 이로 인해서 정부의 일반적인 공급으로 인한 공급의 주체와 국민 간에 존재하는 괴리를 좀 더 좁힐 수 있기 때문이다. 또한 소비자들의 입장에 있어서는 재화나 서비스에 대한 선택의 폭이 더 많이 확대되기 때문에 경제적인 자유를 누릴 수 있는 것이다.

(3) 민영화의 오류

민영화가 잘못되는 경우에는 정부의 비용을 오히려 증대시킬 수 있게 되며, 평등과 같은 다른 중요한 가치를 손상시킬 수 있으며, 잠재적인 실직 가능성도 발생될 수 있다는 점을 알아두어야 한다.

(4) 민영화의 필요성

민영화 경향은 현대사회에 있어 급격하게 증가하고 있는 행정수요의 증대에 따른 정부역할의 한계를 극복하기 위한 방안으로 행정이 모든 부문에 걸쳐서 서비스를 제공하는 것이 아니라 민간부문의 기술과 인력을 이용해서 급격한 행정수요에 대해서 이를 대처해 나가고자 하는 것이다.

3. 전문화

전문화는 다원화된 사회의 전문적인 직업성을 뜻한다고 할 수 있는 것이다. 외래어로는 'profession'인데 우리나라의 말에는 이에 해당되는 적절한 용어가 없는 관계로 말미암아 '전문직', '전문직업' 등의 뜻으로 해석되고 있는 것이다.

민간경비분야에서, '시큐리티요원' 역시 자기의 업무분야 내에서 범죄를 예방하고 질서를 유지하며 고객의 손실을 보호하는 것, 즉 고객의 이익을 위해서 기술적으로 유능한 업무를 하는 전문직업인으로서 활동하는 것이 세계적인 흐름에 해당되는 것이다. 예컨대 선진국의 전문시큐리티제도 등이다.

민간경비분야 역시 과거 경비요원들의 업무와는 달리 단순한 인력경비 차원에서 벗어나 적극적 경비 및 최첨단 기계경비가 접목된 과학적 시큐리티의 시대에 접어들었기 때문에, 이 분야 역시 점점 더 역할의 범위가 확대되고 있는 것이고 전문화될 수밖에 없는 것이다. 민간경비 근무자들은 확장되어 가고 있는 시큐리티 분야 중에서 자신의 적성에 맞는 분야에서 더욱더 전문성을 살려서 전문직업인으로서의 역할을 좀 더 효율적으로 수행하는 시대에 있음을 자각해야 하는 것이다.

제2절 시큐리티 교육훈련 일반적 이론

1. 시큐리티 고육훈련의 의의

(1) 교육훈련의 의의

조직 안에서 능력 있는 직원을 선발하는 것도 중요한 일이지만 이보다 더 중요한 것이 교육훈련이라고 할 수 있다. 훈련과 교육프로그램은 조직원의 개인적인 성장과 능력개발을 위한 전략이지만, 이러한 것들은 개념적인 면에서 구별이 된다.

훈련은 훈련의 내용과 수행업무 사이에 밀접한 연관성이 있다는 것을 특징으로 하는 것이기 때문에 내용이 업무수행을 함에 있어서 직접적으로 필요한 구체적 지식이나 기술, 방법 등을 통한 문제해결에 주안점을 두고 단기적인 직무기술을 익히는 것이다.

교육은 보다 일반적이고 포괄적이며 잠재적인 개인의 능력을 개발하는 것을 중요한 핵심으로 하는 장기적 계획 하에 하는 노력이라고 할 수 있을 것이다.

과거의 경우에는 국가나 사회의 구조가 지금처럼 복잡·다양하지 않고 단순하고 소규모 또는 비전문적인 상황 하에서도 특별한 교육훈련 없이도 일반적인 소양과 능력이 어느 정도 수준인 경우에는 업무수행을 할 수 있었으나, 현대의 경우에 있어서는 모든 사회구조 상황에 있어서도 대규모, 다양화 되고 전문화됨에 따라 민간경비의 업무 또한 그러한 상황에 맞추어 대처되어야 할 필요성을 느끼게 되었고, 업무의 전문성, 특수성에 합당한 전문지식이나 기술습득을 위한 교육훈련을 요구받게 되었다. 현대사회의 경우에는 교육훈련이 과거의 특정 직무수행에 직접적으로 필요한 지식과 기술의 향상을 위한 활동이라는 협의의 의미에서 일반적인 소양과 능력의 개발도 교육훈련을 통하여 계속적으로 향상시켜 직무수행에 필요한 발전적 변화를 추구해야 함이 강조되고 있는 것이다.

조직구성원의 능력의 경우 구성원 각자에게 맡기는 임무를 수행하는 여러 과정에서 어느 정도는 업무수행 능력이 향상될 수 있겠지만 업무수행을 통해서 배울 수 있는 지식에는 한계가 있는 것이기 때문에 조직 구성원들에게 필요한 지식, 태도, 기술 등에 대해서 인위적이고 능동적으로 향상을 시킬 필요성이 있는 것이다.

(2) 교육훈련의 용어사용

우리나라의 경우에는 교육훈련이라는 용어는 '교육(education)과 훈련(training)'의 합성어로서 양자를 모두 포괄하는 의미이다. 민간경비교육기관과 경찰의 교육훈련에 대해서 이를 교육이라고 칭하는 것보다는 '훈련'에 가깝다고 할 수 있는 것이다. 미국, 영국, 호주 등의 경우에 있어서는 민간경비나 경찰의 교육훈련에 대해서는 'training(훈련)'이라는 용어로 사용되고 있다.

(3) 교육훈련의 필요성에 대한 존립 논거에 대해서 이를 살펴보면 다음과 같다.

① 본질적으로 완벽한 인간은 있을 수는 없는 것이고, 장기적으로 변화(변동)되는 미래의 상황에 대처할 수 있는 능력을 갖출 수 없다는 점이다.
② 인간의 능력은 의식적인 노력을 통하여 개발될 수 있다는 점이다.
③ 개인의 능력발전은 자신은 물론 개인이 속해 있는 조직을 위해 바람직하다는 점 등이다.

2. 시큐리티 업무영역의 분화

시큐리티 업무영역은 다음과 같이 구분하여 살펴볼 수 있다(Peter K. Manning, 1999).

(1) 개인재산과 거주공간의 경비와 보호

예컨대 학교·호텔과 같은 공공시설에의 출입통제, 주차관리, 보안지역관리 등. 과거의 경우에는 기동순찰이나 도보순찰을 통하여 경비업무를 하였으나, 이에 따른 한계점이 있어 최근의 경우에는 텔레비전모니터, 첨단경보기 등을 사용하여 감시활동의 임무를 수행하고 있다.

(2) 지적재산의 보호

예컨대 기업의 상표를 보호하는 경우를 둘 수가 있다. 좋은 이름의 상표의 경우에는 장기전략, 컴퓨터프로그램 등의 정보 등의 재산과 마찬가지로 기업의 중요한 자산에 해당되는 것이다.

이러한 자산들은 새로운 유형의 위기관리전략의 대상에 해당된다. 왜냐하면 경쟁사에게 상표의 도난이나 도용을 당할 경우에는 그에 따른 막대한 손해가 발생될 수 있기 때문이다.

(3) 위기관리활동에의 참여

예컨대 보험회사에 의해서 개척된 위기관리업무의 경우에는 범죄, 손실과 같은 것이 경찰활동의 핵심영역으로 변화되고 있다.

새로운 유형의 다양한 범죄는 예산결산시스템과 밀접한 관련성이 있는 것이고 이러한 것에 대해서 이를 예방하기 위해서는 감시장비를 적극적으로 활용되어야 한다. 예컨대 검색시스템, 비디오카메라, 텔레비전스크린 등이다.

(4) 정보분석과 처리

정보기능은 손실, 위험, 테러리즘의 예측을 위한 정보의 체계적 수립, 처리, 분석에 대한 중요성이 날로 증가 되고 있는 것이다.

(5) 전자수단을 이용한 감시

전자감시는 더욱 소형화, 저가화되고 있으며 기동성이 높아지고 있기 때문에 경쟁사들로부터 기업의 정보와 재산을 보호하는데 자주 사용되고 있다. 이러한 정보수집능력으로 인해서 기업스파이, 사기꾼 등에게 경고를 할 수 있게 되었고, 수집된 정보의 자료화는 잠재적인 방화벽의 역할을 담당하고 있는 것이다.

(6) 사설탐정

민간경비분야에서는 범죄와 관련해서 오래전부터 수사기능을 수행해오고 있다. 예컨대 방화, 테러리즘, 폭력과 같은 범죄, 기업내부의 절도, 컴퓨터 범죄, 사기 등이다. 사설탐정의 대부분을 차지하고 있는 사람은 전직 경찰 등의 유능한 사람들이 주로 고용되고 있다.

(7) 범죄예방, 위기관리, 손실감소

이러한 업무들에 대해서는 민간경비원들을 통해서 주로 수행되고 있다. 예컨대 경보시스템의 설치를 통해 업무를 수행하고 있다.

(8) 폭력의 예방

설비공간의 통제와 순찰이 기업에서 일하는 민간경비의 중요한 업무에 해당되고, 고용주를 보호하는 일도 중요한 업무에 해당된다. 예컨대 노동조합의 데모 · 분규와 같은 물리적 폭력 등이다.

(9) 자산의 호송과 보호

전통적인 민간경비의 중요한 역할 중 하나에 해당된다. 우리나라의 경우에 있어서도 현금호송과 귀중품보관업 등과 같은 경비업무가 날로 증가되고 있다. 예컨대 현금차량의 무장호송 경비와 정보서비스, 재산 경비 등이다.

제4장 중요 국가의 민간조사제도

제1절 미국의 탐정제도

1. 개요

미국의 경찰제도나 형사사법제도의 경우에 있어서 우리나라와 비교했을 경우에는 근본적으로 다르다. 탐정제도 역시 미국의 경우에 있어서는 우리나라와는 다른 독특한 제도로 정착되어져 있다고 볼 수 있다.

특히 미국의 경우에 있어서는 경찰시스템의 민영화 추세에 따라 많은 다양한 분야에서 탐정의 도움을 필요로 하고 있기 때문에 탐정업의 전망 또한 매우 밝다. 미국의 경우에는 지방경찰제도가 자치제 경찰제도로서 각 주가 상이하듯이 탐정제도 또한 각주마다 자격요건, 면허유무, 시험제도 등이 다양한 제도로 운영되고 있다.

미국의 경우에 있어 탐정은 주로 전직 경찰, 전직 법집행기관의 수사관 출신, 군 헌병출신 등이 은퇴를 한 후에 면허를 취득하여 많이 활동하는 것으로 알려져 있다. 또한 현직 경찰들의 경우에 있어서도 현직 경찰관 신분은 그대로 유지한 채 경비원 부업(야간경비원)일을 할 뿐만 아니라 사설탐정 면허도 취득하여 부업으로 일을 하는 경우가 점점 더 증가하고 있는 것이다.

2. 탐정업의 정의와 자격요건에 대해

미국의 참정업의 정의와 자격요건에 대해서 이를 살펴보면 다음과 같다.

(1) 탐정업의 정의와 업무범위 관련

1) 미시간 주

미시간 주(Michigan State)의 사설탐정면허법(The Private Detective License Act)의

경우에는 사설탐정과 사설탐정업을 다음과 같이 정의한다(The Private Detective License Act, 338~833). '사설탐정(private investigator)은 보험회사와 관련되어 고용이 되어 보수를 받는 보험손해사정인이나 전문엔지니어와는 달리 비용, 보수, 기타의 보상을 받고 다음과 같은 사항과 관련된 자료를 수집할 목적으로 사업에 참여하거나 인력공급을 받아들이거나 하청계약을 하거나 조사에 동의 혹은 조사를 수행하는 자를 말한다.'

① 미연방 혹은 주, 미연방의 영토 및 속령을 대상으로 하여 발생되거나 위협이 되는 범죄 또는 부정행위
② 특정인의 신분, 취미, 행동, 사업, 직업, 정직성, 성실, 신용, 신뢰성, 능력, 충실함, 활동, 동선, 행방, 친분관계, 교제, 행위, 성격
③ 분실 또는 도난당한 재산의 소재 처분, 회수
④ 인명 또는 재산에 대한 화재, 모욕, 손실, 사고나 손해 또는 손상의 원인과 책임법정, 이사회, 공무원 혹은 조사위원회에 회부 시 사용되는 증거의 확보

2) 펜실베이니아 주(Pennsylvania State)

미국에서는 사립탐정이 할 수 있는 업무의 범위를 성문의 규정을 통해서 정해놓고 있으며, 대부분의 주가 이와 비슷한 내용으로 규정되어 있다. 펜실베이니아 탐정의 업무범위(The Pennsylvania Private Detective Act of 1953)에 대해서 살펴보면 다음과 같다.

사설탐정은 비용, 보수 기타의 보상을 받고 아래의 내용과 관련된 자료를 수집할 목적으로 사업에 참여를 하거나 인력을 공급을 받거나 하청계약을 하거나 조사에 동의 혹은 조사를 수행하는 자로 정의내리고 있다.

① 미국 연방이나 주 혹은 미국에 속한 영토에 대해 발생되거나 위협이 되는 범죄나 불법행위 등에 대한 조사
② 특정 개인이나 단체, 협회, 조직, 사회분야, 동료, 법인 등의 확인, 습관, 관계, 거래, 평판, 특성 등에 대한 조사
③ 증인 그 밖의 사람들에 대한 신뢰성 조사
④ 실종자의 소재파악
⑤ 분실 및 도난재산의 회복 및 소재파악

⑥ 특정인, 특정조직, 사회, 협회, 법인, 직원 등과 관련된 사실의 확인

⑦ 화재, 명예훼손, 비방, 손해, 사고, 신체장애, 부동산 혹은 동산에 대한 책임의 원인과 근거 등의 파악

⑧ 파업으로 인해 일을 그만둔 사람이나 그 당시 고용주에 대한 사실의 조사

⑨ 종업원, 관리인, 계약자, 하도급들의 행위, 정직, 효율, 충성 또는 활동에 대한 사실의 조사

⑩ 형사재판 · 민사재판시 조사위원회, 판정위원회, 중재위원회의 판정 및 조정 전에 사용될 증거자료의 사전확보

(2) 기본 자격요건

자격요건 역시 각 주별로 약간씩 다르게 규정하고 있다.

1) 미시간 주의 경우

사설탐정이 되기 위한 자격요건으로는 다음과 같이 규정되어져 있다.

① 미국 시민권자

② 25세 이상의 연령

③ 고졸 또는 동등 이상의 교육수료를 한 자

④ 다음과 같은 사항을 포함하는 범죄를 행해서는 안 된다.

> 부정행위 또는 사기, 정보나 증거의 무허가누설 또는 매매, 미연방 혹은 각 주의 경찰관이나 직원, 미연방 혹은 각 주의 국가기관 직원을 사칭, 위험무기의 불법사용, 운반 또는 소지, 2개 이상의 음주관련 범죄, 공중보건법령하의 규제약물사용, 폭행, 미연방 군대에서 군복무 중 불명예제대.

⑤ 3년 이상의 기간을 다음과 같은 사항의 일을 했거나 하고 있는 경우여야 한다.

> 다른 주에서 독립적인 사설탐정업에 합법적으로 종사, 탐정에이전시 운영의 허가증명서 보유자의 피고용인으로서 사설탐정업에 종사, 도시 · 군 · 주정부 또는 미연방정부의 수사관 · 형사 또는 경찰관, 정부정식인가 대학의 경찰행정, 형사법분야의 학사학위, 본 법 하에서 제공된 정부보증 채권공탁.

2) 캘리포니아 주의 경우

사설탐정이 되기 위한 요건으로는 다음과 같다.

> 18세 이상의 연령, 캘리포니아 주 사법부와 FBI의 범죄경력조회(The State Private Investigator Act, 7526)

3) 뉴저지 주의 경우(New Jersey State)

사설탐정이 되기 위한 요건으로는 25세 미만자의 경우에는 면허가 발급되지 않고, 개인 또는 회사의 구성원이나 법인의 직원이나 관리자 중 적어도 1명이 조사원 또는 주, 카운터, 관련 지방자치단체의 수사요원으로 5년 이상 근무한 경력이 없을 시에도 면허가 주어지지 않는다(New Jersey State, The Private Investigator Act of 1939, 45). 사설탐정업 면허를 받은 자는 그가 운영하는 사업의 어느 분야에서든지, 다음의 중범죄나 위반사항을 범한 자와 그로 인해 초래하는 법률상의 실격 대신에 유죄선고 후에 뒤따르는 행정사면을 받지 않은 자를 고용해서는 안된다고 규정하고 있다(The Private Investigator Act, 45).

> 권총이나 기타 위협무기의 불법사용, 운반 또는 소지, 강도용 연장을 제작 또는 소지, 장물취득, 건물에 불법침입, 탈옥을 원조, 습관성 마약의 불법소지 또는 유통, 주 경찰청장이 그 면허에 대한 사설탐정의 면허를 취소하거나 거부한 자.

4)

각 주마다 자격요건에 대해서는 조금씩 다르지만 일반적으로는 18~25세 이상의 연령자로서 미국시민권자 또는 영주권자, 연방정부에서 취업을 허가받은 자이어야 하고, 범죄경력이 없고 도덕적 성격을 지닌 자라야 한다.

5)

사설탐정은 비용, 보수, 기타의 보상을 받고 위와 같은 사항과 관련된 자료에 대해서 이를 수집할 목적으로 사업에 참여하거나 인력공급을 받아들이거나 하청계약을 하거나 조사에 동의 또는 조사를 수행하는 자를 말한다고 정의하고 있다.

3. 시험과 면허

(1) 기본 자격요건

① 많은 주에서는 몇 세 이상(연령), 범죄전과가 없고, 도덕적 품성을 지니고 있으며, 보험에 가입할 것이 필요하다는 정도의 요건만 갖추고 면허를 신청하면 사립탐정이 될 수 있다.

> 캘리포니아 주의 경우에는 18세 이상의 연령, 캘리포니아 주 사법부와 FBI의 범죄경력조회 통과와 같은 기본적 요건 외에 일정경력을 요구 한다.

② 요구경력: 주로 조사와 관련된 분야에서 최소 2,000시간의 유급경력으로 3년간 6,000시간의 경력을 요구하고 있으며, Science Degree 소지자는 2년간의 유급경력(4,000시간)을, 경찰학, 형법, 헌법, 사법학 분야의 대학과정을 이수한 학사학위 소지자 또는 대학과정을 이수한 후 1년간의 실무경력을 갖출 것을 요구하고 있다(The Bureau of Security and Investigative Services of Califonia Department of Consummer Affairs 내부자료, The Califonia Private Investigator Act, 7541).

(2) 시험

① 일정경력 요구 이외에 2시간의 객관식 필기시험을 실행하여 70점 이상의 취득자에 한해서 합격통보를 받게 된다.

② 시험의 내용은 법률(헌법, 형법, 사설탐정법)과 관련 규정(규칙), 전문성(terminology) 문제(무기사용관리법, 살인·방화·절도·사기 등 각 분야의 실무에 관한 수사기법, 사건처리, 상황판단 및 대처능력, 보고서 작성), 인터뷰, 증거(수집 및 보존), 위장수사, 감시 등으로서 실제업무에 관련된 사항을 광범위하게 평가한다.

③ 응시자격이 실무경력을 요하기 때문에 응시자 중에는 수사기관의 전·현직수사관이 많다. 인디애나 주, 뉴저지 주, 플로리다 주, 버지니아 주 등 일부 주정부는 면허시험 없이 일정자격과 경력만으로 면허를 발급하여 주정부 내의 거주자인 주민들에게만 자격을 부여한다. 이 무시험면허 발급지역들의 면허는 타 주에서는 인정하지 않는 것이 보통이다.

(3) 일반탐정 사무원제도

미국의 경우에는 공인탐정업에 종사하는 일반탐정 사무원제도를 두고 있다. 예컨대 일리노이 주의 경우에는 일반조사관(탐정)은 면허국에서 인가받은 교유기관을 졸업해야 하며, 간단한 시험 및 신원조회를 거쳐 취업허가증을 발부 받게 된다.

> 미국의 경우에는 일반조사관(탐정)은 공인면허를 가진 탐정사무소에 속해 회사의 지시에 의해서 일을 할 수 있는 것이고, 단독으로 계약이나 일을 할 수는 없는 것이다. 따라서 일반조사관의 자격증은 면허가 아닌 취업허가증에 해당되는 것이다.

4. 교육훈련

미국의 공인탐정은 기본 자격요건 이외에도 일정한 실무경력이 있는 자를 요구하고 있으며 이러한 자격요건이 갖추어진 경우에만 주에 따라 면허가 발급되거나 또는 필기시험을 실시한 후 합격자에 대해서 면허를 발급하는 방식을 취하고 있다.

따라서 수사업무나 법에 대한 전문성이 없는 사람이 탐정이 되기 위해서는 전문교육기관(PI Academy)에서 일정교육을 수료하고 경력을 쌓거나, 시험을 치러서 합격한 후 면허를 취득할 수밖에 없는 것이다. 교육의 내용에 대해서는 각 주마다 차이가 있지만 대체적으로 공인탐정으로서의 전문성을 강화할 수 있는 내용으로 구성되어져 있다.

(1) 펜실베이니아 주 Lion Investigation Academy의 예

Lion Investigation Academy의 경우 전문대학과정(Investigation & Associate Degree에 준하는 2년간(4학기) 1,600시간의 연수교육을 통해 주정부에서 인정하는 시험을 거쳐 탐정면허를 취득하게 되어 있다. 이 프로그램 3학점씩 20개 과목의 총 60학점을 취득해야 하며, 이 프로그램에 등록하기 위해서 응시자는 고교 졸업을 하였거나 동등 이상의 학력을 소지해야 하며 윤리적인 면에 있어서도 훌륭해야 한다(Lion Investigation Academy 내부자료, 2007).

Lion Investigation Academy의 AST(Associate in Specialized Technology) Degree 교과과정

Semester	교과목	학점	시간
Semester 1	사설탐정개론	3	40
	감시 및 미행기법	3	60
	응용시큐리티 I	3	80
	심문조사기법과 절차	3	80
	심리학개론	3	100
Semester 2	조사실무 I	3	80
	특수업무	3	80
	민간조사	3	70
	통신장비	3	100
	사회학개론	3	100
Semester 3	고소사건조사	3	80
	조사실무 II	3	80
	응용시큐리티 II	3	80
	시큐리티 예방산업론	3	80
	심리학	3	100
Semester 4	위장조사	3	60
	증거사법절차	3	80
	응용시큐리티 III	3	80
	조사실무 III	3	70
	사회학	3	100
4 Semester	20과목	60	1,600

자료: Lion Investigation Academy 내부자료, 2007.

Lion Investigation Academy에서 AST Degree 과정을 마치고 졸업학위를 받기 위해서는 이 프로그램의 60학점을 취득해야 하고, 4학기 평점이 2.0 이상이어야 한다. 또한 3년 안에 프로그램을 이수해야 한다.

(2) 캘리포니아 주 Nick Harris Detective Training Academy의 예

캘리포니아 주 소재 Nick Harris Detective Training Academy는 CMI(Certified Master Investigator) 프로그램을 운영하고 있는데, 10주 코스로서 매주 40시간씩 총 400시간(오전 9시30분~오후 4시)을 이수토록 규정하고 있다. 각 주별 교과목과 시간을 살펴보면 다음과 같다.

Nick Harris Detective Training Academy는 CMI Training Program

주	과목	시간
1주	인터뷰기법과 보고서작성요령	40
2주	감시기법	40
3주	개인 상해사건조사 I	40
4주	개인 상해사건조사 II	40
5주	소환장송달 법정절차	40
6주	실종자 찾는 요령	40
7주	배경(경력)조사	40
8주	재산찾기와 회수요령	40
9주	범죄수사기법	40
10주	법과 면허제도	40
총 10주	10개 과목	40시간

자료: Nick Harris Detective Training Academy 내부자료, 2006.

제2절 영국의 탐정제도

1. 개요

자치경찰시스템이 정착되어져 있는 영국에서의 탐정들의 활동은 경찰력의 부족한 부분에 대한 공백을 메우며 경찰과 함께 같이 가는 동반자로서의 역할을 수행하고 있다(강영숙, 2007). 영국의 민간경비산업법(The Private Security Industry Act 2001)에서 민간경비산업은 사람과 재산의 보호, 주차관리(immobilising vehicle), 시큐리티 컨설턴트로 구성되어져 있다고 정의내리고 있다(The Private Security Industry Act 2001, section 3). 영국의 경우에도 탐정이 되기 위한 특별한 규정이나 규제가 없기 때문에 누구나 시도를 할 수 있다. 그러나 실질적으로는 수사업무나 법에 대한 전문지식을 지니고 있는 전직 경찰이나 헌병수사관, 정보기관 출신들이 탐정으로 많이 활동을 하고 있다. 따라서 이들 이외 사람(민간인)들이 탐정이 되기 위해서는 수사의 전문기법이나 전문지식을 교육하는 탐정교육기관에 등록을 해서 교육(연수)을 받고 이러한 것을 통해서 국가 면허국에서 발하는 National Vocational Qualification(NVQ: 국가직업인증)을 취득할 수 있다. NVQ는 특정직업별로 대상자가 일정 수준의 기술과 지식을 보유하고 있다고 인증해주는 5단계로 구성되는 제도를 말한다. NVQ는 국가직업 면허시험을 통해 자격증이 발급되고 여러 공인된 평가기관에서 시험을 주관하고 있다. 영국의 경우에는 2006년부터 탐정업에 대해서도 면허제도가 시행되고 NVQ 3등급(level 3)을 취득하여야만 탐정업을 개업할 수 있다.

> 영국의 경우에는 일반탐정들이 탐정활동 외에 상업정보회사(Commercial Intelligence Agency)를 운영할 수 있다. 국내외 도피사범추적, 비즈니스 정보수집, 잠입근무 등의 관련 업무에 대해서 이를 전문적으로 수행하고 있다.

2. 탐정의 업무범위

(1) 영국의 탐정업의 정의

영국의 민간경비산업법(The Private Security Industry Act 2001)에서는 민간경비산업

은 사람과 재산의 보호, 시큐리티 컨설턴트, 주차관리(immobilising vehicle), 사설탐정으로 구성된다고 정의하고 있다(The Private Security Industry Act 2001, section 3).

(2) 탐정의 업무범위

영국의 민간경비산업법 제4조(The Private Security Industry Act 2001, section 4)에서 규정하고 있는 탐정의 업무범위를 살펴보면 다음과 같다.

> ① 특정인물의 활동이나 소재에 대한 정보의 수집
> ② 멸실된 재산상황 또는 그로 인한 피해 등에 관한 정보를 얻기 위한 감시, 조회 또는 조사로 규정되어져 있다.

따라서 영국의 경우에는 사설탐정은 사람, 사람의 활동이나 소재에 대한 정보를 획득할 목적으로 수행하는 감시, 질문, 조사에 관련된 활동을 하는 사람으로 정의된다. 탐정들의 주요고객 대상은 개인고객 및 보험회사나 금융기관의 사무변호사(soliciter)들이라고 할 수 있다.

3. 탐정의 정의와 자격요건 및 면허

(1) 탐정의 정의

영국의 경우에는 사설탐정은 사람, 사람의 활동 또는 소재에 대한 정보를 획득할 목적으로 수행하는 감시, 질문, 조사에 관련된 활동을 하는 사람을 의미한다.

(2) 탐정의 자격요건

탐정이 되기 위한 자격요건으로서는 신원증명서, 범죄경력증명서(범죄경력 무), 탐정으로서의 적합한 능력보유를 요구한다.

(3) 면허

영국의 민간경비산업법 제3조에 따르면 영국에서 탐정업을 영위하기 위해서는 개인뿐만 아니라 탐정업을 영위하려는 사람도 당국으로부터 면허를 받아야만 가능하도록 되어 있다.

탐정업도 포함되는 The Private Secutity Industry Act 2001(민간경비산업법)에는 민간경비산업분야의 면허권한은 Secutity Industry Authority(민간경비산업면허국)에 있기 때문에 탐정면허는 SLA에서 발급이 된다.

SLA는 민간경비산업분야의 인가와 승인에 관련된 임무, 이 분야의 산업을 수행하는 자의 활동과 효율성 감시, 민간경비산업 분야의 훈련기준, 채용관리의 수준설정과 승인, 민간경비산업기준의 유지와 향상을 위한 권고와 제안 등의 역할을 수행하고 있다(The Private Secutity Industry Act 2001, chapter 12).

4. 교육훈련

탐정이 되기를 희망하는 사람은 본인의 전문기술과 능력을 탐정전문교육기관에서 습득할 수 있고 NVQ(국가직업인증)도 이러한 교육과 실전경험을 통해서 취득이 가능하다. 영국의 경우에 있어 탐정교육은 전문협회에서 운영되고 있는 교육훈련 프로그램에 일정한 비용을 지불하고 교육을 시키는 경우가 일반적이다(Martin Gill and Jerry Hart, 1997).

교육훈련코스는 다음과 같다. 조사교육과정(Investigation Course), 갈등관리교육과정(Conflict Management Course), 집달관교육과정(Bailiff Course), 감시교육과정(Surveillance Course), 도보 및 차량감시 고급과정(Advanced Food and Mobile Surveillance), 전자감시과정(Electronic Surveillance), 목격자 증거수집과정(Professional Witness Evidence) 등이 개설되어 있다(Associations of British Investigators, 2006).

여기에서는 지면상 전문조사과정과 감시과정에 대해서만 살펴보기로 한다.

(1) 전문조사과정(Professional Investigation Course)

전문조사과정의 교과과정

기간	교과목	
2주간	조사의 유형 진술 감시기법 장비운용기법 자료보호 신분보고(status reporting) 법정절차	보고서 작성요령 소환장 송달절차 추적기법 경찰과 형사증거의 수집 현장보호 NVQ(국가직업인증)제도

자료: Associations of British Investigators 내부자료, 2006.

2주간에 배우는 교과목은 조사의 유형, 보고서 작성요령, 진술, 소환장 송달절차, 감시기법, 추적기법, 장비운용기법, 경찰과 형사증거의 수집, 자료보호, 현장보호, 신분보고, NVQ제도, 법정절차 등으로 80시간의 교육시간으로 구성되어져 있다.

(2) 10일 과정의 감시과정(Surveillance Course)

이 프로그램의 경우 10일 과정으로 되어 있다. 조사팀의 일원으로서 규정에 의한 감시업무를 수행하는 사람들에게 적합하도록 설계되어져 있다. 이 과정은 4일 과정 프로그램의 연장이다. 조사분야의 NVQ level 3, 4를 취득하고자 하는 사람들에게는 4일 과정의 프로그램이 Unit 9, 16 · 17 · 18을 수행하는 데 필요한 입증(evidence)을 해주는 것이라면, 이 코스의 경우에는 교육의 우수성이 인정될 때 도보 및 차량 감시분야의 NVQ level 3 자격이 부여되는 것이다.

> NVQ는 5단계의 단계별 능력기준을 제시하고 있다. 1단계(level 1)~5단계(level 5)인데, level 3은 복잡한 여러 가지 일을 수행할 수 있고 동시에 다른 사람을 지도할 수 있는 능력을 의미한다. 조사분야의 level 3은 필수 3, 선택 4 과목의 과목을 이수해야만 한다.

기간	과목
10일	계획작성과 브리핑요령 위장비디오 및 사진촬영기법 전자감시기법 고정감시기법 고급 도보 및 차량감시기법 관련법구와 증거수집요령 위성차량추적기법 고급소송절차

자료: Associations of British Investigators 내부자료, 2006.

10일 감시과정의 교과목은 계획작성과 브리핑요령, 고급 도보 및 차량감시기법, 공공수송기관 내의 감시기법, 위장 비디오 및 사진촬영기법, 관련법규와 증거수집요령, 전자감시기법, 위성차량추적기법, 고정감시기법, 고급소송절차 등으로 구성되어져 있다.

제3절 호주의 탐정제도

1. 개요

호주의 경우 우리나라의 경우보다는 민간영역의 모든 분야에서 체계적인 자격제도를 유지하고 있다. 호주에는 1995년부터 연방정부의 Australian Qualification Framework Advisory Board(호주자격구조자문위원회)에서 만들어진 Australian Qualification Framework(AQF)가 있는데, 이 AQF가 국가적으로 필수적 교육과 훈련의 모든 자격에 대해 일관된 기본 틀에 대해서 이를 제공하고 있다. 시큐리티 분야는 6등급의 18개의 자격제도로 운영되고 있다.

자격 1급(Certificate I), 자격 2급(Certificate II), 자격 3급(Certificate III), 자격 4급(Certificate IV), Diploma, Advanced Diploma이다(Implementation Handbook, Australian Qualification Framework, 2002).

AQTF(Australian Qualification Training Framework)는 자격증을 발급하는 등록된 훈련조직을 위해 국가적으로 인정된 표준절차를 제공해준다. 각 등록된 훈련조직은 주어진 훈련시간과 절차에 의해서 교육훈련을 실시하고 소정의 시험을 치룬 후 자격증을 발급하고, 관련된 기록 및 행정직 절차를 유지시켜야 한다. 탐정제도 역시 3개의 자격제도, 즉 사설탐정 2급, 사설탐정 3급, 사설탐정 4급으로 운영된다.

2. 탐정의 업무범위

호주 시큐리티의 주산업분야는 다음과 같이 분류된다.

경비(guarding), 출입접근 시큐리티(access security), 사설탐정(investigative services), 시큐리티 사업관리(security business management)

또한 시큐리티 제공자는 군중관리자(crowd controller), 시큐리티 경비원(security officer), 사설탐정(private investigator), 시큐리티회사(security firm)로 구분된다(The Security Provider Act 1993 4 (1)). 이 중 사설탐정의 경우에는 의뢰인으로부터 보수를 받고 다른 사람에 관해서 정보를 수집하거나 정보를 제공하는 사람으로 정의할 수 있다.

(1) 탐정의 업무범위

호주의 경우 탐정의 업무범위에 대해서는 주마다 약간씩 차이점을 지니고 있다. 몇 개 주에서 규정을 하고 있는 민간조사원의 업무범위에 대해서 살펴보면 다음과 같다(송봉규, 2006).

1) Queensland 주

의뢰인으로부터 보수를 받고 다른 사람에 관련된 정보를 수집하고 제공하는 일을 담당한다.

2) Western Australia 주

채권의 회수, 영장의 송달, 상품의 회수 등의 업무를 한다.
의뢰인을 대신해서 제3자를 찾거나 제3자에 대한 개인사업이나 개인적 문제의 조사업무를 수행한다.

3) South Australia 주

채권회수 또는 빚 독촉, 상품의 회수 또는 소재확인, 지방세 회수 또는 소재확인, 판결의 집행이나 법원의 명령으로 법적절차를 집행, 개인의 성향이나 행동 또는 개인의 사업이나 직업 등의 개인정보를 수집하거나 제공하는 업무, 행방불명자의 소재확인, 소송을 목적으로 증거를 수집하는 업무를 담당한다.

(2) 민간조사원의 업무범위

호주에서의 민간조사원의 업무범위를 살펴보면 다음과 같다.

> 채권추심, 법집행 대리업무, 개인 및 기업관련 정보의 수집 및 제공, 소송을 목적으로 증거를 수집하는 활동, 집나간 사람이나 행방불명자의 소재확인 등.

3. 탐정업의 정의와 자격요건, 면허

(1) 탐정업의 정의

호주의 경우 민간경비분야가 활성화되어 있는 나라로서 민간경비분야에는 6등급의 18개 자격제도가 시행되고 있다. 민단경비의 한 분야에 해당되는 사설탐정의 경우 의뢰인으로부터 보수를 받고 의뢰한 정보에 대해서 이를 수집하거나 정보를 제공하는 사람이라고 할 수 있다. 시큐리티 제공자의 기능을 수행하기 위해서는 다음과 같은 면허가 필요하다.

> 군중관리자면허, 사설탐정면허, 시큐리티 경비원면허, 시큐리티 회사면허

(2) 자격요건

호주에서 사설탐정이 되기 위한 자격요건은 각주마다 조금씩 다르지만 퀸즐랜드 주의 예를 살펴보면(The Security Provider Act 1993) 다음과 같다.

> 18세 이상의 연령, 교육훈련기관의 책임자에 의해 인정된 교육훈련과정의 성공적인 이수, 범죄경력이 없어야 함, 면허소지에 적절한 자로 규정.

(3) 면허

호주에서 사설탐정의 면허는 주 경찰국이 이를 발급하고 통제하고 있다.

4. 교육훈련과 시험

(1) 호주의 경우 직업교육과 훈련분야에서 각 주정부가 연방정부에서 제시하고 있는 기본틀 안에서 운영을 하며, 자격증 발급에 대한 합법적 권한을 가지고 있다. 이러한 책임은 등록된 훈련조직이나 법규에 의해서 권한을 받은 조직에 의해서 수행된다. 예컨대 Security Academy, TAFE, Security Institute, Private Investigator Academy 등이다.

(2) 호주에서 공인 탐정자격을 얻기 위해서는 권한과 능력이 주어진 주로부터 허가된 사설교 육기관에서 소정의 교육훈련을 받은 후에 주정부에서 위탁한 사설교육기관에서 실시하고 있는 시험에 합격하여 자격증(certification)을 발부받은 후 주경찰국에서 면허를 신청하면 발급된다.

(3) 공인탐정들의 활동범위는 자신의 면허를 취득한 주에서 제한적으로 이루어지지만 각 주에 일정한 세금을 납부하게 되면 다른 주에서도 탐정으로 활동할 수 있다.

(4) 호주의 경우 등록된 훈련조직의 사설탐정 교육훈련시간은 각 주마다 조금씩 차이가 있는데 여기에서는 Western Australia의 예를 들어보도록 한다.

사설탐정 교육시간

코드	사설탐정 급수	시간
PRS20498	사설탐정 2급	142
PRS30598	사설탐정 3급	302~642
PRS40498	사설탐정 4급	622~642

자료: Asset Security Training Package Implementation Kit의 Qualification

Western Australia에서는 사설탐정 2급은 142시간, 사설탐정 3급은 최소 302시간,

사설탐정 4급은 최소 622시간 교육시키도록 되어 있다.

(5) 사설탐정 2급의 교육훈련 과목은 7개 과목으로 구성되어져 있다. 정보수집방법 선택 16시간, 법정에 증거제출 20시간, 직업적 건강과 안전유지 10시간, 실제 수사에 의한 증거수집 30시간, 인터뷰 방법과 진술 30시간으로 총 142시간을 이수하도록 되어있다.

사설탐정 2급 교과과정의 예

코드	과목	시간
PRSIR13A	정보수집방법 선택	16
PRSIR20A	서면보고서작성 및 편집	20
PRSIR22A	법정에서 사용하기 위한 증거준비	16
PRSIR23A	법정에 증거제출	20
PRSIR38A	직업적 건강과 안전유지	10
PRSIR15A	실제수사에 의한 증거수집	30
PRSIR17A	인터뷰 방법과 진술	30
계		142

자료: Western Australia Department of Training and Employment, Asset security Training Package Implementation Kit, 1999.

(6) 사설탐정 3급의 교육훈련과목은 13개 과목으로 구성되어져 있다. 정보수집방법 선택 16시간, 서면보고서 작성 및 편집 20시간, 법정에서 사용될 증거준비 16시간, 법정에 증거 제출 20시간, 소규모 팀에 대한 지휘 20시간, 직원감독 20시간, 현장운용의 조직과 모니터(감시) 20시간, 직업적 건강과 안전유지 10시간, 감시에 의한 정보수집 30시간, 장비의 선택과 감시차량운용 30시간, 전문적 정보수집 장비의 선택과 획득·보관 40시간, 정보의 저장과 보호 40시간, 고객과의 관계유지 20시간으로 총 302시간을 이수하도록 되어 있다. 이 프로그램의 경우에는 탐정분야의 감독자로서 일하는 사람에게 적절한 프로그램이다.

사설탐정 3급 교과과정의 예

코드	과목	시간
PRSIR 13A	정보수집방법선택	16
PRSIR 20A	서면보고서 작성 및 편집	20
PRSIR 22A	법정에서 사용될 증거의 준비	16
PRSIR 23A	법정에 증거제출	20
PRSIR 33A	소규모 팀에 대한 지휘	20
PRSIR 34A	직원감독	20
PRSIR 36A	현장운용의 조직과 모니터(감시)	20
PRSIR 38A	직업적 건강과 안전유지	10
PRSIR 14A	감시에 의한 정보수집	30
PRSIR 19A	장비의 선택과 감시차량 운용	30
PRSIR 16A	전문적 정보수집장비의 선택과 획득, 보관	40
PRSIR 21A	정보의 저장과 보호	40
PRSIR 28A	고객과의 관계유지	20
계		302

자료: Western Australia Department of Training and Employment, Asset Secutiry Training Package Implementation Kit, 1999.

제5장 민간조사관의 직업윤리

제1절 직업윤리의 개념

1. 직업의 개념

직업이란 개념에 대해서 몇 가지로 개념을 정리할 수 있다. 사회와 개인, 전체와 개체의 연결점을 직업이라고 할 수 이다. 전체는 개인의 직업을 통해서 유지가 되며, 개체는 직업을 통해서 전체에 귀속되는 것이다.

따라서 직업이란 것은 사회생활의 기초를 이루는 사회생활의 골격이고 개인을 사회의 구성원으로 만드는 필수적인 자격요건이라 할 수 있는 것이다.

또한 직업의 다른 개념은 인간의 정신적, 육체적 노동의 대가로 경제적 급부를 받아 그것에 의해서 생활을 유지하는 지속적인, 계속적인 사회활동이라 할 수 있다. 직업은 생계의 유지를 위해서 종사하는 일이라고 할 수 있는 것이기 때문에 생활에 필요한 물자를 획득하기 위한 계속적인 노동인 것이다. 인간은 생활을 함에 있어서 인간에게 생활에 필요한 물자를 혼자 모두 생산할 수는 없다. 이러한 의미에서 살펴보면 인간은 다른 사람과 같이 서로 도움을 주는 사회적 존재인 것이다. 즉, 자신의 생계를 위해서는 일정한 사회적 역할을 분담해야 하는 것이고, 이러한 분담된 역할이 충분히 수행된 경우에만 사회는 유지되고 발전되는 것이며, 사회가 유지되고 발전되는 한에서만 개인의 생계 또한 보장되는 것이다. 그러므로 직업은 '사회적 역할의 분담'이라는 정의가 가능해지는 것이다.

인간은 누구든지 사회생활을 영위해 가면서 사회적 역할을 분담해야 되지만 모든 사람이 똑같은 역할을 분담하는 것이 아니라 자신의 재능과 소질 내지는 취미에 맞추어 사회적 역할을 분담하는 것이 바람직할 것이다. 따라서 직업은 생계의 유지와 사회적 역할의 분담 및 자아실현을 목표로 계속적이고 지속적인 일이나 노동을 말한다.

2. 윤리의 개념과 직업윤리

(1) 윤리의 개념

1) 인간생활에서 윤리라는 단어는 시대와 장소에 따라 정의가 조금씩 다르기 때문에 명확한 정의를 내리기에는 쉽지는 않지만 사회의 모든 분야에서 강조되어 온 것은 사실이다.

2) 일반적으로 윤리라고 정의를 내리면 다음과 같다. 사람과 사람이 도덕적으로 관계되는 윤리, 사람으로서 반드시 지켜야 할 길, 인간이 사회와의 관계에서 마땅히 지켜야 할 도리를 뜻한다.

---

① 윤리

사람들이 지켜야 할 도리를 뜻한다.

② 공직윤리

공직에 종사하는 사람들이 마땅히 지켜야 할 공무원으로서의 직업윤리를 일컫는다.

③ 직업윤리

직업인으로서 지켜야 할 윤리를 뜻한다. 즉 일정한 사회적 규범이 내면화된 것으로 직업에 종사하는 사람들의 의식의 밑바닥에 내재되어 있는 윤리를 말한다.

---

(2) 직업윤리의 개념

1) 각자의 사람들은 자기가 가지고 있는 직업에 대한 애정과 자부심을 가져야 하며, 최선을 다해서 그 직업에 임해야 하는 것이다. 자의이건, 타의이건 간에 자기가 선택해서 종사하고 있는 직업에 대해서는 정성과 애정을 가지고 임해야 할 것이며, 또한 긍지를 가지고 열심히 해야 하는 것이다.

2) 직업윤리는 두 가지 측면에서 고려되어 논의할 수가 있다. 이를 살펴보면 다음과 같다.

---

① 모든 직업에 공통되는 윤리, 즉 직업인·일반인에게 요구되는 윤리이다.

② 여러 다양한 직업들에 있어서 각각 요구되는 특수한 윤리이다.

---

(3) 직업일반의 윤리

1) 직업일반의 윤리의 뜻

윤리를 포괄적인 의미로 어느 사회에서 공인된 행동규준으로 해석하고 그 사회구성원 모두가 준수해야 할 사회적 규범으로 이해하고 있다면, 모든 직업은 그 나름대로의 특수한 직업윤리를 지니게 되는 것이다.

각각의 직업이 분담하고 있는 일정한 사회적 역할은 그 직업의 종사자들이 일정한 행동규준을 올바로 준수한 경우에만 수행될 수 있기 때문이다.

이와는 달리, 직업일반의 윤리는 어떠한 직업에 있어서든 요구되는 행동규준인 것이다. 즉, 직업활동 일반의 자세나 태도라고 부를 수 있는 것이다.

어떠한 시대나 사회이든 간에 하나의 가치체계만이 존재했던 것은 아니지만 대체적으로 한 사회를 풍미한 지배적인 가치체계가 있다고 할 수 있고, 이러한 지배적인 가치체계에 근거를 두고 직업일반의 활동에 적용되는 가치체계가 도출될 경우 이는 바로 직업일반의 윤리가 되는 것이다.

2) 직업일반의 윤리의 특징

직업일반의 윤리를 살펴보면 다음 두 가지의 점에서 특수직업의 윤리와 구별이 된다.

① 직업일반의 윤리는 특수직업의 윤리보다 근본적인 인간의 생활태도를 다루고 있다. 말하자면 특수직업의 윤리가 어떤 특정한 직업에서만 요구되는 규범을 문제 삼는 데 반해서, 직업일반의 윤리는 직업에 대한 사람들의 보다 기본적인 태도와 마음가짐을 다룬다고 할 수 있는 것이다.

② 특수직업의 윤리가 직업생활에서 보통 외적인 규제력으로 나타나는데 반해서, 직업일반의 윤리는 주로 내면의 가치체계로서 존재한다. 물론, 이러한 구별이 절대적인 것은 아닌 것이며 현실 속에서 두 윤리는 함께 섞여 있지만 이러한 구별이 편리할 경우가 많다.

(4) 전문직업인으로서의 윤리

민간조사관(탐정)에게는 고객과의 계약에 의해서 일정한 비용을 받고 타인의 정보에 대해서 이를 수집하고 제공한다는 점에서 부정, 비리, 사생활이나 인권을 침해할 가능성이 높기 때문에 다른 직업인보다 윤리적인 행동규범이 더욱 강하게 요구되는 것이다.

따라서 민간조사관(탐정)에게 요구되는 행동규범은 다시금 강조를 해도 지나침이 없는 것이다. 민간조사관(탐정)에게는 경찰관등의 공무원들에게 요구되는 공직윤리 이상의 전문직업인으로서의 윤리가 요구된다고 할 수 있다.

제2절 민간조사관 윤리와 전문직업성과의 관계

1. 민간조사관(탐정) 윤리교육의 목적

민간조사관(탐정)의 직무는 의뢰인의 정보를 수집, 제공해 주고 의뢰인의 안전을 지켜주는 직업이기 때문에 다른 직업보다도 더 많은 사명감과 책임감, 윤리성이 요구되는 직업이다. 그러므로 민간조사관(탐정)에게는 윤리교육을 함에 있어서 강도 높은 수준의 교육이 필요할 것이다.

(1) 도덕적 결의의 강화

민간조사관 윤리교육의 목적은 신념과 행위, 사명감과 행위, 의도와 행위 간의 긴밀한 일치를 도모하는 것으로 파악할 수 있다. 민간조사관들은 활동하는 현장에서 내·외부로부터의 부정과 유혹에 직면을 하게 되므로, 이러한 경우를 대비하여 윤리적인 행동을 하기 위한 동기와 유인을 자극시키는 것은 민간조사관 윤리교육의 하나의 목표가 된다고 볼 수 있다.

(2) 도덕적 감수성의 배양

민간조사관들은 일반적으로 복잡한 사회적, 문화적 환경에서 일을 해야 하는 것이며, 그들이 익숙해 있는 관점 외에 다른 관점들을 취할 준비가 되어 있지 않는 경우라면 업무수행을 함에 있어서 적절하지 않을 수도 있다. 민간조사관 윤리의 주된 목적은 도덕적 감수성의 발달, 도덕의 깊이와 넓이의 확장으로 파악될 수 있다.

(3) 도덕적 전문능력의 부여

도덕적으로 의미 있는 행위는 인간에게만 특유한 것으로서, 인간은 반성적인 자기평가의 능력을 가지고 자신의 행동을 선택하기 때문이다. 이렇게 선택할 수 있는 능력을 '도덕적 전문능력'이라 한다. 민간조사관은 의뢰인의 요구에 의해서 조사대상자에게 영향을 미치는 결정을 내리는 위치에 있는 사람이다. 이러한 결정을 내리는 과정에 있어서 여러 요소들을 고려해야 할 경우도 발생되기도 할 것이다.

민간조사관들의 경우에 있어서는 이러한 행위들이 가져올 수 있는 복잡, 다양한 결과들에 대한 것들을 이해하고, 서로 상충하는 주장들을 중재하는 도덕적인 전문능력을 발전시키지 않은 경우라면 사람들 간의 관계에서 중요시되는 규범들을 저버리거나 위반하는 방식으로 부적절한 행동을 할 수 있게 된다.

2. 민간조사관의 윤리 확립의 필요성

(1) 민간조사관의 직업윤리

일반적으로 윤리의 개념정의에 대해서 학자들은 표현만 달리할 뿐, '행위를 올바른 방향으로 인도하는 규범적 가치'라는데 대해서는 의견을 같이 한다.

민간조사관의 직업윤리란 민간조사관이 직무를 행함에 있어 그 전문적인 능력을 발휘하여 최선을 다하는 것이며, 의뢰인에게 업무서비스를 완벽하게 제공함에 있어서 지켜야 할 의무나 준수해야 할 행동 규범이라고 할 수 있는 것이다.

(2) 민간조사관의 윤리 확립의 필요성

민간조사관들이 고객들로부터 의뢰받는 업무를 행함에 있어서, 민간조사관들의 의사결정 결과는 시민들의 사생활의 자유와 권리를 침해하거나 구축하는 성격이 강하기 때문에 민간조사관들의 직업윤리관의 강화는 다른 직업군보다 더 필요하다고볼 수 있다. 민간조사관 업무의 많은 부분은 정상적이지 못한 여러 상황과 직면을 할 수 있기 때문에 그러한 상황에서 올바른 의사결정을 하기 위해서는 습관적인, 일상적인 도덕적 대응만으로는 충분하지 않다는 점이다.

민간조사관들은 타인의 정보를 수집, 조사를 하여 그 결과에 대한 것들을 고객에게 제공하는 업무를 수행하게 되는데, 그러한 업무 중에는 적합하지 않는 업무들도 상당수 포함되어 있기 때문에 민간조사관들은 어느 정도는 도덕적 능력을 갖춘 상태 하에서 그러한 상황에 접근을 하는 것이 매우 중요하다고 생각된다.

민간조사관들은 직업윤리가 명확히 확립하지 못한 경우 고객(의뢰인)으로부터 신뢰, 지지, 협력을 얻지 못하게 되고, 민간조사관 본연의 업무에 대해서 제대로 이를 수행할 수 없게 된다.

(3) 사생활 침해방지 장치 강구

공인탐정은 사실조사 과정에서 불가피하게 조사대상자를 도청 미행 잠복하거나 비밀촬영을 하게 된다. 그러므로 탐정활동의 대표적인 조사기법에 대하여 적절한 규제를 통하여 탈법적인 활동을 지양하고 법이 허용하는 범위 내에서 적법한 조사활동을 할 수 있는 방안을 강구할 필요가 있다. 먼저, 비밀촬영 관련하여 초상권 침해가 문제될 수 있는바, 이와 관련해서는 공인탐정의 업무수행에 있어서 일률적으로 금지할 필요는 없고 초상권을 보호하는 이익보다 비밀촬영을 통한 증거수집으로 인한 이익이 더 큰 경우에는 촬영이 가능하다고 본다. 촬영방법도 주거내부와 같은 사적영역에 대한 촬영은 금지되고 공개된 장소에서의 촬영만 제한적으로 허용한다면 초상권 보호와 탐정을 통한 증거수집권도 인정하는 방안이 될 것이다. 다음으로, 통신비밀보호법 3조1항, 16조1항에서는 '공개되지 않은 타인간의 대화를 녹음 또는 청취하지 못하도록 금지하고 있고 이를 위반 시 처벌하도록 되어 있다.'이와 관련하여 도청이나 미행, 잠복 등에 의한 사생활 침해 등이 문제되는바 이에 대한 억제방안으로 탐정업법에서 조사방법의 종류로서 미행, 잠복 등을 명시적으로 허용하되 제한적으로만 가능하도록 명시하여 별도의 금지규정과 이를 위반 시 처벌 규정을 동시에 마련하는 것이 필요하다고 본다. 끝으로 근접감시 등으로 인한 주거의 평온을 침해할 가능성이 높으므로 이를 사전에 예방할 수 있도록 각종 조사나 정보수집 과정에서 사적 영역에는 대상자 동의 없이 출입하지 못하도록 규제하는 규정을 마련할 필요가 있다.

3. 직업윤리와 전문직업성과의 관계

(1) 전문직업의 의미

전문직업이라는 말은 기술적 지식이 장기간에 걸쳐 규정에 입각한 훈련을 통해서 얻어지는 특수한 종류의 직업으로 간주할 수가 있다. 영어의 profession이라는 말은 가장 넓게는 직업이라는 의미로도 사용하고는 있지만, 이럴 경우에는 모든 직종이 이 말에 포함되기 때문에 비교적 많이 사용되는 '전문직'이라는 것이 있다. 그러나 이 용어도 주의가 필요한데, 왜냐하면 이 단어가 specialist라는 뜻으로 사용되기 때문이다.

specialist는 한 가지 일에 전념하는 사람, 때로는 그 일에 능숙한 사람이라는 의미로 사용되는데, profession도 그러한 의미에서는 specialist라고 할 수 있다.

(2) 전문직업의 의미(모셔: F. Moshen)

1) 확연하게 구별되는 직무영역을 가지고 있다.

2) 고등교육을 요한다.

3) 직업종사자들의 일생동안 경력을 쌓는 것으로 정의를 내리고 있다.

(3) 전문성의 특성(Eennest Greenwood)

체계적인 이론, 권위, 사회적 승인, 윤리강령, 하위문화의 존재 등.

(4) 전문성의 구성요소(홀: R. H. Hall)

직원의 형성, 훈련기준의 확립, 전문협회의 조직, 윤리규범의 형성

(5) 전문직업의 의미

변호사나 의사의 경우 그들 자체적으로 여러 전문적인 규칙이나 기준, 직업윤리(professional ethics)를 형성시켜 왔으나 전문관료제 내에서의 공직은 전문직업으로서의 자율성 면에서 여러 제약을 받고 있는 것이 사실이다.

오늘날 법집행 분야는 다음의 내용을 포함하는 전문직업의 특징들이 포함되고 있다(John L. Sullivan, Introduction to Police Science, 3rd.ed.).

> 전문직의 활동에 대한 헌신, 자기들의 지식에 대한 공통적인 유대감, 직업에서의 개인 구성원들을 이끌어 갈 윤리강령, 전문직업을 갖기 전에 직원들의 선발과 조사 등.

(6) 전문직업의 기술적인 문제

전문직업이라는 것은 기술적인 지식이 장기간에 걸쳐서 여러 훈련을 통해 얻어지는 특수한 종류의 직업으로 간주가 될 수 있다. 모든 직업에서 실무자들은 어떤 직업형을 발전시켰다. 윤리강령은 전문직업에 있어서 필수불가결의 요소임에 의심의 여지가 없다. 전문직업인은 직업적인 규범을 충실히 이해를 하고 있어야 한다. 개인의 사사로운 이익이나 상업적인 이익보다는 고객의 이익을 위해서 봉사해야 한다. 또한 고객의 진정한 요구를 선별할 줄 아는 능력을 갖추고 있어야 하고, 고객의 요구를 관찰하고 분석할 줄 아는 날카로운 지식을 갖추고 있어야 한다.

(7) 전문직업의 윤리적인 문제

전문직업의 활동은 한편으로는 과학적 기술에 기초된 것이고, 다른 한편으로는 윤리적인 성질(사람들의 신뢰와 사회적 승인)을 가진다고 할 수 있다. 윤리적인 측면은 전문직업인에 의해 자각 또는 자발적으로 윤리강령의 형태로 유지된다. 이 윤리강령은 법규의 경우처럼 위반이나 일탈에 대한 처벌의 기준을 나타내는 것보다 전문직업의 일상생활에 대한 행동기준(행동준칙)을 나타내는 경우가 많다.

또한 전문직업의 윤리강령의 세세한 항목은 전문직업에 있어서 반드시 동일하지 않고 각 전문직업에 속하는 구성원을 받아들이는 방법도 동일하지 않다. 하지만 이러한 것들이 전문직업의 내부에서 사회에 대한 공표인 점은 중요하고 윤리강령이 해당 직업과 일반시민을 연결하는 중요한 점이라는 것을 간과 할 수는 없는 것이다. 따라서 윤리강령이 효과적이 되기 위해서는 구성원 각자의 부단한 노력이 필요한 것이고 그 반론이 제기되지 않아야 한다.

다른 전문직업에서 윤리강령을 가지고 있는 것과 마찬가지로 민간조사분야도 제도가 도입되고 기본틀을 형성할 경우 무엇보다 윤리강령의 제정이 협회차원에서 필요할 것이라도 생각이 된다.

제3절 윤리척도 또는 행동규범 확보방법

일반적으로 전문직업인에게 부여되는 행동규범 내지 윤리척도는 여러 가지 다양한 방법으로 확보 되고는 있으나 개인 스스로의 자율적 규제를 가장 유효한 수단으로 보고, 법적인 차원에서의 근무규제를 병행하게 됨을 알 수 있다.

1. 자율적 행동윤리

외부의 제재나 간섭 없이 조직원들이 자신의 직업윤리를 설정하고, 이를 자율적으로 규제하여 스스로 행동윤리 및 규범을 유지하고 발전시켜 나가는 규범내용을 말한다.

이는 국가가 정하는 제재적 규정이 아닌 조직원들(예컨대 민간조사협회)이 자발적으로 윤리강령을 제정하는 경우를 뜻한다. 자발적 행동윤리의 예를 들면 다음과 같다. 경찰조직에서는 경찰헌장, 외국의 경우 탐정협회의 윤리강령 등을 들 수 있다.

(1) 호주 빅토리아(Victoria)주의 탐정협회의 윤리강령

탐정협회의 윤리강령은 모든 사설탐정과 피고용인이 고수하는 윤리적 목표의 기준이 된다 (Australia, Victoria 주 탐정협회의 Code of Ethics).

> ① 우리는 오스트레일리아의 법에 따라 윤리와 전문성의 최고의 기준을 고수하는 방식으로 전문업무를 수행한다.
> ② 우리는 윤리와 전문성 및 고객서비스의 최고기준을 장려한다.
> ③ 우리는 요구되는 신분증과 법이 요구하는 면허를 가진 탐정의 자격범위 안에서 활동한다.
> ④ 우리는 긍지와 존경을 나타내는 업무기준을 장려, 보호, 유지하고 탐정산업의 건전한 대

외적 위상 증진에 노력을 한다.

⑤ 우리는 모든 고객, 피고용인과 사업에 관련된 정보는 불법적 접근, 누설, 악화에 대응하여 보호된다는 점을 확신한다.

⑥ 우리는 직업과 직접적으로 관련되어 있고 그 직업에 종사하기 위해 직접적으로 요구되는 고객의 정보만을 받아들이고 컴토한다.

⑦ 모든 피고용인은 이 윤리강령을 고수하여 조사활동을 보조하며, 책임을 받아들여야 하며 그렇지 못한 경우 그에 상응하는 조치가 취해진다.

⑧ 우리는 항상 정직, 성실에 기초한 행동을 행하며, 최고의 고객서비스를 기준으로 조사업무의 수행과 마무리를 행한다.

(2) 미국 펜실베이니아(Pennsylvania) 주 펜실베이니아공인탐정협회(PALI)의 윤리강령

펜실베이니아공인탐정협회 회원은 탐정업무분야에서 윤리적인 행위의 높은 원칙들을 준수해야 한다. 각 탐정들은 항상 그들이 상대하는 모든 의뢰인들에게 언제든지 정확하고, 올바르고, 공정하고, 정중한, 높은 기준으로 대해야 한다. 회원들은 업무수행시 이러한 높은 수준의 윤리적인 행동을 유지해야 한다.

윤리강령을 살펴보면 다음과 같다(Pennsylvania State, PALI Code of Ethics.).

① 회원은 사법행정에서 자기들의 전문적인 업무 역할을 적절한 시기에 공중에게 설명해야 한다.

② 회원은 다른 탐정이나 전문가들에게 서로 정직해야 한다. 어느 경우라도 다른 탐정이나 민간조사관의 직업적 명성을 손상시키거나 위해를 가해서는 안된다. 탐정 혹은 민간조사관이 업무수행을 함에 있어 비윤리적, 불법, 불공정한 책임이 있을 경우 그 정보 및 사실은 윤리위원회에 문서로 통보된다.

③ 유능하고 업무수행을 행하는데 자격이 있는 회원들은 그들의 서비스를 제공할 것이다. 회원들은 사적 혹은 영업상 이해관계가 충돌할 경우에 업무위임 수락을 자제해야 한다. 고객은 공정하고 정당한 대우를 받아야 한다. 탐정은 각자 의뢰받은 업무는 물론 요금(수수료)에 대한 명확한 근거와 탐정의 의무에 대해 의뢰인에게 설명을 해야만 한다.

④ 회원은 그들의 조사업무상 교섭과 그들의 고객과 입수된 정보에 대한 비밀들을 지켜야만

한다.

⑤ 회원은 업무와 관계하여 유혹이 있는 경우라도 다른 탐정과 불법적인 경쟁을 해서는 안되는 것이며, 업무상 유혹이 있을 경우에는 윤리적 태도를 유지해야 한다.

⑥ 회원은 서로 오도하거나 남을 속이는 태도를 가져서는 안 된다. 회원은 직업상 품위와 명예를 불신시키거나 손상시키는 행위를 피해야 한다.

⑦ 회원은 업무수행과 직업 자체를 규율하는 어떠한 법률도 위반해서는 안 된다. 미연방 헌법이나 각 주의 헌법에서 보장하고 있는 시민의 권리를 침해해서는 안된다.

⑧ 회원은 모든 진실과 사실에 기초하여 보고를 해야 하며, 그에 기초하여 정직한 의견을 표현해야만 한다. 고객을 위한 조사업무시 획득된 결과에 대해 사실적, 진실적인 발표를 방해하는 사적인 느낌이나 편견이 있어서도 안 된다.

⑨ 회원은 그들의 훈련으로 제공되는 고품질의 서비스를 고객이 받을 수 있도록 기술적인 능력을 유지시켜야 한다. 회원은 가능한 한 기술적인 능력이 향상되고 유지할 수 있도록 항상 전문적인 성장과 훈련기회를 이용해야 한다.

⑩ 회원은 탐정직업을 위한 높은 표준을 촉진시키고 있는 PALL의 지침을 지원해야 한다.

(3) 영국 탐정협회의 윤리강령

영국 탐정협회(ABI, The Association of British Investigators)에서는 윤리강령을 제정하여 시행을 하고 있으며, 탐정업계의 품위나 명예를 손상시키는 회원에게 징계처분을 하고 있다. 영국 탐정협회의 윤리강령을 살펴보면 다음과 같다(Association of British Investigators Code of Ethics.)

① 회원은 도덕적 원칙에 합당한 전문적 업무를 수행하고, 개인의 직업과 협회의 비난을 초래하는 잘못을 하지 않는다.

② 회원이 조사업무를 수행함에 있어서 의뢰인의 신분, 증명서, 도덕성, 합법성을 검증한다.

③ 회원은 의뢰인의 비밀과 합법적인 일은 존경해야 한다.

④ 회원은 부주의로 인한, 개인정보 누설로 인한 보호와 비밀보호에 관해 보증해야 한다.

⑤ 회원은 물론 탐정업무를 조력하는 고용인, 기타인에게도 윤리강령은 고수되어야 하며, 그에 따른 책임을 인정하도록 한다.

⑥ 회원은 적법성, 윤리성, 도덕성의 범위 안에서 조사업무를 수행해야 한다.

⑦ 회원은 숙달된 능력을 유지함으로써 관심을 나타내는 의뢰인을 존경하고 유리하든 불리하

든 조사과정에서 확인된 일은 의뢰인에게 보고해야 하고, 법규에 위반되는 의뢰인과의 계약은 하지 않아야 한다.

2. 법적 규제

민간조사관에 대한 법적 규제는 자율적 행동윤리(행동강령)에 대한 보완적 장치라고 할 수 있다. 예컨대 민간조사관이 법규에 위반하여 업무를 수행하였을 경우 받게 되는 형사법적 처벌이나 직무수행시에 부과되는 의무를 위반하였을 경우 받게 되는 처벌이 이에 해당된다고 할 수 있다.

제6장 기초조사 절차

제1절 탐정이 갖추어야 할 여러 조건들

1. 탐정의 개요

탐정은 의뢰인으로부터 비용을 받고 고용되어 그에 지식과 정보를 제공해주는 일을 한다. 전문적인 탐정은 자기가 취급하는 정보수집업무에 대해서 매우능통하고, 불법이 아닌 합법적인 방법에 의해서 신속하게 효율성을 견지하면서 활동을 해야만 하는 것이다.

2. 탐정의 특성

Charles P. Nemeth는 유능한 탐정이 갖추어야 할 특성으로 5가지를 제시하고 있는데 이를 살펴보면 다음과 같다.

(1) 객관성(objectivity)

① 탐정(민간조사관)은 감정과 편견, 선입관에 의해 사실을 다루어서는 안 되고, 실재하는 사실을 기초로 해서 자기의 임무를 수행해야 한다.
② 유능한 탐정은 가설설정에 있어서 개방적이어야 하고, 사건이 발생할 경우 과학적으로 이를 접근할 수밖에 없다.
③ 어떤 위임된 사건의 조사에 탐정은 추론보다는 알려진 실제 사실을 기초로 접근해야 하고, 의사결정에 있어서는 효과적으로 사실을 기초로 해야 한다.

(2) 논리성(logic)

> ① 탐정(민간조사관)이 지식, 정보, 자료를 수집할 경우에는 논리성이 요구된다. 논리성은 규칙적이어야 하고, 일관된 현태의 사건과 사실들에 대해 질서정연하게 기술되어 있는 것을 뜻한다. 논리적이라 함은 어떤 사실이 연역적이고, 직접적이며, 추론적인 형태에 의해 전개되는 것을 말한다.
> ② 연역적인 추리는 누가(who), 무엇을(what), 어디서(where), 언제(when), 어떻게(how), 왜(why) 형태의 질문에 대한 결과로서 기술되어진다.
> ③ 조사의 논리성은 상상력의 훈련이라고 볼 수 있으며, 충분한 기초훈련을 받은 사실부터 사실과 논리성을 기초로 결과를 도출하는 능력이라고 할 수 있다.

(3) 인내와 부지런함(perseverance and deligence)

탐정은 정보와 사실을 수집하고 결합시키는 일을 하기 때문에 인내심(=신중함), 부진런함, 성실성을 가지고 있어야 한다. 일반적으로 사건과 관련된 많은 부분들의 경우 부지런한 조사를 통해서 그 결과를 나타날 수 있는 것이다.

(4) 인간관계기술(human relations skills)

탐정의 성공은 정보를 수집하는 능력에 의해서 좌우되는 것이고, 인간 상호작용을 위한 탐정의 능력은 중요한 특성에 해당되기도 한다. 탐정이 의뢰인, 사건의 목격자, 정부관리, 경찰조직 및 사회 공공부문의 인사, 보험이나 소송의 손해사정인들과 원만한 관계를 가져야만 해당관련 분야에서 성공을 보장받을 수 있는 것이다. 한마디로 말해서 여러 다양한 직업을 가진 사람들과 대인관계가 좋아야 한다는 것이다.

> 인간관계기술에서 의사소통분야는 또 다른 기준이 될 수도 있다. 의사소통은 언어적, 비언어적 의사소통을 포함하고 있는데, 보디 랭귀지, 시각, 후각, 촉각, 청각과 같은 지각을 포함하는 비언어적 의사소통은 탐정의 조사활동에서 중요하다.

탐정들은 인간과 환경적 상황들에 대해서 이를 조화 시킬 수 있어야 한다.

3. 유능한 탐정(민간조사관)이 되기 위해서 갖추어야 할 조건들

다음과 같은 10가지를 살펴볼 수 있다.

(1) 준법정신(정직성)

(2) 강인한 체력과 정신력

(3) 세밀한 관찰력

(4) 정확한 기억력

(5) 민첩한 판단력

(6) 정확한 정보수집능력

(7) 끈질긴 추진력(해결능력)

(8) 폭넓은 상식(추진력)

(9) 수사서류 작성능력

(10) 사건의뢰인에 대한 철저한 비밀보장

제2절 조사의 범주

유능한 탐정(민간조사관)은 인지하고, 수집하고, 평가하고, 분류·조사하고, 증거를 보존하는 기술과 기법을 개발하는 사람이다. 조사는 신중과 직접적인 방법의 두 범주로 되어 있다.

① 직접적인 방법은 조사의 대상이 조사되는 이유를 충분하게 인식하는 것을 말한다. 예컨대 보험보상, 청구조사에서 신중함을 요한다.

② 조사는 더 많은 정보가 이용가능해지고 조사의 새로운 방법들을 시작함으로써, 완성되는 것이고 최종적으로 상황이 판명될 때까지 조립되는 것이다.

1. 추리

탐정은 분명치 않은 답변들을 보충하기 위해서 추리를 해야만 한다. 이러한 추리는 조사를 추구하기 위한 실행 가능한 지침이 될 수 있다.

경찰이나 탐정들은 가정적인 용의자에 의해 실행될 수 있는 그럴듯한 동기와 행위를 추정한 또는 추측한 내용대로 사건을 재구성하는 가치를 알고 있다.

특히 경험이 많은 탐정의 경우에는 하나의 추리에 스스로를 가두지 않고 결정적인 증거가 나타날 때까지 편견 없는 마음을 유지하며, 정보의 출처로부터 나온 어떠한 정보라도 세밀하게 조사를 한다.

2. 조사패턴

(1) 조사패턴

추리의 사용과 조사에서 획득한 자료의 보강의 경우 다음과 같은 패턴에 의해 이루어지고 있다.

> ① 추리는 인터뷰, 감시, 탐정에 의해 시작된 다른 절차들로부터 얻어진 정보로써의 방법을 제공한다.
> ② 정보는 탐정에 의해 판단되어지는 것으로 하나 또는 더 많은 추가적인 출처 또는 상황의 징후에 의해 합리적으로 증명되어지거나 확인될 때 사실이 된다.
> ③ 사실은 탐정 또는 의뢰인에게 수락된다고 판단될 경우 증거의 지위로써 평가된다. 실제적으로 법정 또는 조사패널(investigative panel), board(위원회), committee(위원회)에 의해 증거로 수락될 때이다. 또는 검사의 기소 또는 소송에 쓸 수 있다고 인정되어질 때이다.

(2) 조사의 의의

본인이 알고 있는 자료를 토대로 해서 추리를 세우고, 얻어진 정보를 증명된 사실로 만들고, 의뢰인을 대신해서 사용할 수 있는 증거로써 개량된 사실들이다. 이러한 것은 조사를 조절하고 행하는 탐정의 능력에 따라서 좌우되는 것이고, 사건의 여러 복잡성과도 밀접한 관련성이 있는 것이다.

제3절 인터뷰와 진술

1. 인터뷰 시작 전

인터뷰 솜씨가 제대로 성공하기 위해서는 많은 연습을 해야 발전이 되는 것이다. 무엇보다 중요한 것은 인터뷰를 하기 전에 준비와 계획을 하는 것이다(Brain Ord, Gory Shaw, Tracy, Green, 2004).

사전에 충분한 준비와 계획 없이 조급하게 이루어진 인터뷰의 경우에는 수사손실의 시작인 것이다. 인터뷰를 진행하는 동안 탐정은 무엇에 대해서 이미 알고 있거나 믿은 것을 말할 경우 동일성 있게 해야 한다.

탐정이 지식이 부족한 상황하에서 문제되어진 조사의 경우에는 계획된 거짓이건 모순된 사실을 알든 어느 쪽이든 생각해서 말하는 것을 식별하지 못할 것이다. 탐정은 인터뷰와 관련된 모든 자료에 대해서 이를 정리해야 하고, 인터뷰를 하는 동안 어떻게 주제에 대해서 이를 접근을 해야 할 것인지에 대해서 깊게 생각을 해야 한다.

(1) 준비와 계획

준비와 계획은 개별적으로 고려되는 것은 아니나 다음 4가지 구성요소로 이루어지고 있다.

준비와 계획			
주위의 정보	인터뷰 계획	법률적 고려	행정적인 정리

1) 주위의 정보

잘 알고 있는 배경에 대한 조사와 특징, 주위사람과의 인터뷰는 중요하다.

탐정이 그러한 일을 성공적으로 수행하기 위해서는 증인, 피해자, 용의자 등과 인터뷰를 해야 한다. 탐정은 조사에서 일어나는 일에 대해서 잘 알아야 되며, 인터뷰하는 동안에 변화되는 여러 상황에 대해서 적응을 할 수 있어야만 한다.

어느 장소라도 가능한 여건이 주어지면 사건이 발생된 장소를 직접 방문하고 그 지역에 대해서 주의를 기울여 관찰을 한 다음 기록을 남겨야 하고 필요시에는 사진 촬영을 해 두어야 한다. 탐정은 증인(목격자)이나 피해자를 포함하여 용의자에 대하여 증거를 제공하는 사람에 대해서 진실성을 확보해 두어야 한다. 신뢰할 수 없는(진실성이 없는) 사람이 증거를 제공하는 경우에 탐정은 그 증거에 대해서 반드시 의심을 해 보아야 한다.

탐정은 인터뷰 받는 사람에 대한 특징과 세밀한 부분까지 확인을 해 두어야 한다.

---

① 가족사항: 피인터뷰자의 가족, 직업, 사사로운 부분까지 확인해야 한다.

② 지난 과거: 증인이나 용의자의 전과기록이 있는 지의 여부를 조사해야 한다. 또한 사건에 관계되거나 유사사건에 연류된 적이 있는 지의 여부를 조사해야 한다.

③ 연류된 형태: 다른 탐정에게 인터뷰를 받았거나 과거에 증인으로써의 관계였는가?

④ 용의자의 재산: 용의자의 재산이나 증거서류를 신중하게 확인하고 조사해야 한다. 또한 부정이나 다른 범죄, 조사한 문제에 관련시켜 설명할 수 있는 증거를 입증해야 한다.

범죄에 대한 배경에 대한 것들을 찾고 인터뷰 받는 자의 사사로운 부분까지 확인을 해야 하며, 의심스런 부분에 대한 인터뷰할 질문을 사전에 준비를 해야 한다.

2) 인터뷰 계획

탐정은 인터뷰를 왜하는 것인가에 대한 이유를 충분히 이해하고 있어야 한다. 증인, 피해자나 용의자에 대한 인터뷰를 시작할 경우, 인터뷰의 목적은 수사에서 진실된 문제를 확실하게 해주는 것이다.

인터뷰의 목적은 개개의 경우의 상황과 인터뷰의 증인이나 용의자에 의해 변화되어 질 수 있다. 용의자에 있어서 사건이나 범죄에 연류되어 있지는 않은지, 사건이나 범죄에 그 연류가 입증되지 않는지 어떤지에 의해 목적이 확정된다. 용의자가 사건이나 범죄에 연류가 되어 있다면 목적은 확정된다.

---

① 그들이 실질적인 시간에 무엇을 하였는지 말한 것을 확실히 한다.

② 그들은 이것을 어떻게 입증할 것인가? 예들 들어, 누구와 있었는가?

③ 실질적인 시간에 만약 다른 곳에서 그들은 무엇을 하고 있었는가?

④ 누가 그들을 보았는가?

⑤ 그 밖에 그들은 무엇을 보았는가?

증인 인터뷰에서 증인이 범죄를 저지르는 것을 보았는가에 따라 목적이 달라진다. 또 증인이 사람을 식별할 수 있다면 목적이 확정된다.

---

① 얼마 동안 그 사람을 보았는가?

② 증인이 그들로부터 어느 정도의 거리에 있었는가?

③ 그 시간이 명백한가?

④ 증인이 알고 있는 사람인가? 그렇다면 얼마 동안 알고 있었는가?

⑤ 묘사된 것과 실제모습과 다른 무엇이 있는가?

---

3) 법률적 고찰

민간조사관(탐정)이 행하는 업무에서 법률위반으로 말미암아 인터뷰를 용인하기 어려운 증거가 발생할 수도 있다. 따라서 민간조사관(탐정)은 해당 분야의 법률에 대해서도 명확히 알고 있어야 하는 것이다.

① 모든 인터뷰

⇨ **사람을 인터뷰할 때**

• 소년인가, 소녀인가?

• 어떤 다른 부당한 심리적인 상처를 입었는가? 그렇다면 적당한 성인을 참석시켜서 해결해
  야 하는가?

⇨ **증인이나 사람에게 관심을 가지고 한다면**

• 맹인이면 심각하게 눈에 보이는 상처가 있는가?

• 귀머거리인가?

• 읽지 못하는가?

• 말하지 못하는가? 또는 언어장애가 있는가?

• 언어(한국어)를 이해하지 못하는가? 그렇다면 통역인을 활용해야 한다.

---

② 용의자 인터뷰

- 법정대리인을 요청해야 하는가? 그렇다면 그들은 유용한가?
- 사람을 유치하는 경우에는 그들을 유치한 상황에서 만나거나 무슨 행동을 하여서 필요한 것을 얻는가? 인터뷰를 연기해야 하는가?
- 사람에게 관심을 가지고 필요한 조사를 할 때 중요한 진술을 행하는가?
- 용의자의 법정대리인과 용의자와 인터뷰하는 동안에 나타난 증거는 무엇인가?

4) 행정적인 정리

모든 적절한 배경정보를 하나로 끌어 모아야 하며, 인터뷰 계획은 공식적이고 법적인 측면을 취해야 한다. 마지막으로 행정적인 문제를 처리하여 인터뷰 진행에 대해서 수월히 진행하도록 해야 한다.

만약 용의자를 인터뷰해야 할 경우, 민간조사관(탐정)은 인터뷰실이 유용하고 녹음기능이 있는 장치가 있는지에 대해서도 알아보아야 한다.

인터뷰를 위해 출석을 한 경우에 충분한 좌석이 있는가에 대해서도 이를 확인해야 하고 인터뷰실에서 우발적인 사건이 발생할 경우, 전문적 기술을 반영할 수 있는 조건을 갖추었는가에 대해서도 이를 확인해야만 한다.

또한 충분한 테이프, 비디오, 인지된 표찰, 인터뷰하는 동안에 요구되는 다른 형태의 모든 것들에 대해서도 준비해야 한다.

탐정(민간조사관)은 계획의 개요, 진술, 인터뷰 기록을 유지해야 하고, 인터뷰에 관계되는 것을 정리해야 하며, 인터뷰시 어떻게 주제에 접근하여 정리하여 줄 수 있는지에 대해서도 생각을 해야만 한다.

(2) 장소의 선택

탐정(민간조사관)은 사건을 의뢰받은 뒤에 가능한 빨리 대상자를 인터뷰하거나 심문하게 된다. 인간의 기억은 한계가 있기 때문에 오래가지 않는다. 질문을 받는 사람이 사건에 대한 책임을 줄이기 위해 내용을 날조할 시간을 갖지 못하게 해야 한다. 탐정(민간조사관)이 인터뷰를 행하는 장소는 다양하다. 범죄현장에서 대화한 사람을 제외하고 목격자(증인)는 그들이 편하다고 느끼는 장소에서 인터뷰를 해야만 한다. 예컨대 집, 사무실 등. 목격자(증인)가 탐정의 사무실에서 편안함을 느끼거나 그것이 부당한 곤란함을 유발하지 않을 경우, 탐정(민간조사관)의 사무실을 이용할 수도 있는 것이고, 필요시에는 대상자의 동의하에 경찰서의 인터뷰실을 빌려서 사용하는 것도 가능한 것이다. 적대감을 가지고 대하는 대상자에게 민간조사관(탐정)은 심리적인 안정감을 느끼는 장소에서 인터뷰를 요청할 수도 있다.

이러한 것에 해당되는 장소는 장비가 잘 갖추어진 인터뷰실이다. 인터뷰실은 대상자에게 그가 구금되어 있다든지 감옥에 있다는 생각이 떠오르지 않아야 한다.

인터뷰실은 기록하기에 충분한 테이블이 갖추어져야 하고, 편안한 의자가 있어야만 한다. 인터뷰실은 외부의 소리를 줄이기 위해 방음장치 또한 잘 되어져 있어야 한다. 인터뷰실에는 기록장치, 서류, 인터뷰양식 등 다른 필수품이 인터뷰가 시작되기 전에 갖추어져 있어야만 한다.

(3) 인터뷰의 시작

인터뷰를 시작할 경우 중요한 것은 관계의 설립이다. 관계설립의 방법은 주로 의사소통에서 얻을 수 있는 것이다. 수사 인터뷰는 매우 다른 상황에서 대면하게 되는데, 관계되는 것을 만나게 하고 피인터뷰자와 인터뷰를 시작함으로써 인위적인 관계를 가지게 한다. 용의자, 증인, 피해자는 경찰이나 공무원과의 관계에 익숙하지 못한다. 새로운 경험과 주변의 기인한 일들은 피인터뷰자들을 긴장, 불안하게 만들고 신경질적으로 만들게 한다.

이러한 상황의 경우에는 사교적인 관계로 해결되지 않기 때문에 시작하기 전 준비기간이 요구되어지는 것이며, 연관이 있는 부분과 지나간 것에 대하여 정보를 얻어서 빠르게 관계를 설립할 수 있는 것이다.

유능한 탐정(민간조사관)의 경우에는 가능한 현장과 관련하여 그 사건과 연관이 있는 사람을 인터뷰하여 업무의 능률을 올릴 수 있다.

> ◉ 용의자 · 증인 · 피해자의 관계설립수단
>
> 용의자 · 증인 · 피해자와 관계설립수단은 6가지로 나누어 설명할 수 있다(Brain Ord, Gary Sgow, Tracy Green, 2004).

1) 처음부터 좋은 인상을 심어준다(첫인상)

가능하면 탐정(민간조사관)은 피인터뷰자에게 우호적이고 예의바르게 접근을 해야 한다. 또한 총명하고 전문성이 나타나도록 해야 한다. 이러한 것은 신뢰관계를 유지하는 데 많은 도움을 주고 피인터뷰자는 안정감을 느끼게 되며, 민간조사관(탐정)은 많은 정보를 입수할 수 있는 것이다.

2) 피인터뷰자를 한 사람의 인격체로 대한다.

민간조사관(탐정)은 인터뷰 받는 자를 한 사람의 존중받는 인격체로 대우하도록 노력을 해야 하고, 성공적인 인터뷰가 되도록 노력을 해야만 인터뷰의 목적을 성공적으로 달성할 수 있는 것이다.

3) 인터뷰 받는 자의 심정(감정)을 이해한다.

증인 · 피해자 · 용의자에 대한 태도는 조사하는 민간조사관(탐정)이 그들의 개인의 인격이나 특질, 조사에서의 역할, 조사하는 문제에 자연스럽게 영향을 받게 된다. 유능한 탐정은 여러 상황하에서 개인의 감정을 이해하는 능력을 개발해야 하며 그들의 행동을 이해하여야 한다. 가장 유용한 방법은 인터뷰하는 사람의 감정이입에 대한 능력이다, 감정에 대한 이해의 노력은 개인의 용의자 · 증인 · 피해자가 특별한 상황에서 느끼는 개인의 인격에 의존되어 지는 것이다.

민간조사관(탐정)은 공정해야 하고 감정이입과 동정을 혼돈해서는 안 된다. 피인터뷰자에게 미안한 감정을 보이는 것과 그들의 감정을 이해하는 것은 다른 것이다. 민간조사관(탐정)은 감정적으로 연류될 것과 같은 피인터뷰자에 대한 동정과 가능한 손실을 인터뷰에서 통제해야 한다.

4) 인터뷰하는 이유의 설명

인터뷰하는 민간조사관(탐정)은 피인터뷰자에게 인터뷰하는 이유에 대해서 이를 자세하게 설명을 해주어야 한다. 피인터뷰자를 인터뷰하는 이유는 그들이 주장하는 사항에 대해서 그들이 소명할 기회를 주도록 허락하고, 피인터뷰자에 대해 확실하게 깨우치기 위해서인 것이다.

증인과 피해자를 인터뷰하는 이유는 수사에서 문제에 대해서 그들의 지식과 관련된 정보를 수집(입수)하기 위해서이다.

5) 진행에 대한 절차의 설명

피인터뷰자와의 관계에 따라 조사 인터뷰 진행준비와 윤곽을 기록하며, 인터뷰하는 민간조사관(탐정)은 진행의 틀에 의해서 인터뷰를 시작한다. 예컨대 테이프나 노트에 기록.

6) 인터뷰 형식에 대한 설명

인터뷰하는 민간조사관(탐정)은 사람에 대한 관심, 증인, 피해자에 대해 인터뷰 형식에 관한 설명을 해야 한다. 왜냐하면 인터뷰 받는 자에게 조사되는 문제에 대한 질문의 요구하는 양을 분명히 하기 위해서이다. 인터뷰를 시작할 때 다음과 같은 점을 명시해서 해야 한다.

---

① 항상 올바른 이름을 사용해야 한다. 나중에 허위의 이름을 사용한 것이 밝혀진다면 신뢰성을 잃게 되고 피인터뷰자와의 협력이 무효화 될 것이다.

② 피인터뷰자의 눈을 쳐다보면서 대화를 해야 한다.

③ 우호적인 방법으로 피인터뷰자를 대한다.

④ 결코 목소리를 높여서는 안 된다. 그 순간 인터뷰는 위태롭게 된다.

⑤ 감정적이지 않으면서도 자신 있는 태도를 취해야 한다.

⑥ 인터뷰의 주제에 대하여 멸시, 냉소적, 비웃지 않아야 한다.

⑦ 정중하게, 인내심 있게, 공평하게, 호감 있는 태도로 인터뷰에 임해야 한다.

⑧ 관심을 가지고 상대방의 애기를 들어주면서 동시에 끈기를 가져야 한다.

⑨ 인터뷰를 이끌어 갈 때 우연적으로 대화의 주제에 접근하도록 하고, 의식적으로 노트에 적으려 하지 말고, 필요하다면 노트북보다 종이에 접어서 요점만 적도록 해야 한다.

인터뷰하는 민간조사관(탐정)은 사건의 본질에 연관된 문제에 대해 직접적인 질문을 해야하는 것이고, 관련된 내용과 일치하지 않은 것에 대해서는 방심하지 않아야 한다. 또한 '예'나 '아니오'로 답할 수 있는 질문에 대해서는 이를 금지해야 한다. 답이 '암시'되는 질문의 경우에는 사용해서는 안 되고, 복잡한 질문과 진술은 가급적이면 하지 말아야 한다.

(4) 진술

1) 진술의 의의

진술은 주제에 대해 지식이 반영되는 것이다. 사건이나 상황에서 개인의 진술을 존중하는 방식으로 진행되어야 할 것이고, 그 내용면에 있어서도 자연스럽게 이를 이해할 수 있는 것이 가치가 있는 진술인 것이다.

2) 진술의 4가지 방식

① 손으로 쓴 진술

손으로 기재한 진술을 말한다. 진술대상자에 의해 진술 전체가 자필로 쓰여진 경우라면 의심의 여지없이 이상적인 것이다. 그러나 민간조사관(탐정)이 진술서를 작성한 경우라면 진술대상자가 읽고 기록한 서명이 필요하다. 그러나 진술서에 난을 채우지 못한 부분이 있는 경우 민간조사관(탐정)이 문장을 고치거나 삽입했다는 반론이나 주장이 제기될 수도 있는 문제점이 있다.

② 워드로 쓴 진술

쉽게 읽고 기재하기가 용이하며 각각의 부분에 대해서도 보다 잘 이해를 할 수가 있다. 이 방식은 필요시에 특정부분을 다시 언급할 수 있고 조회하는 것이 가능하고 빠르게 기재할 수 있다.

③ 문답형식

민간조사관(탐정)이 질문하고 대상자가 답을 하는 방식을 말한다. 여기에서 민간조사관(탐정)은 자기의 질문과 정확한 답이나 다른 질문을 알아채고 움직이기 전에 그 대상이 응수하는 것을 기록하는 것이다. 이 방식의 경우 조사에 효력이 있고, 적대시하는 대상자에게 유효한 형식에 해당된다.

④ 기록에 의한 인터뷰

묻고 답하는 방식과 유사한 방식으로 탐정(민간조사관)에 의해 많이 사용이 된다. 정당하게 획득된 부분과 그에 대한 논의의 시도가 가능하기 때문에 경찰기관에 의해서도 많이 사용이 된다.

(5) 보고서 작성

좋은 보고서의 경우 정보를 전달함에 있어서 다른 사람이 쉽게 이해할 수 있도록 정보의 전달이 용이하게 잘 되어진 것을 말한다. 보고서를 읽는 사람의 경우에는 머릿속에서 보고서의 내용이 잘 그려져야 하는 것이다.

그러므로 보고서는 알아보기 쉽게, 이해하기 쉽게 작성이 되어야만 한다. 탐정(민간조사관)은 실질적으로 간결하고, 명확하고, 완벽하게 보고서를 쓰는 능력을 개발해야만 한다.

① 보고서는 의뢰인이 요구하는 모든 정보를 포함하고 있어야만 한다. 해결책은 보고서를 기본으로 만들어진다.

② 보고서에는 부여된 임무의 준비와 모든 결과에 대해서 이를 기록해야 한다.

③ 보고서에는 풍문의 증거가 어떻게 발생하고, 발생한 일에 대한 조사관의 일반적인 본인의 생각을 포함시켜서는 안 된다. 그것은 오로지 증언이나 증거에 의해서 만들어지게 되는 것임을 명심해야만 한다. 만약 일반적인 관념이 요구될경우에는 그 관념이 명확하고 틀림이 없어야 한다.

1) 보고서의 평가

작성된 보고서는 5가지 방법으로 평가되어지는데 이를 살펴보면 다음과 같다.

① 완전성

이 보고서는 완전한가?, 보고서에 필요로 하는 모든 정보가 포함되어 있는가?, 이것에는 특별한 질문의 답이 요구되어지는가?, 고객이 보고서에 필요로 하고 사용해야 하는 부수적 배경의 정보가 포함되어 있는가?

② 정확성

이 보고서는 정확한가?, 보고서의 내용이 관련사건의 정보와 관련이 있는 것인가?, 진술을 기반으로 작성된 보고서가 문법적으로 맞고 철자는 올바른가?

③ 명확성

이 보고서는 명확한가? 보고서가 논리적으로 쓰여지고 방생한 일이 순차적으로 기재되어 있는가?, 개개의 문법이 명확한가?, 진술이 짧다고 필요한 정보의 전달이 안 되는 것은 아니다.

④ 간결성

이 보고서는 간결한가?, 보고서의 내용이 사건과 관련된 사실에 속하는가?, 보고서의 내용이 사건과 관련하여 명확하게 잘 나타나 있는가?, 내용이 반복되지 않고 같은 문장이 중복되어 있지 않은가?

⑤ 적절성

이 보고서는 적절한가?, 고객에게 조사관의 생각과 사고를 전달하는 데 효과적인가?, 보고서의 평가는 만족스러운 것인가?, 보고서가 만족스럽다는 주장이 고객에 의해서 제기되어져야만 한다.

2) 보고서 작성의 5단계(POWER)

보고서 작성의 5단계는 조사관들에게 효과적일 수 있다. 효과적인 작성의 단계를 기억하면 조사관들이 보고서를 작성하는 데 도움이 된다. 이를 살펴보면 다음과 같다.

계획(planning) ⇨ 조직화(organizing) ⇨ 작성(writing) ⇨ 평가(evaluating) ⇨ 개정, 교정(revising)

① 계획(planning)

계획에 의한 보고서가 만들어져야 한다는 말이다. 보고서는 아이디어와 조직적인 사고계획에 의해서 만들어져야 한다. 계획은 사실에 대한 생각하는 가능성을 체계화시켜 주며, 그 시간에 한 생각을 집중시키게 한다. 또한 보고서가 명확한 표현과 논리적으로 정돈을 되게 해주고, 읽는 사람의 시간과 감독자의 시간을 절약해준다.

② 조직화(organizing)

조직적인 보고서는 작성자의 생각을 도와주고 읽는 사람에게도 이익이 되므로 정확한 보고서가 될 수 있다. 조직적인 보고서는 흐름에 의해 결정이 되기 때문에, 조사된 부분이 특별한 형식에 의해서 된 것이 아니라면 이러한 흐름에 따라서 해야 한다. 보고서는 표준형식에 따라야 하고 논리적인 전체의 흐름에 따라야 한다.

③ 작성(writing)

민간조사관(탐정)은 계획을 해서 자신이 원하는 장소에서 보고서를 어떠한 방식으로 정리할 것인지에 대해서 결정을 해야 한다. 보고서를 작성할 시 다음의 3가지를 고려해야 한다.

> - 계획은 일관적이고 확고해야만 한다. 그러한 계획이 확고한 경우라면 그 틀로부터 벗어나서는 안 되는 것이다.
> - 하나의 부분에 핵심내용을 집중시키도록 한다.
> - 보고서를 작성하고 나서 다시 쓰기 시작할 때 보고서를 다 쓴 후에 읽어서 반복된 것을 발견하거나 수정할 것이 나타나면 다시 고쳐서 작성해야 한다.

④ 평가(evaluating)

실질적인 기본요소를 바탕으로 잘 작성된 보고서의 경우에는 평가되어진다. 평가는 보고서에 이익을 주게 되는데, 보고서를 작성하는 능력은 물론이고 작성된 보고서는 평가를 요구받게 된다. 장래에 보고서를 개선해서 이를 작성하려면 명확하고 객관적으로 볼 수 있는 능력이 필요하게 된다. 적절히 개선된 개개의 보고서는 민간조사관(탐정)의 작성능력이 향상되었음을 나타내는 것이고, 읽는 감독자에게도 이익이 됨을 뜻하는 것이다.

⑤ 개정, 교정(revising)

보고서를 교정할 경우에는 가능한 적은 단어로 단축해야한다. 논리적인 아이템 단어들, 문장들을 더하거나 단어를 바꾸어서 공식적으로 정확하지 않는 일반적인 개념과 사실이 포함됨이 없이 보고서는 작성이 되어야만 한다. 조사를 할 경우 사람에게 항상 마음을 열고 행해져야 하고, 보고서의 경우에는 설명적이어야 하고 사실을 기반으로 해서 작성되어야만 한다.

제7장 탐문기법

제1절 의의와 중요성

1. 탐문수사

탐문수사의 의의에 대해서 살펴보면 경찰의 경우에 있어서는 수사관에 의해서 범죄를 탐지하거나 또는 범죄수사를 행함에 있어서 범인 이외의 제3자로부터 범죄에 대해서 견문 또는 직접 체험한 사실을 탐지하기 위해서 행하는 수사활동을 말한다.

2. 탐문기법

탐문기법이란 어떠한 사실에 대해서 이를 조사하거나 정보를 수집하기 위해서 일반인이나 조사대상자를 대상으로 특정사건 또는 특정사실에 대해서 견문 또는 직접적으로 체험한 사실에 대해서 이를 탐지하기 위해서 행하는 조사활동을 말한다.

3. 탐문활동

정보나 조사자료의 수집활동 중 가장 전형적인 방법이고 중요한 조사활동이 되는데, 어느 정도 탐문기술에 숙달되고 있는가 하는 것이 조사활동에 있어서 성공을 하느냐 실패를 하느냐를 좌지우지하는 중요한 관건이 되는 것이다.

탐문활동은 탐문으로 시작을 해서 탐문으로 끝맺음을 한다. 예컨대 탐문의 대상은 동기, 대상자의 선정, 상황파악, 가족관계, 사회활동, 학력, 친구관계, 종교관계, 심지어 범행도구의 입수부터 장물의 처분, 그 후의 동정 등이다.

제2절 탐문활동의 심적대비와 준비

탐정활동을 하기 전에 다음과 같은 심적대비를 필요로 한다.

1. 탐문활동시의 심적대비

> 성실성, 인내심과 열의, 인격존중, 냉철하고 온화한 태도, 유혹에 주의

(1) 성실성

탐문활동을 함에 있어서는 성실한 태도, 열의 있는 설득, 진심으로 의뢰한다는 태도 등이 무엇보다도 좋은 성과로 이어진다.

(2) 인내심과 결의

상대방이 협조적이지 않거나 심문과정에서 같은 말만 반복하는 경우에는 조급하게 결론을 맺지 말고 상대방의 말을 끝까지 듣는 등 인내심과 열의를 가져야 한다.

(3) 인격존중

탐문활동을 함에 있어서 상대방의 인격을 존중해야 한다. 상대방의 협력을 받기 위해서는 사회적 지휘의 높고 낮음의 여하를 막론하고 언제나 대등한 인관관계를 유지하면서 대해야 한다.

(4) 냉철하고 온화한 태도

탐정(민간조사관)이 예의를 갖추어 상대방에게 협력 요청을 했음에도 불구하고 상대방이 시비를 걸어오는 경우가 있는데, 이런 경우에는 냉철하고 온화한 태도를 취해야 한다.

(5) 유혹에 주의

탐문활동시에 상대방과의 접촉이 그의 주택 등에서 행해지는 경우가 많기 때문에 탐문시에

는 부정한 유혹에 빠지지 않도록 의연한 태도를 가지는 것이 중요하다.

2. 탐문활동의 준비

(1) 평소의 준비

평소에 탐문대상에 관한 기초자료를 준비해 두어야 한다. 또한 평소에 탐문대상이 될 만한 사람이나, 장소, 대상업자 등의 기초자료를 조사하고 정비해 두어야 하며, 필요시에는 신속한 탐문이 될 수 있도록 해야 한다.

(2) 협력자 확보

탐문활동을 함에 있어 상대방의 협력에 의해 목적을 달성할 수 있는 활동이다. 탐문활동은 민간조사관(탐정)과 대상자와의 인간관계가 효과를 좌우하는 것이기 때문에 평소에 협력자와의 인간관계를 잘 유지시켜야 한다.

제3절 탐문활동목적의 확정과 계획의 수립

1. 탐문활동목적의 확정과 대상자의 선정

탐문활동을 함에 있어 사건의 개요, 이미 확인된 사항 등에 대해서 이를 정리하고 어떠한 목적으로 탐문할 것인가에 대해서 이를 확정시키는 것이 무엇보다 중요한 것이다. 탐문활동의 대상자를 선정하는 데 있어서 직접 사실을 체험하고 관찰한 사람을 대상자로 선정해야 하고, 탐문준비에 있어서 중요한 것은 대상자에 대한 분석이다. 예컨대 대상자의 연령, 성별, 교육장소, 소속집단, 사회적 환경, 처지, 기분, 태도, 흥미, 요구 등이다.

2. 탐문순서

우선순위로 두어야 하는 것은 면접을 둘 수 있다. 왜냐하면 사람은 자기가 처음으로 면접한 사람이 말한 사실에 대해서 이를 수용하려는 경향이 강하기 때문에 민간조사관(탐정)도 이러한 경향을 피하기가 어렵기 때문인 것이다.

3. 탐문계획수립

탐문계획의 수립을 살펴보면 다음과 같다.

(1) 탐문의 요점 선정

① 언제(면접일시)
② 어디서(면접의 장소와 환경의 선정)
③ 왜(목적의식)
④ 누구와(대상자 선정)
⑤ 어떻게(면접의 방법, 대화내용 및 골자, 예상되는 질문에 대한 태도 등)

(2) 탐문시간과 장소의 선정

오랜 시간이 경과된 후 탐문을 하게 되면 상대방이 기억력이 흐려지게 되어 올바른 정보를 얻기가 쉽지 않기 때문에 이러한 점을 고려해야 한다.

탐문장소의 선정은 상대방에게 편리한 장소 또는 정숙한 분위기를 가진 장소가 적당하다.

(3) 탐문방법

직접 본인이 탐문대상과 면접할 것인가, 제3자를 통해서 정보를 얻을 것인가, 민간조사관(탐정)의 신분을 밝힐 것인가, 신분을 숨기고 상대하는 것이 좋은가 등에 대해서 다방면으로 검토를 해야 한다.

제4절 탐문활동시 유의사항

1. 관찰력과 판단력의 함양이 필요하다.

상대방이 이야기 할 경우에 그 사람의 심리작용을 살필 경우에 안색, 표정 등에 나타나는 것이기 때문에 그러한 것에 대해서 정확히 관찰을 하여 내용의 진위와 마음의 동요 등을 간파할 수 있는 판단력 함양에 노력을 해야 한다.

2. 정보근원의 직접 확인이 필요하다

탐문에 의해 얻어지는 정보는 직접적인 경우가 많아 정보의 와전이 예상되기 때문에 가능한 한 직접 경험한 자를 찾아서 그에 따른 정확한 확인을 해야 한다.

3. 연쇄적 탐문실시가 필요하다.

하나의 사실이 탐문에서 얻어진 경우에 그에 따른 모든 사실에 대해서 신속하고, 정확하게 탐문활동을 시행하여 조사의 선을 확대시켜야 한다.

4. 상대방의 사정을 이용한다.

영업상의 경쟁, 갈등관계 등 상대방의 사정을 이용하는 것은 탐문활동에 있어서 매우 효과적인 것이지만, 이 경우에 정보의 신용성에 대해서 주의를 기울여야 한다.

5. 탐문내용의 가치를 판단한다.

경쟁상대방으로 하여금 고의로 피해를 당하게 하기 위해서 허위 정보를 제공하는 사례도 발생되므로, 탐문이 종료된 후에는 탐문에 의해서 얻어진 정보에 대해서 여러 방면으로 검토하고 정보의 신뢰성을 판단해야만 한다.

제5절 탐문방법

1. 직접탐문

상대방과 직접 면접을 하여 탐문을 행하는 방법을 말한다. 민간조사관(탐정)의 신분을 명시하고 행하는 것과 신분을 숨기고 행하는 두 방법이 있다.

2. 간접탐문

꼭 필요한 정보를 얻고자 하는 경우에 상대방에게 직접 질문하기가 어렵고, 효과를 거두기 어려운 경우에 제3자의 협력을 얻어서 간접적으로 탐문을 행하는 방법을 말한다.

3. 탐문조사시 질문방식

> 탐문조사시 질문방식에는 전체법, 일문일답법, 자유응답법, 선택응답법, 긍정질문법이 있다.

(1) 전체법

'무엇인가 이상한 점은 없었습니까?', '무엇을 했습니까?' 등과 같이 막연하게 질문을 하고 상대방은 이에 관해서 자유롭게 답변을 하는 방식을 말한다. 이 방법은 질문자의 암시, 유도의 염려가 수반되지 않기 때문에 올바른 답변을 얻을 수 있는 장점을 지니고 있으나 답변의 정리가 어렵다는 것이 단점에 해당된다.

(2) 일문일답법

질문자가 듣고 싶은 점에 대한 말을 하나하나 물으면서 하는 방식을 말한다. 문제점을 명확히 할 수 있는 장점이 있다. 그러나 질문 이외의 정보에 대해서 얻기가 어렵고 질문을 어떻게 하는가에 따라서 암시, 유도의 염려가 있다는 단점이 있다.

(3) 자유응답법

'무엇을 보았습니까?', '어디로 가는 버스였습니까?'처럼 무엇, 어디 언제 등과 같이 의문사를 수반하는 질문방식을 말한다. 이 방식의 장점은 언제, 어디서, 무엇을 등의 의문부호가 있는 질문에 대해서 자유롭게 답변을 하는 방식에 해당되기 때문에 질문의 암시, 유도의 염려가 적다.

(4) 선택응답법

미리 준비해 둔 몇 개의 답변 중에서 선택을 하여 답변을 하도록 하는 다지선택법 방식을 말한다. 예컨대 색깔은 남색이었습니까? 녹색이었습니까? 등과 같은 질문에 대한 응답법이다.

(5) 긍정 및 부정질문법

긍정질문법은 긍정적으로 질문을 하는 방법을 말하는 것이고, 부정질문법은 부정적으로 질문을 하는 방법을 말한다.

예컨대 긍정질문법은 '그것이 맞는지요?', 부정질문법은 '병은 아니겠지요?' 일반적으로 긍정 및 부정질문법은 암시, 유도의 염려가 있기 때문에 답변을 정확히 얻기가 어려운 단점이 있다.

제6절 탐문의 종결과 기록, 조치

탐문이 종결되면 상대방에게 감사하다는 말을 꼭 해야 하고, 후에 탐문을 행할 필요성이 있는 경우에는 만날 장소, 시간, 연락방법 등에 대해서 약속을 해두어야 한다. 탐문에서 행한 내용에 대해서는 비밀을 서로 지킬 수 있도록 해야 한다.

1. 기록

탐문 중에는 그 내용을 기억해두었다가 탐문종료 후에 그 기억에 의해 기록하는 방법이 이상적이다.

2. 탐문 후의 조치

탐문에 의해 얻어진 정보에 대해서는 민간조사 사무실의 간부에게 반드시 보고를 해야 하고, 정보제공자나 협력자에 대해서는 철저한 보호조치가 필요하다.

제8장 감시(surveillance)

제1절 감시의 의의와 목적에 대해

1. 감시의 의의

감시란 문제의 사람들과 대상들의 행위, 신분 그리고 관련 정보를 얻기 위해서 사람, 장소, 물건들을 계속적으로 관찰하는 과정을 말한다. 감시를 하는 방법은 어떠한 장소에서 고정되어 있을 수도 있고 움직일 수도 있는 것이다. 감시자는 감시대상자에 의해 자행되는 행동에 대해서 자신이 본 그대로 기록을 해 두어야 한다.

보통 감시의 대상은 사람이다. 그러나 장소와 사물도 그것들이 사람이나 임무에 관련성이 있는 경우라면 감시의 대상이 될 수 있는 것이다.

감시는 대상자의 활동에 대해 정보를 제공해 줄 수도 있고 대상자가 감시상태에서 어디를 가는가에 대해서 보여줄 수도 있는 것이며 범죄행위가 어디에서 어떻게 발생되었는가에 대해서도 보여준다. 그러한 것을 통해서 정보출처의 신뢰성을 확인할 수 있는 것이다.

대부분의 감시는 공개적으로 하지 않고 비밀스럽게 행해진다. 그러나 어느 상황에 따라서는 공개적인 감시에 의해서 행해진다. 공개감시 대상자로 하여금 관찰되는 것을 알게 하는 것이 경우에 따라서는 유익한 경우에 사용된다. 예컨대 자신이 미행당하는 것을 아는 신경질적인 감시대상자는 흥분할지도 모르며, 또한 감시되는 동안에 자기의 상사와 접촉을 할 수 있기 때문이다.

2. 감시의 목적

(1) 범죄를 예방하거나 예방하기 위한 노력의 일환

(2) 물리적인 체포를 하기 위해서 또는 체포나 수색영장을 발부하는 데 충분한 증거를 획득하기 위해

(3) 용의자나 수배자의 위치를 알아내어 체포하기 위해

(4) 거주지나 연락 장소 또는 감시대상이나 그와 빈번한 접촉을 하고 있는 사람들의 다른 장소를 찾아내기 위해

(5) 알려진 범인과 용의자와의 관계를 확인하기 위혜

(6) 정보제공자와 그의 정보에 대한 신뢰성을 확인하기 위해

(7) 도박장이나 비행기구에 대한 수색을 준비하기 위해

(8) 실종인이나 도주하는 성인 또는 청소년들의 위치를 알아내기 위해

(9) 체포를 하거나 인질로 잡힌 사람을 구출하기 위한 최선책을 결정하기 위해

(10) 인터뷰나 신문에 대한 배경정보를 확보하기 위해

(11) 여려 가지 범죄나 비밀활동의 본부, 범죄 거래를 위한 공급장소, 장물을 사들이는 곳, 비윤리적인 사업자의 위치를 찾아내기 위해서

(12) 인명과 장소와 물건을 보호하기 위해

제2절 감시를 위한 준비

감시와 비밀활동 기능은 용의자의 활동과 관계에 대해서 알기 위해 사용된다. 이러한 기능을 성공적으로 행하기 위해서는 이러한 기능들을 수행하는 민간조사관(탐정)들의 훈련과 경험이 필요하다.

1. 감시를 위한 기본지침

(1) 사무적인 태도로 움직여라.

(2) 자연스럽게 행동을 하고 멜로드라마 같은 행동들은 하지 말라.

(3) 엉터리 같은 변장은 하지 말라.

(4) 대상자의 감시 여부 시험을 계속 경계하라.

(5) 감시를 위하여 충분하게 준비해야 한다. 특히 어느 정도 머물러야만 하는 주된 장소의 경우.

(6) 어떤 지역에서 감시하는 동안 머무는 그럴 듯한 이유를 준비해야 한다.

(7) 돈과 물품 등을 충분히 준비해야 한다.

(8) 직접적인 눈과 눈 접촉을 하지 말아야 한다.

(9) 다른 탐정(민간조사관)들과 본부와의 적절한 통신 연락망을 준비해야 한다. ⇨ 경찰에서는 주로 미행이나 은신, 파수 등의 용어로 사용되고 있다.

2. 감시를 위한 준비

(1) 감시에 착수하기 전 가능한 한 그 대상에 대해서 많은 배경정보가 필요하다.

감시대상의 자동차, 정확하고 자세한 특징의 묘사, 습관, 버릇 그리고 그가 알고 있는 사람, 즉 교제범위, 친구, 잘 가는 장소 등에 대하여 알 수 있게 해 줄 다른 모든 정보의 원천과 자신의 기록체계의 파일을 점검해야 한다.

(2) 가능하다면 대상자의 최근 사진을 확보하여 일반적인 모습과 독특한 모습에 익숙하도록 노력을 해야 한다.

대상자를 계속해서 감시하여 특정장소나 일반적인 지역에 관한 정보가 더 있는 경우라면 그 지역에 대해서 완전히 익숙해져야 한다. 예컨대 거리의 지명, 관련 장소 그리고 지역의 윤곽들에 대해서 알고 있어야 한다.

그 지역에서 감시를 하도록 도와줄 사람이나 정상적인 방법으로 감시가 소용이 없을 경우에는 본부에서 정보를 전달하여 지원해 줄 사람의 신분을 확인하기 위하여 기록과 다른 조사관들을 점검함이 좋을 듯하다.

(3) 감시의 대상이 한 장소라면 출구, 입구 그리고 유리한 장소를 찾아내고 이웃의 평판을 조사해야 한다.

민간조사관(탐정)은 환경과 어울리기 위해 어떠한 옷들을 입고 어디에서 어떻게 감시해야 할지에 대해서 알고 있어야 한다. 이들은 그 지역에서 다른 사람들이 입는 옷과 유사한 옷을 입고 있어야 한다. 그렇게 할 경우 대상자가 그들을 보더라도 그의 주의를 끌지 않기 때문이다.

(4) 탐정(민간조사관)의 모습에 영향을 주는 것이 옷에 있어서는 안된다.

신분이나 회원을 나타내는 반지나 보석을 착용하지 말아야 한다. 코트나 주머니가 블록하다면 그것은 상대방으로 하여금 내 자신이 무기를 휴대하고 있다는 것을 알려주는 것이다.

(5) 탐정(민간조사관)이 허위경력을 사용한다면 그것은 복장, 언어, 버릇에 확실히 맞추어야 한다.

대상자와 마주친 경우 정보를 제공해서는 안된다. 대상자가 정보를 감지하고 당신을 폭로시키려고 노력할 수도 있기 때문이다.

(6) 기술적인 감시장치는 민간조사관(탐정)에게 매우 유용할 수 있다.

이 장치들(예컨대 녹음기와 마이크로폰)은 물론 대상자의 옷에 몰래 숨겨 놓고 멀리서 수신장치로 들을 수 있는 소형장비에 이르기까지 다양하다. 이 장치들은 대상자가 있는 곳을 대략적으로 알게 해준다.

(7) 탐정(민간조사관)이 어떤 유형의 감시장치를 사용하기 전에는 법률전문가의 조언을 꼭 받아야 한다.

제3절 감시의 유형과 방법

1. 감시유형

감시유형에는 이동감시(mobile surveillance)와 고정감시(fixed surveillance)가 있다.

(1) 이동감시

통상 미행을 함에 있어서 상대방을 그림자처럼 밀착하여 따라다니는 것을 말한다. 이동감시는 도보나 차량에 의해 각기 수행되기도 하고 하나로 결합하여 수행되기도 한다. 그러한 선택은 감시하는 대상자의 움직임이 어떠한 가에 따라서 달라지는 것이다.

(2) 고정감시

예컨대 잠복근무가 이에 해당된다. 잠복근무는 대상자가 머물러 있을 경우 또는 모든 중요 정보를 한 장소에서 얻을 수 있는 경우에 주로 사용된다. 그러나 잠복에 있어서 감시자는 상황에 따라서 자동차에 머물러 있거나 유리한 지점에서 다른 지점으로 움직일 수도 있다. 만약 출구가 1개 이상일 경우에 감시자는 그 출구를 감시하기에 적절한 곳으로 이동해야만 한다.

2. 감시방법

감시방법에는 느슨한 감시, 밀착감시 그리고 그 2가지를 결합한 방법이 있다.

(1) 느슨한 감시

대상자를 불시 점검하는 데 주로 사용된다. 또한 대상자에 대해서 장기적으로 정보에 대한 수집을 하는 데 사용될 수 있다.

(2) 밀착감시

감시자는 대상자에 의한 행동이나 접촉 때문에 느슨한 감시에서 밀착감시로 전환할 필요성이 있다. 예컨대 도박장으로 알려진 장소.

(3) 결합감시

도박장으로 알려진 장소가 밀착감시하에 있다면, 느슨한 감시는 그 장소를 자주 방문하는 사람들에 대해 동시에 행해질 수 있는 것이다.

감시방법

느슨한 감시	근접감시	결합감시
이따금씩 대상자를 감시 필요한 정보는 대상의 활동에 대해 한 면을 감시함으로써 구할 수 있다.	지속적으로 대상자를 감시 필요한 정보는 대상자의 활동을 한 면 이상으로 감시함으로써 단편적으로 얻게 된다.	느슨한 감시와 밀착감시 대상자를 분리하여 병행하거나 한 대상자에 대해서 차례대로 감시함으로써 훨씬 더 많은 정보를 획득하게 된다.

제4절 감시계획 수립

1. 감시계획

감시는 계획적이어야 한다. 계획을 함에 있어서는 사전에 준비가 되어 있어야 하고, 각 감시자는 각 운용단계에 대해서 이를 습득하고 있어야 한다.

두 명 또는 그 이상의 감시자의 행위의 경우에는 항상 그 상황마다 조정이 되어져야 한다. 그것은 행위에 대한 서로 다른 방향을 포함한다. 감시자로 하여금 여러 상황의 변화에 대한 것을 부드럽게 적응하도록 대안을 세워야 한다.

만일 허위경력이 활용될 경우라면 그것은 감시자의 복장과 장비에 의해 뒷받침되어져야 한다. 교신은 작전의 성공을 위해 조정이 되어야 한다.

무선교신의 경우 차량감시를 함에 있어서 필요하다. 그것은 간혹 감시의 다른 형태를 위해서 유용하다.

신호는 도보감시를 위해 메시지를 재연할 수 있도록 이를 정해놓아야 한다. 전화교신 역시 특히 행동이 드러나지 않도록 할 필요성이 있는 경우라면 이는 정해져야 한다.

계획에는 장비목록들이 포함되어져야 한다. 장비목록은 각 운용의 필요성에 따라서 만들어 진다. 그것들은 무선통신, 무기, 차량을 포함하는 기본적인 것이다.

만약 감시자가 지정된 장소에서 감시를 할 수 없게 된 경우라면 그들은 감시장소로 사용할 수 있는 위장된 차량이나 트럭이 필요할 수 있다. 이들의 필요는 계획에 있어야 하는 것이다. 그들은 특별한 주의를 끌지 않는 어떤 직업을 가진 것처럼 가장할 수가 있다. 예컨대 장사꾼이 나 고물수집상, 전화수리공 등으로 위장한다.

그러나 그렇게 하기 위해서는 올바른 장비나 공급품이 필요하다. 예컨대 쌍안경, 전기보조 장치, 카메라, 음성기록장치, 손으로 조작해야 할 그 외의 장치들이 포함되어져 있어야 한다. 또한 계획에는 감시자의 긴장을 해소할 수 있는 대책들도 마련되어져 있어야 한다.

2. 자격

감시자는 관찰과 기술(묘사)에 정통해 있어야 한다. 또한 인내심이 있어야 한다. 왜냐하면 인내심이 없는 경우에는 초조해지거나 낙담하게 되기 때문이다.

감시대상자의 행위를 정확히 설명할 수 있도록 가능한 한 조사에 대해서 많은 것들을 배워야 한다. 감시자는 대상자의 체포가 정당화되는 범죄를 범할 경우를 대비해서 다양한 범죄의 증거요소들에 대해서 알아두어야 한다. 감시자는 범죄자를 체포하기 위해서 너무 서둘러서 는 안 된다.

감시자는 피해자에게 신체상의 해를 끼치지 않는 경우라면 범죄가 완료될 때까지 감시 하에 서 대상자를 주시해야 한다.

감시자는 눈에 띄는 신체적 특징이 없는 평균의 신장과 체중을 지니고 있어야 한다. 감시유형 과 감시되어야 할 장소의 경우에는 감시의 선택여하에 따라서 이를 결정하게 된다.

3. 대비책

(1) 감시 대비책

두 가지 위험에 직면한 감시자는 몇 주간 또는 몇 달간의 준비를 쓸모없게 할 수도 있다. 하나는 발각당할 위험이고, 다른 하나는 결정적인 시기에 대상자를 놓치는 일이다. 경험이 풍부한 민간조사관(탐정)의 경우에도 속임을 당하거나 대상자를 놓치는 경우도 있다. 그들(탐정=민간조사관)은 접촉하는 대상자와 직접적인 시선을 피해야 한다. 그런 일들이 일어날 경우 대상자 너머로 초점을 맞추는 것이 좋다.

갑작스럽거나 부자연스런 움직임은 대상자의 시선을 끌 수도 있다. 대상자는 빈번하게 자신이 감시당하는 지에 대해서 알아보기 위해 시험해 보는 경우도 있다.   예컨대 대상자가 갑자기 걸음을 멈추거나 길모퉁이를 돌거나 하는 경우에는 요원은 계속해서 대상자를 지나 걸어야 하고, 대상자가 갑자기 걸음을 멈추고 가게 창문을 쳐다본다면, 대상자는 창문에 반사된 감시요원을 바랄 볼 것이다. 이 경우 버스 시간표를 확인한다거나 지나가는 사람에게 간단히 물어본다거나 넥타이나 구두끈을 만지는 시늉을 해야 한다.

무엇보다 중요한 것은 항상 우연하게 마주친 것처럼 무관심하게 행동을 해야 한다. 또한 대상자는 빨리 길을 바꾸어 간다든가 대중교통수단이나 공공건물로 들어갈 수 도 있다. 이 경우 그들은 재빠르게 반응을 해야 하지만 자연스럽게 이 움직임들에 대해서 반응을 해야만 한다. 상대방이 미행을 당하고 있다고 의심을 갖게 되는 것보다는 차라리 대상자의 모습을 놓치는 편이 훨씬 낫다.

경험이 풍부한 탐정(민간조사관)들은 종류별로 옷을 준비하고 환경에 잘 어울리는 옷을 고를 것이다. 원활한 업무수행을 위해서 캐주얼, 양복, 셔츠, 넥타이를 항상 준비해두어야 한다. 업무를 수행함에 있어 주위의 시선을 끄는 옷이나 눈에 띄지 않는 평범한 복장을 갖추어야 한다. 만약 평상복차림을 하고 상대방을 감시하고 있는 경우라면 변장을 하지 않는 것이 좋다.

상대방을 미행할 경우에는 자연스럽게 하고 안경이나 선글라스를 착용하거나, 감시자와 감시대상자 간의 거리를 다양하게 하는 것이 유리하다는 것을 알게 될 것이다. 감시자로서 성공하기 위한 열쇠는 가능한 주의를 끌지 않고 자연스럽게 상황에 따라 적응하고 행동하는 것이다.

호텔, 극장, 식당, 엘리베이터 그리고 대중교통수단은 그들로 하여금 특별한 문제에 직면하여 난처하게 만들 수가 있다. 버스, 택시, 식당 또는 공중전화기를 사용하기 위한 돈을 충분이 준비해 두어야 한다.

예컨대 감시대상자가 호텔이나 극장에 들어간 경우 감시대상자 가까이서 움직여야 한다. 식당에 들어간 경우에는 감시대상자의 뒤쪽에 앉아 대상자를 쉽게 볼 수 있는 곳에 자리를 잡아야 한다. 그렇기 하기 위해서는 돈이 필요하다.

대상자가 엘리베이터를 사용 할 경우에는 층 버튼을 누르지 않든지 또는 꼭대기층 버튼을 눌러야 한다. 그렇게 함으로써 탐정요원 대상자를 따라 나갈 수 있는 것이고 대상자의 의심에서 벗어날 수 있는 것이다.

대상자가 철도역이나 버스정류소로 들어간 경우라면 그의 목적지를 충분히 알 수 있을 만큼의 간격을 유지함으로써 탐정요원은 매표원과의 대화를 엿들을 수 있을 것이다.

대상자가 무엇인가를 버린 경우라면 그것을 찾아서 습득해야만 한다. 예컨대 대상자가 떼어서 사용한 묶음종이철(pad) 등이다.

대상자가 공중전화 부스에 들어간 경우라면 다음 부스에 들어가서 대상자의 대화를 엿들을 수 있도록 노력해야 한다. 대상자가 누군가가 뒤따르는가를 살펴보기 위해 일부러 전화를 거는 척할 수도 있는 것이다.

이 경우 대상자의 옆 전화부스에 들어갔다면 전화를 거는 척만 해서는 안 되고 필요한 동전을 넣고 번호를 누르고 대화를 하는 시늉을 해야 한다. 그래야만 대상자가 의심을 안 할 것이다.

(2) 감시 여부 확인방법

감시여부에 대해서 이를 확인하기 위한 방법에는 여러 경우가 있다. 대상자가 명백한 이유 없이 갑자기 멈추거나 주위를 돌아볼 수도 있고, 갑자기 방향을 바꾸어 뒤로 돌아와서 탐정요원(민간조사관)을 만날 수도 있다.

이러한 상황이 발생된다면 탐정요원(민간조사관)은 발견된 것이기 때문에 교체를 해야 한다. 감시대상자는 잠깐 택시를 타거나 한두 블록 정도 버스를 타고는 멈춘 후 다시 움직이기 전에 내릴 수도 있다.

또한 가게 집의 유리창으로 미행을 지켜볼 수도 있다. 대상자는 민간조사관(탐정)이 따라오는지를 확인하기 위해서 일부러 중요하지도 않은 종이쪽지를 버리고는 그것을 줍는 사람이 있는지를 주시할 것이다.

제5절 감시기법

탐정(민간조사관)이 시간적인 여유가 있고 대상자가 판에 박힌 수법을 사용할 때 아주 유용한 것으로 알려진 감시의 한 기법은 점진적(progressive)인 감시이다. 대상자는 하루 중에 어떤 시간 동안 또는 매일의 판에 박힌 시간 중 한 면에서 감시된다. 또 감시부분은 기록이 된다. 다음날의 감시는 전날의 감시부분에서 골라진다. 이러한 과정들은 대상자의 행위가 완전히 다루어질 때까지 계속해서 반복된다.

민간조사관(탐정)이 경험을 얻게 됨에 따라 여러 가지 기법을 사용할 것이고, 이들을 결합하는 법을 배우게 되고 그것을 응용하게 된다.

감시유형과 위험의 정도와 업무에 할당된 민간조사관(탐정)의 수에 따라 어떤 기법을 사용할 것인지에 대해서 결정을 할 수 있다. 혼자(1인) 감시를 하는 경우에는 감시자의 위험을 수반하게 된다. 주요 감시자를 지원하고 보호하기 위한 준비로써 보조자를 두는 것이 현명하다. 어떤 기본적인 기법이 차량감시를 변형시킴으로써 도보감시에 사용될 수도 있다. 모든 것을 도보로만 가는 사람은 없고, 차를 타고서 모든 행선지를 가는 사람 또한 없다. 감시의 유형은 때때로 결합되어야 하는 것이다.

1. 도보감시

(1) 도보감시의 원칙

감시를 효과적으로 하기 위해서는 혼자 하는 것보다는 더 많은 요원을 동원해서 하는 것이 훨씬 더 효과적이 되는 것이다.

1인 도보감시가 사용되는 경우 감시요원이 감시대상자처럼 도로의 같은 쪽에 있을 경우 주의를 해야 한다. 대상자의 뒤쪽에 머물면서 대상자로부터 감시요원의 거리를 다양하게 변경해야 하고 군중의 수와 출구의 수 같은 물리적 상태에 따라 거리를 맞추어 나가야 한다.

대상자가 모퉁이를 돌아 계속해서 거리를 가로질러 건너면 대상자를 지켜보고 거리를 건너 감시요원이 후미에 붙거나 대상자의 앞이나 옆으로 움직여야 한다. 어떤 위치가 감시요원에게 있어 가장 좋은 시야를 확보하는지를 결정하는 것이 좋다.

대상자가 모퉁이를 돌 경우 그가 누군가와 접촉을 하는지 또는 건물에 들어가는지를 보기 위해서 그와 나란히 동행해야 하는 경우도 있다.

(2) 1인 도보감시

1인 도보감시를 할 경우에는 대상자를 감시하는 시간 동안 놓쳐서는 안 되고 대상자와 접촉해서도 안된다. 감시대상자가 도로의 맞은편에 걸어가고 있을 경우에 감시요원은 대상자와 나란히 같이 걸어야 한다. 감시대상자가 건물 안으로 들어갈 경우에는 감시요원은 출입지점에서 기다리는 행위를 해서는 안 된다. 그렇게 할 경우 감시대상자에게 발각되기 때문이다.

(3) 2인 도보감시

2인 도보감시를 할 경우에는 1인 도보감시보다 발각될 위험성은 줄어들고, 미행시 감시대상자를 놓칠 위험성이 줄어 들 것이다.

거리의 보행하는 군중과 움직이는 차량을 감시할 경우 두 명의 감시자는 대상자와 같은 거리에서 미행을 해야 한다. 거리에 군중이 적을 경우 한 사람은 맞은편 거리에서 다른 한 사람은 감시대상자와 같은 거리에서 미행을 한다. 미행할 경우 감시요원 2명은 교대로 움직여서 발각되는 것을 피해야만 한다.

(4) 3인 도보감시

감시자 3명은 중 하나는 거리 맞은편에서 감시를 하고 다른 2명의 감시자는 감시대상자의 뒤에서 감시를 한다. 그것은 인력자원을 합리적으로 사용하게 하기 위한 것이다.

근접도보감시에서 인력이 부족하지 않을 경우에는 이 기법을 사용한다. 3인 감시기법에서 감시대상자에 의해 발각이 되면 한 명의 감시자는 교체해야 된다. 혼잡한 거리에서는 3명의 감시자가 감시대상자와 같은 거리에서 감시를 한다. 감시요원은 감시대상자와 아주 근접해서 감시대상자의 행동과 건물 안으로 들어가는 것을 관찰한다. 만일 감시대상자가 신경질적인 사람인 경우라면 3명의 감시자는 위치를 서로 번갈아 가면서 감시를 한다. 감시대상자가 건물에 들어간 경우(예컨대 개인주택, 작은 가게 등), 감시자는 건물 입구에 서있으면 발각이 될 것이다. 감시대상자가 출구가 여러 개 있는 건물에 들어간 경우라면 감시자는 대상자를 따라서 건물 안으로 들어간다, 건물 안에서는 대상자를 놓치기 쉽다. 첫 번째 감시자는 대상자를 감시하도록 노력하는 동안에 두 번째 감시자는 로비에 위치하고 세 번째 감시자는 대상자가 이용할 수 있는 건물의 출구를 점검해야 한다.

감시대상자가 대중교통(예컨대 버스, 지하철 등)을 이용하는 경우에 있어서는 감시대상자가 대중교통에 탑승을 하면 첫 번째(A요원)는 그 뒤에 따라 탑승을 하여 대상자의 뒤에 위치하여 앉는다. 두 번째(B요원)는 택시나 버스로 따라가거나 적합한 수단(예컨대 오토바이 등)을 이용해서 거리를 두고 미행을 한다. 세 번째(C요원)는 버스 방향에 따라 앞쪽으로 내려 대상자의 버스에 내린 후의 행위를 감시하면 된다. 감시대상자가 택시를 이용하는 경우, 모든 감시자는 다른 택시를 타고 추적을 해야 하고 대상자가 하차할 경우에는 다시 걸어서 미행을 한다. 차량에 의한 감시가 용이하지 못하고 다른 택시를 탈 시간적 여유가 없을 경우에는 택시회사의 이름과 차량번호를 알면 후에 대상자가 어디로 갔는지에 대해서 알 수가 있다.

감시대상자가 전화부스 안에 있는 경우에 감시요원은 그 부스 옆의 전화부스에서 감시대상자가 무슨 말을 누구에게 하는 지에 대해서 들으면서 감시해야 하고, 가능하다면 대상자가 전화 거는 번호를 볼 수 있도록 노력을 기울여야 한다.

감시대상자가 기차, 여객선, 비행기 또는 장거리버스를 이용하는 경우에 감시요원들은 모여서 대상자의 뒤를 따를 것인가 아니면 따르지 않을 것인가(포기)에 대해서 결정을 하고 감시대상자의 도착지를, 티켓을 발부받을 때 그 주위에서 듣고자 노력을 해야 한다. 또한 의뢰인이나 감독자에게 연락을 하여 향후의 행동에 대해 지시를 받아야 한다. 가능하다면 대상자의 수화물에 대해서 이를 조사함으로써 수화물의 표찰과 양에 의해 행선지를 알 수가 있다.

감시대상자가 극장, 경기장, 유원지에 들어가게 되면 모든 감시자는 같이 줄을 서서 대상자를 따라서 안으로 들어가고, 장소가 혼잡할 경우 첫 번째(A요원)는 다른 요원들과 접촉하여 그 장소를 관찰한다. 대상자가 어두운 극장으로 들어가면, 첫 번째(A요원)는 감시대상자의 바로 뒤에 앉는다. 다른 요원은 대상자가 앉아 있는 줄의 통로지점에 앉는다. 대상자가 누군가와 만날 경우에 접촉하는 대상자 가까이 접근을 해서 대화를 엿듣도록 시도해야 하고, 가능하다면 사진촬영도 해야 한다.

일반적으로 감시대상자와 접촉자는 대화에 열중할 것이고 감시자는 쉽게 그들 가까이 접근을 할 수 있으며 감시요원은 대상자가 접촉하는 사람에 대한 태도를 파악할 수가 있다. 감시대상자가 호텔에 투숙할 경우에는 대상자의 이름만 파악하면 투숙하는 방 번호와 대상자의 투숙기간을 알 수가 있고, 도청에 의해 다른 정보의 수집도 가능하다. 대상자가 묵고 있는 방 근처에 방을 얻는 것이 바람직하다. 감시요원은 객실종업원과 접촉하여 종업원의 허락을 얻어서 대상자의 방에서 나온 잡동사니와 쓰레기들을 조사해야 한다.

가능할 경우에는 후에 호텔 접수계(프론터)직원과 접촉하여 대상자의 전화청구서, 연락메모 등에 관한 정보에 대해서 이를 수집하도록 노력을 해야 한다.

만약 대상자를 놓친 경우 첫 번째(A요원)는 집이나 대상자가 묵는 장소로 다시 되돌아가 감시를 해야 하고, 두 번째(B요원)는 대상자를 놓친 곳에서(지역에서) 대상자가 다시 나타나기를 기다려야 한다.

세 번째(C요원)는 대상자가 자주 가는 장소의 주소와 자주 드나드는 장소 모두를 파악해서 조사를 해야 하고, 경우에 따라 대상자의 집에 직접 전화를 걸어서 그 위치를 파악해야 한다. 감시자가 대상자에게 만약 발각이 된 경우, 감시자가 대상자에게 발각되었다고 판단이 되면 감시자는 다른 감시원으로 교체해서 감시임무를 수행하도록 해야 한다. 대상자가 감시자에게 접근해서 말을 걸어올 경우 감시자는 그럴 듯한 변명거리를 미리 준비해 두어야 한다.

(5) 감시의 간파징후

감시의 간파징후로서 감시자가 감시임무 수행 중 감시대상자에게 자신의 존재를 간파 당했다고 판단이 되는 징후를 살펴보면 다음과 같다.

① 대상자가 갑자기 걸음을 멈추고 되돌아 볼 경우

② 때때로 감시요원을 향해 쳐다볼 경우

③ 길을 걷다가 갑자기 반대로 진행을 하고 걸음이 빨라진 경우

④ 건물로 들어가서 다른 출구로 나온 경우

⑤ 길을 가다가 갑자기 발걸음을 멈춘 후에 모퉁이를 돌아갈 경우

⑥ 버스, 전철, 기차를 타고 출발하기 전에 내릴 경우

⑦ 짧은 시간에 여행하면서 여러 운송수단을 번갈아 이용한 경우

⑧ 같은 지역을 반복해서 돌거나 택시를 타고 빠르게 유턴할 경우

⑨ 가게의 유리에 반사된 모습을 쳐다볼 경우

⑩ 빠르게 걸으면서 자주 장소를 변경하면서 걸을 경우

⑪ 신문이나 손수건을 떨어뜨리고 주우면서 쳐다볼 경우

⑫ 길을 걷다가 멈추어 구두끈을 매면서 뒤를 쳐다 볼 경우

⑬ 망원경을 사용하여 대상자의 건물 방에서 거리를 관찰할 경우

⑭ 영화관에 들어가서 곧 출구로 나올 경우

⑮ 이유 없이 자주 옷을 갈아입을 경우

⑯ 식당이나 클럽에서 계속 주위를 쳐다보면서 의심을 할 경우

2. 차량감시

(1) 차량감시의 원칙

자동차감시를 시작하기 전에 먼저 해야 할 일은 차에 연료가 충분한가에 대해서 먼저 확인을 하는 것이다. 확인하지 않아서 감시 중 연료가 떨어지면 곤란해지기 때문이다. 도보감시에 사용되는 기법들 역시 차량감시에서도 사용이 된다. 그러나 차량감시에 이러한 기법들을 적용하는 것에 대해서는 신중을 기해야 한다.

왜냐하면 교통혼잡과 교통법규가 행동을 더욱 어렵게 만들 수도 있기 때문이다. 또한 노출의 위험을 증가시킬 수도 있다.

2인 또는 그 이상의 도보감시처럼 두 대 또는 그 이상의 차량감시는 성공의 가능성을 증대시킨다. 가능하다면 차량에 탑승하는 인원은 2인이 승차한다.

대상차량에 대해서 너무 가까이 따라가지 않도록 주의해야 한다. 헤드라이트를 희미하게

켜 두고 자연스럽게 따라가면서 감시차와 대상차량과의 일정한 간격을 유지하면서 대상자가 의심하지 않도록 해야 한다. 앞에서도 살펴보았듯이 대상자는 자기 자신이 미행당하고 있는 가에 대해서 시험해 볼 수도 있고 따라오는 차를 경계하기 위하여 운전을 빠르게 했다가 느리게 하기도 한다. 마치 또한 유턴을 자주 한다거나 분명치 않은 다른 행동들을 할 수도 있다.

모든 차량감시에 있어서 자신이 일하는 장소에 관련된 부분에 대해서는 정통하고 있어야 한다. 예컨대 지도공부를 해서 그 지형에 무엇이 있는 가에 대해서 정확하게 알고 있어야 한다(지형정찰).

보조석에 있는 사람이 운전자 대신 운전할 수도 있다. 감시가 지연되지 않도록 도로통행료와 교량통과를 위한 동전들을 미리 준비해 두어야 한다.

감시업무를 위해서는 기계적으로 안전한 차량을 선택해야 하고, 차량은 사용되는 용도에 적합한 것이어야 한다. 차량에는 특히 2대 또는 그 이상의 차량이 사용할 수 있는 무선통신이 갖추어져 있어야 한다. 무선통신은 팀 간의 접촉을 유지시켜 준다. 서로 필요한 경우에는 지원요청을 위해 무선통신을 사용할 수 있다.

차량의 외관에 공식적 표시가 있어서도 안 된다. 감시가 행해지는 지역의 번호판을 사용해야 한다. 감시임무가 장기활 될 경우에는 가능한 한 차량을 바꾸어야 한다. 렌트카를 빌려서 이를 이용하는 것에 대해서는 신중하게 고려를 해야 한다.

감시대상자에 의한 노출의 위험을 줄이기 위해 차량의 불빛을 차단해야 한다. 이것은 문이 열릴 경우에 빛이 비치는 것에 대해서 막아준다.

밤의 경우에 있어서는 대상자를 감시함에 있어 여러 제약이 뒤따르기 때문에 가능할 경우에는 감시 차량의 후미에 야광테이프 조각 등을 붙여두면 많은 도움이 된다.

(2) 1대의 차량감시

1대의 차량감시에서는 대상자의 행위를 알기 위해 충분히 가까이에 머물러 있어야 한다. 그러나 민간조사관(탐정)은 발각되지 않을 정도로 적당히 떨어져 있어야 한다. 대상자의 차가 멈추어 있을 경우, 한 팀의 요원은 도보로 미행을 해야 한다. 1대의 차량에 의한 감시를 할 경우 감시차량은 대상차량의 위치 뒤에서 교통량에 의존하여 일정거리를 유지한다.

도시에서는 대상차량과 감시차량 사이에 2대 이상의 다른 차량이 끼어드는 것을 허용해서는 안 된다. 감시차량이 대상차량을 감시할 경우 노출이 되지 않도록 주의해야 한다.

시골지역의 경우 감시차량과 대상차량은 충분한 거리를 유지해서 감시를 할 수 있겠지만 감시차량이 고속도로나 일반도로 위해서 미행할 경우 대상차량이 향하는 도로의 출구와 고속도로의 교차점을 알아 두어야 한다. 밤에 감시차량은 불필요한 라이트나 유색라이트를 사용하지 않고 보통 라이트를 사용해야 한다. 감시대상차량이 모퉁이를 도는 경우에는 민간조사관(탐정)은 2가지의 방법을 선택할 수 있다.

그대로 직진하여 교차로를 건너가서 유턴할 수 있다. 감시대상자는 그가 돌기 전에 가고 있던 길의 반대방향에서 자기 뒤의 거리로 방향을 바꾸는 차를 보고 의심하지 않을 것이다. 또는 곧장 가서 교차로를 가로질러 블록을 돌아갈 수 있다. 감시대상자는 정면에서 오는 차 때문에 뒤따르는 차에 주의하지 않는다.

(3) 2대의 감시차량

2대의 차량감시에 있어서 차량 2대가 같은 도로에서 대상자를 미행한다. 또는 1대의 차량이 같은 방향에 있고 다른 1대는 평행하게 도로에서 나란히 달릴 수도 있다. 감시차량은 서로 교대할 수도 있다. 낮 시간 동안에 도시지역에서 차량을 미행할 경우 양 차량은 대상차량의 뒤에서 감시를 한다. 첫 번째(A차량)차량이 도로에서 대상차량의 뒤에서 따르는 동안에 두 번째(B차량)차량은 왼쪽선이나 그 안쪽 차선에 위치하고, 3차선 도로에서 감시할 경우 첫 번째 차량은 3차선에 위치를 하고, 두 번째 차량은 1차선에서 감시할 수 있다.

기동적인 행동을 하기 위해서는 양 감시차량 간에 무선접촉을 계속적으로 유지해야 한다. 대상차량 우측 뒤의 팀은 항상 다른 차량에 대해 통제를 하고 지시를 내려야 한다.

(4) 3대의 차량감시

3대의 차량감시에서 차량 3대로 감시하면 성공할 가능성은 훨씬 높아진다. 예컨대 첫 번째 차량은 대상차량의 뒤에서 미행을 하고, 두 번째 차량은 출구를 막는 위치나 대상차량이 도는 것이 가능한 위치에 있고, 세 번째(C차량)차량은 나란히 대상차량과 도로에 있거나 다른 감시차량 뒤에 위치를 한다.

(5) 간파된 감시차량의 징후

감시차량은 다음과 같은 징후로 감시가 대상 차에 노출되었음을 알 수가 있다.

① 대상차량이 번갈아 가며 빠르게, 느리게 운전한다.

② 대상차량이 중한 교통위반을 범한다(예컨대 불법유턴, 역주행운전, 멈춤신호에서 차량의 통과 등).

③ 빈번하게 추차를 한다.

④ 막다른 골목으로 운전한다.

⑤ 갑자기 멈추어 모퉁이를 돌아가는 운전을 한다.

⑥ 갑자기 속도를 높인다.

⑦ 붐비는 주차구역으로 운전을 한다.

> 눈에 띄지 않도록 한다.
>
> 무선기와 휴대폰을 휴대한다.
>
> 미등은 어둡게 해 놓는다.
>
> 여분의 휘발류를 따로 비축해 놓는다.
>
> 소변볼 용기도 준비한다.
>
> 음식과 음료수도 준비한다.
>
> 스페어 타이어와 공구도 준비한다.
>
> 펜과 볼펜, 메모지의 준비가 필요하다.

⑧ 감시요원의 행동

> 눈에 띄지 않는 복장과 신중한 행동이 필요하다.
>
> 갈아입을 옷의 준비와 다양한 의복의 준비가 필요하다.
>
> 감시시에는 운전석보다 옆좌석에 앉도록 한다.
>
> 선글라스를 착용하고 기후에 적합한 옷을 입고 사람들과 눈을 마주치지 않는다.

(6) 차량 고정감시 시에 주의할 사항

① 감시를 할 경우 보통 고정된 차량에 의한 감시에 의해 기본조사나 정보의 수집이 필요하다. 예컨대 주택, 야외 설치물의 변경 등)
② 고정감시를 할 경우 차량의 위치는 최대한 관찰할 수 있는 모든 출입구를 관찰할 수 있는 위치가 필요하다.
③ 감시요원은 통행인이나 이웃주민들의 주의를 끄는 행동들을 해서는 안 된다.
④ 고정감시를 기본으로 종종 차량에 의한 이동감시도 필요하다.
⑤ 차량에 의한 감시

(7) 감시업무의 일반원칙

① 대상자와 마주칠 경우 대상자의 시선을 응시하지 않는다.
② 감시하는 장소에서 부자연스런 행동들을 하지 않는다.
③ 경찰에 의해 의심을 받지 않도록 행동한다.
④ 대상자를 놓치지 않도록 한다.
⑤ 어떤 장소에서 대상자와 마주치더라도 항상 그럴듯한 변명을 준비하도록 한다.
⑥ 특정장소에서 적합한 상황이 되도록 행동을 적응시켜야 한다. 예컨대 식당에서는 음식을 시켜먹고, 신문 판매대나 서점의 경우에서는 신문이나 책을 고른다거나 읽는 것처럼 행동해야 한다.
⑦ 대상자의 친구들은 신뢰성이 떨어지기 때문에 그들에게 대상자의 정보를 요구하지 않도록 한다.
⑧ 대상자가 발걸음을 멈추고 누군가와 대화를 하면 감시요원 역시 발걸음을 멈추고 행인에게 그럴듯한 구실로 말을 건네도록 한다.
⑨ 상업지역에서 건물에 근접해서 걷게 되면 대상자를 직접 쳐다보지 않더라도 가게의 창문에 반사되는 대상자의 모습들을 살펴 볼 수 있다.
⑩ 차량에 의한 감시는 대상자에 의해 모습이 쉽게 노출될 수 있다.
⑪ 감시대상자가 사용한 쓰레기통이나 잡동사니는 검사를 해야 할 필요성이 있다.
⑫ 일요일이나 공휴일은 대상자가 경계심을 늦추고 방심하는 날이기 때문에 이런 날 감시하기에는 좋은 날이다.

제9장 관찰과 지각

민간조사관(탐정)으로서 목격자를 찾아내어 질문을 하는 경우에 있어서는 다음과 같은 것을 명심해서 해야 할 필요성이 있다. 즉, 대개의 목격자들은 그들 고유의 확실하지 않은 방법으로(불완전한) 관찰한 것을 묘사한다. 할 수 있는 한, 목격자의 지각적인 능력과 그들이 말한 것의 이면에 있는 의미에 대해서 많은 것을 찾아내어 그들이 민간조사관(탐정)에게 말한 것에 따라서 해석을 해야만 한다.

제1절 목격자의 기본조건

목격자가 제공해야 하는 정보를 생각해 볼 경우, 그 목격자에 대하여 세 가지 요소가 결정되어야 한다. 세 가지 요소를 살펴보면 다음과 같다.

(1) 그 목격자가 존재해 있어야 한다.

존재라는 단어는 하나 또는 더 많은 감각으로 지각된 특별한 사실에 대해서 이를 알기 위하여 유리한 입장에 설 수 있는 것이라 정의한다. 그 감각은 보고, 듣고, 맛보고, 냄새 맡고, 만지는 것을 말한다. 목격자들이 어느 장소에 존재하고 있었다고 생각되는 경우를 살펴보면 다음과 같다.

> ① 아주 멀리 떨어진 숲 쪽을 망원경으로 보다가 어떤 범법사실을 목격한 경우.
> ② 잠긴 문 안에서 금이 간 곳을 통하여 마약류와 관련된 연기냄새를 맡은 경우.
> ③ 시내 저쪽 몇 마일 밖에서 전화하는 어떤 사람이 말한 추잡한 내용을 들었을 경우.
> ④ 얇은 벽 너머에서 강도행위를 하는 목소리를 들었을 경우.
> ⑤ 축축하거나 차가운 어떤 것을 만졌을 경우.

이것들은 모두 존재해 있었다고 볼 수 있다.

(2) 목격자는 그가 지각했었다고 기대되는 것을 의식하고 있어야 한다.

다시 이를 설명하면 목격자는 지각을 했다고 가정되는 사건을 실제로 알고 있어야 한다는 말이다.

(3) 목격자는 그가 증언하고 있는 것에 대하여 당시의 사건현장에 주의를 기울이고 있어야 한다.

존재해 있었다는 것과 어떠한 것을 보았다는 것은 발생한 사건에 대해서 그가 실제로 알고 있었다고 믿기에는 충분하지 못한 것이다.

예컨대 목격자가 강도가 범죄를 저지르는 상황의 경우에서 다른 사람의 가슴에 칼을 겨누는 것을 실제로 목격했을 지도 모르겠지만 세심하게 주의를 기울이지 않았기 때문에 목격자의 눈에는 친구들끼리 친하게 놀고 있는 것처럼 보일 수도 있는 것이다.

제2절 지각에 대한 요소

목격자가 지각하는 능력에 대해서는 많은 요소가 설명되어야 한다. 이러한 것은 외부적 요소와 내부적 요소의 넓은 범주로 나누어진다.

1. 외부적 요소

(1) 멀고 가까움

어떤 대상이나 사건이 목격자에게 가까우면 가까울수록 그것을 향해서 그가 주의를 기울인 어떤 것을 지적하기에 더욱 용이한 것이다. 멀리 떨어진 장소에서 일어난 어떤 일에 대해서보다는 가까이에서 일어난 일이 좀더 직접적으로 관련된 일이 된다.

(2) 다른 조명, 다양한 기상조건, 소리들과 같은 지각에 영향을 주는 현상들

다양한 조명 상태 하에서 눈은 다르게 기능을 하고, 색깔도 다른 종류의 빛 색깔에서는 다르게 나타난다. 또한 어떤 사람의 경우에 있어서는 일반사람과는 다르게 눈에 야맹증이 있는 사람들도 존재를 한다.

어둠 속에서 인위적인 조명시설은 그림자를 만들고, 이것은 본인이 느낄 수 있을 정도로 개인의 지각력에 영향을 미친다. 비, 눈 그리고 안개가 개인의 지각능력에 있어서 현저한 차이를 가져올 수도 있다. 잘못 보는 것은 흔히 있는 일이다.

잡음은 직접적으로 사람의 지각력에 영향을 미친다. 크고 특이한 잡음은 목격자의 주의력을 그가 보고 있었던 대상으로부터 완전히 분산시키는 원인이 되기도 한다.

소리가 설명되지 않고는 의미가 없어지는 사건도 있고 특이한 소리 때문에 즐거울 수도 있고 때로는 싸울 수도 있다.

(3) 긴장과 크기

만약 어떠한 요인들이 다른 것보다 더 크게 들리고 크게 보이는 경우에는 그것은 주변에 있는 것보다 더 빠르고 강렬하게 관찰자의 주의를 요하게 될 것이다.

(4) 대조

보통과는 다른 특이한 어떠한 것들은 그렇지 않은 것보다도 더욱 주위를 끌 것이다. 예컨대 장례식장에 있는 야구선수는 야구장에 있는 턱시도를 입은 장의사만큼 주의를 받게 된다.

(5) 반복

어떤 특정한 상황 아래에서 한 번 이상 나타난 사람이나 물건이 한 번 나타난 사람이나 물건보다 훨씬 더 많은 주의를 요하게 된다.

(6) 움직임

움직이지 않는 대상은 마치 위치한 장소를 소유한 것처럼 보이며 대조적인 대상과 함께 조화를 이룰 것이다. 움직이는 대상의 경우에는 더 많은 관심을 끌게 된다. 예컨대 시내

한 복판에서 달리고 있는 사람은 걷고 있는 사람보다 더 관심을 끌게 된다.

(7) 유사성

사람들은 자기의 관심이 있는 것 또는 자기와 관련된 유사한 모양이나 상황들을 다른 상황보다 더 잘 기억을 한다. 예컨대 얼굴에 큰 반점이 있는 목격자가 얼굴에 큰 반점이 있는 용의자를 목격했을 경우에, 그 목격자는 그 얼굴에 큰 반점을 가장 뚜렷한 특징으로 지을 수 있고 차후에 그 특징에 대해서 쉽게 기억을 할 것이다.

(8) 소리

지각 크기는 소리에 의해서 영향을 받는다. 예컨대 동시에 소리를 치고 있는 한 공격자는 조용히 있는 한 공격자보다 더 놀랍게 받아들인다. 소리를 내고 있는 사람은 더 크고 위협적인 소리를 내고 있다면 더욱 많게 보인다. 기상이나 다른 기후 조건에 따라 소리가 들려오는 거리는 잘못 측정될 수 있고 방향도 정확하지 않을 수도 있다.

(9) 냄새

사람들은 냄새를 감정하려 할 경우 사람들의 생각은 이상하게도 모순되고 정확하지 않는, 본래의 냄새 자체가 명확하지 않은 냄새를 노출시킨 것일 경우에도 사람들은 그것을 많이 경험한 냄새라고 느낄 수 있다. 또는 냄새를 감정하는 데 일어나는 문제들 중의 하나가 후각적인 경험을 묘사하는 데 쓰이는 올바른 어휘를 찾기가 곤란하다는 것이다

2. 내부적 요소

(1) 목격자에 대한 개인적 특징들

사람들의 지각능력은 신체적 조건에 따라서 차이가 다르다. 예컨대 사람마다 밤에는 아무것도 볼 수 없을 만큼 말초시각에 문제가 있는 경우도 있다. 또 색깔을 지각하는 데 있어서도 문제가 있으며, 깊이를 지각하는 데 어려움을 가지고 있는 사람도 있다.

억양을 알아들을 수 없는 사람의 경우에는 소리에 대해서 잘 알아듣지를 못한다. 그리고 소리를 잘 듣는 사람의 경우에도 그가 듣고 있는 소리를 지각하는 능력이 분산된 소리에

의해서 변경될 수 있다. 맛, 감촉, 냄새들 또한 비슷하게 영향을 받는다.

(2) 정서적이고 심리적인 고려

사람들은 여러 다양한 긴장감 속에서와 안락한 상태에서의 두 경우, 그들의 능력을 완전히 통제하였을 경우의 반응은 전혀 다르다. 어떤 감각들은 신체기능의 증가된 흥분상태에 따라 예민해지기도 하고, 다른 감각은 범인이 피해자에게 칼을 들이대는 것 같은 단일 사건에 대한 선입견 때문에 효과가 없게 될 수도 있는 것이다.

난폭하고 공격적인 공격자는 그가 실제 키보다 더 크고 몸집이 큰 것처럼 보인다.

특정한 사건에 대한 여러 가지 다양한 시각적 관점으로 인해서 발생한 사건들에 대한 목격자의 지적이 달라 질 수도 있다. 예컨대 식사를 하고 있던 어떤 사람이 맛을 전한 목격자의 지적이 달리 질 수도 있으나, 배고픈 사람의 경우에는 정확하게 그것들을 회상할 수가 있는 것이다.

(3) 경험과 교육

교육을 통하여 관찰한 경험에 대한 목격자의 상황 설명은 지각한 것을 기억하고 관찰하며 인상을 전달함에 있어 용이하게 해준다. 반대로 경험이나 훈련이 부족하면 의미 있는 상징과 표현으로 본 것을 해석하는데 있어서 어려움이 있는 것처럼 의사를 전달하는 데에는 문제가 발생하게 되고, 언어장애가 생길 수도 있다.

(4) 선입견 또는 편견

목격자로부터 정보를 수집하는 자로서 수사관의 역할에 있어서 수사관의 임무는 선입견적인 태도를 바꾸는 것보다는 분별력 있게 실제로 일어난 것을 정확하고 객관적으로 설명하는 목격자의 능력과 태도에 많은 영향력을 준다.

(5) 관점

모든 사람들은 다른 시간과 다른 경험을 통해서 사물을 보고 이를 해석하는 과정에 대해서 다르게 하여 통합을 한다. 그리고 나서 사고를 전달하는 그들 고유의 방법을 이용하면서 다르게 의사를 전달하는 것이다. 수사관의 임무는 이러한 자료들에 대해서 정확하게 통합하고 해석을 하는데에 있는 것이다.

(6) 색깔에 영향을 받는 분위기

색깔은 사람들에게 있어 특정한 감정을 일으키게 하는 요인이 된다. 예컨대 파란색의 경우 평화와 동의를 뜻하지만 어두운 파란색을 좋아하는 사람들의 경우에는 안전의 욕구에 의해 자극을 받는다. 노란색은 현대성과 성취감, 미래와 관련성이 있다. 빨간색은 권력과 승리의 추구, 생생함의 생각을 만들어 낸다. 녹청색은 안전과 자기 존중의 의미를 불러일으킨다.

(7) 기억

슬픈 감정이 있는 사람의 경우에는 더욱 정확하고 생생하게 그들의 슬픈 경험을 회상하고 행복한 감정이 있을 경우에는 행복한 경험을 더욱 회상한다고 한다.

만약 이러한 것들이 진실이라고 판명이 된다면 그것은 다음과 같은 사실을 유추할 수 있을 것이다. 즉, 회상할 때 어떠한 사람이 경험한 그때와 비슷한 감정에서 경험을 다시 설명한다면 아마도 좀 더 나은 회상을 할 수 있을 것이라는 뜻이다. 그렇기 때문에 범죄현장에 목격자를 데리고 가는 이유는 기분과 기억 모두를 자극시키기 위한 것이다.

3. 사람에 대한 묘사

사람이나 재산에 대한 묘사에 대해서 간단하지만 정확한 메시지를 전달할 목적으로 일반적으로 사용되는 표준형식이 수립되어야 한다. 목격자에게 한 개인에 대해서 이를 기술해 보라고 요구할 경우 그에게 용의자에 대해서 뚜렷한 어떤 것을 먼저 묘사해 보라고 질문을 하거나, 그 용의자와 목격자가 아는 어떤 이와의 유사성에 대해서 이를 회상해 보도록 요구하는 것이 적절한 과정인 것이다. 이 기법은 비슷한 대상을 알아내도록 하는 목격자의 능력에 영향을 준다. 다음과 같은 형식을 이용해서 가능한 한 자세한 기술을 얻도록 노력한다.

(1) 알 수 있다면 성명, 별명, 가명도 기재를 한다.

(2) 성별

(3) 할 수 있다면 인종과 국적

백인은 W, 흑인은 N, 동양인은 O 등으로 다른 인종의 표현이 그 지역에서는 토착화되었을 경우에만 제외하고 잘못 이해되는 것을 피하기 위해서 원래인종의 철자를 적는다.

(4) 연령

알 수 있는 경우라면 근접한 나이와 집에서 사용하는 나이를 모두 적어야 한다. 생년월일이 이용할 가치가 있다면 기재를 해야 한다.

(5) 신장

가능한 한 정확한 신장을 적어야 한다. 피해자와 목격자는 대개 신장을 크게 평가하는 경향이 있다.

(6) 체중

체중과 신장의 비율은 대부분 신체의 모양을 결정하는 것이다. 대략의 체중과 더불어 홀쭉하다, 뚱뚱하다 또는 다른 모양새라는 것을 적는다.

(7) 머리, 머리모양, 색깔, 길이 그리고 대머리인지에 대해서도 기재한다.

(8) 눈

만약 동양인의 모양과 다르거나 어떤 다른 특이한 특징이 있는 경우라면 색깔과 모양을 기재한다.

(9) 피부색

색깔과 모양, 주근깨, 마마자국, 여드름, 모반, 부스럼, 햇볕에 그을린 자국이나 탄 자국, 피부이식 자국 등과 다른 특징을 기재한다.

(10) 모든 다른 모습과 장식품들도 기재한다.

얼굴 모양과 짧은 구레나룻, 특이한 모습이나 얼굴 모양새, 상처, 흉터 또는 문신 등을 기재한다. 신체에 있어 눈에 보이는 부분에 대한 특이한 특성을 포함하여 기재를 한다.

(11) 착용하고 있다면 안경과 보석류를 기재한다.

안경을 위장용으로 사용할 수도 있지만 그에게는 반드시 착용해야 하는 부속물일 수도 있다. 즉 너무 두껍거나 많이 닳아서 나타난 모양새 같은 것이 있는지에 대해서 찾아본다.

(12) 입은 옷을 기재한다.

1) 순서대로 위에서부터 시작하여 아래쪽으로 훑어본다. 모자, 셔츠, 넥타이, 재킷, 코트, 드레스 또는 바지, 신발과 양말, 모양, 색상, 옷감의 질 그리고 옷감의 질을 입증할 만한 특성을 기재한다.
2) 모자에 대하여는 중절모자인가, 창이 있는 모자인가, 제복에 착용하는 모자인가, 베레모인가, 헬멧인가 또는 스카프인가를 기재한다.
3) 셔츠는 색상과 모양, 즉 스포츠용, 예복, 제복 등과 같은 모양을 기재하고 옷감의 재질도 밝혀졌다면 기재한다.
4) 코트와 바지 또는 드레스에 대해서는 옷감의 질, 모양, 색상을 기재한다.
5) 스웨터나 다른 윗옷은 꽤 특이하여 자세히 기재되어야 한다.
6) 알 수 있다면 신발 모양이나 색상도 확인되어야 한다.

(13) 개인적인 특징

예컨대 언어장애나 억양 또는 특이한 전체적인 음성의 질이나 말씨 등과 같은 것이다. 그가 하고 있는 무의식적인 움직임이나 버릇을 적어 둔다. 비비꼬거나, 손톱을 물어뜯거나, 얼굴을 긁적거리거나, 손가락을 뚝뚝 소리 내거나, 휘파람을 불거나, 이빨로 특이한 소리를 내는 것, 몸의 어떠한 부분이나 옷을 뜯거나 하는 것과 같은 나중에 그의 신분을 입증하는데 도움을 줄 개인적인 관찰사항에 대해서 이를 적어 둔다.

제10장 관찰요령과 기록

제1절 관찰의 의의와 중요성

1. 관찰의 의의

관찰이란 민간조사원이 자신의 의뢰인으로부터 의뢰받은 시설, 장소, 대상자에 관련된 사물, 현상을 주의 깊게 살펴보고 파악하는 것을 말한다.

관찰은 단순히 주변의 사물이나 현상에 대해서 살펴보는 것에 그치지 아니하고 사물, 현상의 파악에 있다고 볼 수 있다.

관찰은 탐정(민간조사관)이 자신의 오감을 활용해서 지각한 부분에 대해서 분석하고 의미를 파악하는 활동이라고 할 수 있다.

2. 관찰의 중요성

관찰의 중요성에 대한 것들을 살펴보면 다음과 같다.

(1) 조사대상자의 용의점을 파악해야 한다.

체계적인 관찰활동을 통한 현상, 사물의 분석 및 파악의 경우에는 의심스러운 점이나 범죄 용의점에 대한 판단에 대해서 이를 용이하게 할 수 있는 것이고, 범죄 초기의 발견으로서 범죄에 대한 대응, 신속한 사건에 대응이 가능하다고 할 수 있다.

(2) 조사단서의 확보에 있다.

민간조사관(탐정)이 관찰하고 기록한 사실의 경우 추후 사건조사에 있어 결정적인 단서가 될 뿐만 아니라 증거로서의 가치가 된다고 할 수 있다.

조사대상자가 시설물에 언제 출입하였는지, 당시의 심리상태는 어떠하였는지, 행동이나 소지품 등에는 의심스러운 점이 없었는지, 대상자가 누구와 만나서 어떤 대화를 나누었는지, 대상자가 주장하는 사실과 민간조사관(탐정)이 관찰한 사실과 일치가 되는지 등 많은 부분이 관찰활동을 통해서 확인 가능한 것이 될 수가 있는 것이다.

제2절 관찰요령

1. 관찰대상

민간조사원(탐정)이 활동하고 있는 중에 관찰하고 지각하는 모든 의미 있는 현상과 사물이 관찰해야 할 대상에 포함된다. 여기서의 현상은 소리, 냄새와 같은 무형적인 현상도 포함되는 개념이고, 사물에는 대상자와 관련된 모든 것이 포함된다고 할 수 있다.

2. 관찰요령

(1) 지각요소의 활용

사람들은 대부분 관찰자로서 제대로 된 훈련을 받지 못했기 때문에 자신들이 사물을 보긴 하지만 그 사물에 대해서는 객관적인 설명을 제대로 하지 못한다.

왜냐하면 관찰자가 자신의 주관적인 습성에 따라 자신이 보고, 기억하고 싶은 부문에 대해서만 관찰을 하기 때문인 것이다.

따라서 관찰자가 관심을 두지 않는 사물의 경우에 있어서는 사물이라는 물체에 대한 기억만 있을 뿐 그 사물의 특성에 대해서는 제대로 설명할 수 없게 되는 것이다. 관찰자는 오감을 통해서 관찰을 할 수가 있다. 오감이란 관찰에 있어서 지각요소가 되는 것이다. 관찰자는 자신이 보고, 듣고, 냄새를 맡고, 맛을 보고, 만지는 것을 통하여 관찰하게 되는 것이다. 그러므로 탐정(민간조사관)은 조사활동을 함에 있어서 자신의 부족한 부분에 대한 지각요소를 보완토록 부단한 노력을 해야 한다.

(2) 사람에 대한 관찰요령

1) 사람에 대한 관찰요령

사람에 대한 관찰과 묘사를 위해서는 그 사람에 대한 특징을 나타낼 수 있는 사실들을 파악하기 위한 노력들이 필요하다.

---

① 성명

② 성별

③ 인종과 국적(외국인에 한함)

④ 연령

⑤ 신장(목격자는 대개 신장을 크게 평가하는 경향이 있기 때문에 실제 신장을 알 수가 없다면 주위의 물건과 비교, 그 물건의 어느 정도의 높이에 해당되는지에 대해서 파악하고 활용하면 된다.)

⑥ 체중

⑦ 머리: 머리모양, 색깔, 길이, 대머리 여부

⑧ 눈의 모양, 색깔

⑨ 피부색

⑩ 옷 상태(안경, 보석류, 옷의 종류와 색깔, 휴대품 등)

⑪ 기타 특징: 수염, 흉터, 얼굴 모양새, 문신, 자세 등

⑫ 인상(민간조사관(탐정)이 느끼는 개인적인 인상을 기억하면 된다.)

---

2) 사람에 대한 관찰요령의 방법

사람에 대한 관찰요령은 그 사람의 특징을 이루는 점을 기억하는 것에서부터 출발을 하는 것이다. 사람에 대한 관찰요령에 대해서 이를 살펴보면 다음의 방법에 의한다.

---

① 어디서 들어왔고 어디로 나갔는가?(이동방향)

② 누구와 어떠한 대화를 나누었고, 그 당시의 말투(어조, 음성, 높낮이, 사투리 등)는 어떠하였는가?

③ 타인과 구분하여 기억할 수 있는 특징은 무엇인가?

④ 개인적인 인상은 어떠한가?

---

(3) 현상에 대한 관찰요령

현상에 대한 관찰은 사람의 자연스럽지 못한 행동, 평소와 다르게 느껴지거나 보이는 현상이나 대상물, 화재와 같은 사고와 관계되는 현상이 포함된다.

제3절 기록

1. 기록의 의의와 기능

(1) 기록의 의의

기록이란 조사업무의 수행을 함에 있어서 관찰하는 다양한 사물이나 현상 등에 대해서 이를 메모 등의 형태로 문자화하는 작업을 말한다. 사람의 기억력은 사람마다 개인차가 있지만, 대부분의 사람들은 자신이 관찰하거나 보고 들은 내용에 대해서 이를 기억하는 데에 한계를 가지고 있기 때문에 일정시간이 경과하게 되면 기억의 상당한 부분에 대해서는 잊어버리게 된다.

(2) 기록의 기능

기억이란 시간이 자남에 따라 관찰자의 성향에 따라 기억하고 싶은 형태로 변화하는 것을 말한다. 사람마다 각기 지각한 것을 해석하는 능력의 차이가 있다.

왜냐하면 이것은 사람들이 자신의 학식과 상황을 근거로 지각한 것을 평가하기 때문인 것이다. 따라서 관찰자가 기억한 사실들은 시간이 경과됨에 따라서 객관적인 특성을 잃게 되는 것이고 관찰자의 주관적인 기억(예컨대 기억 당시의 분위기, 인상, 느낀 감정 등)으로 남게 되고, 표현하게 되는 것이다.

2. 기록요령

기록요령에 대해서 살펴보면 다음과 같다.

(1) 시간 · 대상 · 이유의 기록을 해야 한다.

기록에는 기본적으로 기록시간(when), 기록대상(what), 기록이유(why)가 포함되어야 한다. 기록을 함에 있어 육하원칙에 입각한 기록이라면 더욱더 좋은 기록이 되겠지만 그렇지 못한 경우에는 기록시간, 기록대상, 기록이유에 대해서는 반드시 포함시켜서 기록을 해야 한다.

(2) 객관적 사실중심의 기록해야 한다.

기록을 함에 있어서 주관적인 판단은 되도록이면 하지 말아야 하고 있는 사실을 있는 그대로 기록하는 것이 바람직하다. 왜냐하면 관찰자의 주관적인 감정이나 판단이 기록될 경우 그 기록에 대해서 읽는 사람에게는 당시의 객관적 상황이 왜곡될 가능성이 있기 때문이다.

(3) 관찰된 사실 모두에 관한 상세히 기록해야 한다.

사소한 내용인 경우라도 추후에 중요한 단서가 될 수 있는 것이기 때문에 관찰된 내용 전부에 대해서 이를 기록하는 것이 바람직하다.

그렇기 때문에 아무런 의미가 없어 보이는 현상일지라도 가능한 한 빠짐없이 기록을 해두는 것이 적절하다. 기록된 사실만으로도 사람에 대한 기본적인 묘사가 가능하도록 기록을 해두어야 한다. 예컨대 나이는 20대 후반, 눈은 크고 쌍꺼풀이 있고, 얼굴은 검은 편, 머리는 검정 파마머리, 지방(예컨대 충청도) 사람임을 의심하게 하는 사투리 사용 등이다.

(4) 기록자가 이해하기 쉽게 기록해야 한다.

체계적으로 기록하지 못한 단순한 나열식의 문장은 다른 읽는 사람으로 하여금 혼동만 줄 수도 있기 때문에 기록은 기록자가 이해를 쉽게 할 수 있도록 간결하고 체계적으로 해야 한다.

(5) 조치 · 결과사항의 포함해야 한다.

기록된 내용과 관련하여 조치된 사항이 있거나 추가된 사항, 종결된 내용이 있는 경우라면 반드시 그 결과에 대해서 기록을 남겨 두어야 한다.

제11장 수사서류 작성

제1절 수사서류의 의의와 기본원칙

1. 수사서류의 의의

수사기관이 범죄수사에 대하여 당해사건의 유죄판결을 받게 할 목적으로 공소의 제기 및 유지를 위해서 수사기관이 작성한 서류 또는 수사기관 이외의 자가 작성한 서류를 말한다.

2. 수사서류의 종류

(1) 수사기관이 작성한 서류

진술조서	보고서류	기타 서류
① 피의자 진술조서 ② 참고인 진술조서 ③ 피의자 신문조서 ④ 대질조서	① 범죄인지서 ② 현행범인 체포보고서 ③ 수사보고서	① 압수조서 ② 각종 건의서 ③ 사실조회 ④ 촉탁서 ⑤ 수사 협조의뢰서 ⑥ 기타

(2) 수사기관 이외의 자가 작성한 수사서류

① 고소장, 고발장, 신고서, 진정서
② 사실조회에 대한 회보서
③ 등본, 초본, 사본류 및 기타 서류

3. 수사서류 작성 기본원칙

수사서류를 작성함에 있어서 기본원칙에 대해서 살펴보면 다음과 같다.

(1) 간명성

각 종별을 불문하고 내용에 있어서 간단하고 명료해야 한다.

(2) 자연성

수사의 경과에 대해서 조사한 것을 사실대로 자연스럽게 작성을 해야 한다. 예컨대 현행범이 아닌 자를 현행범인으로 보아 작성을 하는 경우.

(3) 합리성

피의자의 행위와 피의사실 및 수집된 인적, 물적 증거 간에 모순이나 불일치가 없어야 한다. 예컨대 폭행사건에서 신문조서상에는 왼발로 피해자의 옆구리를 찬 것으로 기재되었는데, 실제 조사에서는 오른발로 옆구리를 차는 모습이 사진에 첨부되는 경우.

(4) 객관성

경험에 비추어 객관적으로 가능하거나 납득이 갈 수 있도록 작성되어야 하는 것이고 그렇지 못한 부분이 발생한 경우에는 그 부분에 대해서 규명을 해야 한다.

(5) 이해성

문장은 제3자가 이를 살펴보고 이해하기 쉽게 작성되어져야 한다. 문맥이 통하지 않거나 추상적인 표현으로 작성된 것은 좋지 않다.

(6) 6하성(8하원칙)

① 누구(범죄의 주체)
② 누구와 같이(공범관계
③ 왜(원인, 동기, 목적)
④ 언제(범죄일시)
⑤ 어디서(범죄장소)
⑥ 무엇을, 또는 누구에게(범죄의 객체, 피해자)

⑦ 어떠한 방법으로(범죄의 수단, 방법)

⑧ 무엇을 하였는가? 어떻게 되었는가(범죄의 결과)

4. 기술상의 원칙

(1) 수사행위자와 작성자의 일치

수사를 실행한 자가 직접 수사서류에 대해서 작성을 해야 한다.

(2) 수사자료 획득선행의 원칙

조사는 당해사건에 필요한 모든 자료가 수집되고 관련된 목격자 등 참고인의 조사가 완료된 다음에 착수되어야 한다.

(3) 자료 선정자유의 원칙

당해사건에 필요한 자료는 수사관의 경험과 검증에 의해서 자유로이 선정될 수 있어야 한다.

(4) 범죄사실 증명중심의 원칙

수집된 자료는 범죄사실의 증명에 필요한 것들이어야 한다. 아무렇게나 수집된 자료의 경우에는 수사방향을 어긋나게 하는 것이다.

(5) 수사행위시마다 작성

인간의 기억력의 경우에는 한계가 생기기 마련이기 때문에 일정한 수사행위를 하고 후일에 작성된 수사서류의 경우에는 정확하지 않고 자연스럽지 않기 마련인 것이다. 따라서 수사행위시마다 이에 대한 것들을 작성해야 한다.

제2절 수사서류 작성방식

수사서류 작성방식에 대해서 살펴보면 다음과 같다.

(1) 작성 연월일을 기재할 것

수사서류에는 특별한 규정이 있는 경우에 대해서는 이를 제외할 수 있고 실제로 작성한 연월일을 기재해야 한다.

(2) 소속관서를 기재할 것

작성자의 소속부서(소속부·과 또는 국·과)를 기재할 것

(3) 작성자의 계급을 기재할 것

예컨대 탐정(민간조사관)의 경우, 민간조사관 OOO

(4) 작성자의 서명·날인을 할 것

서명이란 자신이 직접 성명을 기재하는 것을 말한다. 타인으로 하여금 기재하게 하거나 성명의 고무인을 사용하는 기명과는 다르기 때문에 주의를 기울여야 한다. 날인 대신 무인은 허용되지 않는다.

(5) 매엽에 간인을 할 것

수사서류가 2매 이상인 경우에는 계속하는 것을 증명하기 위해서 작성자의 날인에 사용한 인장을 가지고 매엽에 간인한다(좌측여백: 작성자 인, 우측여백: 진술자 인)

(6) 여백이나 공백에는 사선을 긋고 날인을 할 것

문자를 마음대로 삽입할 수 없다는 것을 담보하여, 서류의 신빙성을 높이기 위해서 여배, 공백의 경우에는 반드시 사선을 긋고 그 선상 중앙부에 날인을 한다.

(7) 문자를 변개하지 말 것

문자를 고쳐서는 안 된다. 문자를 삭제하거나 삽입하거나 란 이외에 기재할 필요성이 있는 경우에는 다음의 방법을 취해야 한다.

① 문자를 삭제할 경우에는 삭제할 문자에 두 줄의 선을 긋고 작성자의 날인을 하며, 그 좌측에 란 외에 '삭O자'라고 기재를 해야 한다.

② 문자를 삽입할 경우에는 그 개소를 명시(V자로 표시)하여, 행의 상부에 삽입할 문자를 기입하는 것을 원칙으로 하고 예외적으로 하부에 기입하는 것도 허용되며, 그 부분에 작성자의 날인을 해야 하며, 그 좌측 란 외에 '가O자'라고 기재를 해야 한다.

③ 1행 중 2개소 이상 문자를 삭제 또는 삽입하였을 경우에는 각 자수를 합하여 '삭O자', '가O자'라고 기재를 해야 한다.

④ 란 외에 기재할 경우에는 기재한 곳에 작성자가 날인을 하고 그 란 외에 '가O자'라고 기재를 해야 한다.

⑤ 정정에는 반드시 서명 날인에 사용한 인장을 사용해야 한다.

⑥ 피의자 신문조서나 진술조서인 경우에는 란 외에 '삭O자' 또는 '가O자'라고 기재하고, 진술자로 하여금 그곳에 날인하게 해야 한다. 기술자가 외국인인 경우에는 그 날인을 생략할 수 있다. 다만, 외국인이 날인의 제도를 가지는 국가에 속하는 경우에는 그러하지 아니한다.

2. 사인이 작성하는 서류의 경우

(1) 작성 연월일을 기재할 것

(2) 작성자의 서명 · 날인을 할 것

다만, 서명을 할 수 없을 경우에는 타인으로 하여금 대서 기명을 하게 할 수 있다. 또한 날인을 할 수 없는 경우에는 무인하게 해야 한다.

3. 타인이 대서하는 경우

(1) 타인으로 하여금 대서하게 하였을 경우 그 이유에 대해서 기재를 하고, 서명 날인하게 한다.

(2) 탐정(민간조사관)이 대서하였을 경우에는 열람하게 하거나 읽어 주어서 대서사항이 본인의 의사와 상위 없는가를 확인한 후에 대서에 대한 이유를 기재를 하고 본인과 함께

서명·날인해야 한다.

4. 수사서류 작성상 일반적인 유의사항에 대해

(1) 형식적 사항

수사서류는 남이 읽을 것을 전제로 작성되는 것이기 때문에 남들이 보더라도 이해하기 쉽도록 작성이 되어야 한다.

1) 소정의 서식을 따를 것

수사서류는 범죄수사규칙 등에 많은 서식이 제정되어 있기 때문에 서식이 제정되어 있는 경우에는 반드시 그 서식에 의해서 작성을 해야 한다.

2) 우리말을 사용할 것

① 특정한 용어이거나 우리말로 옮기기 어려운 경우를 제외하고는 서류상의 용어에 대해서는 반드시 우리말을 사용해야 한다. 예컨대 안면강타-얼굴을 세게 때리고, 절취한 범의야기하고- 훔칠 마음을 먹고 등이다.

② 지명, 인명 등으로 혼동할 우려가 있을 경우, 한자를 써주어야 뜻이 정확하게 전달될 수 있다고 생각될 경우, 기타 필요하다고 인정될 경우에는 그 다음에 괄호를 하고 그 안에 한자 등을 기입하거나 서명을 붙인다.

3) 한자를 정확하고 명료하게 기재할 것

① 읽기 어려운 글자나 흘려 쓰는 글씨는 읽는 사람들에게 불편을 줄 수 있을 뿐만 아니라 성의가 부족한 것으로 느낄 수 있어 그 서류의 신빙성마저도 의심을 받을 수 있다. 능숙한 글씨가 아니라도 읽기 쉽게 쓰면 된다.

② 오자, 탈자의 경우에는 서류 작성자의 성실성이나 자질을 의심받게 만들 뿐만 아니라, 수사내용에 대한 오해를 불러일으킬 소지가 있으므로 오자, 탈자가 생기지 않도록 유의하고 확인을 해야 한다.

③ 용어는 경찰용어, 법률용어를 피하고 일상생활에서 사용하기 쉬운 문구로 작성해야 한다.

예컨대 타인의 재물을 절취한 사실이 있는가?, 남의 물건을 훔친 일이 있는가?

④ 띄어쓰기에 유의를 해야 한다. 띄어쓰기를 잘 못할 경우에는 그 단어의 뜻이 달라질 수도 있다.

4) 뜻이 잘 통하도록 문맥을 정리하여 기재할 것

내용이 복잡하고 길어질 경우 접속형 어미(예컨대 ~하고, ~하자, ~하면서 등)를 사용하여 문장을 길게 쓰면 알기 어렵게 되므로 되도록 단문을 만들어 쓰는 것이 좋다. 자신의 생각을 정확히 표현할 수 있는 좋은 문장을 쓰는 것은 평소에 많은 훈련과 연습을 필요로 하는 것이다.

5) 증언부언하지 말 것

같은 내용을 되풀이하여 기재함으로써 읽는 사람으로 하여금 내용을 혼동하게 하거나 짜증나게 만들지 않도록 표현을 간결하게 해야 한다.

6) 숫자의 기재방법에 유의해야 할 것

수사서류에 숫자를 기재함에는 정확하고, 보기 쉽고 능률적인 것을 필요로 하며 횡서인 경우에는 원칙적으로 다음과 같이 기재를 한다.

> ① 아라비아 숫자(0123456789)를 사용한다.
> ② 수가 3계단 이상이 될 때에는 3계단마다 구두점을 넣어서 100,000개, 431매라고 기재한다. 다만, 계단수가 많아서 읽기 어려운 경우에는 만·억의 단위어를 넣어서 45만 개, 1억 2,500만 원이라고 기재하는 것도 하나의 방법이다.
> ③ 개산의 경우에는 5, 60대, 1, 2개월 등으로 기재한다.

7) 한자사용

성명을 한글로 기재하고 (   ) 안에 한자를 써야 한다. 별명이나 이명이 있을 경우 반드시 기재해야 한다.

(2) 실질적 사항

수사서류 작성에 있어서 무엇보다도 중요한 것은 그 형식적인 요건이 아니라 서류에 게재되어 있는 내용들이다.

1) 사실을 그대로 기재할 것

수사서류의 가치는 서류에 기재되어 있는 내용이 진실(사건과의 부합)한 것이 생명이다. 열의에 넘쳐 수사에 몰두한 나머지 수사상 유리한 사실만을 지나치게 강조하거나 피의자에게 유리한 사실에 대해서 생략을 해서는 안 된다. 수사상 유리하고 불리한 것을 따지지 말고 탐문하거나 조사한 사실, 피의자가 진술한 내용을 있는 그대로 기재해야 한다.

2) 요점을 망라할 것

수사서류는 관련된 것을 전부 그대로 기재하는 것은 아니다. 수사하고자 하는 범죄와 관련성이 있는 것에 중점을 두고 6하원칙(8하원칙)에 의해 작성을 함으로써 요점을 빠뜨리지 않고 기재를 해야 한다.

3) 기재내용에 모순이 없을 것

서류에 작성할 내용을 자신의 수첩이나 메모장에 상세히 기록해 두었다가 이를 문맥이 통할 수 있도록 잘 정리를 하여 항목별로 기재하는 습관을 길러두면 앞뒤 모순이 없는 정확한 서류를 작성할 수가 있다.

제3절 수사서류의 작성순서

1. 원칙

수사서류도 증거가 먼저 되는 사항에 대해서 작성을 하고 최종적으로 피의자를 체포·신문해야 한다. 만약 피의자를 먼저 신문할 경우에는 다음과 같은 모순점이 생기게 된다.

(1) 진범이라 하더라도 부인할 경우 다른 사항을 조사하지 않았기 때문에 증거가 없어 신문 후 피의자를 방면하였다가 뒤늦게 증거조사를 하여 다시 신문해야 한다.

(2) 신문을 받은 피의자는 수사내용을 다 알고 있기에 피의자 참고인 등과 진술조작 또는 증거에 대해서 이를 인멸할 우려가 있다.

(3) 피의자가 진범일 경우 도망할 염려가 있다.

(4) 피의자를 자주 불러 국민을 괴롭힌다는 비난을 받을 수도 있다.

(5) 동일인을 이중으로 수사하게 되어 수사업무를 과중하게 만들 수 있다.

2. 수사서류 작성순서

작성순서는 수사내용에 따라 다를 수도 있겠으나 일반적으로는 다음과 같은 순서대로 작성을 해야 한다.

(1) 인지사건

① 범죄인지보고서 작성(단, 인지보고 작성순서는 바뀔 수도 있음)

② 신고자 진술조서 작성 및 채증(단, 필요시 압수수색 검증)

③ 피의자 진술조서 작성 및 채증(단, 필요시 압수수색 검증)

④ 참고인 진술조서 작성 및 채증

⑤ 사실조회 또는 수사협조 의뢰에 대한 회보 검토

⑥ 피의자 신문 및 압수

⑦ 공범자 신문 및 압수

⑧ 현장검증(단, 검증은 현장변경 가능성이 있으면 우선 실시할 수 있음)

⑨ 피의자 검거보고

⑩ 구속영장 신청 및 집행

⑪ 압수물 가환부 신청에 의한 가환부 지휘 건의서

⑫ 압수물 가환부 영수증

⑬ 구속통지서

⑭ 피의자 신문(2회)

⑮ 수사보고(종합)

⑯ 의견서

(2) 형사민원사건

형사민원사건 수사시에는 다음 순서로 출석요구서를 발부해야 한다.

① 먼저 민원인에게 출석요구서를 발부해야 하고, 이 경우 출석시일을 늦춰 피민원인에게 출석요구서를 동시 발부해서는 아니 된다. 왜냐하면 조사도 안 하면서 피민원인의 심리적 불안감만 조성시키고 증거인멸의 결과를 부여하여, 민원인에 대한 협박 등 나쁜 결과만 초래하기 때문이다.

② 민원인 조사를 마치면 그의 진술에 의한 증거조사를 마친 후 피민원인에게 출석요구를 하여야 한다.

③ 기타 사항은 위 인지사건의 경우와 동일하다.

(3) 작성순서의 예외적인 경우

① 민원사건의 민원인이 3회 이상 출석요구에 응하지 않은 경우

② 피해자 또는 피의자의 인원이 많아 일시에 수인의 수사요원이 동원되어 수사하는 경우

③ 기타 수사상 필요하다고 인정되는 합리적 이유가 있는 경우

〈수사규칙 제 1호〉 (규칙 제50조 제2항, 제121조 제1 · 제2항)

피해신고서

다음과 같이 피해를 당하였으므로 신고합니다.

2020. 12. 1. 12:00

신고인 주거 서울 관악구 흑석 제1동 37(16통 8반)

피해자와의 관계: 본인 성명 이기원(李基元) 인(전화 342-1235)

 노량진 경찰서장 귀하

피해자의 주거, 직업, 성명, 연령, 주민등록번호	서울 관악구 흑석 제1동 37(16통 8반) 건어물상 이기원(李基元) 650711-1134271
피해연월일시	2020. 12. 1. 00:30경부터 2020. 12. 1. 05:30경까지
피해장소	위 이기원 집 남쪽 온돌방(공부방)
피해상황(범행)	범인은 동쪽 브로크담을 넘어 들어와서 방문을 잠그지 않고 학생들이 잠자고 있는 북쪽 온돌방(공부방)에 들어가서 동실 내 책상서랍에서 시계1개, 학생복 상의 호주머니에 넣어 둔 현금 등을 훔쳐 가지고 대문 작은 샛문을 열고 도망한 것으로 추측된다.

피해금품	품명	수량	시가	특징	소유자
	별지와 같음				

범인의 주거 · 성명 또는 인상착의 특징 등	일체불상
참고사항(유류물품, 기타)	김일남은 신고인의 장남이고, 이상구는 친구(동창생)임 유류물품은 발견하지 못하였음

위와 같이 본인의 의뢰에 따라(의하여) 대서하다.

노량진경찰서 동작파출소

사법경찰리 경장 이 ○ ○ 인

피의자 검거보고서 작성 예
(특수절도)

종로경찰서

2020. 12. 10.

수 신 경찰서장

참 조 형사과장

제 목 특수절도 피의자 검거보고

특수절도 피의자를 다음과 같이 검거하였기에 보고합니다.

1. 피의자 인적사항

　본적: 경기도 고양군 원당면 원당리 ○○○

　주거: 서울 강남구 역삼동 ○○○

　무직 이기원(李基元) 50세

　주민등록번호: 391110-○○○○○○○

2. 검거일시 및 장소

　2020. 12. 10. 19:30분 쯤 종로구 종로 ○가 ○○○ 소재 기쁜소리 금은방

3. 검거경위

가. 금일 19:30 제1선 순찰근무 중 기쁜소리 금은방에서 물건을 매도하려는 현장을 목격하고 그 언동을 살폈더니 수상하여 불심검문을 하였던바, 물건에 대한 출처 등을 명확히 밝히지 못하므로 지구대로 임의동행하여 조사케 되었음.

나. 자기 소유이다. 친구 것이다 하며 계속 변명으로 부인하다가 2020. 12. 9. 20:40분 쯤 서울 감남구 역삼동 300에 있는 이을구(45세)의 집 창문을 장도리로 파괴하고 침입, 그 집 마루 위에 있던 금시계, 다이아 반지 등 시가 1천만원 상당을 절취한 사실을 자백하므로 피해자 이을구에게 연락 피해일시를 확보하고 금시계, 다이아 반지를 대조한바 피해자의 소유임이 밝혀져 특수절도피의자로 검거케 되었음.

종로경찰서 종로 3가 지구대 근무

사법경찰리 순경 이 수 동　　㊞

제12장 감식

제1절 현장감식

1. 의의

범죄현장에서의 감식활동으로서 범행흔적, 유류물 등 범죄현장에서 범죄와 관련성이 있는 모든 유형적, 무형적 자료를 발견하고 수집해서 이를 과학적 방법에 의해서 검사하고 감정함으로써 범인의 신체적 · 생리적 특징, 범죄수법 등을 파악하여 범인추정에 필요한 자료를 제공하여 범죄의 진상을 밝히고 증거를 보전하는 일체의 활동을 말한다. 그러므로 탐정(민간조사관)들은 현장감식에 대해 어떠한 순서로 진행되는지에 대해서 살펴볼 필요성이 있다.

2. 현장감식의 작업순서

현장감식은 우선 보존용 로프, 정복경찰관 등으로 현장 출입통제를 실시한 후 다음 순서에 입각하여 실시를 한다.

(1) 간부의 현장관찰

지방경찰청 현장감식반 및 형사주무계의 책임간부, 관할 경찰서 형사계 경위 이상의 책임간부가 임장해서 사건의 개요파악, 현장수사의 목표설정, 수사방침에 대해서 수립하게 된다.

(2) 사진촬영

현장 그대로의 상태를 촬영하기 위해 현장 책임자의 지휘 하에 다른 감식 작업에 우선하여 행하되, 현장상황 등을 있는 그대로 촬영하여 재생시켜야 한다.

(3) 채증감식

멸실우려가 있는 증거물에 대해서 우선적으로 채취하기 위해서 채증활동에 앞서 실시하거나 채증활동과 병행하여 실시한다.

(4) 수법검토

유형적 자료 채취뿐만 아니라 무형적 자료를 채취하는 일도 중요한 일로 범죄수법을 염두해 두고 관찰을 해야 한다.

제2절 시체현상구별

1. 시체현상

사람이 죽은 후 시체에 나타나는 변화과정을 말한다. 이를 시간 순서에 의해서 나열하여 살펴보면 다음과 같다.

> 시체의 냉각 ⇨ 시체의 건조 ⇨ 혈액침전 및 시체얼룩 ⇨ 시체굳음 ⇨ 자가용해 ⇨ 부패 ⇨ 백골화의 단계.

(1) 초기현상

1) 체온의 냉각(cooling)

① 주위의 대기온도와 같아지거나 수분이 증발하면서 주위의 기온보다 더 낮아진다.

② 대체로 사후 10시간 이내에는 시간당 1도씩, 그 후에는 매 시간당 약 0.5~0.25도씩 하강한다.

③ 습도가 낮을수록, 건조할수록, 통풍이 잘 될수록 수분이 빨리 증발하기 때문에 체내의 온도가 빠르게 하강한다.

2) 시체건조(drying)

① 피부에 대한 수분보충이 정지되어 몸의 표면은 습윤성을 잃고 건조해진다.

② 피부, 입술, 항문 등 외부에 노출된 부위가 피혁상화 상태로 된다.

3) 각막의 혼탁
① 사후 12시간 후 흐려져 24시간이 되면 현저히 흐려지고 48시간이 되면 불투명하게 된다.
② 동공은 24시간이 지나면 흐리게 된다.

4) 시체얼룩(시반: postmortem lividity)
① 적혈구의 자체 중량에 의한 혈액 침하현상으로 시체 하부의 피부가 암적갈색으로 변화된다.
② 유동혈이 많은 질식사, 급사에서는 빠르고 강하게 나타난다.

5) 시체굳음(rigidity)
① 사후 다량의 유산이 생산되어 근육은 산성화되면서 수축하는 현상을 말한다.
② 사후에 일시 이완되었다가 시간이 경과하게 되면서 점차 경직이 된다.
③ 턱관절에서 경직이 되기 시작해서 사후 12시간 정도면 전신에 미친다.

(2) 후기현상
1) 자가융해(autolysis)
사후에는 미생물의 관여가 없는 경우라도 세포 가운데의 자가효소에 의해서 분해가 일어나 세포 구성성분이 분해가 되어 세포 간 결합의 붕괴로 조직은 연화된다.

2) 부패(putrefaction)
부패균의 작용에 의해 일어나는 질소화합물의 분해를 말하는 것으로 부패의 3대 조건은 공기의 유통이 좋고, 온도는 20~35℃이고, 습도는 60~66%일 경우 최적이 된다.

3) 미라화(mummification)
고온·건조지대에서 시체의 건조가 부패·분해보다 빠를 경우 생기는 시체의 후기현상을 말한다.

4) 시체밀랍(시랍)화(saponifaction)

① 화학적 분해에 의해 고체형태의 지방산 혹은 화합물로 변화한 상태를 말한다.

② 비정형적 부패형태로 수중 또는 수분이 많은 지중에서 형성된다.

5) 백골화(skeletonization)

뼈만 남은 상태로 소아의 경우 사후 4~5년, 성인의 경우 7~10년 후 완전히 백골화 상태가 된다.

2. 사체의 변화를 통한 사후 경과시간 추정(이상원·김상균)

시체변화	추정시간
시체얼룩은 약간 나타나지만 시체굳음이 아직 나타나지 않을 경우	1시간 내외
시체얼룩은 경미하고 시체굳음이 악(턱)관절과 경추(목)관절에만 존재	2~3시간 내외
시체얼룩이 전위되고 시체굳음이 팔(상지관절)에 나타나며 인공적으로 시체굳음을 소멸시켰을 때 재경직이 일어나는 경우	4~5시간 내외
시체얼룩 및 시체굳음이 강하고, 시체얼룩이 압력에 의하여 퇴색되지 않고 경직이 다리(하지관절)까지 발생하였을 때	7~8시간 내외
각막은 혼탁되어 있으나 동공은 투명하며, 복벽에 부패성 변색이 나타나고 입, 코, 눈 등에 파리 및 구더기가 생겼을 때	24시간 내외
악(턱)관절의 경직이 풀리기 시작할 때	30시간 내외
팔의 경직이 풀어지기 시작할 때	36시간 내외
각막이 불투명하고 다리의 경직이 풀어지기 시작할 때	48시간 내외
배꼽 주위 및 사타구니의 피부가 부패로 변색되고 여러 곳에 부패(수)포가 생겼을 때	2~3일 내외
구더기가 번데기로 되었을 때	8일 내외
번데기가 선탈하였을 때	3주 내외
백골화 또는 시랍화 되었을 때	수개월 이상

3. 질식사

(1) 의의

질식사란 호흡기에 의한 산소와 이산화탄소의 생리적 가스교환이 중단된 상태를 질식이라고 하며, 이로 인한 생명의 영구적 중단을 질식사라고 말한다.

(2) 질식사의 3대 징후

① 점출혈(점상출혈): 점막 밑, 장막 밑 피층 등에서 세포혈관의 파열로 인한 출혈이 있는 상태를 말한다.

② 혈액의 암적색 유동성: 혈액이 응고되지 않으면서 그 색깔이 암적색으로 보이는 상태를 말한다.

③ 각 실질장기의 울혈: 뇌, 뇌막, 폐, 간, 신장이 혈관 내의 많은 피를 함유하고 있는 상태를 말한다.

4. 손상사

(1) 의의

의학에서는 손상이 어떠한 원인이든 조직의 정상적 구조가 형태학적으로 파괴되는 것을 말하는데 반해, 법의학에서는 물리력에 의한 형태학적 파괴만을 손상이라고 본다.

(2) 손상의 분류

성상물체에 따라 둔기에 의한 손상, 예기에 의한 손상, 총기에 의한 손상 등으로 구분을 할 수 있다.

1) 둔기에 의한 손상

피부 까짐	피부의 먼 바깥층인 표피만 벗겨져 나가 진피가 노출되는 현상
타박상	둔력에 의하여 피부는 파열되지 않고 피하조직이 좌멸되고 주로 모세혈관, 정맥 등이 파열되어 일어나는 출혈(피부 밑 출혈)
찢은 상처	견고한 둔체가 인체에 작용하여 좌멸된 손상을 형성한 것으로 차량에 받히

	거나 구타당했을 때 생성되는 손상
찢긴 상처	둔체가 신체를 강타하여 그 부위의 피부가 극도로 긴장되어 탄력성의 한계를 넘어 피부가 외력방향에 따라 파열된 현상

2) 예기에 의한 손상

벤 상처	면도칼, 나이프, 도자기, 유리면의 파편 등의 날이 있는 흉기에 의해 조직의 연결이 끊어진 손상
찔린 상처	송곳, 단도, 소도 등 선단에 첨예하고 가늘고 긴 흉기에 의해 찔려서 생긴 손상
큰칼 상처	도끼, 낫, 식도 등 중량이 있고 날이 선 흉기로 내리쳤을 때 생기는 손상

제3절 족흔적 감식

1. 현장 족흔적의 의의

수사상의 족흔적이란 범인이 범죄현장에서 남겨놓고 간 보행흔적 뿐만 아니라 기타 범행에 사용되었던 차량의 타이어흔적과 도구흔 및 다른 물건에 의해 인상된 모든 흔적까지 광범위하게 포함시켜 말한다.

족흔적의 경우 그 형상, 파멸, 손괴 등의 특징이 각각 상이하기 때문에 범죄수사자료 및 피의자의 범행 입증자료 등의 증거자료로서 범죄수사상 매우 중요하게 다루어지는 것이다. 범인은 범죄현장을 출입할 때 사람인 이상 출입한 흔적을 남기며 그 밖에도 침입시나 범행시 사용했었던 도구흔, 차량흔 등을 남긴다.

2. 족흔적의 종류

(1) 인상물체에 의한 분류

족 적	각종 신발흔, 맨발흔, 구두흔, 양말흔 등의 보행에 따른 흔적
타이어 흔적	자동차, 자전거, 오토바이 등 범행차량의 타이어 흔적

도구흔	드라이버, 펜치, 빠루, 칼, 기타 공구에 의해 인상된 흔적
기타흔	치아흔, 장갑흔, 찰과흔 등

(2) 인상상태에 의한 분류

입체 족흔적	모래, 진흙, 연토 등이나 눈 위 등에 요철이 그대로 나타나는 입체상태의 족흔적
평면 족흔적	종이, 헝겊, 나무판, 비닐장판, 마룻바닥 등에 평면상태로 인상된 족흔적, 육안식별가능 여부에 따라 지문과 같이 현재 족흔적과 잠재 족흔적 분류

3. 족흔적의 이용

(1) 족적

족적을 이용하면 범인의 수, 범행경로, 범행 위장여부, 기타 범행사항, 도주경로 등을 추정할 수 있다. 또한 범인의 체격, 직업 등에 대해서도 추정이 가능하다.

(2) 차량흔

차량은 차종, 형식, 연식에 따라 접지, 폭, 모양 등이 다르므로 범행에 사용된 차량을 추정할 수 있고, 도주한 용의자의 차량과 대조를 함으로써 수사자료 및 증거자료로 활용될 수 있다.

(3) 도구흔

드라이버, 빠루 등의 도구를 사용하여 침입 또는 물색한 경우 창문틀, 금고, 출입문, 가구 등에 인상된 흔적은 상황에 따라 다르게 나타나며 또한 그 고유특징의 발견이 가능하다.

4. 족흔적의 검색 및 보존

(1) 검색의 착안점

① 범행현장의 출입구, 물색장소, 도주구의 바깥, 집주위 등에 대해서 광범위한 검색을 실시하고 자동차 사용사범에 대해서는 타이어흔, 마찰흔 등의 발견에 주의해야 한다.
② 금고, 창틀, 출입문, 가구 등에서는 공구흔, 장갑흔의 검색을 해야 한다. 얼핏 보아서

족흔적이 보이지 않더라도 사광선 등을 이용해서 발견에 노력을 기울여야 한다.

(2) 검색의 방법

① 사광선 이용

족흔적을 형성하는 토사, 먼지 등의 미세한 융기부분에 사방향으로 광선을 조사하여 생기는 그림자에 의해 족흔적을 발견하는 방법으로 자연광선이나 각종 투과기, 광도가 강한 회중전등, 인공광선을 사용한다.

② 정전기 발생장치의 이용

방바닥, 마룻바닥, 방석, 의자커버, 이불 위, 융단 등에 인상된 잠재 족흔적을 정전기 발생장치에 의해 검색한다.

5. 족흔적의 채취

(1) 사진촬영법

① 미세한 부분(특징)까지 사진에 나타나도록 촬영을 한다.
② 반드시 자를 놓고 아주 가까운데서 정밀하게 촬영을 한다(경우에 따라서는 사진만으로 감정할 수도 있기 때문)
③ 사진촬영시에 자외선 또는 적외선을 이용한 촬영도 쓰인다.
④ 입체흔, 평면흔 등 모든 흔적은 사진촬영 후 다른 방법을 행하는 것이 원칙이다.

(2) 석고채취법

모래, 진흙, 연토 등이나 눈 위에 입체상태로 인상된 족흔적을 채취할 때 사용한다.

(3) 젤라틴 전사법

젤라틴으로 만든 투명유리테이프의 일종, 나무관, 유리, 비닐장판, 마룻바닥, 아스팔트, 콘크리트상의 평면 족흔적을 채취할 경우 사용되며 전사지를 이용한 지문채취방법과 유사하다.

(4) 실리콘 러버법

실리콘에 촉매(경화제)를 혼합하여 이것을 흔적면에 가볍게 발라주어 채형하는 방법을 말한다. 도구흔을 채취할 경우 사용한다.

(5) 정전기 채취법

담요, 방석, 의자커버 등 섬유류 위에 먼지로 인해 인상된 족흔적을 채취하는 것으로 정전기 족흔적 채취기를 이용한다. 이것은 두루마리 채취판(합성수지제)을 잠재족적이 인상된 물체 위에 엎어서 펴놓은 후 정전기를 이용하여 채취판에 부착되도록 하는 방법인 것이다. 부착된 흔적은 사진촬영을 한 후에 젤라틴 전사판에 채취를 한다.

(6) 진공압흔 채취흔

범죄현장 바닥에서 수집한 종이류 위에 족흔적 또는 사건관련 압필흔을 진공상태에서 정전기 현상을 이용해서 이를 채취한다.

(7) 희미한 혈흔족적 검출법

눈으로 잘 볼 수 없는 희미한 혈흔, 족적, 지문 등을 각종 시약을 사용하여 선명하게 발색시켜 채취하는 방법을 말한다.

(8) 희미한 흙먼지흔 검출법

토사, 진흙 등의 철분이 함유되어져 있는 물체에 의해 종이, 헝겊, 나무판 또는 장판 위에 희미하게 유류된 족흔적을 시약에 의해 발색시켜 채취하는 방법을 말한다.

6. 감정자료의 취급

범죄현장에서 채취한 족흔적과 용의자로부터 입수한 물건(신발, 타이어 또는 공구류)을 대조, 감정해야 할 경우 조치할 사항을 살펴보면 다음과 같다.

(1) 대조자료 작성

현장에서 채취한 자료가 입체흔이면 대조자료도 입체흔을 작성하고, 현장자료가 평면흔이면 대조자료도 지문, 잉크 등으로 백지에 평면흔으로 작성해야 한다. 현장에서 맨발흔을 채취했을 경우에는 용의자의 맨발 족적작성은 보통 서 있는 상태, 걸어가는 상태, 발바닥 안쪽에 힘을 주었을 때, 발바닥 바깥쪽에 힘을 주었을 때 등 최소한 4가지 이상의 상태에서 자료를 작성해야 한다.

(2) 감정물의 포장

감정물을 우송할 경우에는 자료가 파손되지 않도록 포장에 각별히 주의를 기울여야 한다. 감정자료가 석고인 경우에는 두꺼운 스펀지, 스티로폼, 솜 등으로 양면을 잘 싸서 포장하여 우송도중 파손되는 것을 방지해야 한다.

의류, 종이류 등에 유류된 족흔적 자료(특히 흙먼지인 경우)는 흔적문양이 멸실되지 않도록, 포장·송부해야 한다.

제4절 유전자지문(DNA finger print)

1. 유전자지문의 의의

생물개체의 특징이 자식에게 전해지는 것을 유전이라 하고 이와 같은 일을 맡아서 하는 것을 유전자라고 한다. 또한 유전자의 본체, 즉 유전적 성질을 지배하는 물질은 핵산의 일종인 DNA(디옥시리보핵산)이다. DNA는 염색체 위에 존재하는 유전정보를 책임 맡는 유전물질로 세포에서 세포로 옮겨지고 부모에서 자식에게 전해지는 것이다. DNA의 단편인 미니새터라이드 DNA라고 부르는 부위의 수십, 수백의 염기쌍이 수만 회 또는 그 이상의 같은 방향으로 반복된 구조의 차이를 나타내는 것으로, 이 부위의 경우 개인차가 극도로 심하기 때문에 모든 개체에서 검출된 패턴이 다르지만, 일란성 쌍둥이만 동일하다. DNA지문 분석 기술은 범죄수사 및 친생자 감별에 사용되는 것이 세계적 흐름인 것이다.

2. DNA지문이 범죄수사에의 이용

예컨대 강간사건의 경우에서 정액식별법으로는 질액과 정액이 혼합되어 그 혈액형이 정액에서 유래된 것인지, 질액에서 유래된 것인지를 판별하기가 여간 어려웠다. 그러나 DNA지문법을 이용함으로써 강간을 당한 피해자의 질액에서 정자의 DNA지문을 분석해서 용의자의 DNA 패턴과 비교를 해 봄으로써 범인확증에 탁월한 방법임이 증명되었다.

3. DNA지문분석을 필요로 하는 사건

다음의 경우에는 DNA지문분석이 필요한 사건들이다.

(1) 어떤 사건에서 혈액형이 동일한 피해자와 피의자가 모두 피를 흘려 흉기 또는 의복 등에 묻은 혈흔이 누구의 피인지에 대한 식별이 필요한 경우

(2) 강간피해자인 여성과 피의자의 혈액형이 동일하면서 현장에서 검출된 혈액이 과연 피의자의 혈액인지 증명을 필요로 한 경우

(3) 혈액형 검사로는 친생자 유무가 증명되지 않은 경우

(4) 토막난 사체유기사건에서 토막난 사체 조직으로부터 DNA분석을 실시하여 동일인의 조직인지에 대해서 식별할 필요성이 있는 경우 등.

4. DNA지문분석이 가능한 시료 및 보존기간, 채취

(1) DNA분석이 가능한 시료

예컨대 사람의 혈흔, 혈액(심장혈 포함), 정액, 정액반, 모발(모발뿌리 세포가 있어야 함), 기타 장기조직 편 등.

(2) 보존기간

혈흔과 정액반은 건조된 상태에서 냉장고에 보존했을 경우 1~2년이 경과한 후에도 DNA분석이 가능하다. 응혈된 혈액, 부패, 희석 그리고 오염된 혈은, 혈액, 정액(반) 및 오래 방치된 장기조직편 등에서는 DNA분석이 불가능한 경우가 많다.

(3) 채취

① DNA분석에 필요한 시료의 양은 신선혈흔, 정액반의 크기는 1cm X 1cm 크기, 모근세포 최소한 3개 이상, 혈액 2㎖ 이상, 인체조직의 경우 중량 5g 이상이 있어야 한다.

② 유동혈액은 항응고제인 EDTA가 들어 있는 시험관에 채혈하여 서늘한 곳에 보존하면서 운반해야 하고, 여름철의 경우 부패되기 쉬운 혈액 및 정액은 빠른 시간 내에 면으로 된 천 조각이나 거즈에 전사하여 그늘에서 건조시킨 다음 종이봉투에 넣어 운반한다. 모발은 특히 뿌리세포가 다치지 않도록 주의를 기울여 채취, 운반해야 한다.

제5절 약독물감정

일반적으로 약품은 그 사용량 및 종류에 대해 다음과 같이 구분한다.

상용량	치료의 목적으로 사용하는 보통약(일반적으로 극량의 1/3이다)
극량	위험성 없이 사용할 수 있는 최대량
중독량	중독상태를 나타내는 최소량
치사량	죽음에 이르는 최소량
독약	극량과 차이가 적은 약품
극약	극량과 중독량의 차이가 비교적 적은 약품
보통약	극량과 중독량의 차이가 많은 약품

1. 범죄에 사용되는 주요 약물

(1) 자살 또는 타살의 목적으로 사용되는 의약품

자살 또는 타살의 목적으로 사용될 수 있는 의약품은 신경안정제나 수면제 성분을 말할 수 있다.

로라제팜, 디아제팜 등의 신경안정제들은 거의 대부분이 향정신성의약품으로 지정되어 있고, 수면제 중 독실아민의 경우에는 쉽게 구할 수 있는 성분이기 때문에 이로 인해서 사망하는 예가 많다.

(2) 약물, 마취강도에 사용되는 약품

드링크제나 오렌지 주스 등에 수면제나 신경안정제 같은 약물을 타서 피해자에게 마시게 하여 정신을 잃게 한 후 금품을 갈취하거나 강간 등의 사건이 발생되는 경우가 발생한다.

(3) 고가 한약재(생약)들의 진위판별

예컨대 웅담, 사향, 녹용 등이다.

웅담(곰의 쓸개)에는 우루소데옥시콜린산이라는 특히 답즙산이 함유되어 있으며, 저담(돼지의 쓸개)에는 히오데옥시콜린산이 함유되어 있고, 우담(소의 쓸개)에는 데옥시콜린산이 다른 쓸개보다 많이 함유되어 진품을 구분할 수 있다.

(4) 독성한약재(생약)

부자(초오, 천 오두), 스코폴리아근(랑탕근, 미치광이풀), 호미카(마전자) 등의 알칼로이드 함유 식물 등이다.

(5) 복어독으로 의뢰되는 사건

예컨대 복어의 알이나 내장 중 함유되어 있는 테트로도톡신

테트로도톡신은 독성이 강하여 소량만 복용해도 사망에 이르게 되는 물질이다. 생체시료 중 복어독의 확인은 위 내용물을 산으로 처리한 에틸알코올로 추출한 후 단백질, 지방 등을 제거하여 시료를 정제한 다음 쥐에게 이를 주사해서 판정을 한다.

(6) 식품 및 한약재 중 잔여농약물의 검출

식품 중에는 콩나물 재배시 부패, 변질을 막기 위해 불법으로 농약(benizimidazole계)을 사용하는데, 이 농약들의 검출방법을 개발하여 콩나물에 사용되는 미량의 농약성분 검출에 적용되고 있다.

2. 감정물 채취요령

(1) 자살 · 타살 사건의 경우

① 피해자의 중독증상을 본 사람의 증언, 부검소견, 사건개요 등을 감정인에게 알린다.

② 사건현장에서는 특히 음독물이나 음식물의 잔여품, 구토물, 용기, 약포지 등 독물이 함유 또는 부착되었을 것으로 사료되는 모든 물건에 대해서 이를 채취하도록 한다.

③ 사체 부검결과 중독사의 혐의가 있을 경우에는 채취해야 할 검체는 위 내용물 및 뇨의전량, 혈액 100g 이상, 간 · 비장 · 신장 각각 100g 이상, 필요시 십이지장과 소장 내용물이나 뇌 및 심장의 일부이다. 감정목적이 약물, 독물, 일산화탄소 등의 가스중독사 여부 주취 정도를 측정할 경우에는 감정물에 어떠한 물질도 첨가하지 말아야 한다.

④ 매장되었던 사체를 채취할 경우에는 관의 내부에 칠한 페인트류, 관의 외측 위 · 아래의 흙도 대조시험용으로 채취한다.

(2) 사고로 인한 중독 또는 치사사건의 경우

① 자살 · 타살사건의 증거물 채취 이외에 피해자가 복용했던 시판음식물, 청량음료, 주류, 의약품, 식품, 첨가물, 화공약품, 농약류 및 쥐약 등도 수집해야 한다.

② 의료 및 약화사고 시비사건의 경우에는 치료에 사용되었던 모든 조제약, 주사약, 수액세트, 주사기 등과 조제약에 대한 처방전을 함께 송부한다.

(3) 수면 및 마취제류 측정의 경우

① 에테르 · 클로로포름 등과 같은 흡입마취제류는 휘발성이 매우 강하기 때문에 이들이 묻어 있는 탈지면, 수건 또는 사용되었던 용기류 등의 경우에는 반드시 밀폐용기에 넣고 포장해야 한다.

② 마취범죄와 관련된 주스캔, 요구르트병, 드링크제, 빨대, 먹다 남은 비스킷류 등을 채취하여 적은 양이라도 소실되거나 오염이 되지 않도록 포장해서 이를 송부해야 한다.

(4) 가스중독사의 경우

피해자의 혈액, 뇨, 뇌 및 사건현장 주위의 공기를 비닐봉지 등으로 채취해야 하며, 가스의 발생요인이 될 수 있는 물질도 수집을 해야 한다.

(5) 한약재류에 의한 중독 및 중독사의 경우

치료에 사용되었던 한약재 사용용기, 한약 등을 채취하고 한약재 처방도 함께 송부해야
한다.

(6) 고가 한약재의 진위 여부

웅담, 우황, 사향, 녹용 등의 진위 여부는 충분한 양의 시료(약 200g)와 진품을 함께 송부해야
한다.

(7) 복어 중독 감정

복어의 알이나 내장 등을 모두 채취하고, 사망자의 위 내용물(전부), 혈액(200g 이상), 뇨(전
량)를 채취하여 송부해야 한다.

(8) 불량식품의 감정

충분한 시료를 수집하고 해당식품의 일반 성분 분석표를 같이 송부해야 하며, 불량식품제조
과정에서 사용한 각종 첨가물을 수집하여 표기하고 각각 포장해서 이를 송부해야 한다.

(9) 주류, 청량음료 등의 감정

주류 등의 경우 유해성 여부 및 진위여부를 감정, 의뢰하고자 할 경우에는 반드시 완전히
포장된 진품을 함께 의뢰해야 한다.

(10) 천연식품의 진위여부

예컨대 벌꿀, 참기름, 고춧가루 등의 진위여부는 충분한 양(200g 이상)의 시료와 진품을
동시에 송부해야 한다.

제6절 거짓말탐지기를 이용한 수사

1. 개설

거짓말탐지기(polygraph)를 이용한 수사라 함은 피의자, 피내사자, 중요 참고인, 기타 수사사항에 대하여 알고 있거나 관련되어 있다고 믿을 만한 상당한 이유가 있는 자를 대상으로 거짓말탐지기를 이용하여 정신적인 동요로 인한 생리적 변화의 과정에서 일어나는 심장의 움직임과 혈압, 맥박의 변화 및 전류에 대한 피부의 저항도의 변화와 호흡운동의 변화상태 등을 기록해서 진술의 진위여부를 밝히는 수사를 말한다. 거짓말탐지기는 물리적인 강압수사를 하지 않고도 부인하는 진술의 진위여부를 판단할 수 있어 과학수사면에서 중요하다. 특히 초동단계에서 적합한 조건하에 검사가 행해지면 범죄용의자가 여러 명인 경우 범인을 가려낼 수 있고, 범죄에 사용한 증거물을 찾아내거나 피해자의 사체 은닉장소 등을 찾아낼 수 있는 등 그 효과가 크다.

2. 활용범위

용의자 축소	강력, 폭력, 일반사건에서 수 명의 용의자 중 범인구별
진술의 진위판단	피해자, 피의자, 참고인의 진술이 사실인지의 여부를 확인
사건의 단서 및 증거수집	검사결과로 사건의 단서포착 및 사건과 관련된 증거수집
상반되는 진술의 비교확인	피해자와 피의자의 진술이 상반될 경우 누구의 진술이 진실인지 비교·확인 가능
자백의 기회부여	거짓말탐지기 검사는 자백할 기회로도 이용가능
수사의 방향전환	수사방향의 설정 또는 전환이 가능

3. 허용성

피의자에 대한 거짓말탐지기의 사용은 피검사자의 명시적인 동의(또는 적극적인 요구)하에 허용이 되는 것이다. 경찰의 거짓말탐지기 운영규칙 제14조에서도 '검사 관은 검사를 시작하기 전에 피검사자가 임의로 동의했는가에 대해서 이를 확인한 후 피검사자로부터 거짓말탐지기 검사동의서를 받도록 규정'하고 있다.

4. 검사결과 증거능력(대법원 판례)

(1) 정확성 보증조건

거짓말탐지기의 시험결과 및 그 보고서의 증거능력에 관하여 그 검사가 피검사자의 동의하에 행해진 경우에도 그 검사결과의 정확성이 보증되지 않는 한 증거능력은 인정될 수 없다는 판시를 하였다. 검사결과의 정확성을 보증하는 조건을 살펴보면 다음과 같다.

> 검사기계 성능의 우수성, 검사 당시 피검사자의 의식의 명료성과 심신상태의 건전성, 질문표의 작성 및 질문방법의 합리성, 검사자의 전문성, 검사장소의 평온성, 검사결과 판정의 정확성을 들고 있다(대판 79도547).

(2) 거짓말탐지기 검사결과의 증거능력

거짓말탐지기의 검사결과는 공소사실의 존부에 관한 직접증거가 아니라 진술의 진위에 대해서 이를 판단하는 정황근거에 불과한 것이다.

(3) 검사절차

거짓말탐지기 검사에 대한 순서를 살펴보면 다음과 같다.

> ① 자료수집단계 ⇨ ② 검사 전 면담단계(불안감조성 또는 제거) ⇨ ③ 본 검사단계(동일질문을 3, 4회 정도 반복하여 검사) ⇨ ④ Graph 판독단계 ⇨ ⑤ 검사 후 면담 · 질문단계

제13장 지문

제1절 지문의 의의와 특성

1. 의의

지문은 지두 장측부(지두내명)에 존재하는 피부가 융기한 선 또는 점으로 이루어진 문형을 뜻한다. 지문은 '피부가 융기한 선'이나 '유두선' 또는 단지 '융선'이라고 호칭되지만 '융선'이 존재하는 것은 손가락의 말절부 뿐만 아니라 손가락의 중절, 기질, 장측면, 족지와 족장측면의 면에도 존재하여 지문과 똑같이 여러 가지 문형을 나타낸다.

2. 특성

지문의 특성에 대해서 살펴보면 다음의 2가지를 가지고 있다(이상원 · 김상균, 2005).

(1) 만인부동

① 융선이 문형을 이루는 것은 둥근 선, 곧은 것, 긴 것, 짧은 것 등 여러 가지 융선의 접합에 의해서 이루어진 것이다.

② 융선의 문형에는 중단(끊어짐), 분기(갈라짐), 접합(맞붙음)이 포함이 된다.

③ 문형에 포함되는 이러한 것이 그 문형의 특징이 되는 것이며, 이 특징의 전부가 일치하는 동일한 문형은 다른 데에는 존재하지 않는다.

④ 부모형제 간의 물론 일란성 쌍둥이도 지문은 상이하다.

(2) 종생불변

사람의 지문은 출생한 후 그 사람이 죽을 때까지 변하지 않고 지문의 피부가 마멸이 되든지, 창상 등에 의해서 손상을 입든지 하는 일이 생기게 되면 지문도 일시적으로 마멸 또는 결손이

되지만 창상 등이 가벼운 경우에는 이전의 문형과 동일한 특징을 구비한 문형이 재현되는 것이다.

제2절 지문의 종류

1. 지문의 종류

지문의 종류는 크게 궁상문, 제상문, 와상문, 변태문으로 이루어진다.

보통궁상문	평탄하게 흐른 궁상선이 모여서 1개의 문형으로 형성된 지문.
돌기궁상문	파도와 같이 돌기한 궁상선으로 형성된 지문.
편류궁상문	중심부 융선이 좌측 또는 우측으로 편류한 지문.

2. 제상문

(1) 제상문의 정의

선이 흐르는 반대쪽(좌측이나 우측)에 삼각도가 1개 있고, 돌기방향이 대부분 상부를 향하고 있다.

제상문이란 말발굽 모양의 제상선이 모여서 형성된 지문을 말한다.

(2) 제상문의 종류

제상문의 종류에 대해서 살펴보면 갑종제상문과 을종제상문이 있다.

갑종제상문 (지문분류번호는 2)	좌수지문을 찍었을 경우 중심부로 보아서 삼각도가 좌측에서 형성되어 있고 우수를 찍었을 경우에는 우측에 형성되는 지문.
을종제상문 (지문분류번호는 3~7)	갑종제상문과 삼각도가 반대이다. 중심부로부터 보아서 우수일 경우 각이 좌측에, 좌수일 경우 각이 우측에 있는 제상문을 말함.

> ① 융선수가 7개 이하는 지문분류번호 3
> ② 융선수가 8개~11개이면 지문분류번호 4
> ③ 융선수가 12~14개이면 지문분류번호 5
> ④ 융선수가 15개 이상이면 지문분류번호 6

3. 와상문

(1) 와상문의 정의

와상문이란 지문의 중심부가 한 바퀴 이상 돌아가는 와상선, 원형으로 생긴 환상선, 말밥굽 같은 제상선 또는 기타 융선이 독립하거나 혼합하여 형성이 되고, 좌측과 우측에 각각 1개씩 각을 가진 문형을 말한다.

(2) 와상문의 종류

순와상문, 환상문, 2종제상문, 쌍태제상문, 유태제상문으로 세분화된다.

4. 변태문(지문분류번호는 9 안에 중간점으로 표시)

변태문은 지문이 나타난 손가락이 점이나 단선 또는 기타 융선으로 형성된 변태적인 문형을 말한다. 궁상문, 제상문, 와상문 중 어느 문형에도 속하지 않는 지문을 말한다.

제3절 현장지문

1. 현장지문과 준현장지문

(1) 현장지문

범죄현장에서 채취한 지문을 말하는 것으로써 범죄현장의 여러 가지 물건에 인상된 잠재(육안으로 보이지 않는 것) 또는 현재(육안으로 보이는 것)의 지문을 그대로 또는 가공하여 검출시켜 채취한 지문을 뜻한다.

(2) 준현장지문

피의자의 검거를 위해 범죄현장 이외의 장소에서 채취를 한 지문을 뜻한다. 범죄현장이 아닌 경우라도 범죄현장과 관련성이 있는 범죄의 침입경로, 도주경로, 예비장소 등에서 발견된 지문 또는 피의자 발견을 위해 범죄현장 이외의 장소에서 채취한 지문을 뜻한다.

> 유류지문은 현장지문 또는 준현장지문 중 관계자 지문(현장지문 또는 준현장지문 중에서 피의자의 지문이 아닌 지문)에 해당되지 아니하는 지문을 뜻한다.

2. 현장지문의 보존

(1) 임장자 자신의 지문 유류방지

수사중 임장자의 지문을 유류지문으로 취급하여 많은 시간과 노력이 수포로 돌아가서 수사상의 여러 차질이 생길 수 있기에 많은 주의가 필요하다.

(2) 파괴 · 멸실방지

현장에서 유류된 지문은 다른 현장자료에 비해서 육안으로 잘 보이지 않으며 손에 닿기 쉽기 때문에 파괴 또는 멸실이 되지 않도록 주의를 기울여야 한다.

(3) 기타 자료와의 관계

범죄현장에서 발견되는 흉기, 기타 물건 등 증거자료 수집은 지문채취 후 신중히 다루어져야 한다.

3. 현장지문 채취법

현장지문은 침입구, 물색의 개소, 도주구 등에 유류되어 있는 경우가 많지만, 그 주위도 철저한 검색이 필요로 한다. 육안으로 식별이 될 수 없는 잠재지문에는 회중전등, 거울 같은 것들을 사용하여 사광선, 반사광선을 비침으로써 이를 육안으로 지문을 발견할 수가 있다.

(1) 현장지문채취법

먼지에 인상된 지문	먼지에 인상된 지문은 사진촬영, 전사판에 의한 방법, 실리콘러버에 의한 방법을 사용한다.
혈액으로 인상된 지문	혈액으로 인상된 지문은 사진촬영, 전사판에 의한 채취방법을 사용한다.

(2) 잠재지문채취법

잠재지문은 육안으로도 식별을 할 수 있도록 한 다음 사진촬영 또는 전사판에 의한 전사채취를 한다.

고체법(분말법)	① 가장 단순하고 일반적으로 사용하는 방법이다. ② 미세한 분말을 물체에 도포해서 분비물에 부착시켜 잠재지문을 검출하는 방법으로서 젤라틴이나 셀로판테이프를 부착, 전사하여 채취한다. ③ 이 방법은 표면이 편편하고 매끄러우며 경질의 물체상에 유류된 잠재지문을 채취하는 데 적당하다.
액체법	① 액체법은 지두의 분비물 중에 염분, 담백질 등의 화학적 반응을 일으켜서 지문을 검출하는 방법이다. ② 주로 닌히드린 용액법과 초산은 용액법을 사용하는데, 초산은 용액법은 한국경찰에서는 사용되지 않는다. ③ 닌히드린 용액법은 닌히드린분말 20g+ 아세톤, 에틸알코올, 증류수 등에 용해하여 사용한다. ④ 지문에 남아 있는 아미노산 성분과 반응하여 자주색 지문으로 현출된다.
기체법	옥도가스를 분사하여 잠재지문(분비물)의 지방분에 작용시켜 다갈색으로 착색시켜 지문을 검출하는 방식이다.
강력순간접착제법(가스분사지문현출법)	가장많이 사용되는 방법에 해당된다. 본드(접착제)의 증기에 의해(접착제를 가열, 분사시켜)지문이 함유되어 있는 염분, 지방분, 단백질 등과 화학반응을 일으켜서 백색의 잠재지문을 검출하는 방식이다. 주로 비흡수성 물질(예컨대 유리, 매끄러운 표면 등)상의 지문을 채취하는데 이용된다.
기타	오스믹산 용액법, 진공금속지문채취기, 가변광선 채증장비 등.

제14장 범죄유형별 수사방법

제1절 대인범죄수사

1. 살인사건수사

(1) 살인사건의 특징

살인죄란 고의에 의해서 인위적인 방법에 의해서 타인의 생명을 빼앗는 것을 말한다(형법 제250조 ①, ②). 절대적 생명보호의 원칙에 입각하여 생명의 경우에는 다른 무엇보다도 가장 우선시되어 보호를 받는 법익이다.

살인죄는 전체범죄 발생건수의 0.05%(연도별로 조금씩 차이가 있음)에 불과하지만 형법상 범죄 중에서도 극단적으로 법질서를 파괴하고 범죄이고, 이로 말미암아 피해자의 가족, 현장 부근 주민들에게도 크나큰 충격을 줄 뿐만 아니라, 더 나아가 일반사회에까지 일상생활의 안전을 위협하여 범죄 불안심리를 가중시키는 중대한 범죄인 것이다. 살인범죄의 경우 범죄현장에서 단서를 얻는 것이 보통이고, 특히 살인현장에서는 피해자의 사체는 있으나 경우에 따라서는 불가능한 경우가 있기 때문에 이런 경우에는 피해자 신원판명이 범죄원인과 사건해결의 실마리가 되는 것이다. 살인범죄의 경우에는 대부분 동기와 목적이 존재하기 마련이기 때문에 이에 대한 규명이 우선적으로 선행되어져야 한다.

(2) 현장관찰

관찰을 함에 있어 유의해야 할 점들을 살펴보면 다음과 같다.

> ① 범인의 출입관계: 침입지역, 개소, 침입방법, 도주로, 도주방법 등
> ② 사체의 관찰: 사체의 위치, 자세, 창상의 부위·수, 창상의 상황, 사후 경과시간의 추정, 살해방법, 착의 상황, 혈흔의 상황, 살해당시의 자세, 사체로부터 지문의 채취, 흉기의 추정

③ 동기의 판단: 이욕인가, 원한인가, 치정인가를 판단

④ 감의 수사: 지리감 또는 연고감이 있는 범행인가를 판단

⑤ 공범 유무의 판단: 범행현장 족적과 흉기의 종류 및 수 등을 통하여 공범유무를 파악

⑥ 유류품의 발견채취: 유류품의 종류, 유류의 상황확인, 유류품에서 지문의 채취

⑦ 기타: 피해자의 신원확인 및 저항흔적의 유무, 신체·의복의 부착물 및 부착상황, 피해자의 소지 휴대품 등에 대해서도 확인.

(3) 수사활동

살인사건의 경우에 있어서는 다양한 수사실행의 방법을 필요로 한다. 즉 참고인 및 목격자를 상대로 하는 탐문수사, 현장을 중심으로 한 수사, 범인의 인상·특징에 의한 수사, 감별수사, 유류품 수사, 감식수사, 용의자 내사 및 추적수사의 과정을 거쳐 범인의 검거에 이르게 된다.

(4) 초동수사 및 현장관찰의 중요성

모든 범죄의 경우에 있어서 범죄를 저지른 자는 분명히 단서를 남기게 마련인 것이며, 완전범죄를 시도한 경우라 하여도 나름대로 분명 단서는 남게 되는 것이다. 범인불명의 살인사건 검거는 결국 위와 같은 단서포착 여하에 달려 있으며, 직접 또는 간접적인 물적 단서를 포착하는 것이 바람직하다고 볼 수가 있다. 따라서 초동수사 단계에서의 범죄현장수사가 다른 무엇보다도 중요하다.

(5) 검거단서

직접적인 물적 단서	현장 유류품, 지문, 족적, 윤적, 혈흔, 장물(강도살인사건의 경우) 등
간접적인 물적 단서	법의학적 감정결과 등 과학기술방법에 의한 판단결과
인적·무형적 단서	수사관의 수사경험을 통한 판단이나 상상과 이를 토대로 한 질문, 전과자·불량배에 대한 착안 등
수동적 단서	피해신고, 밀고, 자수 등

(6) 사인 규명

살인사건수사의 경우에는 그 사인이 먼저 명확하게 규명되어야 한다. 살인행위의 유형에는 여러 가지가 있고, 그 행위가 점점 더 교묘해지고 발달되어 새로운 수법이 속속들이 등장하고 있다. 유형에 따라 현장의 상황과 창상의 모양을 세밀하게 검사함으로써 사망원인의 판별이 가능하다. 범인이 누구인지 불분명한 살인사건에서 발견된 변사체에 대한 사인규명으로부터 시작이 된다. 먼저 사체의 외부에 대해서 검안을 하여 사망의 원인에 대한 것을 명백히 알 수 있을 경우에는 그 이상의 검토를 할 필요성이 없지만, 만약 어떠한 의문점이 발생된 경우에는 사체를 해부할 필요성이 있다. 해부를 통해서 의외의 원인이나 단서나 나타날 경우가 있기 때문이다.

2. 강도사건수사

(1) 강도죄의 특징

강도죄는 재물을 절취한다는 점에 있어서는 절도죄와 동일하나 사람에 대하여 폭행과 협박 등의 유형력을 수반한다는 점, 강도실행도중 범죄발각 등으로 인해 살인으로까지 이어진다는 경우가 있어 절도의 범죄에 비해서 발생빈도는 적으나 사회적으로 미치는 파장에 있어서는 절도죄와 비교할 수가 없다.

(2) 강도죄의 본질과 수법

1) 강도죄의 본질

강도죄(형법)는 상대방의 반항을 억압할 정도의 폭행과 협박을 수반하여 타인의 재물을 강취하거나, 기타 재산상의 이익을 취득하거나, 제3자로 하여금 취득하게 함으로써 성립하는 범죄를 말한다.

> 강도죄의 기본적 구성요건인 단순강도죄(제333조)를 시작으로 해서, 준강도죄(제335조), 인질강도죄(제336조)이고, 그 밖에 특수강도죄(제334조), 강도상해·치상죄(제337조), 강도살인·치사죄(제338조), 강도강간죄(제339조), 해상강도죄(제340조), 상습강도죄(제341조)가 있다.

2) 강도죄의 수법

대표적인 강도죄의 수법에 대해서 살펴보면 다음과 같다.

침입강도	주거, 점포, 은행, 차량, 선박, 항공기 등에 침입하여 물건을 강취하는 방법이다.
노상강도	어두운 골목길에서 행인을 흉기로 폭행 또는 협박을 하여 소지품을 강취하는 방법이다.
인질강도	사람을 인질로 하여 석방의 대가로 금품을 강취하는 방법이다.
준강조	절도범이 재물의 탈환을 항거 또는 체포를 면탈하여 죄증을 인멸할 목적으로 폭행 또는 협박을 하는 방법이다.

(3) 수사요령

1) 초동수사의 철저

현장에 도착을 한 경우 피해자, 목격자 등의 참고인 조사가 필요로 하며 수배에 필요한 사항에 대해서 청취하고, 용의자의 인상착의 등에 대해서 파악을 해야 한다.

초동수사시 범인확정은 물론 후일 범인이 범행을 부인한 경우에 대비해서 옥내 강도일 경우에는 옥내의 전체적인 구조 · 현장에 산재한 범인의 흔적을 관찰해서 이를 채취하고, 옥외 강도일 경우에는 현장부근의 행인의 왕래상황 · 조명도(야간일 경우 피해자 또는 목격자 진술의 신빙성 · 판단자료가 됨)를 확인한다.

2) 피해자 조사

피해품(장물)의 품목, 종류, 수량, 가액, 피해품 소지의 상황, 피해를 당하게 된 경위, 범인으로 지목되는 자 또는 범인의 인상착의를 확인한다.

3) 목격자 · 참고인 발견 · 확보

목격자 · 참고인의 발견과 확보는 중요하기 때문에 현장부근에 사는 사람들에 대한 탐문을 실시하고 필요에 따라서 주거나 성명의 확인이나 사진촬영, 현장부근에 주차중인 차량번호도 기록해 둘 필요성이 있다.

(4) 수사활동 요령(이봉한)

사전협의	• 배치요원들에 대한 임무분담 • 행동통일을 위한 신호 결정
몸값 소지자의 미행	• 몸값소지자에 대한 보호 • 몸값 전달장소 변경 등 사태 급변시 즉응조치 • 직선적이고 단순한 미행은 지양하고 주변상황에 어울리는 위장, 변장 실시
현장지휘	• 몸값 전달장소에 현장지휘소 설치 • 현장주변에 요원 2선, 3선의 복선배치 • 주요 간선도로에 비노출차량배치 등 도주방지에 대비
잠복	• 주변상황에 어울리는 위장이나 변장 • 시간적 여유를 갖고 잠복 • 장시간의 잠복에 대비, 교대요원이나 식사 등의 대책 마련
체포	• 공범자가 있는지에 특히 유의 • 경찰에 연락, 정보제공 • 체포시 행동통일을 위한 지정된 신호

제2절 대물범죄수사

1. 절도사건수사

(1) 개념

절도란 사람이 손을 사용하여 상대방의 물건을 훔치는 것으로써 누구든지 할 수 있는 범죄를
말한다.

(2) 절도사건의 수법(이상원 · 김상균)

침입절도	야간 또는 주간에 침입이 용이한 곳을 통하거나 잠금장치를 파괴하고 주거, 방실, 건조물 등에 침입하는 방법, 방문객 · 행상 · 검침원을 가장 하여 침입하는 방법, 그 밖에 거주자를 외출하게 하고 침입하는 방법 등이 있다.
방치물절도	옥외 또는 노상에 방치된 물건을 감시가 없는 틈을 이용하여 훔치는 방법 을 말한다. 방치물 절도의 경우 범인을 특정하기가 쉽지 않고, 자동차나

	오토바이 등을 이용한 전문법의 소행일 가능성이 많다.
날치기	노상에서 타인의 신변에 있는 물건을 순간적으로 낚아채어 도주를 하는 방법을 말한다. 주로 혼잡한 정류장, 유원지 등에서 부녀자나 노인을 대상으로 해서 범죄를 행한다.
소매치기	타인의 신변에 있는 재물을 주의가 산만한 틈을 이용해서 기술적으로 절취하는 방법을 말한다.
들치기	백화점, 기타 상점의 고객을 가장해서 상품을 민활하게 훔치는 방법을 말한다. 초보적인 방치물 절도와는 달리 발달된 수법과 대담성을 발휘하고 있어 위험성이 크며 부녀자 또는 상습범의 경우가 많다.

(3) 상점절도

1) 개요

상점절도의 경우 사업장에서 흔히 발생되는 경우이다. 충동, 절망, 동료들의 압박, 복수, 성적 도벽 등을 포함해서 다양한 여러 이유로 발생하게 되는 것이다. 상점절도범들의 대부분은 프로가 아닌 아마추어들이지만(약 85%) 상습절도범들의 경우도 상당수 포함된다.

2) 상점절도의 범주

Pinkerton사는 상점절도를 다음의 범주로 구분 짓고 있다(Charies P. Nemeth, Private Security and The Investigative Process(Boston: Butterworth Heinemann, 2000).

- 아마추어 성인 상점절도범
- 청소년 상점절도범
- 전문 상점절도범
- 병적 도벽증
- 상점절도 중독자
- 부랑자와 알코올중독 상습절도범

3) 상점절도의 특징과 수법

① 특징

상점절도의 수법, 방법, 그와 관련된 속임수들에 대해서 정통해 있어야 한다. 특히 상습절도범들은 상점의 환경을 인식하고 내부를 훑어 보면서, 절도행위 전에 구석구석을 빠르게 살펴보는 경향들이 있다. 야간침입절도는 강도로 돌변할 가능성이 농후한 범죄이므로 위험성이 매우 크다(경찰대학).

② 절도범들의 절도수법 내지 속임수(Charies P. Nemeth, op. cit.,).

> • 가장 간단한 절도수법의 경우 손안에 감추는 방법이다. 이들은 장갑이나 손수건, 짐꾸러미 같은 도구를 사용한다. 공범과 같이 하기도 한다.
> • 긴 코트 또는 긴 스커트를 입고 코트나 스커트 속에 물건을 감추는 방법이다.
> • 가방이나 호주머니는 훔친 물건을 감추는데 사용이 된다. 쇼핑백, 상자, 유모차, 서류가방 및 여행가방에 대해서 자세히 살펴볼 필요성이 있다.
> • 귀금속, 액세서리를 옷 속에 넣거나 머리 속에 숨겨서 나오는 방법이다.
> • 탈의실에서 꾸러미나 가방에 옷들을 숨겨서 가지고 오는 방법이다.
> • 훔친 옷을 여러 벌 껴입고 나올 수가 있다.
> • 물건을 고의적으로 흩뜨려 놓고 점원의 주의가 산만한 틈을 이용해서 물건을 훔치거나 공범을 이용해서 물건을 훔치는 방법이다.
> • 높은 가격의 제품라벨을 낮은 가격의 제품라벨과 바꿔서 가지고 나오는 방법이다.
> • 공범이 물건을 훔치는 동안 계속해서 벨을 울리거나 말을 걸어 점원의 주의를 딴데로 돌리는 방법이다.

4) 절도 용의자의 판단

민간조사관들이 절도범을 발견하고 이를 잡기 위해서는 예리한 감각과 관찰에 대한 숙련된 기술이 필요하다. 따라서 효과적인 탐문과 현장에서의 채증활동, 침입용구의 흔적, 지 · 장문 · 족적의 채취를 필요로 한다. 민간조사관(탐정)의 입장에서 살펴 볼 수 있는, 상점의 물건을 훔칠 가능성이 있는 수상한 사람에 대해서 살펴보면 다음과 같다.

- 계절과 맞지 않게 큰 코트를 입고 가게에 들어오는 사람, 헐렁하고 불룩한 바지를 입은 사람, 길거나 주름 잡힌 치마를 입은 사람
- 고개를 돌려 주변을 두리번거리는 사람
- 매우 서둘러서 가게를 나가는 사람
- 상품에 대해 물어볼 때 그 물건에 대해 관심이 없어 보이는 사람
- 어색한 걸음걸이로 가게를 나서거나, 자주 신발을 묶고 양말을 치켜 올리는 행동을 하는 사람
- 코트 바깥주머니에 계속 손을 집어넣고 있는 사람
- 다른 상품을 더 보여 달라고 계속 점원을 보내는 사람
- 둘 이상의 손님이 상품을 뒤죽박죽 흩어 놓는 사람
  한적한 장소나 구석에서 제품을 확인하는 사람
- 계속 바닥에 물건을 떨어뜨리는 사람
- 제품의 가격표를 제거하는 사람
- 상표를 손에 쥐고 있는 사람

5) 조사방법

① 민간조사관들이 상점절도범을 조사할 경우에 반드시 포함시켜야 할 사항들

- 진술을 뒷받침할 증거
- 범인 혹은 용의자임을 증언해 줄 사람
- 상점절도에 사용된 도구
- 상점절도가 발생한 시간과 장소
- 훔친 물건과 가액 및 피해액수
- 범행의 동기
- 범인 발견경위 등을 진술서에 기재해야 한다.

② 탐정(민간조사관)의 용의자 조사시에 있어서 주의할 사항들

민간조사관이 범인 또는 용의자로 의심되는 사람들로부터 진술서를 받고자 할 경우에는 신중하게 처신을 해야 한다. 그 내용을 살펴보면 다음과 같다.

- 어린이나 여성인 용의자에게는 여성 탐정(민간조사관)이 있어야 한다.
- 질문시에는 위협이나 강압적인 방법 등을 하지 말고 정중히 대해야 한다.
- 조사시 용의자에게 어떠한 약속도 해서는 안 된다.
- 용의자가 가족 혹은 경찰에게 전화걸기를 요구하면 전화할 수 있도록 배려를 해주어야 한다.
- 진술을 확보할 경우 용의자를 죄인 취급해서는 절대로 안 되며, 자유롭게 물을 마시게 하거나 화장실 사용을 허용해야 한다.
- 용의자에게 도망칠 수 없는 상황을 보여 주기 위해 사무실 문을 잠그거나 경비원을 세워서는 안 된다.
- 미리 인쇄된 진술서(자백서)에 서명하게 할 경우에는 용의자에게 이 양식은 구두자백도 포함된다는 것을 알려주어야 한다.

2. 침입절도

절도사건의 범행시간, 장소, 대상(피해자), 수단, 방법 및 목적물 등에 대해서 분석하고 검토해서 발생경향을 수법적, 형태적으로 파악을 하고, 수집된 수사자료를 적극적으로 이용해야 한다.

(1) 현장활동

현장탐문 철저	현장에 도착하여 수사자료의 수집을 도모하고 피해자 등의 불안을 없게 하도록 노력해야 한다.
현장주변의 관찰과 탐문	피해자 속에만 한정짓지 말고 그 주변까지도 행하여 수법내용에 대해서 정확히 파악해야 한다. 또 탐문을 실시하여 범행시간, 목격자, 흔적의 발견 등 수사자료의 수집이 필요하다.
채증활동	침입용구의 흔적, 지문·장족·족적 등의 채취를 한다.
임장결과의 기록	현장을 관찰한 다음에 그 결과에 대해서 기록을 해두어야 한다.

(2) 장물수사

절도사건의 피해품에 대해서 이를 정확하게 파악(성질, 수량, 특징)하고, 적절한 수배와 장물을 처분한 장소(예컨대 고물상, 금은방 등)에 대해 수사를 한다.

(3) 도범정보의 수집

상습절도범의 조직적 범죄, 특수한 수법에 필요한 범죄(예컨대 금고털이)의 경우에 있어서는 이와 관련성이 있는 정보의 수집이 필수적인 것이다.

(4) 침입절도의 도구리스트와 조사에 대해

1) 침입의 도구리스트

침입절도의 대상지역을 조사할 경우에는 도구, 연장, 기계적인 수단, 파손 및 침입시에 사용되었던 도구가 무엇인가에 대해서 확인을 해야 된다. 일반적인 침입의 도구리스트를 살펴보면 다음과 같다.

> 예컨대 끝이 뾰족한 펀치, 해체용 금속막대나 지렛대, 타이어 족쇄, 다이아몬드 심이 박힌 대패, 코어드릴, 연마용 톱·끌·펜치·와이어 커터·망치와 해머, 볼트절단기, 병따개, 쇠톱과 칼날, 전동드릴 등이 있다.

2) 주거침입 조사시의 참고사항

침입절도의 조사에는 여타 범죄들과 같은 일반적인 조사적 접근이 요구된다. 탐정(민간조사관)이 주거침입 조사를 함에 있어서 참고해야 할 사항을 살펴보면 다음과 같다.

> • 현장이나 그 주변에서 지문(현재지문이나 잠재지문)의 채취를 위해서 노력을 해야 한다.
> • 지문이 발견되면 비관계자의 지문제거를 위해서 모든 직원의 지문을 채취할 필요성이 있다.
> • 광택 나는 바닥표면이나 바닥 위에 있는 종이를 체크하게 되면 족흔적을 발견할 수 있다.
> • 사건현장건물의 주면을 확인하다 보면, 사건과 관련성이 있는 타이어흔적이나 족적을 발견할 수가 있다.
> • 잃어버린 물건이나 돈에 대한 정확하고도 세부적인 진술에 대해서 이를 확보할 필요성이

있다.

- 보험약관의 손실금액에 대한 지불조항에 대해서 이를 확인할 필요성이 있다.
- 건물 내의 전 구성원들과 인터뷰를 실시해야 한다. 인터뷰에는 야간경비원, 순찰근무자 또는 지역경찰관도 포함이 되고, 사건발생 전에 건물에서 마지막으로 나간 사람과 사건을 처음 발견하고 이를 신고한 사람의 경우도 이에 포함되어야 한다.
- 도구사용의 흔적들에 대해서 이를 발견해야 한다.
- 부서진 물건을 발견하게 될 경우 이동을 하지 말아야 하고 이를 전문가에게 연락해야 한다.
- 파손된 금고에 대해서 사진을 촬영해 두어야 한다.
- 금고의 모양, 일련번호, 무게 등에 대해서 확인을 해야 한다.
- 범행 중 또는 범행장소 근처에서 용의자가 체포되었다면 입고 있는 의복을 확보해야 하는데, 여기에는 금속조각, 절연물질, 페인트 조각 등이 발견될 수도 있다.
- 체포당시 용의자가 차 안에 있는 경우였다면 범행도구가 있는지에 대해서 이를 확인하고 증거가 될 말한 물건들이 있는지에 대해서도 확인을 해야 한다.

제15장 헌법, 형법과 탐정업무와 저촉문제[3]

헌법 제10조는 동법 제17조와 같이 사생활의 비밀과 자유를 보장하고 있다. 이에 따라 개인은 사생활이 상대방으로부터 침해되거나 사생활이 함부로 공개되지 아니할 소극적인 권리는 물론, 현대사회의 정보화된 자신에 대한정보를 스스로 제한할 수 있는 적극적인 권리도 가진다. 초상권이란, 사람의 얼굴이나 기타 사회통념상 신체적 특징에 관하여 사전승낙 없이 타인에 의하여 전시·게재되거나 영리적으로 이용당하지 않을 권리를 말하는데, 이것은 헌법 제10조에 의하여 보장되는 권리이다. 이러한 침해는 공개된 장소에서 이뤄졌다는 이유만으로 정당화 되지 아니 한다. 헌법에서 제시되고 있는 프라이버시에 대한 기본권 중, 가장 침해받기 쉬운 것은 주거의 자유(제16조)·사생활의 비밀과 자유(제17조)와 통신의 자유(제18조) 등이 있다. 이 같은 법률은 형법상의 명예훼손죄(제307조, 민법 제751조), 비밀 침해죄(제316조)와 특별법인 통신비밀보호법·전기통신사업법·전파법·정보통신망이용촉진및정보보호에관한 법률 등의 일부 조항이 세부적으로 개인의 사생활에 대하여 보호법익으로 규정하고 있다. 수사기관에서 중요한 수사를 위해감청 등을 활용하는 경우, 통신비밀보호법 제5조의 규정에 의해 제한된 범죄에 한하여, 검사를 통해 통신제한조치에 대한 허가를 신청하고, 검사는 이것을 법원에 그 허가를 청구하는 절차를 밟도록 규정되어 있다. 그러나 대부분의 심부름센터나 컨설팅업체들은, 고도로 정밀한 도청장치, 추적 장비, 망원경 등을 이용하여 불법적으로 타인의 프라이버시를 침해하는 문제들이 관례화되어 있다. 현재 유사탐정업체의 조사업무 중 가장 요청이 많은 것이 간통의 증거확보를 의뢰하는 건인데, 간통 현장에서 증거를 수집하기 위해 이루어지는 감시, 도청 등의 행위는 불법행위에 해당된다. 따라서 공인탐정제도가 시행된다고 하더라도, 공인탐정이 불법적인 수단과 방법으로 수집한 증거는 어떠한 근거나 논리를 편다고 해도 법원에서 증거능력을 인정받기는 매우 어렵다고 본다. 또한 공인탐정의 조사활동 중 도청 등의 불법행위에 대해서는 특별한 위법성 조각사유가 없는 이상 자격취소나 정지 등의 강력한 제재조치가 뒤따라야 할 것이다.

---

3) 이정인, 공인탐정법(안)의 주요쟁점에 대한 고찰, 동아법학 제78호, 198면 ~ 200면 원용

그러나 중한 범죄와 관련하여 전화에 의한 협박범(공갈범)을 검거하기 위해 위치추적 장치를 활용하거나 범인으로부터의 전화를 녹음하는 것을 허용할 수 있는 경우도 있을 것이다. 따라서 공인탐정제도의 도입 시 이러한 중한 범죄의 업무수행에 대하여, 증거수집방법이나 법정에서 인정될 수 있는 증거능력의 범위와 실종자 및 치매환자, 가출인 찾기, 피해회복차원의 재산조사사무, 보험회사에서 이뤄지는 보험사기 입증자료 목적의 촬영 등은 위법의 소지가 높으므로 법안심의 시 반드시 이에 대한 세밀한 연구가 필요하다고 본다.

제2편
민간조사 관련 법률

제1장 총칙

1. 목적

당사자의 동의 없는 개인정보 수집 및 활용 또는 제3자에게 제공하는 것을 금지하는 등 개인정보보호를 강화한 내용을 담아 제정한 법률이다. 이 법은 각종 컴퓨터 범죄와 개인의 사생활 침해 등 정보화사회의 역기능을 방지하기 위해 1995년 1월 8일부터 시행됐던 법률인 '공공기관의 개인정보보호에 관한 법'을 폐지하고 새로 제정한 법률이다. 2011년 3월 29일 제정되어 같은 해 9월 30일부터 시행되었다. 상대방의 동의 없이 개인정보를 제3자에게 제공하면 5년 이하의 징역이나 5,000만 원 이하의 벌금에 처할 수 있다. 이 법은 개인정보의 수집·유출·오용·남용으로부터 사생활의 비밀 등을 보호함으로써 국민의 권리와 이익을 증진하고, 나아가 개인의 존엄과 가치를 구현하기 위하여 개인정보 처리에 관한 사항을 규정함을 목적으로 한다. 여기서 개인정보란 살아 있는 개인에 관한 정보로서 성명, 주민등록번호 및 영상 등을 통하여 개인을 알아볼 수 있는 정보(해당 정보만으로는 특정 개인을 알아볼 수 없더라도 다른 정보와 쉽게 결합하여 알아볼 수 있는 것을 포함함)를 말한다.

2. 개념정의(제2조)

가. 개인정보

'개인정보'란 살아 있는 개인에 관한 정보로서 1) 성명, 주민등록번호 및 영상 등을 통하여 개인을 알아볼 수 있는 정보, 2) 해당 정보만으로는 특정 개인을 알아볼 수 없더라도 다른 정보와 쉽게 결합하여 알아볼 수 있는 정보(이 경우 쉽게 결합할 수 있는지 여부는 다른 정보의 입수 가능성 등 개인을 알아보는 데 소요되는 시간, 비용, 기술 등을 합리적으로 고려하여야 한다), 3) 성명 등 또는 결합정보 등을 가명 처리함으로써 원래의 상태로 복원하기 위한 추가 정보의 사용·결합 없이는 특정 개인을 알아볼 수 없는 정보(이하 '가명정보'라 한다)에 해당하는 정보를 말한다.

나. 가명처리

'가명처리'란 개인정보의 일부를 삭제하거나 일부 또는 전부를 대체하는 등의 방법으로 추가 정보가 없이는 특정 개인을 알아볼 수 없도록 처리하는 것을 말한다.

다. 처리

'처리'란 개인정보의 수집, 생성, 연계, 연동, 기록, 저장, 보유, 가공, 편집, 검색, 출력, 정정(訂正), 복구, 이용, 제공, 공개, 파기(破棄), 그 밖에 이와 유사한 행위를 말한다.

라. 정보주체

'정보주체'란 처리되는 정보에 의하여 알아볼 수 있는 사람으로서 그 정보의 주체가 되는 사람을 말한다.

마. 개인정보파일

'개인정보파일'이란 개인정보를 쉽게 검색할 수 있도록 일정한 규칙에 따라 체계적으로 배열하거나 구성한 개인정보의 집합물(集合物)을 말한다.

바. 개인정보처리자

'개인정보처리자'란 업무를 목적으로 개인정보파일을 운용하기 위하여 스스로 또는 다른 사람을 통하여 개인정보를 처리하는 공공기관, 법인, 단체 및 개인 등을 말한다.

사. 공공기관

'공공기관'이란 1) 국회, 법원, 헌법재판소, 중앙선거관리위원회의 행정사무를 처리하는 기관, 중앙행정기관(대통령 소속 기관과 국무총리 소속 기관을 포함한다) 및 그 소속 기관, 지방자치단체, 2) 그 밖의 국가기관 및 공공단체 중 대통령령으로 정하는 기관을 말한다.

아. 영상정보처리기기

'영상정보처리기기'란 일정한 공간에 지속적으로 설치되어 사람 또는 사물의 영상 등을 촬영하거나 이를 유·무선망을 통하여 전송하는 장치로서 대통령령으로 정하는 장치를 말한다.

자. 과학적 연구

'과학적 연구'란 기술의 개발과 실증, 기초연구, 응용연구 및 민간 투자 연구 등 과학적 방법을 적용하는 연구를 말한다.

[개인정보의 유형(행정자치부/한국인테넷진흥원)]

유형	개인정보의 예
인적사항 정보	성명, 주민등록번호, 운전면허증번호, 여권번호, 주소, 본적지, 전화번호, 생년월일, 출생지 이메일 주소, 가족관계 및 가족구성원 정보 등
신체적 정보	얼굴, 지문, 홍채, 음성, 유전자 정보, 키, 몸무게 등(신체정보), 건강상태, 진료기록, 신체장애, 병력 등(의료·건강정보)
정신적 정보	도서 비디오 등 대여기록, 잡지구독정보, 물품구매내역 등(성향정보) 사상, 신조, 종교, 가치관, 노조가입 여부 및 활동내역 등(내면의 비밀)
재산적 정보	소득, 신용카드번호, 통장계좌번호, 동산, 부동산 보유내역, 저축내역 등(개인금융정보) 개인신용평가정보, 대출 또는 담보설정 내역, 신용카드 사용내역 등(신용정보)
사회적 정보	학력, 성적, 출석상황, 자격증 보유내역, 상벌기록, 생활기록부 등(교육정보) 전과, 범죄기록, 재판기록, 과태료 납부내역 등(법적정보) 직장, 고용주, 근무처, 근로경력 등(근로정보) 병역여부, 군별, 군번, 계급, 근무부대 등(병역정보)
기타	전화통화 내역, IP주소, 이메일 또는 전화 메시지, 기타 GPS 등에 의한 개인위치정보

3. 개인정보보호원칙(제3조)

가. 최소한의 개인정보수집

개인정보처리자는 개인정보의 처리 목적을 명확하게 하여야 하고 그 목적에 필요한 범위에서 최소한의 개인정보만을 적법하고 정당하게 수집하여야 한다.

나. 목적외 사용금지

개인정보처리자는 개인정보의 처리 목적에 필요한 범위에서 적합하게 개인정보를 처리하여야 하며, 그 목적 외의 용도로 활용하여서는 아니 된다.

다. 개인정보의 정확성 등 보장

개인정보처리자는 개인정보의 처리 목적에 필요한 범위에서 개인정보의 정확성, 완전성 및 최신성이 보장되도록 하여야 한다.

라. 개인정보 종류 등에 따른 안전관리

개인정보처리자는 개인정보의 처리 방법 및 종류 등에 따라 정보주체의 권리가 침해받을 가능성과 그 위험 정도를 고려하여 개인정보를 안전하게 관리하여야 한다.

마. 열람청구권 등 보장

개인정보처리자는 개인정보 처리방침 등 개인정보의 처리에 관한 사항을 공개하여야 하며, 열람청구권 등 정보주체의 권리를 보장하여야 한다.

바. 사생활침해 최소화

개인정보처리자는 정보주체의 사생활 침해를 최소화하는 방법으로 개인정보를 처리하여야 한다.

사. 익명처리 및 가명처리

개인정보처리자는 개인정보를 익명 또는 가명으로 처리하여도 개인정보 수집목적을 달성할 수 있는 경우 익명처리가 가능한 경우에는 익명에 의하여, 익명처리로 목적을 달성할 수 없는 경우에는 가명에 의하여 처리될 수 있도록 하여야 한다.

아. 법령준수

개인정보처리자는 이 법 및 관계 법령에서 규정하고 있는 책임과 의무를 준수하고 실천함으로써 정보주체의 신뢰를 얻기 위하여 노력하여야 한다.

4. 정보주체의 권리(제4조)

정보주체는 자신의 개인정보 처리와 관련하여 1) 개인정보의 처리에 관한 정보를 제공받을 권리, 2) 개인정보의 처리에 관한 동의 여부, 동의 범위 등을 선택하고 결정할 권리, 3) 개인정보의 처리 여부를 확인하고 개인정보에 대하여 열람(사본의 발급을 포함한다. 이하 같다)을 요구할 권리, 4) 개인정보의 처리 정지, 정정·삭제 및 파기를 요구할 권리, 5) 개인정보의 처리로 인하여 발생한 피해를 신속하고 공정한 절차에 따라 구제받을 권리를 가진다.

5. 국가 등의 책무(제5조)

가. 국가와 지방자치단체의 책무

국가와 지방자치단체는 개인정보의 목적 외 수집, 오용·남용 및 무분별한 감시·추적 등에 따른 폐해를 방지하여 인간의 존엄과 개인의 사생활 보호를 도모하기 위한 시책을 강구하여야 한다. 또한 국가와 지방자치단체는 개인정보의 처리에 관한 불합리한 사회적 관행을 개선하기 위하여 개인정보처리자의 자율적인 개인정보 보호활동을 존중하고 촉진·지원하여야 한다.

나. 법령의 개선 등 시책마련

국가와 지방자치단체는 정보주체의 권리를 보호하기 위하여 법령의 개선 등 필요한 시책을 마련하여야 하며, 이에 따라 법령 또는 조례를 제정하거나 개정하는 경우에는 이 법의 목적에 부합되도록 하여야 한다.

6. 다른 법률과의 관계(제6조)

개인정보 보호에 관하여는 다른 법률(정보통신망 이용촉진 및 정보보호 등에 관한 법률, 신용정보의 이용 및 보호에 관한 법률 등)에 특별한 규정이 있는 경우를 제외하고는 이 법에서 정하는 바에 따른다.

제2장 개인정보 보호정책의 수립 등

1. 개인정보보호위원회 설치 및 지위(제7조)

개인정보 보호에 관한 사무를 독립적으로 수행하기 위하여 국무총리 소속으로 개인정보 보호위원회(이하 '보호위원회'라 한다)를 두며, 보호위원회는 '정부조직법' 제2조에 따른 중앙행정기관으로 본다. 다만, 1) 제7조의8 제3호 및 제4호의 사무, 2) 제7조의9 제1항의 심의·의결 사항 중 제1호에 해당하는 사항에 대하여는 '정부조직법' 제18조를 적용하지 아니한다.

2. 보호위원회의 구성 등(제7조의2)

가. 구성

보호위원회는 상임위원 2명(위원장 1명, 부위원장 1명)을 포함한 9명의 위원으로 구성한다.

나. 위촉

위원은 개인정보 보호에 관한 경력과 전문지식이 풍부한 1) 개인정보 보호 업무를 담당하는 3급 이상 공무원(고위공무원단에 속하는 공무원을 포함한다)의 직에 있거나 있었던 사람, 2) 판사·검사·변호사의 직에 10년 이상 있거나 있었던 사람, 3) 공공기관 또는 단체(개인 정보처리자로 구성된 단체를 포함한다)에 3년 이상 임원으로 재직하였거나 이들 기관 또는 단체로부터 추천받은 사람으로서 개인정보 보호 업무를 3년 이상 담당하였던 사람, 4) 개인 정보 관련 분야에 전문지식이 있고 '고등교육법' 제2조 제1호에 따른 학교에서 부교수 이상으로 5년 이상 재직하고 있거나 재직하였던 사람 중에서 위원장과 부위원장은 국무총리의 제청으로, 그 외 위원 중 2명은 위원장의 제청으로, 2명은 대통령이 소속되거나 소속되었던 정당의 교섭단체 추천으로, 3명은 그 외의 교섭단체 추천으로 대통령이 임명 또는 위촉한다.

다. 위원자 및 부위원장

위원장과 부위원장은 정무직 공무원으로 임명하며, 위원장, 부위원장, 제7조의13에 따른 사무처의 장은 '정부조직법' 제10조에도 불구하고 정부위원이 된다.

3. 위원장의 역할(7조의3)

가. 보호위원회회의 주재

위원장은 보호위원회를 대표하고, 보호위원회의 회의를 주재하며, 소관 사무를 총괄한다.

나. 위원장 직무대행

위원장이 부득이한 사유로 직무를 수행할 수 없을 때에는 부위원장이 그 직무를 대행하고, 위원장 · 부위원장이 모두 부득이한 사유로 직무를 수행할 수 없을 때에는 위원회가 미리 정하는 위원이 위원장의 직무를 대행한다.

다. 국회출석 진술 등

위원장은 국회에 출석하여 보호위원회의 소관 사무에 관하여 의견을 진술할 수 있으며, 국회에서 요구하면 출석하여 보고하거나 답변하여야 한다. 또한 국무회의에 출석하여 발언할 수 있으며, 그 소관 사무에 관하여 국무총리에게 의안 제출을 건의할 수 있다.

4. 위원의 임기(제7조의4)

위원의 임기는 3년으로 하되, 한 차례만 연임할 수 있으며, 위원이 궐위된 때에는 지체 없이 새로운 위원을 임명 또는 위촉하여야 한다. 이 경우 후임으로 임명 또는 위촉된 위원의 임기는 새로이 개시된다.

5. 위원의 신분보장(제7조의5)

위원은 1) 장기간 심신장애로 인하여 직무를 수행할 수 없게 된 경우, 2) 제7조의7의 결격사유에 해당하는 경우, 3) 이 법 또는 그 밖의 다른 법률에 따른 직무상의 의무를 위반한 경우의 어느 하나에 해당하는 경우를 제외하고는 그 의사에 반하여 면직 또는 해촉되지 아니하며,

법률과 양심에 따라 독립적으로 직무를 수행한다.

6. 회의(제7조의10)

가. 위원회 소집 및 의안제의

보호위원회의 회의는 위원장이 필요하다고 인정하거나 재적위원 4분의 1 이상의 요구가 있는 경우에 위원장이 소집하며, 위원장 또는 2명 이상의 위원은 보호위원회에 의안을 제의할 수 있다.

나. 개의 및 의결정족수

보호위원회의 회의는 재적위원 과반수의 출석으로 개의하고, 출석위원 과반수의 찬성으로 의결한다.

7. 위원의 제척 · 기피 · 회피(제7조의 11)

가. 제척사유

위원은 1) 위원 또는 그 배우자나 배우자였던 자가 해당 사안의 당사자가 되거나 그 사건에 관하여 공동의 권리자 또는 의무자의 관계에 있는 경우, 2) 위원이 해당 사안의 당사자와 친족이거나 친족이었던 경우, 3) 위원이 해당 사안에 관하여 증언, 감정, 법률자문을 한 경우, 4) 위원이 해당 사안에 관하여 당사자의 대리인으로서 관여하거나 관여하였던 경우, 5) 위원이나 위원이 속한 공공기관 · 법인 또는 단체 등이 조언 등 지원을 하고 있는 자와 이해관계가 있는 경우의 어느 하나에 해당하는 경우에는 심의 · 의결에서 제척된다.

나. 기피사유

위원에게 심의 · 의결의 공정을 기대하기 어려운 사정이 있는 경우 당사자는 기피 신청을 할 수 있고, 보호위원회는 의결로 이를 결정한다.

다. 회피사유

위원이 위 가. 또는 나.의 사유가 있는 경우에는 해당 사안에 대하여 회피할 수 있다.

8. 기본계획(제9조)

가. 기본계획 수립

보호위원회는 개인정보의 보호와 정보주체의 권익 보장을 위하여 3년마다 개인정보 보호 기본계획(이하 '기본계획'이라 한다)을 관계 중앙행정기관의 장과 협의하여 수립한다. 또한 국회, 법원, 헌법재판소, 중앙선거관리위원회는 해당 기관(그 소속 기관을 포함한다)의 개인정보 보호를 위한 기본계획을 수립·시행할 수 있다.

나. 기본계획의 내용

기본계획에는 1) 개인정보 보호의 기본목표와 추진방향, 2) 개인정보 보호와 관련된 제도 및 법령의 개선, 3) 개인정보 침해 방지를 위한 대책, 4) 개인정보 보호 자율규제의 활성화, 5) 개인정보 보호 교육·홍보의 활성화, 6) 개인정보 보호를 위한 전문인력의 양성, 7) 그 밖에 개인정보 보호를 위하여 필요한 사항이 포함되어야 한다.

9. 시행계획(제10조)

중앙행정기관의 장은 기본계획에 따라 매년 개인정보 보호를 위한 시행계획을 작성하여 보호위원회에 제출하고, 보호위원회의 심의·의결을 거쳐 시행하여야 하며, 시행계획의 수립·시행에 필요한 사항은 대통령령으로 정한다.

10. 자료제출 요구 등(제11조)

가. 자료제출 및 의견진술 요구

보호위원회는 기본계획을 효율적으로 수립하기 위하여 개인정보처리자, 관계 중앙행정기관의 장, 지방자치단체의 장 및 관계 기관·단체 등에 개인정보처리자의 법규 준수 현황과 개인정보 관리 실태 등에 관한 자료의 제출이나 의견의 진술 등을 요구할 수 있다. 또한 중앙행정기관의 장은 시행계획을 효율적으로 수립·추진하기 위하여 소관 분야의 개인정보처리자에게 제1항에 따른 자료제출 등을 요구할 수 있다.

나. 개인정보관리 수준 및 실태파악 등

보호위원회는 개인정보 보호 정책 추진, 성과평가 등을 위하여 필요한 경우 개인정보처리자, 관계 중앙행정기관의 장, 지방자치단체의 장 및 관계 기관·단체 등을 대상으로 개인정보관리 수준 및 실태파악 등을 위한 조사를 실시할 수 있다.

11. 개인정보 보호지침(제12조)

가. 보호위원회

보호위원회는 개인정보의 처리에 관한 기준, 개인정보 침해의 유형 및 예방조치 등에 관한 표준 개인정보 보호지침(이하 '표준지침'이라 한다)을 정하여 개인정보처리자에게 그 준수를 권장할 수 있다.

나. 중앙행정기관

중앙행정기관의 장은 표준지침에 따라 소관 분야의 개인정보 처리와 관련한 개인정보 보호지침을 정하여 개인정보처리자에게 그 준수를 권장할 수 있다.

다. 국회 등

국회, 법원, 헌법재판소 및 중앙선거관리위원회는 해당 기관(그 소속 기관을 포함한다)의 개인정보 보호지침을 정하여 시행할 수 있다.

제3장 개인정보의 처리

제1절 개인정보의 수집 이용, 제공 등

1. 개인정보의 수집 · 이용(제15조)

가. 개인정보 수집 및 이용

개인정보처리자는 1) 정보주체의 동의를 받은 경우, 2) 법률에 특별한 규정이 있거나 법령상 의무를 준수하기 위하여 불가피한 경우, 3) 공공기관이 법령 등에서 정하는 소관 업무의 수행을 위하여 불가피한 경우, 4) 정보주체와의 계약의 체결 및 이행을 위하여 불가피하게 필요한 경우, 5) 정보주체 또는 그 법정대리인이 의사표시를 할 수 없는 상태에 있거나 주소불명 등으로 사전 동의를 받을 수 없는 경우로서 명백히 정보주체 또는 제3자의 급박한 생명, 신체, 재산의 이익을 위하여 필요하다고 인정되는 경우, 6) 개인정보처리자의 정당한 이익을 달성하기 위하여 필요한 경우로서 명백하게 정보주체의 권리보다 우선하는 경우(이 경우 개인정보처리자의 정당한 이익과 상당한 관련이 있고 합리적인 범위를 초과하지 아니하는 경우에 한한다)의 어느 하나에 해당하는 경우에는 개인정보를 수집할 수 있으며 그 수집 목적의 범위에서 이용할 수 있다. 따라서 현행법상 도피한 불법행위자나 가출한 성인의 소재확인을 위해서 그 대상자의 동의 없이 자료를 수집할 경우에는 위법이 될 수 있다. 가령, 잠적한 채무자나 범죄가해자의 은신처 등을 알아내기 위한 자료수집은 위법이 될 수 있는 것이다.

[현행법상 가능한 사실조사 활동]

① 부동산등기부등본 열람 후 단순 요약 등 공개된 정보의 대리 수집 활동은 현재도 可

② 채용대상자나 계약거래상대방의 동의가 있음을 전제로 이력서, 계약서에 기재된 사실의 진위 확인 목적으로 자료수집, 관계인 진술청취, 탐문 등은 현재도 可

③ 도난되거나 분실 또는 은닉된 자산의 소재 확인을 위한 사실조사 활동은 현재도 可

나. 정보주체에 고지및 동의

개인정보처리자는 정보주체의 동의를 받을 때에는 1) 개인정보의 수집·이용 목적, 2) 수집하려는 개인정보의 항목, 3) 개인정보의 보유 및 이용 기간, 4) 동의를 거부할 권리가 있다는 사실 및 동의 거부에 따른 불이익이 있는 경우에는 그 불이익의 내용을 정보주체에게 알려야 한다. 위 어느 하나의 사항을 변경하는 경우에도 이를 알리고 동의를 받아야 한다.

2. 개인정보의 수집 제한(제16조)

개인정보처리자는 위 1의 가항에 해당하는 개인정보를 수집하는 경우에는 그 목적에 필요한 최소한의 개인정보를 수집하여야 한다. 이 경우 최소한의 개인정보 수집이라는 입증책임은 개인정보처리자가 부담한다. 또한 개인정보처리자는 정보주체의 동의를 받아 개인정보를 수집하는 경우 필요한 최소한의 정보 외의 개인정보 수집에는 동의하지 아니할 수 있다는 사실을 구체적으로 알리고 개인정보를 수집하여야 하며, 정보주체가 필요한 최소한의 정보 외의 개인정보 수집에 동의하지 아니한다는 이유로 정보주체에게 재화 또는 서비스의 제공을 거부하여서는 아니 된다.

3. 개인정보의 제공(제17조)

개인정보처리자는 정보주체의 동의를 받은 경우, 개인정보를 수집한 목적 범위에서 개인정보를 제공하는 경우에는 정보주체의 개인정보를 제3자에게 제공하거나 공유할 수 있다. 정보주체의 동의를 받지 아니하고 개인정보를 제3자에게 제공한 자 및 그 사정을 알고 개인정보를 제공받은 자는 5년 이하의 징역 또는 5천만원 이하의 벌금에 처한다.
동의를 받을 때에는 개인정보를 제공받은 자, 개인정보를 제공받는 자의 개인정보 이용목적, 제공하는 개인정보의 항목, 개인정보를 제공받는 자의 개인정보 보유
및 이용기간, 동의를 거부할 권리가 있다는 사실 및 동의 거부에 따른 불이익이 있는 경우에는 그 불이익의 내용을 정보주체에게 알려야 한다.
개인정보처리자가 개인정보를 국외의 제3자에게 제공할 때에는 개인정보를 제공받는 자, 개인정보를 제공받는 자의 개인정보 이용 목적, 제공하는 개인정보의 항목, 개인정보를 제공받는 자의 개인정보 보유 및 이용 기간, 동의를 거부할 권리가 있다는 사실 및 동의

거부에 따른 불이익이 있는 경우에는 그 불이익의 사항을 정보주체에게 알리고 동의를 받아야 하며, 이 법을 위반하는 내용으로 개인정보의 국외 이전에 관한 계약을 체결하여서는 아니 된다.

개인정보처리자는 당초 수집 목적과 합리적으로 관련된 범위에서 정보주체에게 불이익이 발생하는지 여부, 암호화 등 안전성 확보에 필요한 조치를 하였는지 여부 등을 고려하여 대통령령으로 정하는 바에 따라 정보주체의 동의 없이 개인정보를 제공할 수 있다.

4. 개인정보의 목적 외 이용·제공 제한(제18조)

가. 개인정보의 목적 외 이용·제공 제한

(1) 원칙

개인정보처리자는 개인정보의 수집,이용에 따른 범위를 초과하여 이용하거나 개인정보의 제공 범위를 초과하여 제3자에게 제공해서는 안된다.

(2) 예외

위 (1)항에도 불구하고 개인정보처리자는 1) 정보주체로부터 별도의 동의를 받은 경우, 2) 다른 법률에 특별한 규정이 있는 경우, 3) 정보주체 또는 그 법정대리인이 의사표시를 할 수 없는 상태에 있거나 주소불명 등으로 사전 동의를 받을 수 없는 경우로서 명백히 정보주체 또는 제3자의 급박한 생명, 신체, 재산의 이익을 위하여 필요하다고 인정되는 경우, 4) 개인정보를 목적 외의 용도로 이용하거나 이를 제3자에게 제공하지 아니하면 다른 법률에서 정하는 소관 업무를 수행할 수 없는 경우로서 보호위원회의 심의·의결을 거친 경우, 5) 조약, 그 밖의 국제협정의 이행을 위하여 외국정부 또는 국제기구에 제공하기 위하여 필요한 경우, 6) 범죄의 수사와 공소의 제기 및 유지를 위하여 필요한 경우, 7) 법원의 재판업무 수행을 위하여 필요한 경우, 형(刑) 및 감호, 보호처분의 집행을 위하여 필요한 경우의 어느 하나에 해당하는 경우에는 정보주체 또는 제3자의 이익을 부당하게 침해할 우려가 있을 때를 제외하고는 개인정보를 목적 외의 용도로 이용하거나 이를 제3자에게 제공할 수 있다. 다만, 이용자란「정보통신망 이용촉진 및 정보보호 등에 관한 법률」제2조제1항 제4호에 해당하는 자를 말한다(이하 같다). 개인정보를 처리하는 정보통신서비스 제공자는「정보통신망 이용촉진 및 정보보호 등에 관한 법률」제2조 제1항 제3호에 해당하는 자를 말한다(이하 같다). 제1호·제2호의 경우로 한정하고, 제5호부터 제9호까지의 경우는 공공기관의 경우로 한정한다.

나. 정보주체에 고지 및 동의
개인정보처리자는 정보주체의 동의를 받을 때에는 1) 개인정보를 제공받는 자, 2) 개인정보의 이용 목적(제공 시에는 제공받는 자의 이용 목적을 말한다), 3) 이용 또는 제공하는 개인정보의 항목, 4) 개인정보의 보유 및 이용 기간(제공 시에는 제공받는 자의 보유 및 이용 기간을 말한다), 5) 동의를 거부할 권리가 있다는 사실 및 동의 거부에 따른 불이익이 있는 경우에는 그 불이익의 내용에 대한 사항을 정보주체에게 알려야 하며 위의 어느 하나의 사항을 변경하는 경우에도 이를 알리고 동의를 받아야 한다.

다. 목적 외 사용의 관보 게재
공공기관은 개인정보를 목적 외의 용도로 이용하거나 이를 제3자에게 제공하는 경우에는 그 이용 또는 제공의 법적 근거, 목적 및 범위 등에 관하여 필요한 사항을 보호위원회가 고시로 정하는 바에 따라 관보 또는 인터넷 홈페이지 등에 게재하여야 한다.

라. 개인정보의 안전성 확보
개인정보처리자는 개인정보를 목적 외의 용도로 제3자에게 제공하는 경우에는 개인정보를 제공받는 자에게 이용 목적, 이용 방법, 그 밖에 필요한 사항에 대하여 제한을 하거나, 개인정보의 안전성 확보를 위하여 필요한 조치를 마련하도록 요청하여야 한다. 이 경우 요청을 받은 자는 개인정보의 안전성 확보를 위하여 필요한 조치를 하여야 한다.

5. 개인정보를 제공받은 자의 이용·제공 제한(제19조)
개인정보처리자로부터 개인정보를 제공받은 자는 1) 정보주체로부터 별도의 동의를 받은 경우, 2) 다른 법률에 특별한 규정이 있는 경우의 어느 하나에 해당하는 경우를 제외하고는 개인정보를 제공받은 목적 외의 용도로 이용하거나 이를 제3자에게 제공하여서는 아니 된다.

6. 개인정보의 파기(제21조)

가. 개인정보 파기

개인정보처리자는 보유기간의 경과, 개인정보의 처리 목적 달성 등 그 개인정보가 불필요하게 되었을 때에는 지체 없이 그 개인정보를 파기하여야 한다. 다만, 다른 법령에 따라 보존하여야 하는 경우에는 그러하지 아니하다. 이를 위반하여 개인정보를 파기하지 아니한 자에게는 3천만원 이하의 과태료를 부과한다.

개인정보 파기 방법

1. 개인정보의 완전파괴
(1) 소각, 파쇄 등: 개인정보가 저장된 종이문서, 하드디스크나 자기테이프를 파쇄기로 파기하거나 용해 또는 소각장이나 소각로에서 태워서 파괴한다.
(2) 전용장비를 이용하여 삭제: 디가우저(Degausser)를 이용하여 하드디스크나 자기테이프에 저장된 개인정보를 삭제한다.
(3) 데이터가 복원되지 않도록 초기화 또는 덮어쓰기 수행: 개인정보가 저장된 하드디스크에 대해 3회 이상 완전 포맷, 데이터 영역에 무작위 값, 0, 1 등으로 3회 이상 덮어쓰기, 해당 드라이브를 안전한 알고리즘 및 키 길이로 암호화 저장 후 삭제하고 암호화에 사용된 키 완전 폐기 및 무작위 값 덮어쓰기 등의 방법을 사용한다.

2. 개인정보의 일부만 파기하는 경우
(1) 전자적 파일 형태: 운영체제, 응용프로그램, 상용 도구 등에서 제공하는 삭제 기능을 사용하여 삭제를 하고 백업시에도 파기대상 정보주체의 개인정보를 제외하고 백업한다.
(2) 기록물, 인쇄물, 서면, 그 밖의 기록매체: 주민등록번호 등 개인정보가 제거되도록 절삭하거나 천공 또는 펜 등으로 마스킹 한다.

나. 파기 후 조치

개인정보처리자가 개인정보를 파기할 때에는 복구 또는 재생되지 아니하도록 조치하여야 하며, 개인정보의 파기방법 및 절차 등에 필요한 사항은 대통령령으로 정한다.

정보파일이 전자적 파일 형태인 경우, 복원이 불가능한 방법으로 영구 삭제하고, 전자파일 외의 기록물, 인쇄물, 서면, 그 밖의 기록매체인 경우에는 파쇄 또는 소각해야 한다.

다. 보존된 자료의 분리저장 관리

개인정보처리자가 개인정보를 파기하지 아니하고 보존하여야 하는 경우에는 해당 개인정보 또는 개인정보파일을 다른 개인정보와 분리하여서 저장 · 관리하여야 한다.

7. 동의를 받는 방법(제22조)

가. 정보주체 각각 동의

개인정보처리자는 이 법에 따른 개인정보의 처리에 대하여 정보주체의 동의를 받을 때에는 각각의 동의 사항을 구분하여 정보주체가 이를 명확하게 인지할 수 있도록 알리고 각각 동의를 받아야 한다. 한편, 개인정보의 처리에 대하여 정보주체의 동의를 받을 때에는 정보주체와의 계약 체결 등을 위하여 정보주체의 동의 없이 처리할 수 있는 개인정보와 정보주체의 동의가 필요한 개인정보를 구분하여야 한다. 이 경우 동의 없이 처리할 수 있는 개인정보라는 입증책임은 개인정보처리 자가 부담한다.

나. 서면으로 동의받는 방법

개인정보처리자는 동의를 서면(「전자문서 및 전자거래 기본법」 제2조제1호에 따른 전자문서를 포함한다)으로 받을 때에는 개인정보의 수집 · 이용 목적, 수집 · 이용하려는 개인정보의 항목 등 대통령령으로 정하는 중요한 내용을 보호위원회가 고시로 정하는 방법에 따라 명확히 표시하여 알아보기 쉽게 하여야 한다.

다. 재화나 서비스를 홍보, 판매 권유를 위한 개인정보의 처리 동의

개인정보처리자는 정보주체에게 재화나 서비스를 홍보하거나 판매를 권유하기 위하여 개인정보의 처리에 대한 동의를 받으려는 때에는 정보주체가 이를 명확하게 인지할 수 있도록 알리고 동의를 받아야 한다. 이를 위반하여 동의를 받은 자에게는 1천만원 이하의 과태료를 부과한다.

라. 형사미성년자에 대한 동의방법

개인정보처리자는 만 14세 미만 아동의 개인정보를 처리하기 위하여 이 법에 따른 동의를 받아야 할 때에는 그 법정대리인의 동의를 받아야 한다. 이 경우 법정대리인의 동의를 받기 위하여 필요한 최소한의 정보는 법정대리인의 동의 없이 해당 아동으로부터 직접 수집할 수 있다. 한편 만 14세 미만 아동의 법정대리인이 동의를 받기 위하여 해당 아동으로부터 직접 법정 대리인의 성명, 연락처에 관한 정보를 수집할 수 있다. 법정대리인의 동의를 받지 아니한 자는 5천만원 이하의 과태료를 부과한다.

제2절 개인정보의 처리 제한

1. 민감정보의 처리 제한(제23조)

개인정보처리자는 사상 · 신념, 노동조합 · 정당의 가입 · 탈퇴, 정치적 견해, 건강, 성생활 등에 관한 정보, 그 밖에 정보주체의 사생활을 현저히 침해할 우려가 있는 개인정보로서 대통령령으로 정하는 정보(이하 '민감정보'라 한다)를 처리하여서는 아니 된다. 개인정보처리자는 정보주체에 개인정보의 수집, 이용 목적, 수집하려는 개인정보의 항목, 개인정보의 보유 및 이용기간, 동의를 거부할 권리가 있다는 사실 및 동의 거부에 따른 불이익이 있는 경우에는 그 불이익의 내용 또는 개인정보를 제공받는 자의 개인정보 이용 목적, 제공하는 개인정보의 항목, 개인정보를 제공받는 자의 개인정보 보유 및 이용 기간, 동의를 거부할 권리가 있다는 사실 및 동의 거부에 따른 불이익이 있는 경우에는, 그 불이익의 내용을 알리고 다른 개인정보의 처리에 대한 동의와 별도로 동의를 받는 경우에는 민감정보를 처리할 수 있다. 개인정보처리자는 법령에서 민감정보의 처리를 요구하거나 허용하는 경우에는 민감정보를 처리할 수 있다. 민감정보의 처리제한 규정을 위반하여 민감정보를 처리한자는 5년 이하의 징역 또는 5천만원 이하의 벌금에 처한다.

2. 고유식별정보의 처리 제한(제24조)

개인정보처리자는 개인정보의 수집·이용 목적, 수집하려는 개인정보의 항목, 개인정보의 보유 및 이용기간, 동의를 거부할 권리가 있다는 사실 및 동의 거부에 따른 불이익이 있는 경우에는 그 불이익의 내용, 개인정보를 제공받는 자, 개인정보를 제공받는 자의 개인정보 이용 목적, 제공하는 개인정보의 항목, 개인정보를 제공받는 자의 개인정보 보유 및 이용 기간, 동의를 거부할 권리가 있다는 사실 및 동의 거부에 따른 불이익이 있는 경우에는 그 불이익의 내용을 알리고 다른 개인정보의 처리에 대한 동의와 별도로 동의를 받는 경우와 법령에서 구체적으로 고유식별정보의 처리를 요구하거나 허용하는 경우를 제외하고는 법령에 따라 개인을 고유하게 구별하기 위하여 부여된 식별정보로서 주민등록법 제7조 제3항에 따른 주민등록번호, 여권법 제7조 제1항 제1호에 따른 여권번호, 도로교통법 제80조에 따른 운전면허의 면허번호, 출입국관리법 제31조 제4항에 따른 외국인등록번호를 처리할 수 없다.

처벌

고유식별정보의 처리제한 규정을 위반하여 고유식별정보를 처리한 자는 5년 이하의 징역 또는 5천만 원 이하의 벌금에 처한다. 개인정보처리자가 고유식별정보를 처리하는 경우에는 그 고유식별정보가 분실·도난·유출·변조 또는 훼손되지 아니하도록 암호화 등 안전성 확보에 필요한 조치를 해야 한다.

3. 주민등록번호 처리의 제한(제24조의2)

가. 주민등록번호 처리제한

개인정보처리자는 1) 법률·대통령령·국회규칙·대법원규칙·헌법재판소규칙·중앙선거관리위원회규칙 및 감사원규칙에서 구체적으로 주민등록번호의 처리를 요구하거나 허용한 경우, 2) 정보주체 또는 제3자의 급박한 생명, 신체, 재산의 이익을 위하여 명백히 필요하다고 인정되는 경우, 3) 1) 및 2)에 준하여 주민등록번호 처리가 불가피한 경우로서 보호위원회가 고시로 정하는 경우의 어느 하나에 해당하는 경우를 제외하고는 주민등록번호를 처리할 수 없다.

나. 주민등록번호 보관상 주의의무

개인정보처리자는 주민등록번호가 분실·도난·유출·위조·변조 또는 훼손되지 아니하도록 암호화 조치를 통하여 안전하게 보관하여야 한다. 이 경우 암호화 적용 대상 및 대상별 적용 시기 등에 관하여 필요한 사항은 개인정보의 처리 규모와 유출 시 영향 등을 고려하여 대통령령으로 정한다.

다. 인터넷을 통한 회원가입시 주의사항

개인정보처리자는 주민등록번호를 처리하는 경우에도 정보주체가 인터넷 홈페이지를 통하여 회원으로 가입하는 단계에서는 주민등록번호를 사용하지 아니하고도 회원으로 가입할 수 있는 방법을 제공하여야 한다. 이를 위반하여 정보주체가 주민등록번호를 사용하지 아니할 수 있는 방법을 제공하지 아니한 자에게는 3천만원 이하의 과태료를 부과한다.

4. 영상정보처리기기의 설치·운영 제한(제25조)

가. 영상정보처리기기의 설치·운영 제한

누구든지 1) 법령에서 구체적으로 허용하고 있는 경우, 2) 범죄의 예방 및 수사를 위하여 필요한 경우, 3) 시설안전 및 화재 예방을 위하여 필요한 경우, 4) 교통단속을 위하여 필요한 경우, 5) 교통정보의 수집·분석 및 제공을 위하여 필요한 경우다음 각 호의 경우를 제외하고는 공개된 장소에 영상정보처리기기를 설치·운영하여서는 아니 된다.

또한, 누구든지 불특정 다수가 이용하는 목욕실, 화장실, 발한실(發汗室), 탈의실 등 개인의 사생활을 현저히 침해할 우려가 있는 장소의 내부를 볼 수 있도록 영상정보처리기기를 설치·운영하여서는 아니 된다. 다만, 교도소, 정신보건 시설 등 법령에 근거하여 사람을 구금하거나 보호하는 시설로서 대통령령으로 정하는 시설에 대하여는 그러하지 아니하다. 이를 위반하여 영상정보처리기기를 설치·운영한 자는 5천만원 이하의 과태료를 부과한다.

나. 영상정보처리기기운영자의 공청회 등 의견수렴

영상정보처리기기를 설치·운영하려는 공공기관의 장과 제2항 단서에 따라 영상정보처리기기를 설치 · 운영하려는 자는 공청회 · 설명회의 개최 등 대통령령으로 정하는 절차를 거쳐 관계 전문가 및 이해관계인의 의견을 수렴하여야 한다.

다. 영상정보처리기기운영자의 의무 등

(1) 안내판 설치

영상정보처리기기를 설치 · 운영하는 자는 정보주체가 쉽게 인식할 수 있도록 1) 설치 목적 및 장소, 2) 촬영 범위 및 시간, 3) 관리책임자 성명 및 연락처, 4) 그 밖에 대통령령으로 정하는 사항이 포함된 안내판을 설치하는 등 필요한 조치를 하여야 한다. 안내판 설치 등 필요한 조치를 하지 아니한 자에게는 1천만원 이하의 과태료를 부과한다. 다만, 건물 안에 여러 개의 영상정보처리기기를 설치하는 경우에는 출입구 등 잘 보이는 곳에 해당 시설 또는 장소 전체가 영상정보처리기기 설치지역임을 표시하는 안내판을 설치할 수 있다.

> 영상정보처리기기운영자가 설치 · 운영하는 영상정보처리기기가 공공기관이 원거리 촬영, 과속 · 신호위반 단속 또는 교통흐름조사 등의 목적으로 영상정보처리기기를 설치하는 경우로서 개인정보 침해의 우려가 적은 경우 또는 산불감시용 영상정보처리기기를 설치하는 경우 등 장소적 특성으로 인하여 안내판을 설치하는 것이 불가능하거나 안내판을 설치하더라도 정보주체가 쉽게 알아볼 수 없는 경우에는 안내판 설치를 갈음하여 영상정보처리기기운영자의 인터넷 홈페이지에 게재할 수 있다.
> 인터넷 홈피에지에 게재할 수 없으면 영상정보처리기기운영자는 영상정보처리기기 운영자의 사업장, 영업소, 사무소, 점포 등의 보기 쉬운 장소에 게시하는 방법 또는 관보(영상정보처리기기운영자가 공공기관인 경우)나 영상정보처리기기운영자의 사업장 등이 있는 특별시, 광역시, 도 또는 특별자치도 이상의 지역을 주된 보급지역으로 하는 신문 등의 진흥에 관한 법률에 따른 일반일간신문, 일반주간신문 또는 인터넷 신문에 싣는 방법으로 공개해야 한다.

다만, '군사기지 및 군사시설 보호법' 제2조 제2호에 따른 군사시설, '통합방위법' 제2조 제13호에 따른 국가중요시설, 그 밖에 대통령령으로 정하는 시설에 대하여는 그러하지 아니하다.

(2) 영상정보처리기기 조작 및 목적외 사용금지 등

영상정보처리기기운영자는 영상정보처리기기의 설치 목적과 다른 목적으로 영상정보처리기기를 임의로 조작하거나 다른 곳을 비춰서는 아니 되며, 녹음기능은 사용할 수 없다. 영상정보처리기기의 설치 목적과 다른 목적으로 영상정보처리기기를 임의로 조작하거나 다른 곳을 비추는 자 또는 녹음기능을 사용한 자는 3년 이하의 징역 또는 3천만원 이하의 벌금에 처한다.

(3) 분실, 도난 등 조치

영상정보처리기기운영자는 개인정보가 분실·도난·유출·위조·변조 또는 훼손되지 아니하도록 안전성 확보에 필요한 조치를 하여야 한다.

(4) 영상정보처리기기 운영·관리 방침 마련

영상정보처리기기운영자는 대통령령으로 정하는 바에 따라 영상정보처리기기 운영·관리 방침을 마련하여야 한다.

> 영상정보처리기기의 설치 근거 및 설치목적, 영상정보처리기기의 설치 대수, 설치 취치 및 촬영범위, 관리책임자, 담당부서 및 영상정보에 대한 접근 권한이 있는 사람, 영상정보의 촬영 시간, 보관기간, 보관장소 및 처리방법, 영상정보처리기기운영자의 영상정보 확인 방법 및 장소, 정보주체의 영상정보 열람 등 요구에 대한 조치·영상정보를 위한 기술적, 관리적 및 물리적 조치 등.

라. 사무위탁

영상정보처리기기운영자는 영상정보처리기기의 설치·운영에 관한 사무를 위탁할 수 있다. 다만, 공공기관이 영상정보처리기기 설치·운영에 관한 사무를 위탁하는 경우에는 대통령령으로 정하는 절차 및 요건에 따라야 한다.

> 위탁하는 사무의 목적 및 범위, 재위탁 제한에 관한 사항, 영상정보에 대한 접근제한 등 안전성 확보 조치에 관한 사항, 영상정보의 관리 현황 점검에 관한 사항, 위탁받는 자가 준수하여야 할 의무를 위반한 경우의 손해배상 등 책임에 관한 내용이 포함된 문서로 하여야 한다. 사무를 위탁한 경우에는 안내찬 등에 위탁받는 자의 명칭 및 연락처를 포함시켜야 한다.

5. 업무위탁에 따른 개인정보의 처리 제한(제26조)

가. 문서에 의한 처리

개인정보처리자가 제3자에게 개인정보의 처리 업무를 위탁하는 경우에는 1) 위탁업무 수행 목적 외 개인정보의 처리 금지에 관한 사항, 2) 개인정보의 기술적·관리적 보호조치에 관한 사항, 3) 그 밖에 개인정보의 안전한 관리를 위하여 대통령령으로 정한 사항의 내용이 포함된 문서에 의하여야 한다.

나. 위탁업무 내용 등 공개

개인정보의 처리 업무를 위탁하는 개인정보처리자는 위탁하는 업무의 내용과 개인정보 처리 업무를 위탁받아 처리하는 자를 정보주체가 언제든지 쉽게 확인할 수 있도록 대통령령으로 정하는 방법에 따라 공개하여야 한다. 또한, 위탁자가 재화 또는 서비스를 홍보하거나 판매를 권유하는 업무를 위탁하는 경우에는 위탁하는 업무의 내용과 수탁자를 정보주체에게 알려야 한다. 위탁하는 업무의 내용이나 수탁자가 변경된 경우에도 또한 같다.

다. 수탁자에 대한 감독

위탁자는 업무 위탁으로 인하여 정보주체의 개인정보가 분실·도난·유출·위조·변조 또는 훼손되지 아니하도록 수탁자를 교육하고, 처리 현황 점검 등 수탁자가 개인정보를 안전하게 처리하는지를 감독하여야 한다.

라. 수탁자의 정보제공 제한 등

수탁자는 개인정보처리자로부터 위탁받은 해당 업무 범위를 초과하여 개인정보를 이용하거나 제3자에게 제공하여서는 아니 되며, 수탁자가 위탁받은 업무와 관련하여 개인정보를 처리하는 과정에서 이 법을 위반하여 발생한 손해배상책임에 대하여는 수탁자를 개인정보처리자의 소속 직원으로 본다.

6. 영업양도 등에 따른 개인정보의 이전 제한(제27조)

가. 영업양도시 고지사항

개인정보처리자는 영업의 전부 또는 일부의 양도·합병 등으로 개인정보를 다른 사람에게 이전하는 경우에는 미리 1) 개인정보를 이전하려는 사실, 2) 개인정보를 이전받는 자의 성명(법인의 경우에는 법인의 명칭을 말한다), 주소, 전화번호 및 그 밖의 연락처, 3) 정보주체가 개인정보의 이전을 원하지 아니하는 경우 조치할 수 있는 방법 및 절차를 해당 정보주체에게 알려야 한다. 정보주체에게 개인정보의 이전 사실을 알리지 아니한 자에게는 1천만원 이하의 과태료를 부과한다.

나. 영업양수자의 고지의무

영업양수자 등은 개인정보를 이전받았을 때에는 지체 없이 그 사실을 정보주체에게 알려야 한다. 다만, 개인정보처리자가 위 가.항에 따라 그 이전 사실을 이미 알린 경우에는 그러하지 아니하다.

다. 영업양수자의 개인정보 활용 및 지위

영업양수자 등은 영업의 양도·합병 등으로 개인정보를 이전받은 경우에는 이전 당시의 본래 목적으로만 개인정보를 이용하거나 제3자에게 제공할 수 있다. 이 경우 영업양수자 등은 개인정보처리자로 본다.

> 개인정보를 이전하려는 자가 과실 없이 서면의 방법으로 영업의 전부 또는 일부의 양도·합병 등을 정보주체에게 알릴 수 없는 경우에는 해당 사항을 홈페이지에 30일 이상 게재하여야 한다. 다만, 인터넷 홈페이지를 운영하지 아니하는 영업양도자 등의 경우에는 사업장 등의 보기 쉬운 장소에 30일 이상 게시하여야 한다.

제4장 개인정보의 안전한 관리

1. 안전조치의무(제29조)

개인정보처리자는 개인정보가 분실·도난·유출·위조·변조 또는 훼손되지 아니하도록 내부 관리계획 수립, 접속기록 보관 등 대통령령으로 정하는 바에 따라 안전성 확보에 필요한 기술적·관리적 및 물리적 조치를 하여야 한다.

가. 개인정보의 암호화

(1) 암호화하여야 하는 개인정보는 고유식별정보, 비밀번호 및 바이오정보를 말한다.

(2) 개인정보처리자는 개인정보를 정보통신망을 통하여 송수신하거나 보조저장매체 등을 통하여 전달하는 경우에는 이를 암호화하여야 한다.

(3) 개인정보처리자는 비밀번호 및 바이오정보를 암호화하여 저장하여야 한다. 단 비밀번호를 저장하는 경우에는 일방향 암호화하여 저장하여야 한다.

(4) 개인정보처리자가 내부망에 고유식별정보를 저장하는 경우에는 개인정보 영향평가의 대상이 되는 공공기관의 경우에는 해당 영향평가의 결과, 위험도 분석에 따른 결과에 따라 암호화의 적용여부 및 적용범위를 정하여 시행할 수 있다.

(5) 개인정보처리자는 개인정보를 암호화하는 경우 안전한 알고리즘으로 암호화하여 저장하여야 한다.

(6) 개인정보처리자는 업무용 컴퓨터 또는 모바일 기기에 고유식별정보를 저장하여 관리하는 경우 상용암호화 소프트웨어 또는 안전한 암호화 알고리즘을 사용하여 암호화한 후 저장하여야 한다.

나. 접속기록의 보관 및 점검

(1) 개인정보처리자는 개인정보취급자가 개인정보시스템에 접속한 기록을 6개월 이상 보관 관리하여야 한다.

(2) 개인정보처리자는 개인정보의 유출, 변조, 훼손 등에 대응하기 위하여 개인정보처리시스템의 접속기록 등을 반기별로 1회 이상 점검하여야 한다.

(3) 개인정보처리자는 개인정보취급자의 접속기록이 위변조 및 도난, 분실되지 않도록 해당 접속기록을 안전하게 보관하여야 한다.

다. 물리적 접근 방지

(1) 개인정보처리자는 전산실, 자료보관실 등 개인정보를 보관하고 있는 물리적 보관 장소를 별도로 두고 있는 경우에는 이에 대한 출입통제 절차를 수립 운영해야 한다.

(2) 개인정보처리는 개인정보가 포함된 서류, 보조저장매체 등을 잠금장치가 있는 안전한 장소에 보관해야 한다.

(3) 개인정보처리자는 개인정보가 포함된 보조저장매체의 반출입 통제를 위한 보안대책을 마련하여야 한다. 다만 별도의 개인정보처리시스템을 운영하지 아니하고 업무용 컴퓨터 또는 모바일 기기를 이용하여 개인정보를 처리하는 경우에는 이를 적용하지 아니할 수 있다.

라. 접근권한의 관리

(1) 개인정보처리자는 개인정보처리시스템에 대한 접근권한을 업무 수행에 필요한 최소한의 범위로 업무담당자에 따라 차등부여 한다.

(2) 개인정보처리자는 전보 또는 퇴직 등 인사이동이 발생하여 개인정보취급자가 변경되었을 경우 지체 없이 개인정보시스템의 접근권한을 변경 또는 말소하여야 한다.

(3) 개인정보처리자는 개인정보시스템에 접속할 수 있는 사용계정을 발급하는 경우, 개인정보취급자 별로 사용계정을 발급하여야 하며, 다른 개인정보취급자와 공유되지 않도록 한다.

(4) 개인정보처리자는 개인정보취급자 또는 정보주체가 안전한 비밀번호를 설정하여 이행할 수 있도록 비밀번호 작성규칙을 수집하여 적용해야 한다.

2. 개인정보 처리방침의 수립 및 공개(제30조)

가. 개인정보처리방침 수립 및 내용

개인정보처리자는 1) 개인정보의 처리 목적, 2) 개인정보의 처리 및 보유 기간, 3) 개인정보의 제3자 제공에 관한 사항(해당되는 경우에만 정한다), 4) 개인정보의 파기절차 및 파기방법(제21조 제1항 단서에 따라 개인정보를 보존하여야 하는 경우에는 그 보존근거와 보존하는 개인정보 항목을 포함한다), 5) 개인정보처리의 위탁에 관한 사항(해당되는 경우에만 정한다), 6) 정보주체와 법정대리인의 권리·의무 및 그 행사방법에 관한 사항, 7) 제31조(개인정보 보호책임자의 지정)에 따른 개인정보 보호책임자의 성명 또는 개인정보 보호업무 및 관련 고충사항을 처리하는 부서의 명칭과 전화번호 등 연락처, 8) 인터넷 접속정보파일 등 개인정보를 자동으로 수집하는 장치의 설치·운영 및 그 거부에 관한 사항(해당하는 경우에만 정한다), 9) 그 밖에 개인정보의 처리에 관하여 대통령령으로 정한 사항이 포함된 개인정보의 처리 방침을 정하여야 한다. 이 경우 공공기관은 제32조(개인정보파일의 등록 및 공개)에 따라 등록대상이 되는 개인정보파일에 대하여 개인정보 처리방침을 정한다.

나. 개인정보처리방침 공개

개인정보처리자가 개인정보 처리방침을 수립하거나 변경하는 경우에는 정보주체가 쉽게 확인할 수 있도록 대통령령으로 정하는 방법에 따라 공개하여야 한다.

> 인터넷 홈페이지에 게재할 수 없는 경우에는 개인정보처리자의 사업장등의 보기 쉬운 장소에 게시하는 방법, 관보(공공기관인 경우만 해당)나 개인정보처리자의 사업장등이 있는 시·도 이상의 지역을 주된 보급지역으로 하는 신문 등의 진흥에 관한 법률에 따른 일반일간신문, 일반주간신문 또는 인터넷신문에 싣는 방법, 같은 제목으로 연 2회 이상 발행하여 정보주체에게 배포하는 간행물, 소식지, 홍보지 또는 청구서 등에 지속적으로 싣는 방법, 재화나 용역을 제공하기 위하여 개인정보처리자와 정보주체가 작성한 계약서 등에 실어 정보주체에게 발급하는 방법 중 하나 이상의 방법으로 수립하거나 변경한 개인정보 처리방침을 공개해야 한다.

다. 계약내용의 우열

개인정보 처리방침의 내용과 개인정보처리자와 정보주체 간에 체결한 계약의 내용이 다른 경우에는 정보주체에게 유리한 것을 적용한다.

3. 개인정보 보호책임자의 지정(제31조)

가. 개인정보보호책임자 지정

개인정보처리자는 개인정보의 처리에 관한 업무를 총괄해서 책임질 개인정보 보호책임자를
지정하여야 한다.

나. 개인정보보호책임자의 업무

개인정보 보호책임자는 ① 개인정보 보호 계획의 수립 및 시행, ② 개인정보 처리 실태 및
관행의 정기적인 조사 및 개선, ③ 개인정보 처리와 관련한 불만의 처리 및 피해 구제, ④
개인정보 유출 및 오용·남용 방지를 위한 내부통제시스템의 구축, ⑤ 개인정보 보호 교육
계획의 수립 및 시행, ⑥ 개인정보파일의 보호 및 관리·감독, ⑦ 그 밖에 개인정보의 적절한
처리를 위하여 대통령령으로 정한 업무다음 각 호의 업무를 수행하며, 이를 수행함에 있어서
필요한 경우 개인정보의 처리 현황, 처리 체계 등에 대하여 수시로 조사하거나 관계 당사자로
부터 보고를 받을 수 있다. 또한 개인정보처리자는 개인정보 보호책임자가 위의 업무를
수행함에 있어서 정당한 이유 없이 불이익을 주거나 받게 하여서는 아니 된다.

다. 개인정보보호책임자의 개선조치 및 보고

개인정보 보호책임자는 개인정보 보호와 관련하여 이 법 및 다른 관계 법령의 위반 사실을
알게 된 경우에는 즉시 개선조치를 하여야 하며, 필요하면 소속기관 또는 단체의 장에게
개선조치를 보고하여야 한다.

라. 개인정보 보호책임자의 지정요건 등

개인정보 보호책임자의 지정요건, 업무, 자격요건, 그 밖에 필요한 사항은 대통령령으로
정한다.

공공기관 외의 개인정보처리자는 사업주 또는 대표, 개인정보 처리 관련 업무를 담당하는 부서의 장 또는 개인정보 보호에 관한 소양이 있는 사람 중에서 지정해야 하며, 공공기관의 개인정보 보호책임자를 지정하려는 경우에는 다음의 구분에 따라 지정한다.

1) 국회, 법원, 헌법재판소, 중앙선거관리위원회의 행정실무를 처리하는 기관 및 중앙행정기관: 고위공무원단에 속하는 공무원 또는 그에 상당하는 공무원

2) 국회, 법원, 헌법재판소, 중앙선거관리위원회의 행정사무를 처리하는 기관 및 중앙행정기관 외에 정무직공무원을 장으로 하는 국가기관: 3급 이상 공무원(고위 공무원 포함) 또는 그에 상당하는 공무원

3) 고위공무원, 3급 공무원 또는 그에 상당하는 공무원 이상의 공무원을 장으로 하는 국가기관: 4급 이상 공무원 또는 그에 상당하는 공무원

4) 상기 규정에 따른 국가기관 외의 국가기관(소속 기관 포함): 해당 기관의 개인정보 처리 관련 업무를 담당하는 부서의 장

5) 시·도, 및 시·도 교육청: 3급 이상 공무원 또는 그에 상당하는 공무원

6) 시·군 및 자치구: 4급 공무원 또는 그에 상당하는 공무원

7) 시·도 교육청에 따른 각급 학교: 해당 학교의 행정사무를 총괄하는 사람

8) 상기 규정에 따른 기관 외의 공공기관: 개인정보 처리 과련 업무를 담당하는 부서의 장. 다만, 개인정보 처리 관련 업무를 담당하는 부서의 장이 2명 이상인 경우에는 해당 공공기관의 장이 지명하는 부서의 장이 된다.

4. 개인정보파일의 등록 및 공개(제32조)

가. 보호위원회에 등록사항

(1) 원칙

공공기관의 장이 개인정보파일을 운용하는 경우에는 ① 개인정보파일의 명칭, ② 개인정보파일의 운영 근거 및 목적, ③ 개인정보파일에 기록되는 개인정보의 항목, ④ 개인정보의 처리방법, ⑤ 개인정보의 보유기간, ⑥ 개인정보를 통상적 또는 반복적으로 제공하는 경우에는 그 제공받는 자, ⑦ 그 밖에 개인정보를 통상적 또는 반복적으로 제공하는 경우에는 그 제공받는 자, 개인정보파일을 운용하는 공공기관의 명칭, 개인정보파일로 보유하고 있는 개인정보의 정보주체의 수, 해당 공공기관에서 개인정보 처리 관련 업무를 담당하는 부서,

개인정보의 열람 요구를 접수·처리하는 부서 등의 사항을 보호위원회에 등록하여야 한다. 등록한 사항이 변경된 경우에도 또한 같다.

(2) 예외

다만, ① 국가 안전, 외교상 비밀, 그 밖에 국가의 중대한 이익에 관한 사항을 기록한 개인정보파일, ② 범죄의 수사, 공소의 제기 및 유지, 형 및 감호의 집행, 교정처분, 보호처분, 보안관찰처분과 출입국관리에 관한 사항을 기록한 개인정보파일, ③ 조세범처벌법에 따른 범칙행위 조사 및 관세법에 따른 범칙행위 조사에 관한 사항을 기록한 개인정보파일, ④ 공공기관의 내부적 업무처리만을 위하여 사용되는 개인정보파일, ⑤ 다른 법령에 따라 비밀로 분류된 개인정보파일의 어느 하나에 해당하는 개인정보파일에 대하여는 위 ①항을 적용하지 아니한다.

나. 개인정보파일 등록현황 등 공개

보호위원회는 개인정보파일의 등록 현황을 누구든지 쉽게 열람할 수 있도록 공개하여야 한다.

다. 국회 등의 개인정보파일 등록 및 공개방법

국회, 법원, 헌법재판소, 중앙선거관리위원회(그 소속 기관을 포함한다)의 개인정보파일 등록 및 공개에 관하여는 국회규칙, 대법원규칙, 헌법재판소규칙 및 중앙선거관리위원회규칙으로 정한다.

5. 개인정보 보호인증(제32조의2)

가. 개인정보 보호인증

보호위원회는 개인정보처리자의 개인정보 처리 및 보호와 관련한 일련의 조치가 이 법에 부합하는지 등에 관하여 인증할 수 있으며, 이에 따른 인증을 받은 자는 인증의 내용을 표시하거나 홍보할 수 있고, 이때 인증의 유효기간은 3년으로 한다.

나. 인증취소 및 사유

보호위원회는 1) 거짓이나 그 밖의 부정한 방법으로 개인정보 보호 인증을 받은 경우, 2) 제4항에 따른 사후관리를 거부 또는 방해한 경우, 3) 제8항에 따른 인증기준에 미달하게 된 경우, 4) 개인정보 보호 관련 법령을 위반하고 그 위반사유가 중대한 경우 다음 각 호의 어느 하나에 해당하는 경우에는 인증을 취소할 수 있다. 다만, 거짓이나 그 밖의 부정한 방법으로 개인정보 보호인증을 받은 경우에 해당하는 경우에는 취소하여야 한다.

다. 보호위원회의 사후관리 등

보호위원회는 개인정보 보호 인증의 실효성 유지를 위하여 연1회 이상 사후관리를 실시하여야 한다. 또한 보호위원회는 대통령령으로 정하는 전문기관으로 하여금 인증 및 인증 취소, 그리고 따른 사후관리 및 인증 심사원 관리 업무를 수행하게 할 수 있다.

라. 심사원의 자격 등

인증을 위하여 필요한 심사를 수행할 심사원의 자격 및 자격 취소 요건 등에 관하여는 전문성과 경력 및 그 밖에 필요한 사항을 고려하여 대통령령으로 정한다.

마. 인증의 기준, 방법 등

그 밖에 개인정보 관리체계, 정보주체 권리보장, 안전성 확보조치가 이 법에 부합하는지 여부 등 인증의 기준·방법·절차 등 필요한 사항은 대통령령으로 정한다.

6. 개인정보 영향평가(제33조)

가. 개인정보침해 위험평가 및 결과서 제출

공공기관의 장은 개인정보파일의 운용으로 인하여 정보주체의 개인정보 침해가 우려되는 경우에는 그 위험요인의 분석과 개선 사항 도출을 위한 평가를 하고 그 결과를 보호위원회에 제출하여야 하며, 보호위원회는 이에 따라 제출받은 영향평가 결과에 대하여 의견을 제시할 수 있다. 이 경우 공공기관의 장은 영향평가를 보호위원회가 지정하는 기관 중에서 의뢰하여야 한다. 이럴 경우 공공기관의 장은 영향평가를 한 개인정보파일을 등록할 때에는 영향평가

결과를 함께 첨부하여야 한다.

공공기관의 장은 개인정보를 전자적으로 처리할 수 있는 구축·운용 또는 변경하려는 개인정보파일로서 5만명 이상의 정보주체에 관한 법에 따른 민감정보 또는 고유식별정보의 처리가 수반되는 개인정보파일, 구축·운용하고 있는 개인정보파일을 해당공공기관 내부 또는 외부에서 구축·운용하고 있는 다른 개인정보파일과 연계하려는 경우로서 연계 결과 50만명 이상의 정보주체에 관한 개인정보가 포함되는 개인정보파일, 구축·운용 또는 변경하려는 개인정보파일로서 100만명 이상의 정보주체에 관한 개인정보파일, 개인정보 영향평가를 받은 후에 개인정보 검색체계 등 개인정보파일의 운용체계를 변경하려는 경우 그 개인정보파일의 운용으로 인하여 정보주체의 개인정보 침해가 우려되는 경우에는 그 위험요인의 분석과 개선 사항 도출을 위한 평가를 하고 그 결과를 행정자치부장관에게 제출해야 한다. 이 경우 공공기관의 장은 영향평가를 행정자치부장관이 지정하는 기관 중에서 의뢰하여야 한다.

나. 영향평가시 고려사항

영향평가를 하는 경우에는 1) 처리하는 개인정보의 수, 2) 개인정보의 제3자 제공 여부, 3) 정보주체의 권리를 해할 가능성 및 그 위험 정도, 4) 그 밖에 대통령령으로 정한 사항을 고려하여야 한다.

다. 보호위원회의 관계전문가 육성 등 조치

보호위원회는 영향평가의 활성화를 위하여 관계 전문가의 육성, 영향평가 기준의 개발·보급 등 필요한 조치를 마련하여야 한다.

전문인력의 자격기준은 '정보통신망 이용촉진 및 정보보호 등에 관한 법률'에 따른 한국인터넷진흥원이 시행하는 정보보호전문가(SIS) 자격을 취득한 후 1년 이상 개인정보 영향평가 관련 분야에서 업무를 수행한 경력이 있는 사람, '전자정부법'에 따른 감리원(ISA) 자격을 취득한 후 1년 이상 개인정보 영향평가 관련 분야에서 업무를 수행한 경력이 있는 사람, '국가기술자격법'에 따른 정보통신 직무분야의 국가기술자격 중 정보관리기술사, 컴퓨터시스템응용기술사, 정보통신기술사, 전자계산기조직응용기사, 정보처리기사 또는 정보통신기사 기술자격을 취득한 후 1년 이상 개인정보 영향평가 관련 분야에서 업무를 수행한 경력이 있는 사람,

국제정보시스템감사통제협회(Information Systems Audit and Control Associaion)의 공인정보시스템감사사(CISA) 자격을 취득한 후 1년 이상 개인정보 영향평가 관련 분야에서 업무를 수행한 경력이 있는 사람, 국제정보시스템보안자격협회의 공인정보시스템보호전문가(CISSP) 자격을 취득한 후 1년 이상 개인정보 영향평가 관련 분야에서 업무를 수행한 경력이 있는 사람이다. 그 밖에 개인정보 보호와 관련된 자격으로서 행정자치부장관이 정하는 자격을 취득한 후 1년 이상 개인정보 영향평가 관련 분야에서 업무를 수행한 경력이 있는 사람이다.

개인정보 영향평가 관련 분야에서 업무를 수행한 경력이 있는 사람이란 공공기관, 법인 및 단체 등의 임직원으로 개인정보 보호를 위한 공통기반기술(암호기술, 인증기술 등을 말함), 시스템·네트워크 보호(시스템 보호, 해킹·바이러스 대응, 네트워크 보호 등을 말함) 또는 응용서비스 보호(전자거래 보호, 응용서비스 보호, 정보보호 표준화 등을 말함)에 해당하는 분야에서 계획, 분석, 설계, 개발, 운영, 유지·보수, 감리, 컨설팅 또는 연구·개발 업무 등을 수행한 경력이 있는 사람을 말한다.

라. 평가기관의 지정기준 등

평가기관의 지정기준 및 지정취소, 평가기준, 영향평가의 방법·절차 등에 관하여 필요한 사항은 대통령령으로 정한다.

평가기관으로 지정받으려는 자는 평가기관 지정신청서에 정관, 대표자 및 임원의 성명, 전문인력의 자격을 증명할 수 있는 서류 등을 첨부하여 제출해야 한다.

평가기관을 지정한 경우에는 지체 없이 평가기관 지정서를 발급하고, 평가기관의 명칭, 주소 및 전화번호와 대표자의 성명, 지정 시 조건을 붙이는 경우 그 조건의 내용을 관보에 고시해야 한다. 고시된 사항이 변경된 경우에도 또한 같다. 지정된 평가기관이 거짓이나 그 밖의 부정한 방법으로 평가기관의 지정을 받은 경우, 지정된 평가기관 스스로 지정취소를 원하는 경우나 폐업한 경우에는 평가기관의 지정을 취소해야 한다. 지정요건을 충족하지 못하게 된 경우, 신고의무를 이행하지 아니한 경우, 고의 또는 중대한 과실로 영향평가 업무를 부실하게 수행하여 그 업무를 적정하게 수행할 수 없다고 인정되는 경우 등에 있어서는 평가기관의 지정을 취소할 수 있다. 평가기관의 지정을 취소하려는 경우에는 청문을 해야 한다.

영향평가의 평가기준은 해당 공공기관에서 처리하는 개인정보의 종류, 성질, 정보주체의 수 및 그에 따른 개인정보 침해의 가능성, 안전성 확보 조치의 수준 및 이에 따른 개인정보 침해의 가능성, 개인정보 침해의 위험요인별 조치 여부, 그 밖에 법 및 이 영에 따라 필요한 조치 또는 의무 위반요소에 관한 사항으로 한다. 영향평가를 의뢰받은 평가기관은 평가기준에 따라 개인정보파일의 운용으로 인한 개인정보 침해의 위험요인을 분석·평가한 후 개인정보파일 운용과 관련된 사업의 개요 및 개인정보파일 운용의 목적, 영향평가 대상 개인정보파일의 개요, 평가기준에 따른 개인정보 침해의 위험요인에 대한 분석·평가 및 개선이 필요한 사항, 영향평가 수행 인력 및 비용이 포함된 평가 결과를 영향평가서로 작성하여 해당 공공기관의 장에게 보내야 하며, 공공기관의 장은 개인정보파일을 구축·운용하기 전에 그 영향평가서를 행정 자치부장관에게 제출해야 한다.

마. 국회 등의 영향평가 사항

국회, 법원, 헌법재판소, 중앙선거관리위원회(그 소속 기관을 포함한다)의 영향평가에 관한 사항은 국회규칙, 대법원규칙, 헌법재판소규칙 및 중앙선거관리위원회규칙으로 정하는 바에 따른다.

6. 개인정보 유출 통지 등(제34조)

가. 통지내용

개인정보처리자는 개인정보가 유출되었음을 알게 되었을 때에는 지체 없이 해당 정보주체에게 1) 유출된 개인정보의 항목, 2) 유출된 시점과 그 경위, 3) 유출로 인하여 발생할 수 있는 피해를 최소화하기 위하여 정보주체가 할 수 있는 방법 등에 관한 정보, 4) 개인정보처리자의 대응조치 및 피해 구제절차, 5) 정보주체에게 피해가 발생한 경우 신고 등을 접수할 수 있는 담당부서 및 연락처 등의 사실을 알려야 한다. 이에 따른 통지의 시기, 방법 및 절차 등에 관하여 필요한 사항은 대통령령으로 정한다.

위의 1호부터 5호를 위반하여 정보주체에게 알리지 아니한 자에게는 3천만원 이하의 과태료를 부과한다. 다만, 유출된 개인정보의 확산 및 추가유출을 방지하기 위하여 접속경로의 차단, 취약적 점검·보완, 유출된 개인정보의 삭제 등 긴급한 조치가 필요한 경우에는 그 조치를 한 후 지체 없이 정보주체에게 알릴 수 있다.

나. 피해대책 마련

개인정보처리자는 개인정보가 유출된 경우 그 피해를 최소화하기 위한 대책을 마련하고 필요한 조치를 하여야 한다.

> 만약 조치를 취한 후에도 구체적인 유출 내용을 확인하지 못한 경우에는 먼저 개인정보가 유출된 사실과 유출이 확인된 사항만을 서면 등의 방법으로 먼저 알리고 나중에 확인되는 사항을 추가로 알릴 수 있다. 1만 명 이상의 정보주체에 관한 개인정보가 유출된 경우에는 서면 등의 방법과 함께 인터넷 홈페이지에 정보주체가 알아보기 쉽도록 7일 이상 게재해야 한다. 다만, 인터넷 홈페이지를 운영하지 아니하는 개인정보처리자의 경우에는 서면들의 방법과 함께 사업장 등의 보기 쉬운 장소에 7일 이상 게시해야 한다.

다. 전문기관에 신고

개인정보처리자는 대통령령으로 정한 규모 이상의 개인정보가 유출된 경우에는 위 가.항에 따른 통지 및 나.항에 따른 조치 결과를 지체 없이 보호위원회 또는 대통령령으로 정하는 전문기관에 신고하여야 한다. 이 경우 보호위원회 또는 대통령령으로 정하는 전문기관은 피해 확산방지, 피해 복구 등을 위한 기술을 지원할 수 있다.

7. 과징금의 부과 등(제34조의2)

가. 과징금부과

보호위원회는 개인정보처리자가 처리하는 주민등록번호가 분실·도난·유출·위조·변조 또는 훼손된 경우에는 5억원 이하의 과징금을 부과·징수할 수 있다. 다만, 주민등록번호가 분실·도난·유출·위조·변조 또는 훼손되지 아니하도록 개인정보처리자가 제24조제3항에 따른 안전성 확보에 필요한 조치를 다한 경우에는 그러하지 아니하다.

> 제24조(고유식별정보의 처리 제한) ③ 개인정보처리자가 제1항 각 호에 따라 고유식별정보를 처리하는 경우에는 그 고유식별정보가 분실·도난·유출·위조·변조 또는 훼손되지 아니하도록 대통령령으로 정하는 바에 따라 암호화 등 안전성 확보에 필요한 조치를 하여야 한다.

나. 과징금부과시 고려사항

보호위원회는 과징금을 부과하는 경우에는 ① 제24조 제3항에 따른 안전성 확보에 필요한 조치 이행 노력 정도, ② 분실·도난·유출·위조·변조 또는 훼손된 주민등록번호의 정도, ③ 피해확산 방지를 위한 후속조치 이행 여부 등의 사항을 고려하여야 한다.

다. 가산금의 징수

보호위원회는 과징금을 내야 할 자가 납부기한까지 내지 아니하면 납부기한의 다음 날부터 과징금을 낸 날의 전날까지의 기간에 대하여 내지 아니한 과징금의 연 100분의 6의 범위에서 대통령령으로 정하는 가산금을 징수한다. 이 경우 가산금을 징수하는 기간은 60개월을 초과하지 못한다.

라. 과징금의 독촉 및 징수절차

보호위원회는 과징금을 내야 할 자가 납부기한까지 내지 아니하면 기간을 정하여 독촉을 하고, 그 지정한 기간 내에 과징금 및 제2항에 따른 가산금을 내지 아니하면 국세 체납처분의 예에 따라 징수한다.

제5장 정보주체의 권리 보장

1. 개인정보의 열람(제35조)

가. 개인정보열람 요구

정보주체는 개인정보처리자가 처리하는 자신의 개인정보에 대한 열람을 해당 개인정보처리자에게 요구할 수 있다. 그럼에도 불구하고 정보주체가 자신의 개인정보에 대한 열람을 공공기관에 요구하고자 할 때에는 공공기관에 직접 열람을 요구하거나 대통령령으로 정하는 바에 따라 보호위원회를 통하여 열람을 요구할 수 있다.

> 정보주체는 개인정보에 대한 열람을 요구하는 경우에는 개인정보의 항목 및 내용, 수집·이용의 목적, 보유 및 이용 기간, 제3자 제공 현황, 처리에 동의한 사실 및 내용을 표시한 개인정보 열람요구서를 개인정보처리자에게 제출해야 한다.

나. 개인정보처리자의 정보제공

(1) 원칙

개인정보처리자는 열람을 요구받았을 때에는 대통령령으로 정하는 기간 내에 정보주체가 해당 개인정보를 열람할 수 있도록 하여야 한다. 이 경우 해당 기간 내에 열람할 수 없는 정당한 사유가 있을 때에는 정보주체에게 그 사유를 알리고 열람을 연기할 수 있으며, 그 사유가 소멸하면 지체 없이 열람하게 하여야 한다.

> 열람을 연기하거나 거절을 하려는 경우에는 열람 요구를 받은 날부터 10일 이내에 연기 또는 거절의 사유 및 이의제기방법을 열람의 연기, 거절 통지서로 해당 정보주체에게 알려야 한다.

(2) 예외

개인정보처리자는 1) 법률에 따라 열람이 금지되거나 제한되는 경우, 2) 다른 사람의 생명·

신체를 해할 우려가 있거나 다른 사람의 재산과 그 밖의 이익을 부당하게 침해할 우려가 있는 경우, 3) 공공기관이 다음 각 목의 어느 하나에 해당하는 업무를 수행할 때 중대한 지장을 초래하는 경우(㉮ 조세의 부과ㆍ징수 또는 환급에 관한 업무, ㉯ '초ㆍ중등교육법' 및 '고등교육법'에 따른 각 급 학교, '평생교육법'에 따른 평생교육시설, 그 밖의 다른 법률에 따라 설치된 고등교육기관에서의 성적 평가 또는 입학자 선발에 관한 업무, ㉰ 학력ㆍ기능 및 채용에 관한 시험, 자격 심사에 관한 업무, ㉱ 보상금ㆍ급부금 산정 등에 대하여 진행 중인 평가 또는 판단에 관한 업무, ㉲ 다른 법률에 따라 진행 중인 감사 및 조사에 관한 업무) 등의 어느 하나에 해당하는 경우에는 정보주체에게 그 사유를 알리고 열람을 제한하거나 거절할 수 있다.

2. 개인정보의 정정ㆍ삭제(제36조)

가. 개인정보의 정정 등 요구

자신의 개인정보를 열람한 정보주체는 개인정보처리자에게 그 개인정보의 정정 또는 삭제를 요구할 수 있다. 다만, 다른 법령에서 그 개인정보가 수집 대상으로 명시되어 있는 경우에는 그 삭제를 요구할 수 없다. 이 경우 개인정보처리자는 지체 없이 그 내용을 정보주체에게 알려야 한다. 또한 개인정보처리자가 이에 따른 요구를 받았을 때에는 개인정보의 정정 또는 삭제에 관하여 다른 법령에 특별한 절차가 규정되어 있는 경우를 제외하고는 지체 없이 그 개인정보를 조사하여 정보주체의 요구에 따라 정정ㆍ삭제 등 필요한 조치를 한 후 그 결과를 정보주체에게 알려야 한다.

나. 개인정보 삭제 방법

개인정보처리자가 개인정보를 삭제할 때에는 복구 또는 재생되지 아니하도록 조치하여야 한다.

다. 개인정보처리자의 권리

개인정보처리자는 조사를 할 때 필요하면 해당 정보주체에게 정정ㆍ삭제 요구사항의 확인에 필요한 증거자료를 제출하게 할 수 있다.

정정 · 삭제 등 필요한 조치를 하지 아니하고 개인정보를 계속 이용하거나 이를 제3자에게 제
공한 자는 2년 이하의 징역 또는 1천만원 이하의 벌금에 처한다.

정정 · 삭제 등 필요한 조치를 하지 아니한 자에게는 3천만원 이하의 과태료를 부과한다.

3. 개인정보의 처리과정 등(제37조)

가. 정보주체의 개인정보처리 정지요구

정보주체는 개인정보처리자에 대하여 자신의 개인정보 처리의 정지를 요구할 수 있다. 이
경우 공공기관에 대하여는 등록 대상이 되는 개인정보파일 중 자신의 개인정보에 대한 처리
의 정지를 요구할 수 있다. 이 경우 개인정보처리자는 지체 없이 정보주체의 요구에 따라
개인정보 처리의 전부를 정지하거나 일부를 정지하여야 한다.

나. 정지요구 거절사유

다만, 1) 법률에 특별한 규정이 있거나 법령상 의무를 준수하기 위하여 불가피한 경우, 2)
다른 사람의 생명 · 신체를 해할 우려가 있거나 다른 사람의 재산과 그 밖의 이익을 부당하게
침해할 우려가 있는 경우, 3) 공공기관이 개인정보를 처리하지 아니하면 다른 법률에서
정하는 소관 업무를 수행할 수 없는 경우, 4) 개인정보를 처리하지 아니하면 정보주체와
약정한 서비스를 제공하지 못하는 등 계약의 이행이 곤란한 경우로서 정보주체가 그 계약의
해지 의사를 명확하게 밝히지 아니한 경우의 어느 하나에 해당하는 경우에는 정보주체의
처리정지 요구를 거절할 수 있다. 다만, 처리정지 요구를 거절하였을 때에는 정보주체에게
지체 없이 그 사유를 알려야 한다.

개인정보의 처리를 정지하지 아니하고 계속 이용하거나 제3자에게 제공한 자는 2년 이하의
징역 또는 1천만원 이하의 벌금에 처한다.

다. 정지시 필요조치

개인정보처리자는 정보주체의 요구에 따라 처리가 정지된 개인정보에 대하여 지체 없이
해당 개인정보의 파기 등 필요한 조치를 하여야 한다.

처리가 정지된 개인정보에 대하여 파기 등 필요한 조치를 하지 아니한 자는 3천만원 이하의 과
태료를 부과한다.

4. 권리행사의 방법 및 절차(제38조)

가. 대리인에 의한 열람, 정정 등 절차

정보주체는 제35조에 따른 열람, 제36조에 따른 정정·삭제, 제37조에 따른 처리정지,
제39조의7에 따른 동의 철회 등의 요구(이하 '열람 등 요구'라 한다)를 문서 등 대통령령으로
정하는 방법·절차에 따라 대리인에게 하게 할 수 있으며, 특히 만 14세 미만 아동의 법정대
리인은 개인정보처리자에게 그 아동의 개인정보 열람 등을 요구할 수 있다.

제39조의7(이용자의 권리 등에 대한 특례) ① 이용자는 정보통신서비스 제공자등에 대하여 언
제든지 개인정보 수집·이용·제공 등의 동의를 철회할 수 있다.
② 정보통신서비스 제공자 등은 제1항에 따른 동의의 철회, 제35조에 따른 개인정보의 열람,
제36조에 따른 정정을 요구하는 방법을 개인정보의 수집방법보다 쉽게 하여야 한다.
③ 정보통신서비스 제공자 등은 제1항에 따라 동의를 철회하면 지체 없이 수집된 개인정보를
복구·재생할 수 없도록 파기하는 등 필요한 조치를 하여야 한다.

나. 수수료 등 청구

수수료와 우송료의 금액은 열람 등 요구에 필요한 실비의 범위에 해당 개인정보처리자가 정
하는 바에 따른다. 다만, 개인정보처리자가 지방자치단체인 경우에는 그 지방자치 단체의 조
례로 정하는 바에 따른다.
개인정보처리자는 열람 등 요구를 하게 된 사유가 그 개인정보처리자에게 있는 경우에는 수
수료와 우송료를 청구해서는 아니 된다. 수수료 또는 우송료는 국가기관인 개인정보처리자
에게 내는 경우 수입인지, 지방자치단체인 개인정보처리 자에게 내는 경우 수입증지, 국가기
관 및 지방자치단체 외의 개인정보처리자에게 내는 경우에는 해당 개인정보처리자가 정하는
방법으로 낸다.

개인정보처리자는 열람 등 요구를 하는 자에게 대통령령으로 정하는 바에 따라 수수료와

우송료(사본의 우송을 청구하는 경우에 한한다)를 청구할 수 있다.

다. 개인정보처리자의 열람 방법 등 절차 마련 및 공개

개인정보처리자는 정보주체가 열람 등 요구를 할 수 있는 구체적인 방법과 절차를 마련하고, 이를 정보주체가 알 수 있도록 공개하여야 한다.

라. 열람 등 요구거부시 구제방법

개인정보처리자는 정보주체가 열람 등 요구에 대한 거절 등 조치에 대하여 불복이 있는 경우 이의를 제기할 수 있도록 필요한 절차를 마련하고 안내하여야 한다.

> 이외에도 개인정보처리자는 열람 등 요구 및 그에 대한 통지를 갈음하여 해당 업무를 전자적으로 처리할 수 있도록 시스템 구축·운영하거나 그 밖의 절차를 정하여 해당 업무를 처리할 수 있다. 개인정보처리자는 열람의 요구, 정정·삭제의 요구 또는 처리정지의 요구를 받았을 때에는 열람 등 요구를 한 자가 본인이거나 정당한 대리인인지를 확인하여야 한다.

5. 손해배상책임(제39조)

가. 개인정보처리자의 손배책임

정보주체는 개인정보처리자가 이 법을 위반한 행위로 손해를 입으면 개인정보처리자에게 손해배상을 청구할 수 있다. 이 경우 그 개인정보처리자는 고의 또는 과실이 없음을 입증하지 아니하면 책임을 면할 수 없다. 다만 이에도 불구하고 정보주체는 개인정보처리자의 고의 또는 과실로 인하여 개인정보가 분실·도난·유출·위조·변조 또는 훼손된 경우에는 300만원 이하의 범위에서 상당한 금액을 손해액으로 하여 배상을 청구할 수 있다. 이 경우 해당 개인정보처리자는 고의 또는 과실이 없음을 입증하지 아니하면 책임을 면할 수 없다.

나. 개인정보처리자의 배상범위 등

(1) 배상범위

개인정보처리자의 고의 또는 중대한 과실로 인하여 개인정보가 분실·도난·유출·위조·

변조 또는 훼손된 경우로서 정보주체에게 손해가 발생한 때에는 법원은 그 손해액의 3배를 넘지 아니하는 범위에서 손해배상액을 정할 수 있다. 다만, 개인정보처리자가 고의 또는 중대한 과실이 없음을 증명한 경우에는 그러하지 아니하다.

(2) 배상액 산정시 고려사항

법원은 배상액을 정할 때에는 1) 고의 또는 손해 발생의 우려를 인식한 정도, 2) 위반행위로 인하여 입은 피해 규모, 3) 위법행위로 인하여 개인정보처리자가 취득한 경제적 이익, 4) 위반행위에 따른 벌금 및 과징금, 5) 위반행위의 기간·횟수 등, 6) 개인정보처리자의 재산 상태, 7) 개인정보처리자가 정보주체의 개인정보 분실·도난·유출 후 해당 개인정보를 회수하기 위하여 노력한 정도, 8) 개인정보처리자가 정보주체의 피해구제를 위하여 노력한 정도 등의 사항을 고려하여야 한다.

제6장 개인정보 분쟁조정위원회

1. 설치 및 구성(제40조)

가. 분쟁조정위원회 설치

개인정보에 관한 분쟁의 조정(調停)을 위하여 개인정보 분쟁조정위원회(이하 '분쟁조정위원회'라 한다)를 둔다. 분쟁조정위원회는 위원장 1명을 포함한 20명 이내의 위원으로 구성하며, 위원은 당연직위원과 위촉위원으로 구성한다.

나. 위촉위원

위촉위원은 1) 개인정보 보호업무를 관장하는 중앙행정기관의 고위공무원단에 속하는 공무원으로 재직하였던 사람 또는 이에 상당하는 공공부문 및 관련 단체의 직에 재직하고 있거나 재직하였던 사람으로서 개인정보 보호업무의 경험이 있는 사람, 2) 대학이나 공인된 연구기관에서 부교수 이상 또는 이에 상당하는 직에 재직하고 있거나 재직하였던 사람, 3) 판사·검사 또는 변호사로 재직하고 있거나 재직하였던 사람, 4) 개인정보 보호와 관련된 시민사회단체 또는 소비자단체로부터 추천을 받은 사람, 5) 개인정보처리자로 구성된 사업자단체의 임원으로 재직하고 있거나 재직하였던 사람의 어느 하나에 해당하는 사람 중에서 보호위원회 위원장이 위촉하고, 대통령령으로 정하는 국가기관 소속 공무원은 당연직위원이 된다.

다. 위원장

위원장은 위원 중에서 공무원이 아닌 사람으로 보호위원회 위원장이 위촉한다.

> 조정부는 개인정보 분쟁조정위원회의 위원장이 지명하는 5명 이내의 위원으로 구성하되, 그 중 1명은 변호사 자격이 있는 위원으로 한다.
> 분쟁조정위원회 위원장은 조정부의 회의를 소집한다. 조정부의 회의를 소집하려면 회의 날짜, 시간, 장소 및 안건을 정하여 회의 개최 7일 전까지 조정부의 각 위원회에게 알려야 한다.

다만, 긴급한 사정이 있는 경우에는 그러하지 아니한다. 조정부의 장은 조정부 위원 중에서 호선(互選)한다. 규정에서 정한 사항 외에 조정부의 구성 및 운영 등에 필요한 사항은 분쟁조정위원회의 의결을 거쳐 분쟁조정위원회의 위원장이 정한다. 분쟁조정위원회 및 조정부의 회의는 공개하지 않는다. 다만, 필요하다고 인정되는 경우에는 분쟁조정위원회의 의결로 당사자 또는 이해관계인에게 방청을 하게 할 수는 있다.

라. 위원장 및 위촉위원의 임기

위원장과 위촉위원의 임기는 2년으로 하되, 1차에 한하여 연임할 수 있다. 다만, 개인정보 보호업무를 관장하는 중앙행정기관의 고위공무원단에 속하는 공무원 또는 이에 상당하는 공공부문 및 관련 단체의 직에 재직하고 있거나 재직하였던 사람으로서 개인정보 보호업무의 경험이 있는 사람 중 임명된 공무원인 위원은 그 직에 재직하는 동안 재임할 수 있다.

마. 조정부설치

분쟁조정위원회는 분쟁조정 업무를 효율적으로 수행하기 위하여 필요하면 대통령령으로 정하는 바에 따라 조정사건의 분야별로 5명 이내의 위원으로 구성되는 조정부를 둘 수 있다. 이 경우 조정부가 분쟁조정위원회에서 위임받아 의결한 사항은 분쟁조정위원회에서 의결한 것으로 본다.

바. 의결정족수

분쟁조정위원회 또는 조정부는 재적위원 과반수의 출석으로 개의하며 출석위원 과반수의 찬성으로 의결한다.

2. 위원의 신분보장(제41조)

위원은 자격정지 이상의 형을 선고받거나 심신상의 장애로 직무를 수행할 수 없는 경우를 제외하고는 그의 의사에 반하여 면직되거나 해촉되지 아니한다.

3. 위원의 제척 · 기피 · 회피(제42조)

가. 제척

분쟁조정위원회의 위원은 1) 위원 또는 그 배우자나 배우자였던 자가 그 사건의 당사자가 되거나 그 사건에 관하여 공동의 권리자 또는 의무자의 관계에 있는 경우, 2) 위원이 그 사건의 당사자와 친족이거나 친족이었던 경우, 3) 위원이 그 사건에 관하여 증언, 감정, 법률자문을 한 경우, 4) 위원이 그 사건에 관하여 당사자의 대리인으로서 관여하거나 관여하였던 경우의 어느 하나에 해당하는 경우에는 분쟁조정위원회에 신청된 분쟁조정사건(이하 이 조에서 '사건'이라 한다)의 심의 · 의결에서 제척(除斥)된다.

> 제43조(조정의 신청 등) ① 개인정보와 관련한 분쟁의 조정을 원하는 자는 분쟁조정위원회에 분쟁조정을 신청할 수 있다.

나. 기피

당사자는 위원에게 공정한 심의 · 의결을 기대하기 어려운 사정이 있으면 위원장에게 기피신청을 할 수 있다. 이 경우 위원장은 기피신청에 대하여 분쟁조정위원회의 의결을 거치지 아니하고 결정한다.

다. 회피

위원이 위 가항 또는 나항의 사유에 해당하는 경우에는 스스로 그 사건의 심의 · 의결에서 회피할 수 있다.

4. 조정의 신청 등(제43조)

개인정보와 관련한 분쟁의 조정을 원하는 자는 분쟁조정위원회에 분쟁조정을 신청할 수 있다. 분쟁조정위원회는 당사자 일방으로부터 분쟁조정 신청을 받았을 때에는 그 신청내용을 상대방에게 알려야 한다. 한편, 공공기관이 분쟁조정의 통지를 받은 경우에는 특별한 사유가 없으면 분쟁조정에 응하여야 한다.

5. 처리기간(제44조)

분쟁조정위원회는 분쟁조정 신청을 받은 날부터 60일 이내에 이를 심사하여 조정안을 작성하여야 한다. 다만, 부득이한 사정이 있는 경우에는 분쟁조정위원회의 의결로 처리기간을 연장할 수 있으며, 이에 따라 처리기간을 연장한 경우에는 기간연장의 사유와 그 밖의 기간연장에 관한 사항을 신청인에게 알려야 한다.

6. 자료의 요청 등(제45조)

분쟁조정위원회는 분쟁조정 신청을 받았을 때에는 해당 분쟁의 조정을 위하여 필요한 자료를 분쟁당사자에게 요청할 수 있다. 이 경우 분쟁당사자는 정당한 사유가 없으면 요청에 따라야 한다. 또한, 분쟁조정위원회는 필요하다고 인정하면 분쟁당사자나 참고인을 위원회에 출석하도록 하여 그 의견을 들을 수 있다.

7. 조정 전 합의 권고(제46조)

분쟁조정위원회는 분쟁조정 신청을 받았을 때에는 당사자에게 그 내용을 제시하고 조정 전 합의를 권고할 수 있다.

8. 분쟁의 조정(제47조)

가. 조정안 작성

분쟁조정위원회는 1) 조사 대상 침해행위의 중지, 2) 원상회복, 손해배상, 그 밖에 필요한 구제조치, 3) 같거나 비슷한 침해의 재발을 방지하기 위하여 필요한 조치의 어느 하나의 사항을 포함하여 조정안을 작성할 수 있으며, 이에 따라 조정안을 작성하면 지체 없이 각 당사자에게 제시하여야 한다. 만일 당사자가 조정내용을 수락한 경우 분쟁조정위원회는 조정서를 작성하고, 분쟁조정위원회의 위원장과 각 당사자가 기명날인하여야 한다.

나. 조정거부 간주

조정안을 제시받은 당사자가 제시받은 날부터 15일 이내에 수락 여부를 알리지 아니하면 조정을 거부한 것으로 본다.

다. 조정의 효력

조정의 내용은 재판상 화해와 동일한 효력을 갖는다.

9. 조정의 거부 및 중지(제48조)

가. 조정의 거부

분쟁조정위원회는 분쟁의 성질상 분쟁조정위원회에서 조정하는 것이 적합하지 아니하다고 인정하거나 부정한 목적으로 조정이 신청되었다고 인정하는 경우에는 그 조정을 거부할 수 있다. 이 경우 조정거부의 사유 등을 신청인에게 알려야 한다.

나. 조정의 중지

분쟁조정위원회는 신청된 조정사건에 대한 처리절차를 진행하던 중에 한 쪽 당사자가 소를 제기하면 그 조정의 처리를 중지하고 이를 당사자에게 알려야 한다.

10. 집단분쟁조정(제49조)

가. 집단분쟁조정 의뢰 또는 신청

국가 및 지방자치단체, 개인정보 보호단체 및 기관, 정보주체, 개인정보처리자는 정보주체의 피해 또는 권리침해가 다수의 정보주체에게 같거나 비슷한 유형으로 발생하는 경우로서 대통령령으로 정하는 사건에 대하여는 분쟁조정위원회에 일괄적인 분쟁조정(이하 '집단분쟁조정'이라 한다)을 의뢰 또는 신청할 수 있다.

> 피해 또는 권리침해를 입은 정보주체의 수가 개인정보처리자와 분쟁해결이나 피해보상에 관한 합의가 이루어진 정보주체, 같은 사안으로 다른 법령에 따라 설치된 분쟁조정기구에서 분쟁조정 절차가 진행 중인 정보주체, 해당 개인정보 침해로 인한 피해에 대하여 법원에 소(訴)를 제기한 정보주체를 제외하고 50명 이상과 사건의 중요한 쟁점이 사실상 또는 법률상 공통되는 사건에 대하여는 분쟁조정위원회에 일괄적인 분쟁조정을 의뢰 또는 신청할 수 있다.

나. 집단분쟁조정 절차 개시

집단분쟁조정을 의뢰받거나 신청 받은 분쟁조정위원회는 그 의결로써 집단분쟁조정의 절차를 개시할 수 있다. 이 경우 분쟁조정위원회는 대통령령으로 정하는 기간 동안 그 절차의 개시를 공고하여야 한다.

> 분쟁조정위원회는 14일 이상의 기간 동안 그 절차의 개시를 공고하여야 한다. 집단분쟁조정 절차의 개시 공고는 분쟁조정위원회의 인터넷 홈페이지 및 신문 등의 진흥에 관한 법률에 따라 전국을 보급지역으로 하는 일반민간신문에 게재하는 방법으로 한다.

다. 당사자 추가

분쟁조정위원회는 집단분쟁조정의 당사자가 아닌 정보주체 또는 개인정보처리자로부터 그 분쟁조정의 당사자에 추가로 포함될 수 있도록 하는 신청을 받을 수 있다.

> 집단분쟁조정의 당사자가 아닌 정보주체 또는 개인정보처리자가 추가로 집단분쟁조정의 당사자로 참가하려면 공고기간에 문서로 참가 신청을 해야 한다. 분쟁조정위원회는 집단분쟁조정 당사자의 참가 신청을 받으면 신청기간이 끝난 후 10일 이내에 참가인정 여부를 문서로 알려야 한다.

라. 대표당사자선임

분쟁조정위원회는 그 의결로써 집단분쟁조정의 당사자 중에서 공동의 이익을 대표하기에 가장 적합한 1인 또는 수인을 대표당사자로 선임할 수 있다.

마. 보상계획서 작성 제출 권고

분쟁조정위원회는 개인정보처리자가 분쟁조정위원회의 집단분쟁조정의 내용을 수락한 경우에는 집단분쟁조정의 당사자가 아닌 자로서 피해를 입은 정보주체에 대한 보상계획서를 작성하여 분쟁조정위원회에 제출하도록 권고할 수 있다.

바. 집단분쟁조정 중지 등

조정의 거부 및 중지에도 불구하고 분쟁조정위원회는 집단분쟁조정의 당사자인 다수의 정보주체 중 일부의 정보주체가 법원에 소를 제기한 경우에는 그 절차를 중지하지 아니하고, 소를 제기한 일부의 정보주체를 그 절차에서 제외한다.

사. 분쟁조정 기간

집단분쟁조정의 기간은 공고가 종료된 날의 다음 날부터 60일 이내로 한다. 다만, 부득이한 사정이 있는 경우에는 분쟁조정위원회의 의결로 처리기간을 연장할 수 있다.

> 집단분쟁조정 절차가 개시된 후 개인정보처리자와 분쟁해결이나 피해보상에 관한 합의가 이루어진 정보주체, 같은 사안으로 다른 법령에 따라 설치된 분쟁조정기구에서 분쟁조정 절차가 진행 중인 정보주체, 해당 개인정보 침해로 인한 피해에 대하여 법원에 소를 제기한 정보주체 중 어느 하나에 해당하게 된 정보주체는 당사자에서 제외된다.

11. 조정절차 등(제50조)

분쟁조정위원회의 운영 및 분쟁조정 절차에 관하여 이 법에서 규정하지 아니한 사항에 대하여는 '민사조정법'을 준용한다.

제7장 개인정보 단체소송

1. 단체소송의 대상 등(제51조)

다음 각 호의 어느 하나에 해당하는 단체는 개인정보처리자가 집단분쟁조정을 거부하거나 집단분쟁조정의 결과를 수락하지 아니한 경우에는 법원에 권리침해 행위의 금지·중지를 구하는 소송(이하 '단체소송'이라 한다)을 제기할 수 있다.

1) '소비자기본법'에 따라 공정거래위원회에 등록한 소비자단체로서 다음 각 목의 요건을 모두 갖춘 단체

가. 정관에 따라 상시적으로 정보주체의 권익증진을 주된 목적으로 하는 단체일 것

나. 단체의 정회원수가 1천명 이상일 것

다. 소비자기본법 에 따른 등록 후 3년이 경과한 단체

2) '비영리민간단체 지원법' 에 따른 비영리민간단체로서 다음 각 목의 요건을 모두 갖춘 단체

가. 법률상 또는 사실상 동일한 침해를 입은 100명 이상의 정보주체로부터 단체소송의 제기를 요청받을 것

나. 정관에 개인정보 보호를 단체의 목적으로 명시한 후 최근 3년 이상 이를 위한 활동실적이 있을 것

다. 단체의 상시 구성원수가 5천명 이상일 것

라. 중앙행정기관에 등록되어 있을 것

> 중앙행정기관에 등록되어 있는 단체는 개인정보처리자가 집단분쟁조정을 거부하거나 집단분쟁조정의 결과를 수락하지 아니한 경우에는 법원에 권리침해 행위이 금지·중지를 구하는 소송을 제기할 수 있다.

2. 전속관할(제52조)

단체소송의 소는 피고의 주된 사무소 또는 영업소가 있는 곳, 주된 사무소나 영업소가 없는 경우에는 주된 업무담당자의 주소가 있는 곳의 지방법원 본원 합의부의 관할에 전속한다. 다만, 외국사업자에 적용하는 경우 대한민국에 있는 이들의 주된 사무소·영업소 또는 업무담당자의 주소에 따라 정한다.

3. 소송대리인의 선임(제53조)

단체소송의 원고는 변호사를 소송대리인으로 선임하여야 한다.

4. 소송허가신청(제54조)

가. 소송허가신청서 제출

단체소송을 제기하는 단체는 소장과 함께 1) 원고 및 그 소송대리인, 2) 피고, 3) 정보주체의 침해된 권리의 내용 등의 사항을 기재한 소송허가신청서를 법원에 제출하여야 한다.

나. 첨부자료

소송허가신청서에는 1) 소제기단체가 제51조 각 호의 어느 하나에 해당하는 요건을 갖추고 있음을 소명하는 자료, 2) 개인정보처리자가 조정을 거부하였거나 조정결과를 수락하지 아니하였음을 증명하는 서류를 첨부하여야 한다.

5. 소송허가요건 등(제55조)

가. 소송허가요건

법원은 1) 개인정보처리자가 분쟁조정위원회의 조정을 거부하거나 조정결과를 수락하지 아니하였을 것, 2) 소송허가신청서의 기재사항에 흠결이 없을 경우에 한하여 결정으로 단체소송을 허가한다.

나. 허가 또는 불허가 결정에 대한 불복절차

단체소송을 허가하거나 불허가하는 결정에 대하여는 즉시항고 할 수 있다.

6. 확정판결의 효력(제56조)

원고의 청구를 기각하는 판결이 확정된 경우 이와 동일한 사안에 관하여는 제51조에 따른 다른 단체는 단체소송을 제기할 수 없다. 다만, 1) 판결이 확정된 후 그 사안과 관련하여 국가 · 지방자치단체 또는 국가 · 지방자치단체가 설립한 기관에 의하여 새로운 증거가 나타난 경우, 2) 기각판결이 원고의 고의로 인한 것임이 밝혀진 경우의 어느 하나에 해당하는 경우에는 그러하지 아니하다.

7. 민사소송법의 적용 등(제57조)

단체소송에 관하여 이 법에 특별한 규정이 없는 경우에는 '민사소송법'을 적용하며, 단체소송의 허가결정이 있는 경우에는 '민사집행법'에 따른 보전처분을 할 수 있다.

제8장 보칙

1. 적용의 일부 제외(제58조)

가. 적용의 일부 제외

1) 공공기관이 처리하는 개인정보 중 통계법에 따라 수집되는 개인정보, 2) 국가안전보장과 관련된 정보 분석을 목적으로 수집 또는 제공 요청되는 개인정보, 3) 공중위생 등 공공의 안전과 안녕을 위하여 긴급히 필요한 경우로서 일시적으로 처리되는 개인정보, 4). 언론, 종교단체, 정당이 각각 취재·보도, 선교, 선거 입후보자 추천 등 고유 목적을 달성하기 위하여 수집·이용하는 개인정보의 어느 하나에 해당하는 개인정보에 관하여는 제3장부터 제7장까지를 적용하지 아니한다.

또한, 제25조 제1항 각 호에 따라 공개된 장소에 영상정보처리기기를 설치·운영하여 처리되는 개인정보에 대하여는 제15조(개인정보의 수집·이용), 제22조(동의를 받는 방법), 제27조 제1항·제2항(영업양도 등에 따른 개인정보의 이전 제한), 제34조(개인정보 유출 통지 등 및 제37조(개인정보의 처리정지 등)를 적용하지 아니한다.

> 제27조(영업양도 등에 따른 개인정보의 이전 제한) ① 개인정보처리자는 영업의 전부 또는 일부의 양도·합병 등으로 개인정보를 다른 사람에게 이전하는 경우에는 미리 다음 각 호의 사항을 대통령령으로 정하는 방법에 따라 해당 정보주체에게 알려야 한다.
> 1. 개인정보를 이전하려는 사실
> 2. 개인정보를 이전받는 자(이하 '영업양수자등'이라 한다)의 성명(법인의 경우에는 법인의 명칭을 말한다), 주소, 전화번호 및 그 밖의 연락처
> 3. 정보주체가 개인정보의 이전을 원하지 아니하는 경우 조치할 수 있는 방법 및 절차
> ② 영업양수자 등은 개인정보를 이전받았을 때에는 지체 없이 그 사실을 대통령령으로 정하는 방법에 따라 정보주체에게 알려야 한다. 다만, 개인정보처리자가 제1항에 따라 그 이전 사실을 이미 알린 경우에는 그러하지 아니하다.

그 외 개인정보처리자가 동창회, 동호회 등 친목 도모를 위한 단체를 운영하기 위하여 개인정보를 처리하는 경우에는 제15조(개인정보의 수집 · 이용), 제30조(개인정보 처리방침의 수립 및 공개) 및 제31조(개인정보 보호책임자의 지정)를 적용하지 아니한다.

나. 최소한의 개인정보 처리 및 안전조치 등

개인정보처리자는 개인정보를 처리하는 경우에도 그 목적을 위하여 필요한 범위에서 최소한의 기간에 최소한의 개인정보만을 처리하여야 하며, 개인정보의 안전한 관리를 위하여 필요한 기술적 · 관리적 및 물리적 보호조치, 개인정보의 처리에 관한 고충처리, 그 밖에 개인정보의 적절한 처리를 위하여 필요한 조치를 마련하여야 한다.

2. 적용제외(제58조의2)

이 법은 시간 · 비용 · 기술 등을 합리적으로 고려할 때 다른 정보를 사용하여도 더 이상 개인을 알아볼 수 없는 정보에는 적용하지 아니한다.

3. 금지행위(제59조)

개인정보를 처리하거나 처리하였던 자는 1) 거짓이나 그 밖의 부정한 수단이나 방법으로 개인정보를 취득하거나 처리에 관한 동의를 받는 행위, 2) 업무상 알게 된 개인정보를 누설하거나 권한 없이 다른 사람이 이용하도록 제공하는 행위, 3) 정당한 권한 없이 또는 허용된 권한을 초과하여 다른 사람의 개인정보를 훼손, 멸실, 변경, 위조 또는 유출하는 행위의 어느 하나에 해당하는 행위를 하여서는 아니 된다.

> (1) 업무상 알게 된 개인정보를 누설하거나 권한 없이 다른 사람이 이용하도록 제공한 자 및 그 사정을 알면서도 영리 또는 부정한 목적으로 개인정보를 제공받은 자.
> (2) 다른 사람의 개인정보를 훼손, 멸실, 변경, 위조 또는 유출한 자는 5년 이하의 징역 또는 5천만원 이하의 벌금에 처한다.
> 거짓이나 그 밖의 수단이나 방법으로 개인정보를 취득하거나 개인정보 처리에 관한 동의를 받는 행위를 한 자 및 그 사정을 알면서도 영리 또는 부정한 목적으로 개인정보를 제공받은 자는 3년 이하의 징역 또는 3천만원 이하의 벌금에 처한다.

4. 비밀유지 등(제60조)

보호위원회의 업무, 개인정보 보호 인증 업무, 영향평가 업무, 분쟁조정위원회의 분쟁조정 업무에 종사하거나 종사하였던 자는 직무상 알게 된 비밀을 다른 사람에게 누설하거나 직무상 목적 외의 용도로 이용하여서는 아니 된다. 다만, 다른 법률에 특별한 규정이 있는 경우에는 그러하지 아니하다.

> 직무상 알게 된 비밀을 누설하거나 직무상 목적 외에 이용한 자는 3년 이하의 징역 또는 3천만원 이하의 벌금에 처한다.

5. 의견제시 및 개선권고(제61조)

가. 의견제시

보호위원회는 개인정보 보호에 영향을 미치는 내용이 포함된 법령이나 조례에 대하여 필요하다고 인정하면 심의·의결을 거쳐 관계 기관에 의견을 제시할 수 있다.

나. 개선권고

보호위원회는 개인정보 보호를 위하여 필요하다고 인정하면 개인정보처리자에게 개인정보 처리 실태의 개선을 권고할 수 있다. 이 경우 권고를 받은 개인정보처리자는 이를 이행하기 위하여 성실하게 노력하여야 하며, 그 조치 결과를 보호위원회에 알려야 한다. 또한, 관계 중앙행정기관의 장은 개인정보 보호를 위하여 필요하다고 인정하면 소관 법률에 따라 개인정보처리자에게 개인정보 처리 실태의 개선을 권고할 수 있다. 이 경우 권고를 받은 개인정보처리자는 이를 이행하기 위하여 성실하게 노력하여야 하며, 그 조치 결과를 관계 중앙행정기관의 장에게 알려야 한다.

다. 중앙행정기관 등의 의견제시 및 지도, 점검

중앙행정기관, 지방자치단체, 국회, 법원, 헌법재판소, 중앙선거관리위원회는 그 소속 기관 및 소관 공공기관에 대하여 개인정보 보호에 관한 의견을 제시하거나 지도·점검을 할 수 있다.

6. 침해 사실의 신고 등(제62조)

가. 침해사실 신고

개인정보처리자가 개인정보를 처리할 때 개인정보에 관한 권리 또는 이익을 침해받은 사람은 보호위원회에 그 침해 사실을 신고할 수 있다.

나. 전문기관 지정

(1) 지정

보호위원회는 신고의 접수·처리 등에 관한 업무를 효율적으로 수행하기 위하여 전문기관을 지정할 수 있다. 이 경우 전문기관은 개인정보침해 신고센터(이하 '신고센터'라 한다)를 설치·운영하여야 한다.

(2) 업무

신고센터는 1) 개인정보 처리와 관련한 신고의 접수·상담, 2) 사실의 조사·확인 및 관계자의 의견 청취, 3) 제1호 및 제2호에 따른 업무에 딸린 업무를 수행한다.

(3) 소속공무원 파견

보호위원회는 사실 조사·확인 등의 업무를 효율적으로 하기 위하여 필요하면 국가공무원법에 따라 소속 공무원을 전문기관에 파견할 수 있다.

7. 자료제출 요구 및 검사(제63조)

가. 자료제출 요구

보호위원회는 1) 이 법을 위반하는 사항을 발견하거나 혐의가 있음을 알게 된 경우, 2) 이 법 위반에 대한 신고를 받거나 민원이 접수된 경우, 3) 그 밖에 정보주체의 개인정보 보호를 위하여 필요한 경우로서 대통령령으로 정하는 경우의 어느 하나에 해당하는 경우에는 개인정보처리자에게 관계 물품·서류 등 자료를 제출하게 할 수 있다.

나. 자료미제출시 조치

(1) 보호위원회

보호위원회는 개인정보처리자가 자료를 제출하지 아니하거나 이 법을 위반한 사실이 있다고 인정되면 소속 공무원으로 하여금 개인정보처리자 및 해당 법 위반사실과 관련한 관계인의 사무소나 사업장에 출입하여 업무 상황, 장부 또는 서류 등을 검사하게 할 수 있다. 이 경우 검사를 하는 공무원은 그 권한을 나타내는 증표를 지니고 이를 관계인에게 내보여야 한다.

(2) 관계 중앙행정기관의 장

관계 중앙행정기관의 장은 소관 법률에 따라 개인정보처리자에게 자료제출을 요구하거나 개인정보처리자 및 해당 법 위반사실과 관련한 관계인에 대하여 검사를 할 수 있다.

다. 검사요구 및 공동검사 요청

보호위원회는 이 법을 위반하는 사항을 발견하거나 혐의가 있음을 알게 된 경우에는 관계 중앙행정기관의 장(해당 중앙행정기관의 장의 지휘·감독을 받아 검사권한을 수행하는 법인이 있는 경우 그 법인을 말한다)에게 구체적인 범위를 정하여 개인정보처리자에 대한 검사를 요구할 수 있으며, 필요 시 보호위원회의 소속 공무원이 해당 검사에 공동으로 참여하도록 요청할 수 있다. 이 경우 그 요구를 받은 관계 중앙행정기관의 장은 특별한 사정이 없으면 이에 따라야 한다.

라. 시정조치 요청 및 처분에 대한 의견제시

보호위원회는 관계 중앙행정기관의 장(해당 중앙행정기관의 장의 지휘·감독을 받아 검사권한을 수행하는 법인이 있는 경우 그 법인을 말한다)에게 검사 결과와 관련하여 개인정보처리자에 대한 시정조치를 요청하거나, 처분 등에 대한 의견을 제시할 수 있다.

마. 제출, 수집서류 등 공개제한

보호위원회와 관계 중앙행정기관의 장은 제출받거나 수집한 서류·자료 등을 이 법에 따른 경우를 제외하고는 제3자에게 제공하거나 일반에 공개해서는 아니 된다.

바. 정보유출 방지책 강구

보호위원회와 관계 중앙행정기관의 장은 정보통신망을 통하여 자료의 제출 등을 받은 경우나 수집한 자료 등을 전자화한 경우에는 개인정보 · 영업비밀 등이 유출되지 아니하도록 제도적 · 술적 보완조치를 하여야 한다.

8. 시정조치 등(제64조)

가. 시정조치

(1) 보호위원회

보호위원회는 개인정보가 침해되었다고 판단할 상당한 근거가 있고 이를 방치할 경우 회복하기 어려운 피해가 발생할 우려가 있다고 인정되면 이 법을 위반한 자(중앙행정기관, 지방자치단체, 국회, 법원, 헌법재판소, 중앙선거관리위원회는 제외한다)에 대하여 1) 개인정보 침해행위의 중지, 2) 개인정보 처리의 일시적인 정지, 3) 그 밖에 개인정보의 보호 및 침해 방지를 위하여 필요한 조치를 명할 수 있다.

(2) 관계 중앙행정기관의 장

관계 중앙행정기관의 장은 개인정보가 침해되었다고 판단할 상당한 근거가 있고 이를 방치할 경우 회복하기 어려운 피해가 발생할 우려가 있다고 인정되면 소관 법률에 따라 개인정보 처리자에 대하여 위 (1)에 해당하는 조치를 명할 수 있다.

(3) 지방자치단체 등

지방자치단체, 국회, 법원, 헌법재판소, 중앙선거관리위원회는 그 소속 기관 및 소관 공공기관이 이 법을 위반하였을 때에는 제1항 각 호에 해당하는 조치를 명할 수 있다.

> 개인정보 침해행위의 중지, 개인정보 처리의 일시적인 정지, 그 밖에 개인정보 보호 및 침해방지를 위하여 필요한 조치.

나. 보호위원회의 시정조치 권고

보호위원회는 중앙행정기관, 지방자치단체, 국회, 법원, 헌법재판소, 중앙선거관리위원회가 이 법을 위반하였을 때에는 해당 기관의 장에게 위 (1)에 해당하는 조치를 하도록 권고할 수 있다. 이 경우 권고를 받은 기관은 특별한 사유가 없으면 이를 존중하여야 한다.

9. 고발 및 징계권고(제65조)

가. 고발

보호위원회는 개인정보처리자에게 이 법 등 개인정보 보호와 관련된 법규의 위반에 따른 범죄혐의가 있다고 인정될 만한 상당한 이유가 있을 때에는 관할 수사기관에 그 내용을 고발할 수 있다.

나. 보호위원회에 통보

보호위원회는 이 법 등 개인정보 보호와 관련된 법규의 위반행위가 있다고 인정될 만한 상당한 이유가 있을 때에는 책임이 있는 자(대표자 및 책임있는 임원을 포함한다)를 징계할 것을 해당 개인정보처리자에게 권고할 수 있다. 이 경우 권고를 받은 사람은 이를 존중하여야 하며 그 결과를 보호위원회에 통보하여야 한다.

다. 관계 중앙행정기관 장의 고발, 징계권고 등

관계 중앙행정기관의 장은 소관 법률에 따라 개인정보처리자에 대하여 고발을 하거나 소속 기관·단체 등의 장에게 징계권고를 할 수 있다. 이 경우 권고를 받은 사람은 이를 존중하여야 하며 그 결과를 관계 중앙행정기관의 장에게 통보하여야 한다.

10. 결과의 공표(제66조)

가. 보호위원회

보호위원회는 개선권고(제61조), 시정조치 명령(제64조), 고발 또는 징계권고(제65조) 및 과태료 부과(제75조)의 내용 및 결과에 대하여 보호위원회의 심의, 의결을 거쳐 공표할 수 있다. 이에 따른 공표의 방법, 기준 및 절차 등은 대통령령으로 정한다.

나. 중앙행정기관의 장

관계 중앙행정기관의 장은 소관 법률에 따라 공표를 할 수 있으며, 이에 따른 공표의 방법, 기준 및 절차 등은 대통령령으로 정한다.

11. 연차보고(제67조)

보호위원회는 관계 기관 등으로부터 필요한 자료를 제출받아 매년 개인정보 보호시책의 수립 및 시행에 관한 보고서를 작성하여 정기국회 개회 전까지 국회에 제출(정보통신망에 의한 제출을 포함한다)하여야 한다. 이에 따른 보고서에는 1) 정보주체의 권리침해 및 그 구제현황, 2) 개인정보 처리에 관한 실태조사 등의 결과, 3) 개인정보 보호시책의 추진현황 및 실적, 4) 개인정보 관련 해외의 입법 및 정책 동향, 5) 주민등록번호 처리와 관련된 법률·대통령령·국회규칙·대법원규칙·헌법재판소규칙·중앙선거관리위원회규칙 및 감사원규칙의 제정·개정 현황, 6) 그 밖에 개인정보 보호시책에 관하여 공개 또는 보고하여야 할 사항 등의 내용이 포함되어야 한다.

12. 권한의 위임·위탁(제68조)

가. 권한의 위임 등

이 법에 따른 보호위원회 또는 관계 중앙행정기관의 장의 권한은 그 일부를 대통령령으로 정하는 바에 따라 특별시장, 광역시장, 도지사, 특별자치도지사 또는 대통령령으로 정하는 전문기관에 위임하거나 위탁할 수 있으며, 이에 따른 전문기관에 권한의 일부를 위임하거나 위탁하는 경우 해당 전문기관의 업무 수행을 위하여 필요한 경비를 출연할 수 있다.

나. 처리결과 통보

보호위원회 또는 관계 중앙행정기관의 장의 권한을 위임 또는 위탁받은 기관은 위임 또는 위탁받은 업무의 처리 결과를 보호위원회 또는 관계 중앙행정기관의 장에게 통보하여야 한다.

13. 벌칙 적용 시의 공무원 의제(제69조)

보호위원회의 위원 중 공무원이 아닌 위원 및 공무원이 아닌 직원은 형법이나 그 밖의 법률에 따른 벌칙을 적용할 때에는 공무원으로 본다. 또한, 보호위원회 또는 관계 중앙행정기관의 장의 권한을 위탁한 업무에 종사하는 관계 기관의 임직원은 「형법」제129조부터 제132조까지의 규정을 적용할 때에는 공무원으로 본다.

제9장 개인정보침해신고센터 신고 및 상담접수

현황(2012년 - 2017년)

1. 개인정보침해 관련 신고 및 상담 현황

국민이 개인정보침해신고센터에 민간사업자, 공공기관 등을 대상으로 제기한 개인정보침해 관련 신고 및 상담 현황은 아래와 같다.

통계표〈개인정보 침해사고 신고 · 상담 현황〉

구분	2012	2013	2014	2015	2016	2017
계	166,801	177,736	155,908	152,151	98,210	105,122
증감률(%)	36	6	△10	△4	△35	7
신고	2,058	2,347	2,992	2,316	1,559	1,249
상담	164,743	175,389	155,908	149,835	96,651	103,873

(단위 : 건) 구분

2. 개인정보침해

개인정보의 유출 · 남용 등 개인 사생활의 비밀을 저해 하는 행위로, 그 유형으로는 정보주체의 동의 없는 개인정보 수집, 고지한 범위를 넘어선 목적 외 이용 또는 제3자 제공, 타인정보 도용 등이 있음.

3. 개인정보침해의 추이

위의 통계표에 대한 년 도별 구분 중에서 17년을 기준으로 살펴보면 다음과 같다. 17년 기준신고 · 상담건수는 10만 5,122건으로 전년대비 6,912건(7%) 소폭 증가하였고, 17년 개인정보침해 신고 · 상담 유형을 살펴보면, 주민등록번호 등 타인 정보의 훼손 · 침해 도용이 6.3만여 건(약 60%), 신용정보 관련 문의 등 정보통신망법 적용 대상 외 관련 건이 3.1만여 건(약 29%)으로 전체 89%를 차지하였다.

4. 개인정보 접수유형 분석

개인정보 접수유형 분석 중에서 위의 통계표인 2013년도에 대해서 세분화하여 살펴보면 다음과 같다.

2013년	접수유형
2,634	이용자의 동의 없는 개인정보 수집 관련
84	개인정보 수집시 고지 또는 명시 의무 관련
1,139	과도한 개인정보 수집
1,988	목적 외 이용 또는 제3자 제공 관련
1,022	개인정보 취급자에 의한 훼손 침해 등
44	개인정보 처리 위탁 시 고지의무
47	영업의 양수 등의 통지의무
51	개인정보관리책임자 관련
4,518	기술적관리적 조치 미비 관련
602	수집 또는 제공받은 목적 달성 후 개인정보 미파기
674	동의철회 · 열람 또는 정정 미비 관련
510	동의철회, 열람 · 정정을 수집보다 쉽게 해야 할 조치
36	아동의 개인정보 수집
129,103	주민등록번호 등 타인 정보의 훼손침해 · 도용
35,284	정보통신망법 적용대상 외 관련(신용정보 관련 문의 등)
177,736	합계

제10장 벌칙

1. 10년 이하의 징역 또는 1억원 이하의 벌금(제70조)

다음 각 호의 어느 하나에 해당하는 자는 10년 이하의 징역 또는 1억원 이하의 벌금에 처한다.

1) 공공기관의 개인정보 처리업무를 방해할 목적으로 공공기관에서 처리하고 있는 개인정보를 변경하거나 말소하여 공공기관의 업무 수행의 중단·마비 등 심각한 지장을 초래한 자
2) 거짓이나 그 밖의 부정한 수단이나 방법으로 다른 사람이 처리하고 있는 개인정보를 취득한 후 이를 영리 또는 부정한 목적으로 제3자에게 제공한 자와 이를 교사·알선한 자

2. 5년 이하의 징역 또는 5천만원 이하의 벌금(71조)

다음 각 호의 어느 하나에 해당하는 자는 5년 이하의 징역 또는 5천만 원 이하의 벌금에 처한다.

1) 제17조(개인정보의 제공) 제1항 제2호에 해당하지 아니함에도 같은 항 제1호를 위반하여 정보주체의 동의를 받지 아니하고 개인정보를 제3자에게 제공한 자 및 그 사정을 알고 개인정보를 제공받은 자
2) 제18조(개인정보의 목적 외 이용·제공 제한) 제1항·제2항(제39조의14(방송사업자등에 대한 특례)에 따라 준용되는 경우를 포함한다), 제19조(개인정보를 제공받은 자의 이용·제공 제한), 제26조(업무위탁에 따른 개인정보의 처리 제한) 제5항, 제27조(영업양도 등에 따른 개인정보의 이전 제한) 제3항 또는 제28조의2를 위반하여 개인정보를 이용하거나 제3자에게 제공한 자 및 그 사정을 알면서도 영리 또는 부정한 목적으로 개인정보를 제공받은 자
3) 제23조(민감정보의 처리 제한) 제제1항을 위반하여 민감정보를 처리한 자
4) 제24조(고유식별정보의 처리 제한) 제1항을 위반하여 고유식별정보를 처리한 자

(본조신설 2020년 2월4일)

제28조의2(가명정보의 처리 등) ① 개인정보처리자는 통계작성, 과학적 연구, 공익적 기록보존 등을 위하여 정보주체의 동의 없이 가명정보를 처리할 수 있다.

② 개인정보처리자는 제1항에 따라 가명정보를 제3자에게 제공하는 경우에는 특정 개인을 알아보기 위하여 사용될 수 있는 정보를 포함해서는 아니 된다.

제28조의3(가명정보의 결합 제한) ① 제28조의2에도 불구하고 통계작성, 과학적 연구, 공익적 기록보존 등을 위한 서로 다른 개인정보처리자 간의 가명정보의 결합은 보호위원회 또는 관계 중앙행정기관의 장이 지정하는 전문기관이 수행한다.

② 결합을 수행한 기관 외부로 결합된 정보를 반출하려는 개인정보처리자는 가명정보 또는 제58조의2에 해당하는 정보로 처리한 뒤 전문기관의 장의 승인을 받아야 한다.

③ 제1항에 따른 결합 절차와 방법, 전문기관의 지정과 지정 취소 기준 · 절차, 관리 · 감독, 제2항에 따른 반출 및 승인 기준 · 절차 등 필요한 사항은 대통령령으로 정한다.

제28조의4(가명정보에 대한 안전조치의무 등) ① 개인정보처리자는 가명정보를 처리하는 경우에는 원래의 상태로 복원하기 위한 추가 정보를 별도로 분리하여 보관 · 관리하는 등 해당 정보가 분실 · 도난 · 유출 · 위조 · 변조 또는 훼손되지 않도록 대통령령으로 정하는 바에 따라 안전성 확보에 필요한 기술적 · 관리적 및 물리적 조치를 하여야 한다.

② 개인정보처리자는 가명정보를 처리하고자 하는 경우에는 가명정보의 처리 목적, 제3자 제공 시 제공받는 자 등 가명정보의 처리 내용을 관리하기 위하여 대통령령으로 정하는 사항에 대한 관련 기록을 작성하여 보관하여야 한다.

제28조의5(가명정보 처리 시 금지의무 등) ① 누구든지 특정 개인을 알아보기 위한 목적으로 가명정보를 처리해서는 아니 된다.

② 개인정보처리자는 가명정보를 처리하는 과정에서 특정 개인을 알아볼 수 있는 정보가 생성된 경우에는 즉시 해당 정보의 처리를 중지하고, 지체 없이 회수 · 파기하여야 한다.

제28조의6(가명정보 처리에 대한 과징금 부과 등) ① 보호위원회는 개인정보처리자가 제28조의5 제1항을 위반하여 특정 개인을 알아보기 위한 목적으로 정보를 처리한 경우 전체 매출액의 100분의3 이하에 해당하는 금액을 과징금으로 부과할 수 있다. 다만, 매출액이 없거나 매출액의 산정이 곤란한 경우로서 대통령령으로 정하는 경우에는 4억원 또는 자본금의 100분의 3 중 큰 금액 이하로 과징금을 부과할 수 있다.

② 과징금의 부과 · 징수 등에 필요한 사항은 제34조의2 제3항부터 제5항까지의 규정을 준용한다.

4의2) 제28조의3(가명정보의 결합 제한)을 위반하여 가명정보를 처리하거나 제3자에게 제공한 자 및 그 사정을 알면서도 영리 또는 부정한 목적으로 가명정보를 제공받은 자

4의3) 제28조의5(가명정보 처리 시 금지의무 등 제1항을 위반하여 특정 개인을 알아보기 위한 목적으로 가명정보를 처리한 자

4의4) 제36조 제2항(제27조에 따라 정보통신서비스 제공자등으로부터 개인정보를 이전받은 자와 제39조의14에 따라 준용되는 경우를 포함한다)을 위반하여 정정·삭제 등 필요한 조치(제38조 제2항에 따른 열람 등 요구에 따른 필요한 조치를 포함한다)를 하지 아니하고 개인정보를 이용하거나 이를 제3자에게 제공한 정보통신서비스 제공자등

4의5) 제39조의3 제1항(제39조의14에 따라 준용되는 경우를 포함한다)을 위반하여 이용자의 동의를 받지 아니하고 개인정보를 수집한 자

4의6) 제39조의3 제4항(제39조의14에 따라 준용되는 경우를 포함한다)을 위반하여 법정대리인의 동의를 받지 아니하거나 법정대리인이 동의하였는지를 확인하지 아니하고 만 14세 미만인 아동의 개인정보를 수집한 자

5) 제59조 제2호를 위반하여 업무상 알게 된 개인정보를 누설하거나 권한 없이 다른 사람이 이용하도록 제공한 자 및 그 사정을 알면서도 영리 또는 부정한 목적으로 개인정보를 제공받은 자

6) 제59조 제3호를 위반하여 다른 사람의 개인정보를 훼손, 멸실, 변경, 위조 또는 유출한 자

3. 3년 이하의 징역 또는 3천만원 이하의 벌금(제72조)

다음 각 호의 어느 하나에 해당하는 자는 3년 이하의 징역 또는 3천만원 이하의 벌금에 처한다.

1) 제25조(영상정보처리기기의 설치·운영 제한) 제5항(영상정보처리기기운영자는 영상정보처리기기의 설치 목적과 다른 목적으로 영상정보처리기기를 임의로 조작하거나 다른 곳을 비춰서는 아니 되며, 녹음기능은 사용할 수 없다.)을 위반하여 영상정보처리기기의 설치 목적과 다른 목적으로 영상정보처리기기를 임의로 조작하거나 다른 곳을 비추는 자 또는 녹음기능을 사용한 자

2) 제59조(금지행위) 제1호(거짓이나 그 밖의 부정한 수단이나 방법으로 개인정보를 취득하

거나 처리에 관한 동의를 받는 행위)를 위반하여 거짓이나 그 밖의 부정한 수단이나 방법으로 개인정보를 취득하거나 개인정보 처리에 관한 동의를 받는 행위를 한 자 및 그 사정을 알면서도 영리 또는 부정한 목적으로 개인정보를 제공받은 자

3) 제60조(비밀유지 등)를 위반하여 직무상 알게 된 비밀을 누설하거나 직무상 목적 외에 이용한 자

4. 2년 이하의 징역 또는 2천만원 이하의 벌금(제73조)

다음 각 호의 어느 하나에 해당하는 자는 2년 이하의 징역 또는 2천만원 이하의 벌금에 처한다.

1) 제23조 제2항, 제24조 제3항, 제25조 제6항, 제28조의4 제1항 또는 제29조(안전조치의무)를 위반하여 안전성 확보에 필요한 조치를 하지 아니하여 개인정보를 분실ㆍ도난ㆍ유출ㆍ위조ㆍ변조 또는 훼손당한 자

1의2) 제21조 제1항(제39조의14에 따라 준용되는 경우를 포함한다)을 위반하여 개인정보를 파기하지 아니한 정보통신서비스 제공자 등

2) 제36조(개인정보의 정정ㆍ삭제) 제2항을 위반하여 정정ㆍ삭제 등 필요한 조치를 하지 아니하고 개인정보를 계속 이용하거나 이를 제3자에게 제공한 자

3) 제37조(개인정보의 처리정지 등) 제2항을 위반하여 개인정보의 처리를 정지하지 아니하고 계속 이용하거나 제3자에게 제공한 자

5. 양벌규정(제74조)

가. 법인 대표자 등의 제70조 위반시

법인의 대표자나 법인 또는 개인의 대리인, 사용인, 그 밖의 종업원이 그 법인 또는 개인의 업무에 관하여 제70조에 해당하는 위반행위를 하면 그 행위자를 벌하는 외에 그 법인 또는 개인을 7천만원 이하의 벌금에 처한다. 다만, 법인 또는 개인이 그 위반행위를 방지하기 위하여 해당 업무에 관하여 상당한 주의와 감독을 게을리 하지 아니한 경우에는 그러하지 아니하다.

나. 법인 대표자 등의 제71조부터 제73조까지 위반시

법인의 대표자나 법인 또는 개인의 대리인, 사용인, 그 밖의 종업원이 그 법인 또는 개인의 업무에 관하여 제71조부터 제73조까지의 어느 하나에 해당하는 위반행위를 하면 그 행위자를 벌하는 외에 그 법인 또는 개인에게도 해당 조문의 벌금형을 과(科)한다. 다만, 법인 또는 개인이 그 위반행위를 방지하기 위하여 해당 업무에 관하여 상당한 주의와 감독을 게을리 하지 아니한 경우에는 그러하지 아니하다.

6. 몰수 · 추징 등(74조의2)

제70조부터 제73조까지의 어느 하나에 해당하는 죄를 지은 자가 해당 위반행위와 관련하여 취득한 금품이나 그 밖의 이익은 몰수할 수 있으며, 이를 몰수할 수 없을 때에는 그 가액을 추징할 수 있다. 이 경우 몰수 또는 추징은 다른 벌칙에 부가하여 과할 수 있다.

7. 과태료(제75조)

가. 5천만 원 이하의 과태료

다음 각 호의 어느 하나에 해당하는 자에게는 5천만 원 이하의 과태료를 부과한다.

1) 제15조(개인정보의 수집 · 이용) 제1항을 위반하여 개인정보를 수집한 자

2) 제22조(동의를 받는 방법) 제6항을 위반하여 법정대리인의 동의를 받지 아니한 자

3) 제25조(영상정보처리기기의 설치 · 운영 제한) 제2항을 위반하여 영상정보처리기기를 설치 · 운영한 자

나. 3천만 원 이하의 과태료

다음 각 호의 어느 하나에 해당하는 자에게는 3천만 원 이하의 과태료를 부과한다.

1) 제15조(개인정보의 수집 · 이용) 제2항, 제17조(개인정보의 제공) 제2항, 제18조(개인정보의 목적 외 이용 · 제공 제한) 제3항 또는 제26조(업무위탁에 따른 개인정보의 처리 제한) 제3항을 위반하여 정보주체에게 알려야 할 사항을 알리지 아니한 자

2) 제16조(개인정보의 수집 제한) 제3항 또는 제22조(동의를 받는 방법) 제5항을 위반하여 재화 또는 서비스의 제공을 거부한 자

3) 제20조(정보주체 이외로부터 수집한 개인정보의 수집 출처 등 고지) 제1항 또는 제2항을 위반하여 정보주체에게 같은 항 각 호의 사실을 알리지 아니한 자

4) 제21조(개인정보의 파기) 제1항·제39조의6(개인정보의 파기에 대한 특례), 제39조의 14(방송사업자등에 대한 특례에 따라 준용되는 경우를 포함한다)를 위반하여 개인정보의 파기 등 필요한 조치를 하지 아니한 자

4의2) 제24조의2(주민등록번호 처리의 제한) 제1항을 위반하여 주민등록번호를 처리한 자

4의3) 제24조의2(주민등록번호 처리의 제한) 제2항을 위반하여 암호화 조치를 하지 아니한 자

5) 제24조의2(주민등록번호 처리의 제한) 제3항을 위반하여 정보주체가 주민등록번호를 사용하지 아니할 수 있는 방법을 제공하지 아니한 자

6) 제23조 제2항(민감정보의 처리 제한), 제24조(고유식별정보의 처리 제한) 제3항, 제25 조(영상정보처리기기의 설치·운영 제한) 제6항, 제28조의4(가명정보에 대한 안전조치 의무 등) 제1항 또는 제29조(안전조치의무)를 위반하여 안전성 확보에 필요한 조치를 하지 아니한 자

7) 제25조(영상정보처리기기의 설치·운영 제한) 제1항을 위반하여 영상정보처리기기를 설치·운영한 자

7의2) 제28조의5(가명정보 처리 시 금지의무 등) 제2항을 위반하여 개인을 알아볼 수 있는 정보가 생성되었음에도 이용을 중지하지 아니하거나 이를 회수·파기하지 아니한 자

7의3) 제32조의2(개인정보 보호 인증) 제6항을 위반하여 인증을 받지 아니하였음에도 거짓으로 인증의 내용을 표시하거나 홍보한 자

8) 제34조(개인정보 유출 통지 등) 제1항을 위반하여 정보주체에게 같은 항 각 호의 사실을 알리지 아니한 자

9) 제34조(개인정보 유출 통지 등) 제3항을 위반하여 조치 결과를 신고하지 아니한 자

10) 제35조 (개인정보의 열람)제3항을 위반하여 열람을 제한하거나 거절한 자

11) 제36조(개인정보의 정정·삭제) 제2항을 위반하여 정정·삭제 등 필요한 조치를 하지 아니한 자

12) 제37조(개인정보의 처리정지 등 제4항을 위반하여 처리가 정지된 개인정보에 대하여 파기 등 필요한 조치를 하지 아니한 자

12의2) 제39조의3(개인정보의 수집 · 이용 동의 등에 대한 특례) 제3항(제39조의14에 따라 준용되는 경우를 포함한다)을 위반하여 서비스의 제공을 거부한 자

12의3) 제39조의4(개인정보 유출 등의 통지 · 신고에 대한 특례) 제1항(제39조의14에 따라 준용되는 경우를 포함한다)을 위반하여 이용자 · 보호위원회 및 전문기관에 통지 또는 신고하지 아니하거나 정당한 사유 없이 24시간을 경과하여 통지 또는 신고한 자

12의4) 제39조의4(개인정보 유출 등의 통지 · 신고에 대한 특례) 제3항을 위반하여 소명을 하지 아니하거나 거짓으로 한 자

12의5) 제39조의7(이용자의 권리 등에 대한 특례) 제2항(제39조의14에 따라 준용되는 경우를 포함한다)을 위반하여 개인정보의 동의 철회 · 열람 · 정정 방법을 제공하지 아니한 자

12의6) 제9조의7 제3항(제39조의14에 따라 준용되는 경우와 제27조에 따라 정보통신서비스 제공자등으로부터 개인정보를 이전받은 자를 포함한다)을 위반하여 필요한 조치를 하지 아니한 정보통신서비스 제공자등

12의7) 제39조의8(개인정보 이용내역의 통지) 제1항 본문(제39조의14에 따라 준용되는 경우를 포함한다)을 위반하여 개인정보의 이용내역을 통지하지 아니한 자

12의8) 제39조의12(국외 이전 개인정보의 보호) 제4항(같은 조 제5항에 따라 준용되는 경우를 포함한다)을 위반하여 보호조치를 하지 아니한 자

13) 제64조(시정조치 등) 제1항에 따른 시정명령에 따르지 아니한 자

다. 2천만원 이하의 과태료

다음 각 호의 어느 하나에 해당하는 자에게는 2천만원 이하의 과태료를 부과한다.

1) 제39조의9(손해배상의 보장) 제1항을 위반하여 보험 또는 공제 가입, 준비금 적립 등 필요한 조치를 하지 아니한 자

2) 제39조의11(국내대리인의 지정) 제1항을 위반하여 국내대리인을 지정하지 아니한 자

3) 제39조의12(국외 이전 개인정보의 보호) 제2항 단서를 위반하여 제39조의12 제3항 각 호의 사항 모두를 공개하거나 이용자에게 알리지 아니하고 이용자의 개인정보를 국외에 처리위탁 · 보관한 자

라. 1천만 원 이하의 과태료

다음 각 호의 어느 하나에 해당하는 자에게는 1천만 원 이하의 과태료를 부과한다.

1) 제21조(개인정보의 파기) 제3항을 위반하여 개인정보를 분리하여 저장·관리하지 아니 한 자

2) 제22조(동의를 받는 방법) 제1항부터 제4항까지의 규정을 위반하여 동의를 받은 자

3) 제25조(영상정보처리기기의 설치·운영 제한) 제4항을 위반하여 안내판 설치 등 필요한 조치를 하지 아니한 자

4) 제26조(업무위탁에 따른 개인정보의 처리 제한) 제1항을 위반하여 업무 위탁 시 같은 항 각 호의 내용이 포함된 문서에 의하지 아니한 자

5) 제26조(업무위탁에 따른 개인정보의 처리 제한) 제2항을 위반하여 위탁하는 업무의 내용 과 수탁자를 공개하지 아니한 자

6) 제27조(영업양도 등에 따른 개인정보의 이전 제한)제1항 또는 제2항을 위반하여 정보주 체에게 개인정보의 이전 사실을 알리지 아니한 자

6의2) 제28조의4(가명정보에 대한 안전조치의무 등) 제2항을 위반하여 관련 기록을 작성하 여 보관하지 아니한 자

7) 제30조(개인정보 처리방침의 수립 및 공개) 제1항 또는 제2항을 위반하여 개인정보 처리 방침을 정하지 아니하거나 이를 공개하지 아니한 자

8) 제31조(개인정보 보호책임자의 지정) 제1항을 위반하여 개인정보 보호책임자를 지정하 지 아니한 자

9) 제35조 제3항·제4항, 제36조 제2항·제4항 또는 제37조 제3항을 위반하여 정보주체에 게 알려야 할 사항을 알리지 아니한 자

10) 제63조 제1항에 따른 관계 물품·서류 등 자료를 제출하지 아니하거나 거짓으로 제출한 자

11) 제63조 제2항에 따른 출입·검사를 거부·방해 또는 기피한 자

마. 과태료 부과 및 징수

과태료는 보호위원회와 관계 중앙행정기관의 장이 부과·징수한다. 이 경우 관계 중앙행정 기관의 장은 소관 분야의 개인정보처리자에게 과태료를 부과·징수한다.

8. 과태료에 관한 규정 적용의 특례(제76조)

과태료에 관한 규정을 적용할 때 과징금을 부과한 행위에 대하여는 과태료를 부과할 수 없다.

제11장 정보공개에 관한 법률과 탐정업무와의 관계[4]

미국의 대부분의 주에서는 사립탐정이나 변호사는 물론이고 심지어 공공주차장의 관리인에 이르기까지 정부가 보관하고 있는 개인정보에 대하여 비용만 지급하면 이를 이용하는 것이 가능하다. 이에 반하여 우리나라는 개인의 모든 정보, 하다못해 십지지문까지 전부 국가가 독점적으로 보관, 관리하면서 일반인이 이러한 정보에 접근을 차단하고 있다. 이렇듯 정상적인 방법으로는 개인에 대한 정보접근이 금지되어 있기 때문에 우리 사회에서는 도청이나 무단촬영에 따른 부정적인 사회문제가 수시로 발생하여 심각한 후유증을 남기고 있는 것이다. 국민의 알권리란 일반적으로 접근할 수 있는 정보의 원천으로부터 아무런 방해를 받지 않고 듣고, 보고, 읽을 자유와 권리를 뜻한다. 특히 국가가 소유하고 있는 정보에의 접근할 권리에 대해서 우리 대법원은 이를 기본적으로 헌법상 표현의 자유와 관련하여 인정된다고 보고 있다

한편, '공공기관의정보공개에관한법률(이하, 정보공개법)'에서는 국민의 알권리를 보장한다고 선언하고 있으며 모든 국민은 정보의 공개를 청구할 권리를 가지고 있다고 규정하고 있다. 이러한 국민의 알권리는 자신의 권익보호와 실제 관련이 있는 정보의 공개를 요청할 수 있는 소위 개별적 정보공개청구권도 포함된다. 공인탐정은 의뢰인 본인이 형사 피의자나 피고인일 경우에 공인탐정이 의뢰인을 대신하여 수사기록 및 관련서류에 대한 정보공개청구권의 행사가 보장되지 않는다면 정당한 업무수행에 많은 어려움이 있을 것으로 예상된다. 소송기록의 경우, 공익상 필요 기타 상당한 이유가 없으면 공판 개정 전에는 공개를 금지하는 형사소송법 제47조(소송서류의 비공개)에 의해 제한을 받는다. 그러나 변호사와 공인탐정이 협조할 수 있다면, 변호인의 고유권이라 할 수 있는 기록열람 및 등사권을 활용할 수 있어 조사활동 상 많은 문제들이 해소될 것으로 판단된다.

그렇지만 수사기관에서 수사 중인 수사서류와 증거물에 대한 열람·등사권은 대체로 변호인의 권한을 인정한 형사소송법 제35조의 범위 안에 포함되지 않으므로 공인탐정의 활동에

---

[4] 이정인, 공인탐정법(안)의 주요재정에 대한 고찰, 동아법학 제78호, 156~157면 까지 원용.

방해가 될 수 있는 소지가 매우 크다. 더욱이 수사에 관계있는 사람의 비밀 준수와 인권존중을 주의사항으로 규제하고 있는 '형사소송법' 제198조와 형법상의 피의사실공표죄가 시행되고 있는 현재 공인탐정이 수사관련 서류에 대한 정보공개청구에는 많은 문제가 발생할 것으로 예상된다.

그러나 형사소송법이나 형법상의 소송 및 수사관련 서류에 대한 규정이 정보공개청구권의 행사를 제한하는 일반적인 근거는 될 수 없다는 판례도 있으므로, 공인탐정이 형사사건과 관련된 업무활동을 원활히 수행하기 위해서는 공익에 부합되게 정보공개제도를 적절하게 활용하여야 할 것이다. 수사기록에 대한 정보공개청구권의 행사는 때에 따라 국가의 안전보장이나 질서유지, 국민의 재산과 관련되어 국가의 중대한 이익을 현저히 해할 우려가 있을 경우, 또는 공개될 경우 진행 중인 재판과 관련되어 범죄예방이나 수사, 교정업무를 곤란하게 하는 경우가 아니라면 정보공개를 거부할 수 없다. 또한 판례에 의하면 그러한 공개를 거부하기 위해서는 그 대상이 된 수사기록의 내용을 구체적으로 확인. 검토하여 그 어느 부분이 어떠한 법익 또는 기본권과 충돌되는지를 국가가 스스로 주장, 입증해야 할 것이고, 그에 이르지 아니한 채 수사기록 전부에 대하여 개괄적인 사유만을 들어 그 공개를 거부하는 것은 허용되지 않는다고 보고 있다. 또한 경찰서에서 보관하고 있는 불기소사건기록의 경우도 이를 이해관계인이 열람이나 등사를 청구할 권리의 대상으로 보고 있다. 따라서 특별한 이유 없이 경찰서에서 보관하고 있는 문서에 대한 공개를 거절하면 행정소송을 제기할 수 있는 것이다. 이러한 법리는 경찰이 수집한 정보라고 하여 달라지는 것은 아니며, 경찰이 수집하여 보관하고 있는 정보에 대하여 공개를 거부한 처분에 관하여도 역시 마찬가지로 보고 있다. 또한 법률이나 법규명령이 아닌 단순히 행정기관 내부의 사무처리기준을 정한 행정규칙에 의하여 비밀로 지정되거나 행정규칙에 의하여 관계 기관이 비밀로 지정한 것은 정보공개법에서 뜻하는 소정의 비공개정보에 해당하지 않는다는 하급심 판례가 있다. 이와 같이 헌법재판소나 대법원에서 정보공개법의 대상인 국가가 보유한정보라는 개념을 앞에서 기술한 것과 같이 폭넓게 해석한다면 공인탐정의 활동에 대한 사회적 제한은 상당 부분 해소될 수 있을 것이다.

제12장 개인정보 보호조치의 필요

우리나라에서 공인탐정 제도를 도입하지 못한 중요한 이유 중 하나는 탐정활동의 속성상 개인정보나 사행활 등이 침해될 수 있다는 일반국민의 우려 때문이라고 할 수 있다. 따라서 탐정제도를 도입 시 탐정들이 무엇에 대하여 어디까지 조사가 가능할 수 있는지 여부 등 조사권의 범위와 한계에 대하여 국민들의 공감을 얻는 것이 중요하다. 개인정보의 처리 및 보호에 관한 일반법으로 '개인정보보호법'이 있다. 공인탐정이 개인정보를 처리한다면 동법상의 개인정보처리자에 해당되어 같은 법의 규제를 받게 된다. 이 법에 의하면 개인정보를 수집하려면 정보주체의 동의를 전제로 수집목적의 범위 내에서 이용하도록 하고 있어(동법 15조), 개인정보에 대한 정보주체의 자기 통제권을 분명히 하고 있는 만큼 탐정업무 수행과정에서 정보주체와의 분쟁의 여지가 있을 수 있다. 그러므로 계약체결 시와 함께 동의관련 설명의무 조항과 동의서 등을 반드시 서면으로 작성하여 교부하도록 해야 하고 이를 탐정법안에 명시적으로 규정할 필요가 있다. 특히 공인탐정이 업무 수행과정에서 조사대상자의 정보는 물론이고 여타 관련자의 정보도 취득하게 된다. 문제는 이러한 개인정보들이 계약에 따라 제공된 이후에도 완전히 파기되지 않을 우려가 있으며, 심지어 본래 목적과 다른 엉뚱한 용도로 활용되거나 제3자에게 유출되는 등으로 악용될 가능성도 있으므로 이의 방지를 위한 규정을 반드시 마련할 필요가 있다. 따라서 향후 법안 심의 과정에서 개인정보보호를 강조하는의미에서 조사제한 규정과 비밀누설 금지 규정 외에 별도로 개인정보 보호에 관한 규정과 이를 위반할 시 강력한 처벌을 할 수 있는 규정을 추가로 둘 필요가 있다.

제3편
공익신고자보호법

제1장 총칙

1. 제정목적(제1조)

공익을 침해하는 행위를 신고한 사람 등을 보호하고 지원함으로써 국민 생활의 안정과 투명하고 깨끗한 사회풍토의 확립에 이바지함을 목적으로, 신고자를 누설할 경우에 3년 이하의 징역이나 3천만원 이하의 벌금을 부과하는 것을 주요 내용으로 하는 대한민국의 법이다. 국민의 건강과 안전, 환경, 소비자의 이익 및 공정한 경쟁을 침해하는 기업, 단체의 공익침해 행위를 행정기관 등에 신고해 해고 등 불이익 조치를 당한 경우, 국민권익위원회로부터 원상회복 등 신분보장을 받게 된다. 2011년 3월 29일 법률 제10472호로 제정되었다.

2. 정의(제2조)

가. 공익침해행위

'공익침해행위'란 국민의 건강과 안전, 환경, 소비자의 이익, 공정한 경쟁 및 이에 준하는 공공의 이익을 침해하는 행위로서 다음 각 목의 어느 하나에 해당하는 행위를 말한다. 법률의 벌칙에 해당하는 행위, 법률에 따라 인허가의 취소처분, 정지처분, 영업·업무·효력·자격 등을 정지하는 처분, 시정명령, 시설개수명령, 이전명령, 폐쇄명령, 철거명령, 위반사실 공표명령 등 의무자의 의사에 반하여 특정한 행위를 명하는 처분, 과징금, 과태료 등 위반사실을 이유로 금전 납부 의무를 부과하는 처분의 대상이 되는 행위 등을 대통령령으로 정하는 행정처분의 대상이 되는 행위를 말한다.

농산물품질관리법, 시설물의 안전관리에 관한 특별법, 식품위생법, 자연환경보전법, 품질경영 및 공산품안전관리법, 폐기물관리법, 혈액관리법, 의료법, 소비자기본법, 독점규제 및 공정거래에 관한 법률, 하도급거래 공정화에 관한 법률. 이외에도 건강건진기본법, 건강기능식품에 관한 법률, 건설기계관리법, 검역법, 경비업법, 고압가스 안전관리법, 공인중개사법, 관광진흥법, 교통안전법, 국가기술자격법, 국민건간증진법, 내수면어업법, 농수산물유통 및 가

격안정에 관한법률, 농약관리법, 농어촌정비법, 농지법, 다중이용업소의 안전관리에 관한 특별법, 도로교통법, 도시철보법, 도시가스사업법, 마약류 관리에 관한 법률, 산림보호법, 방사성 폐기물 관리법, 보험업법, 수도법, 식물방역법, 식품산업진흥법, 신품안전기본법, 약사법, 여신전문금융업법, 원자력법, 영유아보육법 원자력시설 등의 방호 및 방사는 방재 대책법 댐 건설 및 주변지역지원 등에 관한 법률, 의료기기법, 응급의료에 관한 법률, 저수지·댐의 안전관리 및 재해예방에 관한 법률, 자연공원법, 자연재해대책법, 정보통신기반 보호법, 전자상거래 등에서의 소비자보호에 관한 법률, 전총주 등의 산업진흥에 관한 법률, 철도안전법, 청소년보호법, 항만법, 항공법, 항만운송사업법, 해양생태계의 보전 및 관리에 관한 법률, 해양환경관리법, 화장품법, 환경보건법, 환경분야 시험·검사 등에 관한 법률, 후천성면역결핍증 예방법, 식물신품종보호법 등.

나. 공익신고

'공익신고'란 공익침해행위가 발생하였거나 발생할 우려가 있다는 사실을 신고·진정·제보·고소·고발하거나 공익침해행위에 대한 수사의 단서를 제공하는 것을 말한다. 다만, 다음 각 목의 어느 하나에 해당하는 경우는 공익신고로 보지 아니한다.

1) 공익신고 내용이 거짓이라는 사실을 알았거나 알 수 있었음에도 불구하고 공익신고를 한 경우

2) 공익신고와 관련하여 금품이나 근로관계상의 특혜를 요구하거나 그 밖에 부정한 목적으로 공익신고를 한 경우

다. 공익신고 등

'공익신고 등'이란 공익신고와 공익신고에 대한 조사·수사·소송 및 공익신고자 보호조치에 관련된 조사·소송 등에서 진술·증언하거나 자료를 제공하는 것을 말한다.

라. 공익신고자

'공익신고자'란 공익신고를 한 사람을 말하며, '공익신고자 등'이란 공익신고자와 공익신고에 대한 조사·수사·소송 및 공익신고자 보호조치에 관련된 조사·소송 등에서 진술·증언하거나 자료를 제공한 사람을 말한다.

마. 불이익조치

'불이익조치'란 다음 각 목의 어느 하나에 해당하는 조치를 말한다.

1) 파면, 해임, 해고, 그 밖에 신분상실에 해당하는 신분상의 불이익조치

2) 징계, 정직, 감봉, 강등, 승진 제한, 그 밖에 부당한 인사조치

3) 전보, 전근, 직무 미부여, 직무 재배치, 그 밖에 본인의 의사에 반하는 인사조치

4) 성과평가 또는 동료평가 등에서의 차별과 그에 따른 임금 또는 상여금 등의 차별 지급

5) 교육 또는 훈련 등 자기계발 기회의 취소, 예산 또는 인력 등 가용자원의 제한 또는 제거, 보안정보 또는 비밀정보 사용의 정지 또는 취급 자격의 취소, 그 밖에 근무조건 등에 부정적 영향을 미치는 차별 또는 조치

6) 주의 대상자 명단 작성 또는 그 명단의 공개, 집단 따돌림, 폭행 또는 폭언, 그 밖에 정신적·신체적 손상을 가져오는 행위

7) 직무에 대한 부당한 감사(監査) 또는 조사나 그 결과의 공개

8) 인허가 등의 취소, 그 밖에 행정적 불이익을 주는 행위

9) 물품계약 또는 용역계약의 해지(解止), 그 밖에 경제적 불이익을 주는 조치

바. 내부공익신고자

'내부 공익신고자'란, 1) 피신고자인 공공기관, 기업, 법인, 단체 등에 소속되어 근무하거나 근무하였던 자, 2) 피신고자인 공공기관, 기업, 법인, 단체 등과 공사·용역계약 또는 그 밖의 계약에 따라 업무를 수행하거나 수행하였던 자, 3) 그 밖에 대통령령으로 정하는 자의 어느 하나에 해당하는 공익신고자를 말한다.

3. 국가 등의 책무(제3조)

국가 또는 지방자치단체는 공익침해행위의 예방과 확산 방지 및 공익신고자 등의 보호·지원을 위하여 노력하여야 하며, 기업은 직장 내 공익신고자 등이 보호받을 수 있는 여건을 조성하도록 노력하여야 한다. 또한, 국가 또는 지방자치단체는 기업의 공익침해행위 예방활동 등이 활성화될 수 있도록 지원하거나 협력할 수 있다.

4. 국민권익위원회의 정책수립(제4조)

공익신고자 등을 보호하고 지원하기 위하여 국민권익위원회(이하 '위원회'라 한다)는 1) 공익신고의 접수 및 처리 등에 관한 사항, 2) 공익신고자 등의 비밀보장 및 신변보호 등에 관한 사항, 3) 공익신고자 등에 대한 불이익조치 금지 및 보호조치 등에 관한 사항, 4) 공익신고자 등에 대한 보상금·구조금 지급에 관한 사항, 5) 공익신고자 보호제도에 관한 교육 및 홍보 등에 관한 사항에 대한 정책을 수립하여야 한다.

또한, 위원회는 정책을 효율적으로 수립하기 위하여 필요한 경우에는 제6조 각 호의 기관에 대하여 공익신고 처리 및 보호조치 현황 등에 관한 실태조사를 할 수 있으며, 이에 따른 실태조사의 방법·절차 등에 필요한 사항은 대통령령으로 정한다.

5. 다른 법률과의 관계

공익신고자 등의 보호와 관련하여 이 법과 다른 법률의 적용이 경합하는 경우에는 이 법을 우선 적용하되, 다른 법률을 적용하는 것이 공익신고자 등에게 유리한 경우에는 그 법을 적용한다.

제2장 공익신고

1. 공익신고(제6조)

누구든지 공익침해행위가 발생하였거나 발생할 우려가 있다고 인정하는 경우에는 1) 공익침해행위를 하는 사람이나 기관·단체·기업 등의 대표자 또는 사용자, 2) 공익침해행위에 대한 지도·감독·규제 또는 조사 등의 권한을 가진 행정기관이나 감독기관(이하 '조사기관'이라 한다), 3) 수사기관, 4) 위원회, 국회의원, 공공단체(공사·공단), 5) 그 밖에 공익신고를 하는 것이 공익침해행위의 발생이나 그로 인한 피해의 확대방지에 필요하다고 인정되어 대통령령으로 정하는 자의 어느 하나에 해당하는 자에게 공익신고를 할 수 있다.

신고자	⇨	위원회	⇨	위원회
공익신고		접수 사실확인		이첩
조사 수사기관	⇨	조사 수사기관	⇨	위원회
조사 수사		결과 통보		신고자에게 결과통보

국회의원 및 공익침해행위와 관련된 법률에 따라 설치된 공사·공단 등의 공공단체는 공익신고를 받으면 공익침해행위에 대한 지도, 감독, 규제 또는 조사 등의 권한을 가진 행정기관, 수사기관, 위원회의 어느 하나에 해당하는 자에게 공익신고를 보내야 하며 조치 사실(보내지 아니한 경우에는 그 사유를 포함한다)을 공익 신고자에게 통지해야 한다.

2. 공직자의 공익신고 의무(제7조)

'부패방지 및 국민권익위원회의 설치와 운영에 관한 법률' 제2조 제3호에 따른 공직자(이하 '공직자'라 한다)는 그 직무를 하면서 공익침해행위를 알게 된 때에는 이를 조사기관, 수사기관 또는 위원회에 신고하여야 한다.

3. 공익신고의 방법(제8조)

가. 신고서제출

(1) 원칙

공익신고를 하려는 사람은 1) 공익신고자의 이름, 주민등록번호, 주소 및 연락처 등 인적사항, 2) 공익침해행위를 하는 자, 3) 공익침해행위 내용, 4) 공익신고의 취지와 이유 등의 사항을 적은 문서(전자문서를 포함한다. 이하 '신고서'라 한다)와 함께 공익침해행위의 증거 등을 첨부하여 제6조 각 호의 어느 하나에 해당하는 자에게 제출하여야 한다.

(2) 예외

만일 신고서를 제출할 수 없는 특별한 사정이 있는 경우에는 구술(口述)로 신고할 수 있다. 이 경우 증거 등을 제출하여야 한다. 만일, 구술신고를 받은 자는 신고서에 공익신고자가 말한 사항을 적은 후 공익신고자에게 읽어 들려주고 공익신고자가 서명하거나 도장을 찍도록 하여야 한다.

4. 비실명 대리신고(제8조의2)

공익신고자는 자신의 인적사항을 밝히지 아니하고 변호사로 하여금 공익신고를 대리하도록 할 수 있다. 이 경우 공익신고자의 인적사항은 변호사의 인적사항으로 갈음하며, 이에 따른 공익신고는 위원회에 하여야 하며, 공익신고자 또는 공익신고를 대리하는 변호사는 그 취지를 밝히고 공익신고자의 인적사항, 공익신고자임을 입증할 수 있는 자료 및 위임장을 위원회에 함께 제출하여야 한다. 위원회는 이에 따라 제출된 자료를 봉인하여 보관하여야 하며, 공익신고자 본인의 동의 없이 이를 열람해서는 아니 된다.

5. 신고내용의 확인 및 이첩 등(제9조)

가. 신고내용 확인

위원회가 공익신고를 받은 때에는 공익신고자의 인적사항, 공익신고의 경위 및 취지 등 신고내용의 특정에 필요한 사항 등을 확인할 수 있으며, 이에 대한 진위여부를 확인하는 데 필요한 범위에서 공익신고자에게 필요한 자료의 제출을 요구할 수 있다.

나. 수사기관에 이첩 및 통보

위원회는 사실 확인을 마친 후에는 바로 해당 조사기관이나 수사기관에 이첩하고, 그 사실을 공익신고자에게 통보하여야 한다. 이에 따라 공익신고를 이첩 받은 조사기관이나 수사기관은 조사·수사 종료 후 조사결과 또는 수사결과를 위원회에 통보하여야 한다. 이 경우 위원회는 조사결과 또는 수사결과의 요지를 공익신고자에게 통지하여야 한다.

다. 위원회의 조치 및 의견제시

위원회는 조사결과를 통보받은 후 공익침해행위의 확산 및 재발 방지를 위하여 필요하다고 인정하면 해당 조사기관이 조사결과에 따라 취한 필요한 조치 외에 관계 법령에 따른 1) 제품의 제조·판매중지, 회수 또는 폐기 등, 2) 영업정지, 자격정지 등, 3) 그 밖에 해당 공익침해행위 제거 및 예방 등을 위하여 필요한 조치에 관한 의견을 제시할 수 있다.

라. 공익신고자의 이의신청

통지를 받은 공익신고자는 대통령령으로 정하는 바에 따라 위원회에 조사결과 또는 수사결과에 대한 이의신청을 할 수 있다.

마. 위원회의 재수사 요구 등

위원회는 조사기관이나 수사기관의 조사·수사가 충분하지 아니하였다고 인정하거나 이의신청에 이유가 있다고 인정하는 경우 조사기관이나 수사기관에 재조사·재수사를 요구할 수 있다. 이에 따라 재조사·재수사를 요구받은 조사기관이나 수사기관은 재조사·재수사 종료 후 그 결과를 위원회에 통보하여야 한다. 이 경우 위원회는 공익신고자에게 재조사·재수사 결과의 요지를 통지하여야 한다.

7. 공익신고의 처리(제10조)

가. 조사실시

조사기관은 공익신고를 받은 때와 위원회로부터 공익신고를 이첩 받은 때에는 그 내용에 관하여 필요한 조사를 하여야 한다.

나. 조사의 중단

조사기관은 공익신고가 1) 공익신고의 내용이 명백히 거짓인 경우, 2) 공익신고자의 인적사항을 알 수 없는 경우, 3) 공익신고자가 신고서나 증명자료 등에 대한 보완 요구를 2회 이상 받고도 보완 기간에 보완하지 아니한 경우, 4) 공익신고에 대한 처리 결과를 통지받은 사항에 대하여 정당한 사유 없이 다시 신고한 경우, 5) 공익신고의 내용이 언론매체 등을 통하여 공개된 내용에 해당하고 공개된 내용 외에 새로운 증거가 없는 경우, 6) 다른 법령에 따라 해당 공익침해행위에 대한 조사가 시작되었거나 이미 끝난 경우, 7) 그 밖에 공익침해행위에 대한 조사가 필요하지 아니하다고 대통령령으로 정하는 경우의 어느 하나에 해당하는 경우에는 조사를 하지 아니하거나 중단하고 끝낼 수 있으며, 이에 따라 조사하지 아니하기로 하거나 조사를 중단하고 끝낸 때에는 바로 그 사실을 공익신고자에게 통보하여야 한다.

다. 공익신고자에 통보

조사기관은 공익신고에 대한 조사를 끝냈을 때에는 조사결과에 따라 필요한 조치를 취하고 그 결과를 공익신고자에게 통보하여야 한다.

라. 신고내용 공개제한

공익신고를 접수한 기관의 종사자 등은 공익신고에 대한 조사결과 공익침해행위가 발견되기 전에는 피신고자의 인적사항 등을 포함한 신고내용을 공개하여서는 아니 된다.

> 이를 위반하여 피신고자의 인적사항 등을 포함한 신고내용을 공개한 자는 3년 이하의 징역 또는 3천만원 이하의 벌금에 처한다.

마. 관할위반 이송 등

조사기관이 그 관할에 속하지 아니하는 공익신고를 접수하였거나 이송 또는 이첩 받은 때에
는 바로 해당 조사기관에 이송하여야 하고 그 사실을 공익신고자에게 통지하여야 한다.

제3장 공익신고자 등의 보호

1. 인적사항의 기재 생략 등(제11조)

가. 인적사항 등의 기재생략

공익신고자 등이나 그 친족 또는 동거인이 공익신고 등을 이유로 피해를 입거나 입을 우려가 있다고 인정할 만한 상당한 이유가 있는 경우에 조사 및 형사절차에서 '특정범죄신고자 등 보호법' 제7조, 제9조부터 제12조까지의 규정을 준용5)한다.

---

5) *특정범죄신고자 등 보호법 제7조*(인적 사항의 기재 생략)
　① 검사 또는 사법경찰관은 범죄신고등과 관련하여 조서나 그 밖의 서류(이하 '조서등'이라 한다)를 작성할 때 범죄신고자등이나 그 친족등이 보복을 당할 우려가 있는 경우에는 그 취지를 조서등에 기재하고 범죄신고자등의 성명·연령·주소·직업 등 신원을 알 수 있는 사항(이하 '인적 사항'이라 한다)은 기재하지 아니한다. [개정 2014.12.30]
　② 사법경찰관이 조서등에 범죄신고자등의 인적 사항의 전부 또는 일부를 기재하지 아니한 경우에는 즉시 검사에게 보고하여야 한다.
　③ 제1항의 경우 검사 또는 사법경찰관은 조서등에 기재하지 아니한 인적 사항을 범죄신고자등 신원관리카드(이하 '신원관리카드'라 한다)에 등재하여야 한다.
　④ 제1항에 따라 조서등에 성명을 기재하지 아니하는 경우에는 범죄신고자등으로 하여금 조서등에 서명은 가명(假名)으로, 간인(間印) 및 날인(捺印)은 무인(拇印)으로 하게 하여야 한다. 이 경우 가명으로 된 서명은 본명(本名)의 서명과 동일한 효력이 있다.
　⑤ 범죄신고자등은 진술서 등을 작성할 때 검사 또는 사법경찰관의 승인을 받아 인적 사항의 전부 또는 일부를 기재하지 아니할 수 있다. 이 경우 제2항부터 제4항까지의 규정을 준용한다.
　⑥ 범죄신고자등이나 그 법정대리인은 검사 또는 사법경찰관에게 제1항에 따른 조치를 하도록 신청할 수 있다. 이 경우 검사 또는 사법경찰관은 특별한 사유가 없으면 그 조치를 하여야 한다.
　⑦ 신원관리카드는 검사가 관리한다.
　⑧ 신원관리카드의 작성 및 관리 등에 필요한 사항은 대통령령으로 정한다.
제9조(신원관리카드의 열람) ① 법원은 다른 사건의 재판에 필요한 경우에는 검사에게 신원관리카드의 열람을 요청할 수 있다. 이 경우 요청을 받은 검사는 범죄신고자등이나 그 친족등이 보복을 당할 우려가 있는 경우 외에는 그 열람을 허용하여야 한다.
　② 다음 각 호의 어느 하나에 해당하는 경우에는 그 사유를 소명(疏明)하고 검사의 허가를 받아 신원관리카드를 열람할 수 있다. 다만, 범죄신고자등이나 그 친족등이 보복을 당할 우려가 있는 경우에는 열람을 허가하여서는 아니 된다.
1. 검사나 사법경찰관이 다른 사건의 수사에 필요한 경우
2. 변호인이 피고인의 변호에 필요한 경우
3. *제14조*에 따른 범죄신고자등 구조금 지급에 관한 심의 등 공무상 필요한 경우
　③ 피의자 또는 피고인이나 그 변호인 또는 법정대리인, 배우자, 직계친족과 형제자매는 피해자와의 합의를 위하여 필요한 경우에 검사에게 범죄신고자등과의 면담을 신청할 수 있다.
　④ 제3항의 면담 신청을 받은 검사는 즉시 그 사실을 범죄신고자등에게 통지하고, 범죄신고자등이

나. 인적사항 등 기재생략 요청

공익신고자 등이나 그 법정대리인은 조사기관 또는 수사기관에 위 가.항에 따른 조치를

이를 승낙한 경우에는 검사실 등 적당한 장소에서 범죄신고자등이나 그 대리인과 면담을 할 수 있도록 조치할 수 있다.

⑤ 제2항제2호에 따라 신원관리카드의 열람을 신청한 변호인과 제3항에 따라 면담 신청을 한 자는 검사의 거부처분에 대하여 이의신청을 할 수 있다.

⑥ 제5항의 이의신청은 그 검사가 소속된 지방검찰청검사장(지청의 경우에는 지청장)에게 서면으로 제출하여야 한다. 이의신청을 받은 검사장 또는 지청장은 이의신청이 이유가 있다고 인정하는 경우에는 신원관리카드의 열람을 허가하거나 범죄신고자등이나 그 대리인과 면담할 수 있도록 조치하여야 한다.

제10조(영상물 촬영) ① 범죄신고자등에 대하여 「형사소송법」 제184조(증거보전의 청구와 그 절차) 또는 제221조의2(증인신문의 청구)에 따른 증인신문을 하는 경우 판사는 직권으로 또는 검사의 신청에 의하여 그 과정을 비디오테이프 등 영상물로 촬영할 것을 명할 수 있다.

② 제1항에 따른 영상물의 촬영비용 및 복사에 관하여는 「형사소송법」 제56조의2(공판정에서의 속기·녹음 및 영상녹화)제2항 및 제3항을 준용한다.

③ 제1항에 따라 촬영한 영상물에 수록된 범죄신고자등의 진술은 이를 증거로 할 수 있다.

제11조(증인 소환 및 신문의 특례 등)

① 제7조에 따라 조서등에 인적 사항을 기재하지 아니한 범죄신고자등을 증인으로 소환할 때에는 검사에게 소환장을 송달한다.

② 재판장 또는 판사는 소환된 증인 또는 그 친족등이 보복을 당할 우려가 있는 경우에는 참여한 법원서기관 또는 서기로 하여금 공판조서에 그 취지를 기재하고 해당 증인의 인적 사항의 전부 또는 일부를 기재하지 아니하게 할 수 있다. 이 경우 재판장 또는 판사는 검사에게 신원관리카드가 작성되지 아니한 증인에 대한 신원관리카드의 작성 및 관리를 요청할 수 있다.

③ 제2항의 경우 재판장 또는 판사는 증인의 인적 사항이 신원확인, 증인선서, 증언 등 증인신문의 모든 과정에서 공개되지 아니하도록 하여야 한다. 이 경우 제1항에 따라 소환된 증인의 신원확인은 검사가 제시하는 신원관리카드로 한다.

④ 제2항에 따라 공판조서에 인적 사항을 기재하지 아니하는 경우 재판장 또는 판사는 범죄신고자등으로 하여금 선서서(宣誓書)에 가명으로 서명·무인하게 하여야 한다. 이 경우 제7조제4항 후단을 준용한다.

⑤ 증인으로 소환된 범죄신고자등이나 그 친족등이 보복을 당할 우려가 있는 경우에는 검사, 범죄신고자등 또는 그 법정대리인은 법원에 피고인이나 방청인을 퇴정(退廷)시키거나 공개법정 외의 장소에서 증인신문을 할 것을 신청할 수 있다.

⑥ 재판장 또는 판사는 직권으로 또는 제5항에 따른 신청이 상당한 이유가 있다고 인정할 때에는 피고인이나 방청인을 퇴정시키거나 공개법정 외의 장소에서 증인신문 등을 할 수 있다. 이 경우 변호인이 없을 때에는 국선변호인을 선임하여야 한다.

⑦ 제6항의 경우에는 「법원조직법」 제57조(재판의 공개)제2항·제3항 및 「형사소송법」 제297조(피고인 등의 퇴정)제2항을 준용한다.

제12조(소송진행의 협의 등)

① 법원은 범죄신고자등이나 그 친족등이 보복을 당할 우려가 있는 경우에는 검사 및 변호인과 해당 피고인에 대한 공판기일의 지정이나 그 밖의 소송 진행에 필요한 사항을 협의할 수 있다.

② 제1항에 따른 협의는 소송진행에 필요한 최소한에 그쳐야 하며, 판결에 영향을 주어서는 아니 된다.

③ 제1항의 경우에는 「특정강력범죄의 처벌에 관한 특례법」 제10조(집중심리) 및 제13조(판결선고)를 준용한다.

하도록 신청할 수 있다. 이 경우 조사기관 또는 수사기관은 특별한 사유가 없으면 이에 따라야 한다.

2. 공익신고자 등의 비밀보장 의무

가. 공익신고자 비밀보장

누구든지 공익신고자 등이라는 사정을 알면서 그의 인적사항이나 그가 공익신고자 등임을 미루어 알 수 있는 사실을 다른 사람에게 알려주거나 공개 또는 보도하여서는 아니 된다. 다만, 공익신고자 등이 동의한 때에는 그러하지 아니하다.

나. 위반시 경위확인

위원회는 위 가.를 위반하여 공익신고자 등의 인적사항이나 공익신고자 등임을 미루어 알 수 있는 사실이 공개 또는 보도되었을 때에는 그 경위를 확인할 수 있으며, 이에 따른 경위를 확인하는 데 필요하다고 인정하면 해당 공익신고자 등이 공익신고 등을 한 기관에 관련 자료의 제출이나 의견의 진술 등을 요청할 수 있다. 이 경우 자료의 제출이나 의견의 진술을 요청받은 해당 기관은 특별한 사유가 없으면 그 요청에 협조하여야 한다.

다. 위반시 조치

위원회는 위 가.항을 위반하여 공익신고자 등의 인적사항이나 공익신고자 등임을 미루어 알 수 있는 사실을 다른 사람에게 알려주거나 공개 또는 보도한 사람의 징계권자에게 그 사람에 대한 징계 등 필요한 조치를 요구할 수 있다.

3. 신변보호조치(제13조)

공익신고자 등과 그 친족 또는 동거인은 공익신고 등을 이유로 생명·신체에 중대한 위해를 입었거나 입을 우려가 명백한 경우에는 위원회에 신변보호에 필요한 조치(이하 '신변보호조치'라 한다)를 요구할 수 있다. 이 경우 위원회는 필요하다고 인정되면 경찰관서의 장에게 신변보호조치를 하도록 요청할 수 있으며, 이에 따른 신변보호조치를 요청받은 경찰관서의 장은 대통령령으로 정하는 바에 따라 즉시 신변보호조치를 하여야 한다.

신변보호에 필요한 조치를 요구하는 자는 요구자와 신변보호가 필요한 대상자의 인적사항 및 요구 사항 등을 적은 문서를 위원회에 제출해야 한다. 다만, 긴급한 사유가 있는 경우에는 구두 또는 전화 등으로 요구할 수 있으며, 이 경우 지체 없이 문서를 제출해야 한다.

보호대상자에 대한 신변보호조치의 필요성이 급박하여 위원회의 결정을 기다릴 시간적 여유가 없을 경우에는 위원장이 경찰서의 장에게 신변보호조치를 요청할 수 있다.

4. 책임의 감면 등(제14조)

가. 공익신고자 등의 책임감면

공익신고 등과 관련하여 공익신고자 등의 범죄행위가 발견된 경우에는 그 형을 감경하거나 면제할 수 있다. 따라서 단체협약, 고용계약 또는 공급계약 등에 공익신고 등을 금지하거나 제한하는 규정을 둔 경우 그 규정은 무효로 한다.

나. 공익신고자 등에 대한 불이익처분 금지

공익신고 등과 관련하여 발견된 위법행위 등을 이유로 공익신고자 등에게 징계를 하거나 불리한 행정처분을 하는 경우 위원회는 공익신고자 등의 징계권자나 행정처분권자에게 그 징계나 행정처분의 감경 또는 면제를 요구할 수 있다. 이 경우 요구를 받은 자는 정당한 사유가 있는 경우 외에는 그 요구에 따라야 한다.

다. 비밀준수의무 배제

공익신고 등의 내용에 직무상 비밀이 포함된 경우에도 공익신고자 등은 다른 법령, 단체협약, 취업규칙 등에 따른 직무상 비밀준수 의무를 위반하지 아니한 것으로 본다.

라. 손해배상책임 면제

피신고자는 공익신고 등으로 인하여 손해를 입은 경우에도 공익신고자 등에게 그 손해배상을 청구할 수 없다. 다만, 제2조 제2호 가목 및 나목에 해당하는 경우에는 손해배상을 청구할 수 있다.

제2조 제2호 가목, 나목

가) 공익신고 내용이 거짓이라는 사실을 알았거나 알 수 있었음에도 불구하고 공익신고를 한 경우

나) 공익신고와 관련하여 금품이나 근로관계상의 특혜를 요구하거나 그 밖에 부정한 목적으로 공익신고를 한 경우

마. 자료제출 및 의견진술 요청

위원회는 징계나 행정처분의 감경 또는 면제를 요구하는 데 필요하다고 인정하면 징계권자나 행정처분권자 또는 해당 공익신고자 등이 공익신고 등을 한 기관에 관련 자료의 제출이나 의견의 진술 등을 요청할 수 있다. 이 경우 자료의 제출이나 의견의 진술을 요청받은 해당 기관은 특별한 사유가 없으면 그 요청에 협조하여야 한다.

5. 불이익조치 등의 금지(제15조)

누구든지 공익신고자 등에게 공익신고 등을 이유로 불이익조치를 하여서는 아니 되며, 또한 누구든지 공익신고 등을 하지 못하도록 방해하거나 공익신고자 등에게 공익신고 등을 취소하도록 강요하여서는 아니 된다.

공익신고자 등의 사용자 또는 인사권자는 공익신고자 등이 전직 또는 전출·전입·파견근무 등 인사에 관한 조치를 요구하는 경우 그 요구내용이 타당하다고 인정할 때에는 이를 우선적으로 고려하여야 한다. 공익신고자 등에게 파면, 해임, 해고, 그 밖에 신분상실에 해당하는 신분상의 불이익조치를 한 자는 2년 이하의 징역 또는 2천만원 이하의 벌금에 처한다. 공익신고자 등에게 징계, 정직, 강등, 승진 제한, 그 밖에 부당한 인사조치를 한 경우, 전보, 전근, 직무 미부여, 직무 재배치, 그 밖에 본인의 의사에 반하는 인사조치, 성과평가 또는 동료평가 등에서의 차별과 그에 따른 임금 또는 상여금 등의 차별 지급, 직무에 대한 부당한 감사 또는 조사나 그 결과의 공개에 해당되는 불이익조치를 한 자는 1년 이하의 징역 또는 1천만원 이하의 벌금에 처한다. 공익신고 등을 방해하거나 공익신고 등을 취소하도록 강요한 자는 1년 이하의 징역 또는 1천만원 이하의 벌금에 처한다.

6. 인사조치의 우선적 고려(제16조)

공익신고자 등의 사용자 또는 인사권자는 공익신고자 등이 전직 또는 전출·전입, 파견근무 등 인사에 관한 조치를 요구하는 경우 그 요구내용이 타당하다고 인정할 때에는 이를 우선적으로 고려하여야 한다.

7. 보호조치 신청(제17조)

가. 보호조치 신청

공익신고자 등은 공익신고 등을 이유로 불이익조치를 받은 때(공익침해행위에 대한 증거자료의 수집 등 공익신고를 준비하다가 불이익조치를 받은 후 공익신고를 한 경우를 포함한다)에는 위원회에 원상회복이나 그 밖에 필요한 조치(이하 '보호조치'라 한다)를 신청할 수 있다.

> 위원회는 보호조치 신청을 받은 경우에는 그 신청을 접수한 날로부터 60일 이내에 보호조치 결정 및 보호조치 권고를 해야 한다. 다만, 필요한 경우에는 그 기간을 30일 이내에서 연장할 수 있다. 위원회는 보호조치결정 등에 따라 불이익조치를 받은 공익신고자 등에 대한 보호조치가 이루어질 수 있도록 불이익조치를 한 자가 소속된 기관의 장 등에게 불이익조피를 한 자에 대한 지도·감독 등 필요한 조피를 할 것을 권고할 수 있다. 위원회는 보호조치결정 등에 따라 보호조치를 하기가 어렵다고 인정되는 특별한 사정이 있는 경우에는 전직(轉職) 등 보호조치에 상응하는 조치를 할 것을 공익신고자 등이 소속된 기관의 장 등에게 권고할 수 있다. 위원회는 권고 사실을 보호조치를 신청한 자에게 통지해야 한다.

나. 보호조치 신청기간

보호조치는 불이익조치가 있었던 날(불이익조치가 계속된 경우에는 그 종료일)부터 1년 이내에 신청하여야 한다. 다만, 공익신고자 등이 천재지변, 전쟁, 사변, 그 밖에 불가항력의 사유로 1년 이내에 보호조치를 신청할 수 없었을 때에는 그 사유가 소멸한 날부터 14일(국외에서의 보호조치 요구는 30일) 이내에 신청할 수 있다.

다. 불이익조치에 대한 구제

다른 법령에 공익신고 등을 이유로 받은 불이익조치에 대한 행정적 구제(救濟)절차가 있는 경우 공익신고자 등은 그 절차에 따라 구제를 청구할 수 있다. 다만, 위 가항에 따라 공익신고자 등이 보호조치를 신청한 경우에는 그러하지 아니하다.

8. 보호조치 신청의 각하(제18조)

위원회는 보호조치의 신청이 1) 공익신고자 등 또는 행정절차법 제12조 제1항에 따른 대리인이 아닌 사람이 신청한 경우, 2) 공익신고가 제10조 제2항 각 호의 어느 하나에 해당하는 경우, 3) 제17조 제2항에 따른 신청기간이 지나 신청한 경우, 4) 각하결정, 제20조 제1항에 따른 보호조치결정 또는 기각결정을 받은 동일한 불이익조치에 대하여 다시 신청한 경우, 5) 제20조 제2항에 따라 위원회가 보호조치를 권고한 사항에 대하여 다시 신청한 경우, 6) 다른 법령에 따른 구제절차를 신청한 경우, 7) 다른 법령에 따른 구제절차에 의하여 이미 구제받은 경우의 어느 하나에 해당하는 경우에는 결정으로 신청을 각하(却下)할 수 있다.

9. 보호조치 신청에 대한 조사(제19조)

가. 위원회의 조사

위원회는 보호조치를 신청받은 때에는 바로 공익신고자 등이 공익신고 등을 이유로 불이익조치를 받았는지에 대한 조사를 시작하여야 한다. 이 경우 위원회는 공익신고자 등이 보호조치를 신청한 사실을 조사기관에 통보할 수 있으며, 이 경우 조사기관에 공익침해행위 조사와 관련된 자료의 제출 등의 협조를 요청할 수 있다. 이때 조사기관은 정당한 사유가 없으면 이에 협조하여야 한다.

나. 자료제출 요구

위원회는 보호조치의 신청에 대한 조사에 필요하다고 인정하면 1. 보호조치를 신청한 사람(이하 '신청인'이라 한다), 2. 불이익조치를 한 자, 3. 참고인, 4. 관계 기관·단체 또는 기업에 해당하는 자의 어느 하나에 해당하는 자에게 관련 자료의 제출을 요구할 수 있다.

다. 진술청취 및 진술서 제출요구

위원회는 보호조치를 신청한 사람, 불이익조치를 한 자, 참고인 등에게 출석을 요구하여 진술을 청취하거나 진술서의 제출을 요구할 수 있으며, 조사과정에서 관계 당사자에게 충분한 소명(疏明) 기회를 주어야 한다.

> 보호조치를 신청한 사람(이하 '신청인'이라 한다), 불이익조치를 한 사람, 참고인
> ⇨ 자료제출, 출석, 진술서의 제출을 거부한 자에게는 3천만원 이하의 과태료를 부과한다.

10. 보호조치결정 등(제20조)

가. 원상회복 등 조치

위원회는 조사 결과 신청인이 공익신고 등을 이유로 불이익조치(제2조 제6호 아목 및 자목에 해당하는 불이익조치는 제외한다)를 받았다고 인정될 때에는 불이익조치를 한 자에게 30일 이내의 기간을 정하여 1) 원상회복 조치, 2) 차별 지급되거나 체불(滯拂)된 보수 등(이자를 포함한다)의 지급, 3) 그 밖에 불이익조치에 대한 취소 또는 금지 등의 보호조치를 취하도록 요구하는 결정(이하 '보호조치결정'이라 한다)을 하여야 하며, 신청인이 공익신고 등을 이유로 불이익조치를 받았다고 인정되지 아니하는 경우에는 보호조치 요구를 기각하는 결정(이하 '기각결정'이라 한다)을 하여야 한다.

나. 인허가 또는 계약 등의 효력유지 등 필요한 보호조치

위원회는 조사 결과 신청인이 공익신고 등을 이유로 인허가 등의 취소, 그 밖에 행정적 불이익을 주는 행위(제2조 제6호 아목) 또는 물품계약 또는 용역계약의 해지(解止), 그 밖에 경제적 불이익을 주는 조치(자목)에 해당하는 불이익조치를 받았다고 인정될 때에는 불이익조치를 한 자에게 30일 이내의 기간을 정하여 인허가 또는 계약 등의 효력 유지 등 필요한 보호조치를 취할 것을 권고(이하 '권고'라 한다)할 수 있다.

인허가 등의 취소, 그 밖에 행정적 불이익을 주는 행위, 물품계약 또는 용역계약의 해지, 그 밖에 경제적 불이익을 주는 조치에 해당하는 불이익조치를 받았다고 인정될 때에는 불이익 조치를 한 자에게 30일 이내의 기간을 정하여 인허가 또는 계약 등의 효력 유지 등 필요한 보호조치를 취할 것을 권고할 수 있다.

다. 조치시 서면 통보

각하결정, 보호조치결정과 기각결정 및 권고는 서면으로 하여야 하며, 신청인과 불이익조치를 한 자에게 모두 통보하여야 한다.

마. 징계요구

위원회는 보호조치결정을 하는 경우에는 공익신고 등을 이유로 불이익조치를 한 자의 징계권자에게 그에 대한 징계를 요구할 수 있다.

바. 위원회의 보호조치 이행여부 등 점검

위원회는 보호조치결정 이후 2년 동안 불이익조치를 한 자의 보호조치 이행 여부 및 추가적인 불이익조치의 발생 여부를 주기적으로 점검하여야 한다.

사. 체불된 보수 등의 지급기준 등

차별 지급되거나 체불된 보수 등의 지급 기준 및 산정방법 등에 관하여 필요한 사항은 대통령령으로 정한다.

차별 지급되거나 체불된 보수 등의 지극 기준 및 산정방법

(1) 보수 등은 소득세법에 따른 근로소득으로 하고, 이자는 근로기준법에 따른 지연이자로 한다.
(2) 보수 및 이자의 산정기간은 차별 지급되거나 체불(滯拂)된 날로부터 위원회의 결정일까지로 한다.
(3) 위원회는 보수 등을 확인하기 위하여 필요한 경우에는 관계 기관·단체 또는 기업 등에 관련 자료의 제출을 요구할 수 있다.

---

11. 특별보호조치(제20조의2)

내부 공익신고자가 신고 당시 공익침해행위가 발생하였다고 믿을 합리적인 이유를 가지고 있는 경우 위원회는 보호조치결정을 할 수 있으며, 이에 따른 특별보호조치결정에 대하여는 제20조, 제21조, 제21조의2를 준용한다.

12. 보호조치결정 등의 확정(제21조)

가. 행정소송의 제기

신청인과 불이익조치를 한 자는 보호조치결정, 기각결정 또는 각하결정에 대하여 그 결정서를 받은 날부터 30일 이내에 행정소송법에서 정하는 바에 따라 행정소송을 제기할 수 있으며, 이에 따른 기간까지 행정소송을 제기하지 아니하면 보호조치결정, 기각결정 또는 각하결정은 확정된다.

> 확정된 보호조치결정을 이행하지 아니한 자는 2년 이하의 징역 또는 2천만원 이하의 벌금에 처한다.

나. 행정심판청구 제한

보호조치결정, 기각결정 또는 각하결정에 대하여는 행정심판법에 따른 행정심판을 청구할 수 없다.

다. 집행부정지효력

보호조치결정, 기각결정 또는 각하결정은 행정소송의 제기에 의하여 그 효력이 정지되지 아니한다.

13. 이행강제금(제21조의2)

가. 이행강제금 부과

위원회는 보호조치결정을 받은 후 그 정해진 기한까지 보호조치를 취하지 아니한 자에게는 3천만원 이하의 이행강제금을 부과한다. 다만, 국가 또는 지방자치단체는 제외한다. 위원회는 이행강제금을 부과하기 30일 전까지 이행강제금을 부과·징수한다는 뜻을 미리 문서로 알려 주어야 하며, 문서에는 이행강제금의 금액, 부과 사유, 납부기한, 수납기관, 이의제기 방법 및 이의제기 기관 등을 명시하여야 한다.

나. 이행강제금 부과방법

위원회는 보호조치결정을 한 날을 기준으로 매년 2회의 범위에서 보호조치가 이루어질 때까지 반복하여 이행강제금을 부과·징수할 수 있다. 다만, 불이익조치를 한 자가 보호조치를 하면 새로운 이행강제금을 부과하지 아니하되, 이미 부과된 이행강제금은 징수하여야 한다.

다. 이행강제금 독촉 및 강제징수 등

위원회는 이행강제금 납부의무자가 납부기한까지 이행강제금을 내지 아니하면 기간을 정하여 독촉을 하고 지정된 기간에 이행강제금을 내지 아니하면 국세 체납처분의 예에 따라 징수할 수 있으며, 이에 따른 이행강제금의 부과기준, 징수절차 등에 필요한 사항은 대통령령으로 정한다.

14. 불이익조치 금지 신청(제23조)

가. 불이익조치 금지신청

공익신고자 등은 공익신고 등을 이유로 불이익조치를 받을 우려가 명백한 경우(공익침해행위에 대한 증거자료의 수집 등 공익신고의 준비 행위를 포함한다)에는 위원회에 불이익조치 금지를 신청할 수 있으며, 이에 관하여는 제18조, 제19조 및 제20조 제1항부터 제3항까지의 규정을 준용한다.

> 신청인의 인적사항, 신청사유 및 신청내용 등을 적은 문서를 위원회에 제출해야 한다.

나. 위원회의 조사개시

위원회는 불이익조치 금지 신청을 받은 때에는 바로 공익신고자 등이 받을 우려가 있는 불이익조치가 공익신고 등을 이유로 한 불이익조치에 해당하는지에 대한 조사를 시작하여야 한다.

다. 불이익조치 금지권고

위원회는 조사 결과 공익신고자 등이 공익신고 등을 이유로 불이익조치를 받을 우려가 있다고 인정될 때에는 불이익조치를 하려는 자에게 불이익조치를 하지 말 것을 권고하여야 한다.

> 불이익조치 금지 권고를 한 경우에는 그 권고가 이행될 수 있도록 불이익 조치를 하려는 자가 소속된 기관의 장 등에게 불이익조치를 하려는 자에 대한 지도 · 감독 등 필요한 조치를 할 것을 권고할 수 있다. 이 경우 위원회는 권고 사실을 불이익조치 금지를 신청한 자에게 통지해야 한다.

15. 불이익조치 추정(제23조)

1) 공익신고자 등을 알아내려고 하거나 공익신고 등을 하지 못하도록 방해하거나 공익신고 등의 취소를 강요한 경우, 2) 공익신고 등이 있은 후 2년 이내에 공익신고자 등에 대하여 불이익조치를 한 경우, 3) 제22조 제4항에 따른 불이익조치 금지 권고를 받고도 불이익조치를 한 경우, 4) 공익신고자 등이 이 법에 따라 공익신고 등을 한 후 제17조 제1항에 따라 위원회에 보호조치를 신청하거나 법원에 원상회복 등에 관한 소를 제기하는 경우의 사유가 있는 경우 공익신고자 등이 해당 공익신고 등을 이유로 불이익조치를 받은 것으로 추정한다.

16. 화해의 권고 등(제24조)

가. 화해권고

위원회는 보호조치의 신청을 받은 경우에는 보호조치결정, 기각결정 또는 권고를 하기 전까지 직권으로 또는 관계 당사자의 신청에 따라 보호조치와 손해배상 등에 대하여 화해를 권고하거나 화해안을 제시할 수 있다. 이 경우 화해안에는 이 법의 목적을 위반하는 조건이 들어 있어서는 아니 된다.

나. 화해조서작성 및 효력

관계 당사자가 위원회의 화해안을 수락한 경우에는 화해조서를 작성하여 관계 당사자와 화해에 관여한 위원회 위원 전원이 서명하거나 도장을 찍도록 하여야 하며, 이에 따라 화해조서가 작성된 경우에는 관계 당사자 간에 화해조서와 동일한 내용의 합의가 성립된 것으로 보며, 화해조서는 민사소송법에 따른 재판상 화해와 같은 효력을 갖는다.

17. 협조 등의 요청(제25조)

공익신고를 접수한 기관이나 위원회는 신고내용에 대한 조사 · 처리 또는 보호조치에 필요한 경우 관계 행정기관, 상담소 또는 의료기관, 그 밖의 관련 단체 등에 대하여 협조와 원조를 요청할 수 있으며, 요청을 받은 관계 행정기관, 상담소 또는 의료기관, 그 밖의 관련 단체 등은 정당한 사유가 없는 한 이에 응하여야 한다.

> 추가적으로 자료 · 서류 등의 제출 또는 설명, 출석 및 의견진술, 소속 직원의 파견 · 공동조사 및 지원, 법률 상담 · 자문 및 소송의 대리 등 피해 회복 및 권리구제를 위한 법률구조, 공익신고자 등에 대한 직업훈련 및 기회제공 및 취업알선, 그 밖의 관련 단체 등.

18. 정치 운동 등 신고의 특례(제25조의2)

가. 국가공무원 등의 정치운동 특례

국가공무원법 및 지방공무원법에 따른 공무원(국가정보원직원법 제2조에 따른 국가정보원 직원을 제외한다. 이하 이 조에서 '국가공무원등'이라 한다)은 1. 국가공무원법 제65조에 따른 정치 운동, 2. 지방공무원법 제57조에 따른 정치 운동, 3. 군형법 제94조 제1항에 따른 정치 관여 등의 어느 하나에 해당하는 행위를 지시 받은 경우 대통령령으로 정하는 절차에 따라 이의를 제기할 수 있으며, 시정되지 않을 경우 그 직무의 집행을 거부할 수 있다.

⇨ 이의제기는 전자문서를 포함하여 서면으로 해야 한다. 다만, 긴급하거나 부득이한 사유가 있는 경우에는 먼저 구술로 이의제기를 한 후 서면을 제출할 수 있다. 서면에는 이의제기를 한 사람의 이름, 소속, 직위 등 인적사항 기재, 정치운동 등의 지시를 한 사람의 이름, 소속, 직위 등 인적사항 기재, 정치운동 등의 지시를 한 일시 및 장소 기재, 정치운동 등의 지시 내용 기재, 이의제기의 취지와 이유가 구체적으로 기재되어야 한다.

이의제기를 받은 사람은 이의제기가 이유 있는 것으로 인정하는 경우에는 이의제기 내용에 따라 즉시 시정하고 이를 이의제기를 한 사람에게 서면으로 통지해야 하며, 이의제기가 이유 없는 것으로 인정하는 경우에는 그 사실과 이유를 구체적으로 적어 이의제기를 한 사람에게 서면으로 통지해야 한다.

나. 신고특례

국가공무원등이 이의제기 절차를 거친 후 시정되지 않을 경우, 오로지 공익을 목적으로 위 가.항에 해당하는 행위를 지시 받은 사실을 수사기관에 신고하는 경우에는 형법 제127조 및 군형법 제80조를 적용하지 아니하며, 누구든지 신고자에게 그 신고를 이유로 불이익조치를 하여서는 아니 된다.

제4장 보상금 및 구조금

1. 보상금(제26조)

가. 보상금신청사유

내부 공익신고자는 공익신고로 인하여 1) 벌칙 또는 통고처분, 2) 몰수 또는 추징금의 부과, 3) 과태료 또는 이행강제금의 부과, 4) 과징금(인허가 등의 취소·정지 처분 등을 갈음하는 과징금 제도가 있는 경우에 인허가 등의 취소·정지 처분 등을 포함한다)의 부과, 5). 그 밖에 대통령령으로 정하는 처분이나 판결의 어느 하나에 해당하는 부과 등을 통하여 국가 또는 지방자치단체에 직접적인 수입의 회복 또는 증대를 가져오거나 그에 관한 법률관계가 확정된 때에는 위원회에 보상금의 지급을 신청할 수 있으며, 위원회는 이에 따른 보상금의 지급신청이 있는 때에는 특별한 사유가 없는 한 신청일부터 90일 이내에 그 지급 여부 및 지급금액을 결정하여야 한다.

나. 보상금의 지급

위원회는 보상금의 지급신청을 받은 때에는 '부패방지 및 국민권익위원회의 설치와 운영에 관한 법률' 제69조에 따른 보상심의위원회(이하 '보상심의위원회'라 한다)의 심의·의결을 거쳐 대통령령으로 정하는 바에 따라 보상금을 지급하여야 한다. 다만, 공익침해행위를 관계 행정기관 등에 신고할 의무를 가진 자 또는 공직자가 자기 직무와 관련하여 공익신고를 한 사항에 대하여는 보상금을 감액하거나 지급하지 아니할 수 있다.

다. 보상금신청기간

보상금의 지급신청은 국가 또는 지방자치단체에 수입의 회복이나 증대에 관한 법률관계가 확정되었음을 안 날부터 2년 이내, 그 법률관계가 확정된 날부터 5년 이내에 하여야 한다. 다만, 정당한 사유가 있는 경우에는 그러하지 아니하다.

라. 위원회의 조사 및 자료제출요구 등

위원회는 보상금 지급과 관련하여 조사가 필요하다고 인정되는 때에는 보상금 지급 신청인, 참고인 또는 관계 기관 등에 출석, 진술 및 자료의 제출 등을 요구할 수 있다. 보상금 지급 신청인, 참고인 또는 관계 기관 등은 위원회로부터 출석, 진술 및 자료제출 등을 요구받은 경우 정당한 사유가 없는 한 이에 따라야 한다.

마. 보상금지급결정 통지

위원회는 보상금 지급결정이 있은 때에는 즉시 이를 보상금 지급 신청인과 관련 지방자치단체(지방자치단체의 직접적인 수입의 회복이나 증대 및 그에 관한 법률관계의 확정을 이유로 보상금을 지급한 경우에 한정한다)에 통지하여야 한다.

보상금의 산정기준	
보상대상가액	지급기준
1억원 이하	20%
1억원 초과 5억원 이하	2천만원 +1억원 초과금액의 14%
5억원 초과 20억원 이하	7천6백만원+5억원 초과금액의 10%
20억원 초과 4억원 이하	2억2천6백만원+20억원 초과금액의 6%
40억원 초과	3억4천6백만원+40억원 초과금액의 4%

보상대가액이란 부과 등을 통하여 국가 또는 지방자치단체에 직접적인 수입, 회복 또는 증대를 가져오거나 그에 관한 법률관계가 확정된 금액을 말한다.

보상금은 신고내용의 정확성이나 증거자료의 신빙성, 신고한 공익침해행위가 신문·방송 등 언론에 의하여 이미 공개된 것인지 여부, 공익신고자가 공익신고와 관련한 불법행위를 하였는지 여부, 공익신고자가 공익침해행위 제거 및 예방 등에 이바지한 정도, 공익신고자가 관계 행정기관 등에 신고할 의무를 가졌는지 또는 직무와 관련하여 공익신고를 하였는지 여부를 고려하여 보상금 지급액을 감액하거나 지급하지 아니할 수도 있고, 공익침해행위의 조사·수사업무에 종사 중이거나 종사하였던 공직자가 그 조사 또는 수사 사항과 관련하여 신고한 경우에는 보상금을 지급하지 아니한다.

보상금의 지급한도액을 10억원으로 하고, 산정된 보상금의 천원 단위 미만은 지급하지 아니한다. 개별 공익침해행위로 인하여 산정된 보상금이 20만원 이하인 경우에는 지급하지 아니한다.

보상금 지급절차		
신청자 보상금지급신청	⇨ 보호보상과 접수, 조사 및 확인	⇨ 보상심의위원회 심의, 의결
전문위원회 지급여부, 금액결정	⇨ 위원회결정내용통보불복: 이의신청 등	⇨ 보상금 지급

2. 포상금(제26조의2)

가. 포상금지급사유

위원회는 공익신고 등으로 인하여 1) 공익침해행위를 한 자에 대하여 기소유예, 형의 선고유예·집행유예 또는 형의 선고 등이 있는 경우, 2) 시정명령 등 특정한 행위나 금지를 명하는 행정처분이 있는 경우, 3) 공익침해행위 예방을 위한 관계 법령의 제정 또는 개정 등 제도개선에 기여한 경우, 4) 그 밖에 대통령령으로 정하는 사유의 어느 하나에 해당되는 사유로 현저히 국가 및 지방자치단체에 재산상 이익을 가져오거나 손실을 방지한 경우 또는 공익의 증진을 가져온 경우에는 포상금을 지급하거나 상훈법 등의 규정에 따라 포상을 추천할 수 있다. 다만, 포상금은 제26조에 따른 보상금이나 다른 법령에 따른 보상금과 중복하여 지급할 수 없다.

나. 지급기준 등

포상금 지급기준, 지급대상, 절차 등에 관한 사항은 대통령령으로 정한다.

3. 구조금(제27조)

가. 구조금지급사유

공익신고자 등과 그 친족 또는 동거인은 공익신고 등으로 인하여 1) 육체적·정신적 치료 등에 소요된 비용, 2) 전직·파견근무 등으로 소요된 이사비용, 3) 원상회복 관련 쟁송절차에 소요된 비용, 4) 불이익조치 기간의 임금 손실액, 5) 그 밖에 중대한 경제적 손해(제2조 제6호 아목 및 자목은 제외한다)의 어느 하나에 해당하는 피해를 받았거나 비용을 지출한 경우 위원회에 구조금의 지급을 신청할 수 있다.

나. 구지금결정 및 지급

위원회는 구조금의 지급신청을 받은 때에는 보상심의위원회의 심의·의결을 거쳐 대통령령으로 정하는 바에 따라 구조금을 지급할 수 있다. 다만, 피해의 구조를 위하여 긴급한 필요가 인정되는 경우에는 보상심의위원회의 심의·의결 이전에 대통령령으로 정하는 바에 따라 구조금을 우선 지급할 수 있다.

다. 구조금지급결정을 위한 조사

위원회는 구조금 지급과 관련하여 구조금 지급신청인과 이해관계인을 조사하거나 행정기관 또는 관련 단체에 필요한 사항을 조회할 수 있다. 이 경우 행정기관 또는 관련 단체는 특별한 사유가 없는 한 이에 따라야 한다.

라. 구조금지급 배제사유

공익신고자 등과 그 친족 또는 동거인이 위 가항의 피해 또는 비용 지출을 원인으로 하여 손해배상을 받았으면 그 금액의 범위에서 구조금을 지급하지 아니한다.

마. 손해배상 대위

위원회가 구조금을 지급한 때에는 그 지급한 금액의 범위에서 해당 구조금을 지급받은 사람이 위 가항의 피해 또는 비용 지출을 원인으로 가지는 손해배상청구권을 대위한다.

구조금 산정 기준

(1) 보상심의위원회는 구조금을 산정할 때에는 육체적·정신적 치료를 위하여 진찰·입원·투약·수술 등에 소요된 비용, 전직·파견근무·신변보호 등으로 인한 이사에 실제 소요된 비용, 원상회복 관련 쟁송을 위하여 선임한 변호사·노무사 등의 수임료, 불이익조치가 발생한 날 이전 3개월 동안의 임금 또는 실수입액의 월평균액 다만, 월평균액을 증명할 수 없거나 월평균액이 평균임금에 미치지 못하는 경우에는 평균임금, 그 밖에 보상심의위원회가 공익신고 등으로 인하여 피해를 입었거나 비용을 지출하였다고 인정하는 금액을 고려해야 한다.

(2) 월평균액은 평균임금의 2배를 초과하지 못하고, 임금 손실액의 산정기간은 36개월을 초과하지 못한다.

(3) 평균임금액은 매년 6회 이상 주기적으로 임금통계를 공표하는 임금조사기관이 조사한 남자 또는 여자 보통 인부의 전국규모 통계에 의한 일용노동임금에 따른다.

(4) 구조금 지급액의 감액 또는 구조금의 부지급(不支給)에 관하여는 보상금 산정기준의 단서를 준용한다.

---

4. 보상금 및 구조금의 중복 지급 금지 등(제28조)

보상금 또는 구조금을 지급받을 자는 다른 법령에 따라 보상금 또는 구조금 등을 청구하는 것이 금지되지 아니한다.

또한, 보상금 또는 구조금을 지급받을 자가 동일한 원인에 기하여 이 법에 따른 포상금을 받았거나 다른 법령에 따라 보상금 또는 구조금 등을 받은 경우 그 보상금, 포상금 또는 구조금 등의 액수가 이 법에 따라 받을 보상금 또는 구조금의 액수와 같거나 이를 초과하는 때에는 보상금 또는 구조금을 지급하지 아니하며, 그 보상금, 포상금 또는 구조금 등의 액수가 이 법에 따라 지급받을 보상금 또는 구조금의 액수보다 적은 때에는 그 금액을 공제하고 보상금 또는 구조금의 액수를 정하여야 한다. 그 외 다른 법령에 따라 보상금 또는 구조금 등을 받을 자가 동일한 원인에 기하여 이 법에 따른 보상금, 포상금 또는 구조금을 지급받았을 때에는 그 보상금, 포상금 또는 구조금의 액수를 공제하고 다른 법령에 따른 보상금 또는 구조금 등의 액수를 정하여야 한다.

5. 보상금과 구조금의 환수 등(제29조)

가. 구조금반환사유

위원회 또는 다른 법령에 따라 보상금 또는 구조금을 지급한 기관은 1) 보상금 또는 구조금 신청인이 거짓, 그 밖의 부정한 방법으로 보상금 또는 구조금을 지급받은 경우, 2) 구조금 신청인이 제27조 제2항 단서에 따라 구조금을 지급받았으나 보상심의위원회가 구조금을 지급하지 아니하기로 심의 · 의결한 경우, 3) 구조금 신청인이 제27조 제2항 단서에 따라 지급받은 구조금이 보상심의위원회가 심의 · 의결한 지급금액을 초과하는 경우, 4) 제28조 제2항 및 제3항을 위반하여 보상금 또는 구조금이 지급된 경우, 5) 그 밖에 착오 등의 사유로 보상금 또는 구조금이 잘못 지급된 경우의 어느 하나에 해당하는 사실이 발견된 경우에는 해당 보상금 또는 구조금 신청인에게 반환할 금액을 통지하여야 하고 그 보상금 또는 구조금 신청인은 이를 납부하여야 한다.

나. 보상금상환기간

위원회로부터 보상금 지급결정을 통지받은 지방자치단체는 그 통지를 받은 날부터 3개월 이내에 위원회가 보상금 지급 신청인에게 지급한 보상금에 상당하는 금액을 위원회에 상환하여야 한다.

다. 반환할 보상금 등 징수방법

위원회는 반환 또는 상환하여야 할 보상금 또는 구조금 신청인과 지방자치단체가 납부기한까지 그 금액을 납부하지 아니한 때에는 국세 또는 지방세 체납처분의 예에 따라 징수할 수 있다.

6. 손해배상책임(제29조의2)

가. 배상책임 범위

공익신고 등을 이유로 불이익조치를 하여 공익신고자 등에게 손해를 입힌 자는 공익신고자 등에게 발생한 손해에 대하여 3배 이하의 범위에서 배상책임을 진다. 다만, 불이익조치를 한 자가 고의 또는 과실이 없음을 입증한 경우에는 그러하지 아니하다.

나. 배상액 산정시 고려사항

법원은 배상액을 정할 때에는 1) 고의 또는 손해 발생의 우려를 인식한 정도, 2) 불이익조치로 인하여 공익신고자 등이 입은 피해 규모, 3) 불이익조치로 인하여 불이익조치를 한 자가 취득한 경제적 이익, 4) 불이익조치를 한 자가 해당 불이익조치로 인하여 받은 형사처벌의 정도, 5) 불이익조치의 유형 · 기간 · 횟수 등, 6) 불이익조치를 한 자의 재산상태, 7) 불이익조치를 한 자가 공익신고자 등의 피해구제를 위하여 노력한 정도의 사항을 고려하여야 한다.

제5장 벌칙

1. 벌칙(제30조)

가. 5년 이하의 징역 또는 5천만원 이하의 벌금

다음 각 호의 어느 하나에 해당하는 자는 5년 이하의 징역 또는 5천만원 이하의 벌금에 처한다.

1) 제10조(공익신고의 처리) 제5항을 위반하여 피신고자의 인적사항 등을 포함한 신고내용을 공개한 자
2) 제12조(공익신고자 등의 비밀보장 의무) 제1항을 위반하여 공익신고자 등의 인적사항이나 공익신고자 등임을 미루어 알 수 있는 사실을 다른 사람에게 알려주거나 공개 또는 보도한 자

나. 3년 이하의 징역 또는 3천만원 이하의 벌금

다음 각 호의 어느 하나에 해당하는 자는 3년 이하의 징역 또는 3천만원 이하의 벌금에 처한다.

1) 제15조(불이익조치 등의 금지) 제1항을 위반하여 공익신고자 등에게 제2조 제6호 가목에 해당하는 불이익조치를 한 자
2) 제21조(보호조치결정 등의 확정) 제2항에 따라 확정되거나 행정소송을 제기하여 확정된 보호조치결정을 이행하지 아니한 자

다. 2년 이하의 징역 또는 2천만원 이하의 벌금

다음 각 호의 어느 하나에 해당하는 자는 2년 이하의 징역 또는 2천만원 이하의 벌금에 처한다.

1) 제15조(불이익조치 등의 금지) 제1항을 위반하여 공익신고자 등에게 제2조 제6호 나목부터 사목까지 중 어느 하나에 해당하는 불이익조치를 한 자

2) 제15조(불이익조치 등의 금지) 제2항을 위반하여 공익신고 등을 방해하거나 공익신고 등을 취소하도록 강요한 자

라. 양벌규정(제30조의2)

법인의 대표자나 법인 또는 개인의 대리인, 사용인, 그 밖의 종업원이 그 법인 또는 개인의 업무에 관하여 제30조의 위반행위를 하면 그 행위자를 벌하는 외에 그 법인 또는 개인에게도 해당 조문의 벌금형을 과(科)한다. 다만, 법인 또는 개인이 그 위반행위를 방지하기 위하여 해당 업무에 관하여 상당한 주의와 감독을 게을리 하지 아니한 경우에는 그러하지 아니하다.

3. 과태료(제31조)

가. 3천만원 이하의 과태료

제19조(보호조치 신청에 대한 조사) 제2항 및 제3항(제22조 제3항에서 준용하는 경우를 포함한다)을 위반하여 자료제출, 출석, 진술서의 제출을 거부한 자에게는 3천만원 이하의 과태료를 부과한다.

나. 2천만원 이하의 과태료

제20조의2(특별보호조치)의 특별보호조치결정을 이행하지 아니한 자에게는 2천만원 이하의 과태료를 부과한다.

다. 과태료 부과 및 징수

위 가항 및 나항에 따른 과태료는 대통령령으로 정하는 바에 따라 위원회가 부과·징수한다.

제6장 부패신고자 보호 및 보상·포상 사례

1. '직원 자녀학자금 대출 관리 부실'··· 신고자에 보상금 7.6억

국민권익위원회는 14일 공공기관의 부실한 직원 자녀 학자금 대출 사후 관리 실태를 신고한 부패신고자에게 7억6000여만원의 보상금을 지급했다고 밝혔다.

권익위에 따르면 2008년 공기업 선진화 방침에 따라 A·B·C 3개 공사가 A공사로 통폐합됐다. B공사는 통폐합 이전 노사 간 단체협약을 통해 대학생 자녀 학자금을 사내 근로복지기금 법인에서 무상으로 대출해줬고, A공사는 대출 학자금을 적극 회수하지 않았다. 대학생 자녀 학자금을 무상 지원 방식이 아닌 융자 지원으로 변경토록 한 공공기관 예산편성지침을 위반한 것이다.

이와 관련한 부패신고가 공익위로 접수됐지만 A공사는 상환 시기가 지난 572명에 대한 대출금 144억원을 소송 등을 통해 적극 회수 조치하는 대신 형식적인 상환촉구 문서만을 통보했다. A공사는 권익위가 관련 조사에 착수한 2014년에서야 사내복지근로기금 법인을 대상으로 퇴직금 유보제를 시행하고, 재산 가압류 및 대출학자금 상환 청구 소송을 제기해 지난해 대법원 판결 때까지 여섯 차례에 걸쳐 144억원을 회수했다.

공사의 늑장 대응은 사실상 부실한 학자금 대출 관리를 방치로 볼 수 있고, 손실액을 키웠다는 게 권익위 판단이다. 권익위는 법원 판단을 근거로 최소 손실액이 39억원 이상이 될 것으로 보고 있다. 법원은 A공사가 소송을 제기하기 이전 5년 간 학자금 대출액 39억원에 대한 회수 권리 시효가 소멸됐다고 판시했다. 이에 권익위는 이러한 결과를 이끌어 낸 최초 부패신고자에게 7억6382만원의 보상금을 지급했다. 부패신고를 계기로 회수하게 된 약 144억원에 대한 보상 차원이다. 공공기관의 방만한 경영에 대한 경종을 울렸다는 권익위의 평가도 반영돼 있다.

A공사의 소극 대응으로 대출 학자금 39억원을 회수하지 못한 점, 관련 지침을 위반해 대출이 이뤄진 점을 종합적으로 고려해 보상금을 지급했다는 게 권익위의 설명이다.

권익위는 부패·공익신고를 통해 정부 재정을 부정수급한 것이 최종 확인되고, 공공기관의 수입회복이나 증대·비용의 절감 등의 효과가 발생할 경우 기여도에 따라 최대 30억원의 보상금 또는 최대 2억원의 포상금을 지급해오고 있다.

보상금은 신고로 인해 공공기관의 직접적인 수입 회복이나 증대, 비용 절감 등이 있는 경우 신고자에게 일정 금액을 돌려주는 금액을 일컫는다. 반면 포상금은 직접적인 수입회복이 없더라도 공익의 증진을 가져온 경우 포상으로 독려하는 금액이다. 권익위의 한 관계자는 '노사 간 협약이라는 이유로 방만하게 운영되던 공공기관의 대학생 자녀 학자금 등 복리후생 제도가 건전하게 운영될 수 있는 계기가 마련되길 바란다.'고 말했다.

2. 공익제보 보상금 첫 사례, 불법하도급 제보

A씨는 무등록 건설사업자에게 불법으로 하도급을 줘 건설산업기본법을 위반한 B업체를 제보했다.

도는 이 제보로 해당 업체에 1억4000여만원의 과징금을 부과했으며, 도의 수입 증대에 기여한 A씨에게 4235만원을 지급하기로 결정했다.

공익제보 보상금은 내부공익신고자의 제보로 인해 과태료, 과징금 등의 부과를 통해 도 재정수입의 회복 또는 증대를 가져온 경우, 상한액 없이 재정수입의 30%를 지급하는 것이다.

이밖에도 위원회는 공익침해행위 신고에 따른 행정처분 등이 이뤄져 도에 재산상 이익 또는 공익의 증진을 가져온 94명에게 총 1622만 원의 포상금을 지급하기로 했다.

주요 사례로는 환경오염물질을 불법 배출해 인근 주민들에게 피해를 주는 업체를 신고한 사람에게 100만원을, 위험물 불법 관리 업체를 신고한 사람에게 40만원을 지급한다. 경기도는 민선 7기 들어 '경기도 공익제보 보호 및 지원 조례'를 개정해, 공익제보자에 대한 보상·포상금 지급으로 도민의 환경과 건강, 안전 등 공익을 침해하는 불법행위를 근절함으로써 공정하고 정의로운 사회를 만들기 위해 노력하고 있다. 조사담당관은 '이번에 최초 지급되는 보상금은 공익제보로 인해 신분상, 인사상, 경제적 불이익 조치를 받을 개연성이 높은 내부신고자를 보호하고 지원하는 데 의미가 있다'며 '보상, 포상금 지급을 통한 공익제보 활성화로 공익을 침해하고 불필요한 사회적 비용을 발생시키는 불법행위를 뿌리 뽑기 위해 지속적으로 노력할 것'이라고 말했다. 한편, 도는 지난해 1월부터 공익제보 전담신고 창구인 '경기도 공익제보 핫라인-공정경기 2580'을 개설해 공익침해행위와 공직자 부패행위 등에 대한 제보를 받고 있다. 신분 노출로 인한 불이익이 두려워 제보자의 인적사항을 밝히길 원하지 않는 경우 변호사의 이름으로 제보가 가능한 '비실명 변호사대리신고제'도 운영하고 있다.

3. 정부지원금 부정수급, 제약회사 리베이트 등 부패·공익침해행위를 신고

정부지원금 부정수급, 제약회사 리베이트 등 부패·공익침해행위를 신고한 신고자 30명에게 총 9억 5527만 원의 보상금 등이 지급됐다.

국민권익위원회는 지난달 25일 전원위원회를 개최하고 부패·공익신고자 30명에게 9억 5527만 원의 보상, 포상금 및 구조금을 지급했다. 이들의 신고로 공공기관이 회복한 수입금액은 81억 5000여만 원에 달한다.

주요 지급 사례로 채용예정자 교육훈련을 실시하지 않았는데도 이를 속이고 정부지원 훈련지원금을 부정수급 한 업체를 신고한 사람에게 보상금 5585만 원이 지급됐다. 축산기자재 업체와 농업인들이 서로 공모해 양계장 산란시설 등 축사시설 설치공사 대금을 부풀려 여러 지방자치단체에 허위로 청구, 보조금을 가로챈 부패사건을 신고한 사람에게 5462만 원이 지급됐다. 또 요양보호사 등이 근무하지 않았는데도 근무한 것처럼 속여 장기요양급여비용을 가로챈 요양원을 신고한 사람에게 5367만 원이 지급됐다. 공익신고 보상금 주요 지급 사례로는 병·의원에게 리베이트를 제공한 제약회사를 신고한 사람에게 5억 4376만 원의 보상금이 지급됐다. 이 밖에 병·의원들이 자사의 의료기기를 구매하도록 각종 혜택을 제공해 은밀한 고객유인 행위를 한 의료기기 판매업체를 신고한 사람에게 4800만 원, 공익신고로 인해 해고를 당하고 임금손실이 발생한 신고자에게 구조금 321만 원이 지급됐다.

4. 폐기물 불법관리·먹거리 안전침해·공무원 부패행위 등

경기도는 지난 7일 공익제보위원회를 열어 공익제보자 156명에게 총 4325만원의 포상금을 지급하기로 결정했다고 12일 밝혔다.

도는 '경기도 공익제보 보호 및 지원 조례'를 개정, 도민의 환경, 건강, 안전 등 공익을 침해한 불법행위 신고자에게 포상금을 지급하고 있다.

폐기물을 불법 관리해 인근 주민들에게 피해를 주고 있는 업체를 신고한 A씨에게 100만원을, 위생관리를 소홀히 해 먹거리 안전을 침해한 축산물가공업체를 신고한 B씨에게 60만원의 포상금을 지급하기로 했다. 또 동물 사료 성분을 등록하지 않고 판매한 업체를 신고한 C씨에게 50만원을, 위험물 저장취급시설의 관리를 소홀히 한 업체를 신고한 D씨에게 40만원의 포상금을 지급한다.

이와 함께 공무원 부패행위 신고에 대해 감사관실에서 조사를 진행, 공무원이 불법행위자에게 특혜를 제공한 결과를 초래하거나, 예산 낭비 등 3건의 제보에 대해서도 제보자들에게 각각 50만원에서 100만원의 포상금을 지급하기로 했다.

위원회는 피신고자들의 행위가 '공익신고자보호법'에서 규정한 공익침해행위에 해당한다고 밝혔다. 도는 지난 1월부터 공익제보 전담신고 창구인 '경기도 공익제보 핫라인-공정경기'를 개설해 공익침해행위, 공직자나 공공기관의 부패행위 등에 대한 제보를 받고 있다.

도는 공익제보자에 대한 보호와 보상을 강화하기 위해 공익제보로 인해 도에 직접적인 수입의 회복 또는 증대를 가져온 경우 도 재정수입의 30%에 해당하는 보상금을, 도에 재산 상 이익을 가져오거나 공익의 증진을 가져온 경우에는 시·군 등 추천과 공익제보지원위원회의 심의·의결을 거쳐 통한 포상금을 지급하고 있다.

5. 노인요양원의 요양급여 부당청구 의혹 건 관련 보상금 지급

신고자는 노인요양원의 요양급여 부당청구 의혹 건을 위원회에 신고를 한 후 보상금의 지급을 신청하였다. 위 신고로 인하여 피신고자가 편취한 장기요양급여 허위청구금 4,70만원이 환수되어 직접적인 공공기관 수입의 회복 등을 가져온 사실이 인정되므로 부패방지 및 국민권익위원회의 설치와 운영에 관한 법률에 의거하여 보상금에 대해서 지급하기로 결정하였다. 신고자는 ○○ 전문요양원의 사무국장이 요양급여대상자가 아닌 자를 최고중증 환자로 허위 등록을 한 후 장기요양급여를 국민건강보험공단에 부당 청구하여 국가보조금을 횡령한 의혹이 있음을 위원회에 신고하였다. 동 신고는 공공기관의 예산사용, 공공기관 재산의 취득 관리 처분 또는 공공기관을 당사자로 하는 계약의 체결 및 그 이행에 있어서 법령을 위반하여 공공기관에 대하여 재산상 손해를 가하는 부패행위 신고로 인정되었다. 위 신고로 인하여 피신고자가 편취한 장기요양급여 허위청구금 4,700만원이 환수되었고 위 환수가 신고서에 구체적으로 적시된 내용 등과 직접적인 관련성이 있기 때문에 보상금 지급사유가 존재한다. 결과적으로 금 9,486,000원의 보상금 지급 결정을 한다(결정결과).

6. 지역아동센터 보조금 허위 지급건 관련 보상금 지급

신고자는 지역아동센터 보조금 허위 지급 등의 건을 위원회에 신고를 한 후, 보상급 지급을 신청하였다. 위 신고로 인하여 1,000만원의 직접적인 공공기관 수입의 회복이나 증대 등을 가져온 사실이 인정되기 때문에 부패방지 및 국민권익위원회의 설치와 운영에 관한 법률에 따라 보상금을 지급하기로 결정하였다.

신고자는 지역아동센터의 대표를 동 아동센터에 상근하지 않은 자를 종사자로 허위 등록을 하고 운영일지에 대해서 조작을 한 후 시청에서 인건비를 청구하여 이를 편취한 의혹이 있음을 위원회에 신고하였다. 동 신고는 공공기관의 예산사용, 공공기관 재산의 취득, 관리, 처분 또는 공공기관을 당사자로 하는 계약의 체결 및 그 이행에 있어서 법령을 위반하여 공공기관에 대하여 재산상 손해를 가하는 부패행위 신고로 인정된다.

위 신고로 인하여 피신고자가 횡령한 보조금 1,000만원이 환수되었고 위 환수가 신고서에 구체적으로 적시된 내용 등과 직접적인 관련성이 있으므로 보상금 지급사유가 존재한다, 단, 신고자가 부패행위 실행을 용이하게 하는데 도움을 준 사실들을 고려해서 10%를 감액한다. 결과적으로 금 1,944,000원의 보상금 지급을 결정한다(결정결과).

7. 기초생활급여 부정수급 의혹 건 관련 보상금 지급

신고자는 기초생활급여 부정수급 의혹 건을 위원회에 신고한 후 보상금의 지급을 신고하였다. 위 신고로 인해서 피신고자가 편취한 주거급여 및 생계급여 1,400만원이 환수되어 직접적인 공공기관 수입의 회복이나 증대 등을 가져온 사실이 인정되므로 부패방지 및 국민권익위원회의 설치와 운영에 관한 법률에 따라 보상금을 지급하기로 결정한다.

신고자는 피신고자가 전세자금이 5,500만원에 불과한 것처럼 신고를 하여 매월 약30만원 상당의 기초생활급여에 대해서 이를 부정하게 수급한 정황이 있음을 위원회에 신고하였다. 동 신고는 공공기관의 예산비용, 공공기관 재산의 취득, 관리, 처분 또는 공공기관을 당사자로 하는 계약의 체결 및 그 이행에 있어서 법령을 위반하여 공공기관에 대해서 재산상의 손해를 끼치는 부패행위 신고로 인정이 된다. 위 신고로 인하여 피신고자가 편취한 주거급여와 생계급여 1,400만원이 환수되었고 위 환수가 신고서에 구체적으로 적시된 내용 등과 직접적인 관련성이 있기 때문에 보상금 지급사유가 존재한다. 결과적으로 금 2,863,000원의 보상금 지급을 결정한다(결정결과).

8. 중소기업 청년인천 지원금 편취 의혹 관련 포상금 지급

신고자는 중소기업 청년인턴 지원금 편취 의혹 건을 위원회에 신고하였다. 위 신고자에게 포상금 지급과 관련해서 부패방지 및 국민권익위원회의 설치와 운영에 관한 법률에 따라 포상금을 지급하기로 결정을 한다.

신고자는 oo광역시 소재 (주)OO의 대표가 기 입사한 직원을 청년인천으로 신규 채용한 것처럼 가장을 하여 청년인턴채용 지원금에 대해서 이를 부정하게 수급을 한 의혹이 있다면서 위원회에 신고하였다. 동 신고는 공공기관의 예산사용, 공공기관 재산의 취득, 관리, 처분 또는 공공기관을 당사자로 하는 계약의 체결 및 그 이행에 있어서 법령을 위반하여 공공기관에 대하여 재산상 손해를 가하는 부패행위 신고로 인정이 된다.

위 신고로 청년인턴 지원금 부정수급액 330여만 원이 환수되어 공공기관에 재산상 이익을 가져온 것이 인정되기 때문에 부패방지 및 국민권익위원회의 설치와 운영에 관한 법률에 따른 포상금 지급사유가 인정된다. 결론적으로 금 656,000원의 포상금 지급을 결정한다(결정결과).

9. 지자체 공무원의 공금 횡령 의혹 관련 포상금 지급

신고자는 지자체 공무원의 공금 횡령 의혹 건을 위원회에 신고하였다. 위 신고자에게 포상금 지급과 관련하여 부패방지 및 국민권익위원회의 설치와 운영에 관한 법률에 따라 포상금을 지급하기로 결정하였다.

신고자는 OO시 공무원이 사무용품을 실제로 구입하지 않았음에도 불구하고 구입한 것처럼 하여 문구업체 사장으로부터 사무용품 대금을 다시 돌려받는 수법으로 사무용품 대금을 편취한 의혹이 있음을 위원회에 신고하였다.

동 신고는 공직자가 직무와 관련해서 그 지위 또는 권한을 남용하거나 법령을 위반하여 자기 또는 제3자의 이익을 도모하는 부패행위 및 공공기관의 예산사용, 공공기관 재산의 취득, 관리, 처분 또는 공공기관을 당사자로 하는 계약의 체결 및 그 이행에 있어서 법령을 위반하여 공공기관에 대하여 재산상 손해를 가하는 부패행위 신고로 인정된다. 위 신고에 의하여 피신고자들이 형사처벌, 징계 등 신분상 처분을 받고 부패행위로 인한 부당수익이 환수되는 등 공공기관에 재산상 이익을 가져오거나 손실을 방지한 사실 또는 공익의 증진을 가져온 사실이 인정되므로 부패방지 및 국민권익위원회의 설치와 운영에 관한 법률에 따라 포상금 지급 사유가 존재한다. 결론적으로 금 50,000,000원의 포상금 지급을 결정한다(결정결과).

제4편
통신비밀보호법

1. 목적(제1조)

이 법은 통신 및 대화의 비밀과 자유에 대한 제한은 그 대상을 한정하고 엄격한 법적 절차를 거치도록 함으로써 통신비밀을 보호하고 통신의 자유를 신장함을 목적으로 1993년 12월27일 법률 제4650호로 제정되었다.

2. 정의(제2조)

가. 통신

'통신'이라 함은 우편물 및 전기통신을 말한다.

나. 우편물

'우편물'이라 함은 우편법에 의한 통상우편물과 소포우편물을 말한다.

다. 전기통신

'전기통신'이라 함은 전화 · 전자우편 · 회원제정보서비스 · 모사전송 · 무선호출 등과 같이 유선 · 무선 · 광선 및 기타의 전자적 방식에 의하여 모든 종류의 음향 · 문언 · 부호 또는 영상을 송신하거나 수신하는 것을 말한다.

라. 당사자

'당사자'라 함은 우편물의 발송인과 수취인, 전기통신의 송신인과 수신인을 말한다.

마. 내국인

'내국인'이라 함은 대한민국의 통치권이 사실상 행사되고 있는 지역에 주소 또는 거소를 두고 있는 대한민국 국민을 말한다.

바. 검열

'검열'이라 함은 우편물에 대하여 당사자의 동의 없이 이를 개봉하거나 기타의 방법으로 그 내용을 지득 또는 채록하거나 유치하는 것을 말한다.

사. 감청

'감청'이라 함은 전기통신에 대하여 당사자의 동의 없이 전자장치·기계장치등을 사용하여 통신의 음향·문언·부호·영상을 청취·공독하여 그 내용을 지득 또는 채록하거나 전기통신의 송·수신을 방해하는 것을 말한다.

아. 감청장비

'감청설비'라 함은 대화 또는 전기통신의 감청에 사용될 수 있는 전자장치·기계장치 기타 설비를 말한다. 다만, 전기통신 기기·기구 또는 그 부품으로서 일반적으로 사용되는 것 및 청각교정을 위한 보청기 또는 이와 유사한 용도로 일반적으로 사용되는 것 중에서, 대통령령이 정하는 것은 제외한다.

자. 불법감청설비탐지

'불법감청설비탐지'라 함은 이 법의 규정에 의하지 아니하고 행하는 감청 또는 대화의 청취에 사용되는 설비를 탐지하는 것을 말한다.

차. 전자우편

'전자우편'이라 함은 컴퓨터 통신망을 통해서 메시지를 전송하는 것 또는 전송된 메시지를 말한다.

카. 회원제정보서비스

'회원제정보서비스'라 함은 특정의 회원이나 계약자에게 제공하는 정보서비스 또는 그와 같은 네트워크의 방식을 말한다.

타. 통신사실확인자료

'통신사실확인자료'라 함은 1) 가입자의 전기통신일시, 2) 전기통신개시·종료시간, 3) 발·착신 통신번호 등 상대방의 가입자번호, 4) 사용도수, 5) 컴퓨터통신 또는 인터넷의 사용자가 전기통신역무를 이용한 사실에 관한 컴퓨터통신 또는 인터넷의 로그기록자료,

6) 정보통신망에 접속된 정보통신기기의 위치를 확인할 수 있는 발신기지국의 위치추적자료, 7) 컴퓨터통신 또는 인터넷의 사용자가 정보통신망에 접속하기 위하여 사용하는 정보통신기기의 위치를 확인할 수 있는 접속지의 추적자료다음 각목의 어느 하나에 해당하는 전기통신사실에 관한 자료를 말한다.

파. 단말기기 고유번호

'단말기기 고유번호'라 함은 이동통신사업자와 이용계약이 체결된 개인의 이동전화 단말기기에 부여된 전자적 고유번호를 말한다.

3. 통신 및 대화비밀의 번호(제3조)

가. 타인간의 대화 녹음 및 청취금지

(1) 원칙

누구든지 이 법과 형사소송법 또는 군사법원법의 규정에 의하지 아니하고는 우편물의 검열·전기통신의 감청 또는 통신사실 확인 자료의 제공을 하거나 공개되지 아니한 타인간의 대화를 녹음 또는 청취하지 못한다.

(2) 예외

다만, 다음 각호의 경우에는 당해 법률이 정하는 바에 의한다.

> 규정에 위반하여 우편물의 검열 또는 전기통신의 감청을 하거나 공개되지 아니한 타인간의 대화를 녹음 또는 청취한 자, 지독한 통신 또는 대화의 내용을 공개하거나 누설한 자는 1년 이상 10년 이하의 징역과 5년 이하의 자격정지에 처한다.

1) 환부우편물 등의 처리: 우편법 제28조·제32조·제35조·제36조등의 규정에 의하여 폭발물 등 우편금제품이 들어 있다고 의심되는 소포우편물(이와 유사한 郵便物을 포함한다) 을 개피하는 경우, 수취인에게 배달할 수 없거나 수취인이 수령을 거부한 우편물을 발송인에게 환부하는 경우, 발송인의 주소·성명이 누락된 우편물로서 수취인이 수취를 거부하여 환부하는 때에 그 주소·성명을 알기 위하여 개피하는 경우 또는 유가물이 든

환부불능우편물을 처리하는 경우

2) 수출입우편물에 대한 검사: 관세법 제256조 · 제257조 등의 규정에 의한 신서외의 우편물에 대한 통관검사절차

3) 구속 또는 복역 중인 사람에 대한 통신: 형사소송법 제91조, 군사법원법 제131조, 형의 집행 및 수용자의 처우에 관한 법률 제41조 · 제43조 · 제44조 및 군에서의 형의 집행 및 군수용자의 처우에 관한 법률 제42조 · 제44조 밑 제45조에 따른 구속 또는 복역 중인 사람에 대한 통신의 관리

4) 파산선고를 받은 자에 대한 통신: 채무자 회생 및 파산에 관한 법률 제484조의 규정에 의하여 파산선고를 받은 자에게 보내온 통신을 파산관재인이 수령하는 경우

5) 혼신제거 등을 위한 전파감시: 전파법 제49조 내지 제51조의 규정에 의한 혼신제거 등 전파질서유지를 위한 전파감시의 경우

나. 통신제한조치 최소화

우편물의 검열 또는 전기통신의 감청(이하 '통신제한조치'라 한다)은 범죄수사 또는 국가안전보장을 위하여 보충적인 수단으로 이용되어야 하며, 국민의 통신비밀에 대한 침해가 최소한에 그치도록 노력하여야 한다.

다. 단말기기 고유번호 제공금지 등

누구든지 단말기기 고유번호를 제공하거나 제공받아서는 아니 된다. 다만, 이동전화단말기 제조업체 또는 이동통신사업자가 단말기의 개통처리 및 수리 등 정당한 업무의 이행을 위하여 제공하거나 제공받는 경우에는 그러하지 아니하다.

규정을 위반하여 단말기기 고유번호를 제공하거나 제공받은 자는 3년 이하의 징역 또는 1천만원 이하의 벌금에 처한다.

4. 불법검열에 의한 우편물의 내용과 불법감청에 의한 전기통신내용의 증거사용 금지(제4조)

제3조의 규정에 위반하여, 불법검열에 의하여 취득한 우편물이나 그 내용 및 불법감청에 의하여 지득 또는 채록된 전기통신의 내용은 재판 또는 징계절차에서 증거로 사용할 수 없다.

5. 범죄사수사를 위한 통신제한조치의 허가요건(제5조)

통신제한조치는 법에 정한 범죄를 계획 또는 실행하고 있거나 실행하였다고 의심할만한 충분한 이유가 있고 다른 방법으로는 그 범죄의 실행을 저지하거나 범인의 체포 또는 증거의 수집이 어려운 경우에 한하여 허가할 수 있다.

6. 범죄수사를 위한 통신제한조치의 허가절차(제6조)

가. 통신제한조치를 허가청구

(1) 검사

검사(군검사를 포함한다. 이하 같다)는 제5조 제1항의 요건이 구비된 경우에는 법원(軍事法院을 포함한다. 이하 같다)에 대하여 각 피의자별 또는 각 피내사자별로 통신제한조치를 허가하여 줄 것을 청구할 수 있다.

(2) 사법경찰관

사법경찰관(軍司法警察官을 포함한다. 이하 같다)은 제5조 제1항의 요건이 구비된 경우에는 검사에 대하여 각 피의자별 또는 각 피내사자별로 통신제한조치에 대한 허가를 신청하고, 검사는 법원에 대하여 그 허가를 청구할 수 있다.

나. 관할법원

통신제한조치 청구사건의 관할법원은 그 통신제한조치를 받을 통신당사자의 쌍방 또는 일방의 주소지 · 소재지, 범죄지 또는 통신당사자와 공범관계에 있는 자의 주소지 · 소재지를 관할하는 지방법원 또는 지원(보통군사법원을 포함한다)으로 한다.

다. 청구서 기재사항 및 첨부서류

통신제한조치청구는 필요한 통신제한조치의 종류 · 그 목적 · 대상 · 범위 · 기간 · 집행장소 · 방법 및 당해 통신제한조치가 제5조 제1항의 허가요건을 충족하는 사유등의 청구이유를 기재한 서면(이하 '청구서'라 한다)으로 하여야 하며, 청구이유에 대한 소명자료를 첨부하여야 한다. 이 경우 동일한 범죄사실에 대하여 그 피의자 또는 피내사자에 대하여 통신제한조치의 허가를 청구하였거나 허가받은 사실이 있는 때에는 다시 통신제한조치를 청구하는 취지 및 이유를 기재하여야 한다.

> 범죄수사를 위한 통신제한조치의 허가청 청구서에는 필요한 통신제한조치의 종류, 그 목적, 대상, 범위, 기간, 집행장소, 방법 및 당해 통신제한조치가 범죄수사를 위한 통신제한조치의 허가요건을 충족하는 사유 외에 혐의사실의 요지, 여러 통의 허가서를 동시에 청구하는 경우에는 그 취지 및 사유를 적어야 한다. 허가청구서에는 그 허가를 청구하는 검사가 서명 날인해야 한다.

라. 법원의 허가

법원은 청구가 이유 있다고 인정하는 경우에는 각 피의자별 또는 각 피내사자별로 통신제한조치를 허가하고, 이를 증명하는 서류(이하 '허가서'라 한다)를 청구인에게 발부한다. 이때 허가서에는 통신제한조치의 종류 · 그 목적 · 대상 · 범위 · 기간 및 집행장소와 방법을 특정하여 기재하여야 한다. 다만, 청구가 이유 없다고 인정하는 경우에는 청구를 기각하고 이를 청구인에게 통지한다.

마. 통신제한조치의 기간 및 연장

통신제한조치의 기간은 2개월을 초과하지 못하고, 그 기간 중 통신제한조치의 목적이 달성되었을 경우에는 즉시 종료하여야 한다. 다만, 제5조 제1항의 허가요건이 존속하는 경우에는 소명자료를 첨부하여 2개월의 범위에서 통신제한조치기간의 연장을 청구할 수 있다.

바. 통신제한조치 연장기간

검사 또는 사법경찰관이 통신제한조치의 연장을 청구하는 경우에 통신제한조치의 총 연장기간은 1년을 초과할 수 없다. 다만, 다음의 어느 하나에 해당하는 범죄의 경우에는 통신제한조치의 총 연장기간이 3년을 초과할 수 없다.

1) 형법 30,600 중 제1장 내란의 죄, 제2장 외환의 죄 중 제92조부터 제101조까지의 죄, 제4장 국교에 관한 죄 중 제107조, 제108조, 제111조부터 제113조까지의 죄, 제5장 공안을 해하는 죄 중 제114조, 제115조의 죄 및 제6장 폭발물에 관한 죄

2) 군형법 30,600 중 제1장 반란의 죄, 제2장 이적의 죄, 제11장 군용물에 관한 죄 및 제12장 위령의 죄 중 제78조·제80조·제81조의 죄

3) 국가보안법에 규정된 죄

4) 군사기밀보호법에 규정된 죄

5) 군사기지 및 군사시설보호법에 규정된 죄

> 통신제한조치기간 연장의 허가를 청구하거나 승인을 신청하는 경우에는 이를 서면으로 해야 하며, 서면에는 기간연장이 필요한 이유와 연장할 기간을 적고 소명자료를 첨부해야 한다.

7. 국가안보를 위한 통신제한조치(제7조)

가. 국가안보를 위한 통신제한조치

대통령령이 정하는 정보수사기관의 장(이하 '情報搜查機關의 長'이라 한다)은 국가안전보장에 상당한 위험이 예상되는 경우 또는 「국민보호와 공공안전을 위한 테러방지법」 제2조 제6호의 대테러활동에 필요한 경우에 한하여 그 위해를 방지하기 위하여 이에 관한 정보수집이 특히 필요한 때에는 다음의 구분에 따라 통신제한조치를 할 수 있다.

1) 통신의 일방 또는 쌍방당사자가 내국인인 때에는 고등법원 수석판사의 허가를 받아야 한다. 다만, 군용전기통신법 제2조의 규정에 의한 군용전기통신(작전수행을 위한 전기통신에 한한다)에 대하여는 그러하지 아니하다.

2) 대한민국에 적대하는 국가, 반국가활동의 혐의가 있는 외국의 기관 · 단체와 외국인, 대한민국의 통치권이 사실상 미치지 아니하는 한반도내의 집단이나 외국에 소재하는 그 산하단체의 구성원의 통신인 때 및 제1항 제1호 단서의 경우에는 서면으로 대통령의 승인을 얻어야 한다.

나. 통신제한조치 기한

통신제한조치의 기간은 4월을 초과하지 못하고, 그 기간중 통신제한조치의 목적이 달성되었을 경우에는 즉시 종료하여야 하되, 제1항의 요건이 존속하는 경우에는 소명자료를 첨부하여 고등법원 수석판사의 허가 또는 대통령의 승인을 얻어 4월의 범위 이내에서 통신제한조치의 기간을 연장할 수 있다. 다만, 제1항 제1호 단서의 규정에 의한 통신제한조치는 전시 · 사변 또는 이에 준하는 국가비상사태에 있어서 적과 교전상태에 있는 때에는 작전이 종료될 때까지 대통령의 승인을 얻지 아니하고 기간을 연장할 수 있다.

다. 관련규정 준용

제1항 제1호에 따른 허가에 관하여는 제6조제2항, 제4항부터 제6항까지 및 제9항을 준용한다. 이 경우 '사법경찰관(군사법경찰관을 포함한다. 이하 같다)'은 '정보수사기관의 장'으로, '법원'은 '고등법원 수석판사'로, '제5조 제1항'은 '제7조제1항제 1호 본문'으로, 제6조제2항 및 제5항 중 '각 피의자별 또는 각 피내사자별로 통신제한조치'는 각각 '통신제한조치'로 본다.

8. 긴급통신제한조치(제8조)

가. 긴급통신제한조치

검사, 사법경찰관 또는 정보수사기관의 장은 국가안보를 위협하는 음모행위, 직접적인 사망이나 심각한 상해의 위험을 야기할 수 있는 범죄 또는 조직범죄 등 중대한 범죄의 계획이나 실행 등 긴박한 상황에 있고 제5조 제1항 또는 제7조 제1항 1호의 규정에 의한 요건을 구비한 자에 대하여 제6조 또는 제7조 제1항 및 제3항의 규정에 의한 절차를 거칠 수 없는 긴급한 사유가 있는 때에는 법원의 허가 없이 통신제한조치를 할 수 있다.

나. 법원의 허가청구 및 불허가시 조치

(1) 원칙

검사, 사법경찰관 또는 정보수사기관의 장은 통신제한조치(이하 '긴급통신제한조치'라 한다)의 집행착수 후 지체 없이 제6조 및 제7조 제3항의 규정에 의하여 법원에 허가청구를 하여야 하며, 그 긴급통신제한조치를 한 때부터 36시간 이내에 법원의 허가를 받지 못한 때에는 즉시 이를 중지하여야 한다.

> 규정에 위반하여 긴급통신제한조치를 즉시 중지하지 아니한 자는 3년 이하의 징역 또는 1천만원 이하의 벌금에 처한다.

(2) 예외

긴급통신제한조치가 단시간내에 종료되어 법원의 허가를 받을 필요가 없는 경우에는 그 종료후 7일 이내에 관할 지방검찰청검사장(제1항의 규정에 의하여 정보수사기관의 장이 제7조제1항 제1호의 규정에 의한 요건을 구비한 자에 대하여 긴급통신제한조치를 한 경우에는 관할 고등검찰청검사장)은 이에 대응하는 법원장에게 긴급통신제한조치를 한 검사, 사법경찰관 또는 정보수사기관의 장이 작성한 긴급통신제한조치통보서를 송부하여야 한다. 다만, 군검사 또는 군사법경찰관이 제5조 제1항의 규정에 의한 요건을 구비한 자에 대하여 긴급통신제한조치를 한 경우에는 관할 보통검찰부장이 이에 대응하는 보통군사법원 군판사에게 긴급통신제한조치통보서를 송부하여야 한다. 이때 통보서에는 긴급통신제한조치의 목적·대상·범위·기간·집행장소·방법 및 통신제한조치허가청구를 하지 못한 사유 등을 기재하여야 한다.

다. 검사의 지휘(사법경찰관)

사법경찰관이 긴급통신제한조치를 할 경우에는 미리 검사의 지휘를 받아야 한다. 다만, 특히 급속을 요하여 미리 지휘를 받을 수 없는 사유가 있는 경우에는 긴급통신제한조치의 집행착수 후 지체 없이 검사의 승인을 얻어야 한다.

라. 긴급통신제한조치대장을 비치

검사, 사법경찰관 또는 정보수사기관의 장이 긴급통신제한조치를 하고자 하는 경우에는 반드시 긴급검열서 또는 긴급감청서(이하 '긴급감청서등'이라 한다)에 의하여야 하며 소속 기관에 긴급통신제한조치대장을 비치하여야 한다.

마. 긴급통신제한조치통보대장 비치

긴급통신제한조치통보서를 송부 받은 법원 또는 보통군사법원 군판사는 긴급통신제한조치 통보대장을 비치하여야 한다.

> 규정에 의하여 긴급통신제한조치통보서를 송부 받은 법원 또는 보통군사법원 군판사는 긴급 통신제한조치통보대장을 비치하여야 한다.

바. 정보수사기관 장의 긴급통신제한조치 사유

(1) 긴급제한조치사유

정보수사기관의 장은 국가안보를 위협하는 음모행위, 직접적인 사망이나 심각한 상해의 위험을 야기할 수 있는 범죄 또는 조직범죄등 중대한 범죄의 계획이나 실행 등 긴박한 상황에 있고 제7조 제1항 제2호에 해당하는 자에 대하여 대통령의 승인을 얻을 시간적 여유가 없거나 통신제한조치를 긴급히 실시하지 아니하면 국가안전보장에 대한 위해를 초래할 수 있다고 판단되는 때에는 소속 장관(국가정보원장을 포함한다)의 승인을 얻어 통신제한조치를 할 수 있다.

(2) 대통령의 승인

정보수사기관의 장은 긴급통신제한조치를 한 때에는 지체 없이 대통령의 승인을 얻어야 하며, 36시간 이내에 대통령의 승인을 얻지 못한 때에는 즉시 그 긴급통신제한조치를 중지하여야 한다.

정보수사기관의 장이 국가안보를 위한 긴급통신제한조치를 하는 경우 및 사법경찰관이 정보 및 보안업무 기회 · 조정 규정에 따른 정보사범 등의 수사를 위하여 긴급통신제한 조치를 하려는 경우에는 미리 국정원장의 조정을 받아야 한다. 다만, 미리 조정을 받을 수 없는 특별한 사유가 있는 경우에는 사후에 즉시 승인을 얻어야 한다.

9. 통신제한조치의 집행(제9조)

가. 집행위탁 및 협조요청

통신제한조치(제6조 내지 제8조)는 이를 청구 또는 신청한 검사 · 사법경찰관 또는 정보수사기관의 장이 집행한다. 이 경우 체신관서 기타 관련기관등(이하 '통신기관등'이라 한다)에 그 집행을 위탁하거나 집행에 관한 협조를 요청할 수 있다.

검사, 사법경찰관 또는 정보수사기관의 장은 통신제한조치를 받을 당사자의 쌍방 또는 일방의 주소지 · 소재지, 범죄지 또는 통신당사자와 공범관계에 있는 자의 주소지 · 소재지를 관할하는 5급 이상인 공무원을 장으로 하는 우체국, 전기통신사업법에 따른 전기통신사업자에 대하여 통신제한조치의 집행을 위탁할 수 있다.

나. 통신제한조치허가서 등의 발급 및 보존

통신제한조치의 집행을 위탁하거나 집행에 관한 협조를 요청하는 자는 통신기관등에 통신제한조치허가서(제7조 제1항 제2호의 경우에는 대통령의 승인서를 말한다.)또는 긴급감청서등의 표지의 사본을 교부하여야 하며, 이를 위탁받거나 이에 관한 협조요청을 받은 자는 통신제한조치허가서 또는 긴급감청서등의 표지 사본을 대통령령이 정하는 기간 동안(3년간) 보존하여야 한다.

다만, 보안업무규정에 따라 비밀로 분류된 경우에는 그 보존 또는 비치기간은 그 비밀의 보호기간으로 한다.

규정에 위반하여 통신제한조치허가서 또는 긴급감청서등의 표지의 사본을 교부하지 아니하고 통신제한조치의 집행을 위탁하거나 집행에 관한 협조를 요청한 자 또는 통신제한조치허가서 또는 긴급감청서등의 표지의 사본을 교부받지 아니하고 위탁받은 통신제한조치를 집행하거나 통신제한조치의 집행에 관하여 협조한 자는 10년 이하의 징역에 처한다.

규정에 위반하여 통신제한조치허가서 또는 긴급감청서등의 표지의 사본을 보존하지 아니한 자는 5년 이하의 징역 또는 3천만원 이하의 벌금에 처한다.

다. 통신제한조치대장 비치

통신제한조치를 집행하는 자와 이를 위탁받거나 이에 관한 협조요청을 받은 자는 당해 통신제한조치를 청구한 목적과 그 집행 또는 협조일시 및 대상을 기재한 대장을 대통령령이 정하는 기간 동안 비치하여야 한다.

라. 통신기관 등의 집행거부사유 및 비밀누설금지

통신기관등은 통신제한조치허가서 또는 긴급감청서등에 기재된 통신제한조치 대상자의 전화번호 등이 사실과 일치하지 않을 경우에는 그 집행을 거부할 수 있으며, 어떠한 경우에도 전기통신에 사용되는 비밀번호를 누설할 수 없다.

규정에 위반하여 통신제한조치허가서 또는 긴급감청서등에 기재된 통신제한조치 대상자의 전화번호 등을 확인하지 아니하거나 전기통신에 사용되는 비밀번호를 누설한 자는 5년 이하의 징역 또는 3천만원 이하의 벌금에 처한다.

통신제한조치를 집행하는 자 또는 집행의 위탁을 받은 자는 그 집행으로 인하여 우편 및 전기통신의 정상적인 소통 및 그 유지·보수 등에 지장을 초래하지 아니하도록 하여야 한다. 통신제한조치를 집행하는 자 또는 집행의 위탁을 받은 자는 그 집행으로 인하여 알게된 타인의 비밀을 누설하거나 통신제한조치를 받는 자의 명예를 해하지 아니하도록 하여야 한다.

10. 통신제한조치의 집행에 관한 통지(제9조의2)

가. 통신제한조치의 집행에 관한 통지

(1) 검사

검사는 통신제한조치를 집행한 사건에 관하여 공소를 제기하거나, 공소의 제기 또는 입건을 하지 아니하는 처분(기소중지 결정을 제외한다)을 한 때에는 그 처분을 한 날부터 30일 이내에 우편물 검열의 경우에는 그 대상자에게, 감청의 경우에는 그 대상이 된 전기통신의 가입자에게 통신제한조치를 집행한 사실과 집행기관 및 그 기간 등을 서면으로 통지하여야 한다.

> 규정에 위반하여 통신제한조치의 집행에 관한 통지를 하지 아니한 자는 3년 이하의 징역 또는 1천만원 이하의 벌금에 처한다.

(2) 사법경찰관

사법경찰관은 의 규정(제6조 제1항, 제8조 제1항)에 의한 통신제한조치를 집행한 사건에 관하여 검사로부터 공소를 제기하거나 제기하지 아니하는 처분(기소중지 결정을 제외한다)의 통보를 받거나 내사사건에 관하여 입건하지 아니하는 처분을 한 때에는 그 날부터 30일 이내에 우편물 검열의 경우에는 그 대상자에게, 감청의 경우에는 그 대상이 된 전기통신의 가입자에게 통신제한조치를 집행한 사실과 집행기관 및 그 기간 등을 서면으로 통지하여야 한다.

(3) 정보수사기관의 장

정보수사기관의 장은 규정(제7조 제1항 제1호 본문 및 제8조 제1항)에 의한 통신제한조치를 종료한 날부터 30일 이내에 우편물 검열의 경우에는 그 대상자에게, 감청의 경우에는 그 대상이 된 전기통신의 가입자에게 통신제한조치를 집행한 사실과 집행기관 및 그 기간 등을 서면으로 통지하여야 한다.

나. 통지유예 사유

(1) 사유

① 통신제한조치를 통지할 경우 국가의 안전보장·공공의 안녕질서를 위태롭게 할 현저한 우려가 있는 때, ② 통신제한조치를 통지할 경우 사람의 생명·신체에 중대한 위험을 초래할 염려가 현저한 때에 해당하는 사유가 있는 때에는 그 사유가 해소될 때까지 통지를 유예할 수 있다.

(2) 유예시 조치

검사 또는 사법경찰관은 통지를 유예하고자 하는 경우에는 소명자료를 첨부하여 미리 관할 지방검찰청검사장의 승인을 얻어야 한다. 다만, 군검사 및 군사법경찰관이 통지를 유예하고자 하는 경우에는 소명자료를 첨부하여 미리 관할 보통검찰부장의 승인을 얻어야 한다.

다. 유예사유 해소통지

검사, 사법경찰관 또는 정보수사기관의 장은 유예사유가 해소된 때에는 그 사유가 해소된 날부터 30일 이내에 통지를 하여야 한다.

11. 압수·수색·검증의 집행에 관한 통지(9조의3)

가. 검사

검사는 송·수신이 완료된 전기통신에 대하여 압수·수색·검증을 집행한 경우 그 사건에 관하여 공소를 제기하거나 공소의 제기 또는 입건을 하지 아니하는 처분(기소중지결정을 제외한다)을 한 때에는 그 처분을 한 날부터 30일 이내에 수사대상이 된 가입자에게 압수·수색·검증을 집행한 사실을 서면으로 통지하여야 한다.

나. 사법경찰관

사법경찰관은 송·수신이 완료된 전기통신에 대하여 압수·수색·검증을 집행한 경우 그 사건에 관하여 검사로부터 공소를 제기하거나 제기하지 아니하는 처분의 통보를 받거나 내사사건에 관하여 입건하지 아니하는 처분을 한 때에는 그 날부터 30일 이내에 수사대상이 된 가입자에게 압수 · 수색 · 검증을 집행한 사실을 서면으로 통지하여야 한다.

12. 감청설비에 대한 인가기관과 인가절차(제10조)

가. 감청설비 제조 등에 대한 인가

감청설비를 제조 · 수입 · 판매 · 배포 · 소지 · 사용하거나 이를 위한 광고를 하고자 하는 자는 과학기술정보통신부장관의 인가를 받아야 한다. 다만, 국가기관의 경우에는 그러하지 아니하다.

> 인가를 받지 아니하고 감청설비를 제조 · 수입 · 판매 · 배포 · 소지 · 사용하거나 이를 위한 광고를 한 자는 5년 이하의 징역 또는 3천만원 이하의 벌금에 처한다.

> 감청설비의 제조 · 수입 · 판매 · 배포 · 소지 · 사용 · 광고에 관한인가를 받으려는 자는 인가신청목적, 그 설비의 제원 및 성능에 관한 자료를 첨부하여 감청설비 인가신청서와 해당 감청설비 계통도를 미래과학부장관(현재는 과학기술정보통신부장관으로 바뀜)에게 제출해야 한다.

나. 인가사항 등 대장기재 비치

(1) 과학기술정보통신부장관

과학기술정보통신부장관은 인가를 하는 경우에는 인가신청자, 인가연월일, 인가된 감청설비의 종류와 수량 등 필요한 사항을 대장에 기재하여 비치하여야 한다.

(2) 감정설비 등 제조 등 사용자

인가를 받아 감청설비를 제조 · 수입 · 판매 · 배포 · 소지 또는 사용하는 자는 인가연월일, 인가된 감청설비의 종류와 수량, 비치장소등 필요한 사항을 대장에 기재하여 비치하여야 한다. 다만, 지방자치단체의 비품으로서 그 직무수행에 제공되는 감청설비는 해당 기관의 비품대장에 기재한다.

규정에 위반하여 감청설비의 인가대장을 작성 또는 비치하지 아니한 자는 5년 이하의 징역 또는 3천만원 이하의 벌금에 처한다.
감청설비인가를 받은 자는 감청설비 관리대장을 비치하고 그 관리사항을 적어야 한다.

13. 국가기관 감청설비의 신고(제10조의2)

가. 국가기관

국가기관(정보수사기관은 제외한다)이 감청설비를 도입하는 때에는 매 반기별로 그 제원 및 성능 등 대통령령으로 정하는 사항을 과학기술정보통신부장관에게 신고하여야 한다.

나. 정보수사기관

정보수사기관이 감청설비를 도입하는 때에는 매 반기별로 그 제원 및 성능 등 대통령령으로 정하는 사항을 국회 정보위원회에 통보하여야 한다.

14. 불법감청설비탐지업의 등록 등(제10조의3)

가. 불법감청설비탐지업의 등록

영리를 목적으로 불법감청설비탐지업을 하고자 하는 자는 대통령령으로 정하는 바에 의하여 과학기술정보통신부장관에게 등록을 하여야 한다. 이에 따른 등록은 법인만이 할 수 있다.

나. 등록시 필요서류

영리를 목적으로 불법감청설비탐지업의 등록을 하고자 하는 자는 대통령령으로 정하는 이용자보호계획 · 사업계획 · 기술 · 재정능력 · 탐지장비 그 밖에 필요한 사항을 갖추어야 한다.

다. 등록 및 변경요건 등

영리를 목적으로 불법감청설비탐지업등록의 변경요건 및 절차, 등록한 사업의 양도 · 양수·승계·휴업·폐업 및 그 신고, 등록업무의 위임 등에 관하여 필요한 사항은 대통령령으로 정한다.

15. 불법감청설비탐지업자의 결격사유(제10조의4)

법인의 대표자가 다음의 어느 하나에 해당하는 경우에는 제10조의3에 따른 등록을 할 수 없다.

1) 피성년후견인 또는 피한정후견인

2) 파산선고를 받은 자로서 복권되지 아니한 자

3) 금고 이상의 실형을 선고받고 그 집행이 종료(집행이 종료된 것으로 보는 경우를 포함한다)되거나 집행이 면제된 날부터 2년이 지나지 아니한 자

4) 금고 이상의 형의 집행유예를 선고받고 그 유예기간중에 있는 자

5) 법원의 판결 또는 다른 법률에 의하여 자격이 상실 또는 정지된 자

6) 제10조의5(등록의 취소)에 따라 등록이 취소(제10조의4 제1호 또는 제2호에 해당하여 등록이 취소된 경우는 제외한다)된 법인의 취소 당시 대표자로서 그 등록이 취소된 날부터 2년이 지나지 아니한 자

16. 등록의 취소(제10조의5)

과학기술정보통신부장관은 불법감청설비탐지업을 등록한 자가 다음의 어느 하나에 해당하는 경우에는 그 등록을 취소하거나 6개월 이내의 기간을 정하여 그 영업의 정지를 명할 수 있다. 다만, 1) 또는 2)에 해당하는 경우에는 그 등록을 취소하여야 한다.

1) 거짓이나 그 밖의 부정한 방법으로 등록 또는 변경등록을 한 경우

2) 제10조의4에 따른 결격사유에 해당하게 된 경우

3) 영업행위와 관련하여 알게된 비밀을 다른 사람에게 누설한 경우

4) 불법감청설비탐지업 등록증을 다른 사람에게 대여한 경우

5) 영업행위와 관련하여 고의 또는 중대한 과실로 다른 사람에게 중대한 손해를 입힌 경우

6) 다른 법률의 규정에 의하여 국가 또는 지방자치단체로부터 등록취소의 요구가 있는 경우

불법감청설비탐지의 등록취소 및 영업정지의 처분기준	
위반내용	처분기준
거짓 그 밖의 부정한 방법으로 등록 또는 변경등록을 한 경우	등록취소
2. 법 제10조의4에 따른 결격사유에 해당하게 된 경우	등록취소
3. 다른 법률의 규정에 따라 국가 또는 지방자치단체로부터 등록취소의 요구가 있는 경우 (가) 다른 법률에서 등록취소 요구시 등록을 취소하도록 규정한 경우, (나) 그 밖의 경우	등록취소(가) 등록취소 또는 영업정지 6개월(나)
4. 영업행위와 관련하여 알게 된 비밀을 다른 사람에게 누설한 경우 (가) 1회 누설한 경우 (나) 2회 누설한 경우 (다) 3회 누설한 경우	영업정지 3개월 영업정지6개월 등록 취소
5. 탐지업등록증을 다른 사람에게 대여한 경우 (가) 3개월 미만 대여한 경우 (나) 3개월 이상6개월 미만 대여한 경우 (다) 6개월 이상 또는 2회 이상 대여한 경우	영업정지 3개월 영업정지 6개월 등록취소
6. 영업행위와 관련하여 고의 또는 중대한 과실로 다른 사람에게 중대한 손해를 입힌 경우 (가) 1회 손해를 입힌 경우 (나) 2회 손해를 입힌 경우 (다) 3회 손해를 입힌 경우	영업정지 3개월 영업정지 6개월 등록취소

〈참고〉

1. 처분대상자가 둘 이상의 위반행위를 한 경우로서 그에 해당하는 각각의 처분기준이 다른 경우에는 그 중 중한 처분기준에 의하여, 둘 이상의 처분기준이 동일한 영업정지인 경우에는 중한 처분기중의 2분의1까지 가중할 수 이되, 각 처분기준을 합산한 기간을 초과할 수 없다.

2. 위반행위가 영업정지에 해당하는 경우 위반행위의 동기, 위반의 정도 그 밖에 정상을 참작할 만한 사유가 있는 경우에는 영업정지기간의 2분의1의 범위에서 감경할 수 있다.

17. 비밀준수의 의무(제11조)

가. 공무원 또는 그 직에 있었던 자

통신제한조치의 허가·집행·통보 및 각종 서류작성 등에 관여한 공무원 또는 그 직에 있었던 자는 직무상 알게 된 통신제한조치에 관한 사항을 외부에 공개하거나 누설하여서는 아니 된다.

이를 위반한 자는 10년 이하의 징역에 처한다.

나. 통신기관의 직원 또는 그 직에 있었던 자

통신제한조치에 관여한 통신기관의 직원 또는 그 직에 있었던 자는 통신제한조치에 관한 사항을 외부에 공개하거나 누설하여서는 아니된다.

이를 위반한 자는 7년 이하의 징역에 처한다.

다. 공무원 등 외의 자

위 가.항 및 나.항에 규정된 자 외에 누구든지 이 법에 따른 통신제한조치로 알게 된 내용을 이 법에 따라 사용하는 경우 외에는 이를 외부에 공개하거나 누설하여서는 아니 된다.

라. 통신제한조치의 허가절차 등 규정

법원에서의 통신제한조치의 허가절차 · 허가여부 · 허가내용 등의 비밀유지에 관하여 필요한 사항은 대법원규칙으로 정한다.

18. 통신제한조치로 취득한 자료의 사용제한(제12조)

통신제한조치의 집행으로 인하여 취득된 우편물 또는 그 내용과 전기통신의 내용은 다음의 경우 외에는 사용할 수 없다.

1) 통신제한조치의 목적이 된 제5조 제1항에 규정된 범죄나 이와 관련되는 범죄를 수사 · 소추하거나 그 범죄를 예방하기 위하여 사용하는 경우
2) 제1호의 범죄로 인한 징계절차에 사용하는 경우
3) 통신의 당사자가 제기하는 손해배상소송에서 사용하는 경우
4) 기타 다른 법률의 규정에 의하여 사용하는 경우

제5조(범죄수사를 위한 통신제한조치의 허가요건) ①통신제한조치는 다음 각호의 범죄를 계획 또는 실행하고 있거나 실행하였다고 의심할만한 충분한 이유가 있고 다른 방법으로는 그 범죄의 실행을 저지하거나 범인의 체포 또는 증거의 수집이 어려운 경우에 한하여 허가할 수 있다.

1. 형법 30,600중 제1장 내란의 죄, 제2장 외환의 죄중 제92조 내지 제101조의 죄, 제4장 국교에 관한 죄중 제107조, 제108조, 제제111조 내지 제113조의 죄, 제5장 공안을 해하는 죄중 제114조, 제115조의 죄, 제6장 폭발물에 관한 죄, 제7장 공무원의 직무에 관한 죄중 제127조, 제129조 내지 제133조의 죄, 제9장 도주와 범인은닉의 죄, 제13장 방화와 실화의 죄중 제164조 내지 제167조·제172조 내지 제173조·제174조 및 제175조의 죄, 제17장 아편에 관한 죄, 제18장 통화에 관한 죄, 제19장 유가증권, 우표와 인지에 관한 죄중 제214조 내지 제217조, 제223조(제214조 내지 제217조의 미수범에 한한다) 및 제224조(제214조 및 제215조의 예비·음모에 한한다), 제24장 살인의 죄, 제29장 체포와 감금의 죄, 제30장 협박의 죄중 제283조 제1항, 제284조, 제285조(제283조 제1항, 제284조의 상습범에 한한다), 제286조(제283조 제1항, 제284조, 제285조(제283조 제1항, 제284조의 상습범에 한한다)의 미수범에 한한다]의 죄, 제31장 약취(略取), 유인(誘引) 및 인신매매의 죄, 제32장 강간과 추행의 죄중 제297조 내지 제301조의2, 제305조의 죄, 제34장 신용, 업무와 경매에 관한 죄중 제315조의 죄, 제37장 권리행사를 방해하는 죄중 제324조의2 내지 제324조의4·제324조의5(제324조의2 내지 제324조의4의 미수범에 한한다)의 죄, 제38장 절도와 강도의 죄중 제329조 내지 제331조, 제332조(제329조 내지 제331조의 상습범에 한한다), 제333조 내지 제341조, 제342조[제329조 내지 제331조, 제332조(제329조 내지 제331조의 상습범에 한한다), 제333조 내지 제341조의 미수범에 한한다]의 죄, 제39장 사기와 공갈의 죄 중 제350조, 제350조의2, 제351조(제350조, 제350조의2의 상습범에 한정한다), 제352조(제350조, 제350조의2의 미수범에 한정한다)의 죄, 제41장 장물에 관한 죄 중 제363조의 죄

2. 군형법 30,600중 제1장 반란의 죄, 제2장 이적의 죄, 제3장 지휘권 남용의 죄, 제4장 지휘관의 항복과 도피의 죄, 제5장 수소이탈의 죄, 제7장 군무태만의 죄중 제42조의 죄, 제8장 항명의 죄, 제9장 폭행·협박·상해와 살인의 죄, 제11장 군용물에 관한 죄, 제12장 위령의 죄중 제78조·제80조·제81조의 죄

3. 국가보안법에 규정된 범죄

4. 군사기밀보호법에 규정된 범죄

5. '군사기지 및 군사시설 보호법'에 규정된 범죄

6. 마약류관리에관한법률에 규정된 범죄중 제58조 내지 제62조의 죄

7. 폭력행위등처벌에관한법률에 규정된 범죄중 제4조 및 제5조의죄

8. '총포 · 도검 · 화약류 등의 안전관리에 관한 법률'에 규정된 범죄중 제70조 및 제71조 제1호 내지 제3호의 죄

9. '특정범죄 가중처벌 등에 관한 법률'에 규정된 범죄중 제2조 내지 제8조, 제11조, 제12조의 죄

10. 특정경제범죄가중처벌등에관한법률에 규정된 범죄중 제3조 내지 제9조의 죄

11. 제1호와 제2호의 죄에 대한 가중처벌을 규정하는 법률에 위반하는 범죄

12. '국제상거래에 있어서 외국공무원에 대한 뇌물방지법'에 규정된 범죄 중 제3조 및 제4조의 죄

② 통신제한조치는 제1항의 요건에 해당하는 자가 발송 · 수취하거나 송 · 수신하는 특정한 우편물이나 전기통신 또는 그 해당자가 일정한 기간에 걸쳐 발송 · 수취하거나 송 · 수신하는 우편물이나 전기통신을 대상으로 허가될 수 있다.

19. 범죄수사를 위하여 인터넷 회선에 대한 통신제한조치로 취득한 자료의 관리(제12조의2)

가. 검사

검사는 인터넷 회선을 통하여 송신 · 수신하는 전기통신을 대상으로 제6조 또는 제8조(제5조 제1항의 요건에 해당하는 사람에 대한 긴급통신제한조치에 한정한다)에 따른 통신제한조치를 집행한 경우 그 전기통신을 제12조 제1호에 따라 사용하거나 사용을 위하여 보관(이하 이 조에서 '보관 등'이라 한다)하고자 하는 때에는 집행종료일부터 14일 이내에 보관 등이 필요한 전기통신을 선별하여 통신제한조치를 허가한 법원에 보관 등의 승인을 청구하여야 한다.

나. 사법경찰관

사법경찰관은 인터넷 회선을 통하여 송신 · 수신하는 전기통신을 대상으로 제6조 또는 제8조(제5조 제1항의 요건에 해당하는 사람에 대한 긴급통신제한조치에 한정한다)에 따른 통신제한조치를 집행한 경우 그 전기통신의 보관 등을 하고자 하는 때에는 집행종료일부터 14일 이내에 보관 등이 필요한 전기통신을 선별하여 검사에게 보관 등의 승인을 신청하고, 검사는 신청 일부터 7일 이내에 통신제한조치를 허가한 법원에 그 승인을 청구할 수 있다.

다. 승인청구의 방법 및 첨부서류

위 가.항 및 나.항에 따른 승인청구는 통신제한조치의 집행 경위, 취득한 결과의 요지, 보관 등이 필요한 이유를 기재한 서면으로 하여야 하며, 1) 청구이유에 대한 소명자료, 2) 보관 등이 필요한 전기통신의 목록, 3) 보관 등이 필요한 전기통신(다만, 일정 용량의 파일 단위로 분할하는 등 적절한 방법으로 정보저장매체에 저장·봉인하여 제출하여야 한다) 등의 서류를 첨부하여야 한다.

라. 법원의 승인서 등 발부

법원은 청구가 이유 있다고 인정하는 경우에는 보관 등을 승인하고 이를 증명하는 서류(이하이 조에서 '승인서'라 한다)를 발부하며, 청구가 이유 없다고 인정하는 경우에는 청구를 기각하고 이를 청구인에게 통지한다.

마. 통신제한조치로 취득한 전기통신자료 폐기 등

(1) 전기통신자료폐기

검사 또는 사법경찰관은 위 가.항에 따른 청구나 위 나.항에 따른 신청을 하지 아니하는 경우에는 집행종료일부터 14일(검사가 사법경찰관의 신청을 기각한 경우에는 그 날부터 7일) 이내에 통신제한조치로 취득한 전기통신을 폐기하여야 하고, 법원에 승인청구를 한 경우(취득한 전기통신의 일부에 대해서만 청구한 경우를 포함한다)에는 제4항에 따라 법원으로부터 승인서를 발부받거나 청구기각의 통지를 받은 날부터 7일 이내에 승인을 받지 못한 전기통신을 폐기하여야 한다.

(2) 폐기보고서 작성

검사 또는 사법경찰관은 통신제한조치로 취득한 전기통신을 폐기한 때에는 폐기의 이유와 범위 및 일시 등을 기재한 폐기결과보고서를 작성하여 피의자의 수사기록 또는 피내사자의 내사사건기록에 첨부하고, 폐기일로부터 7일 이내에 통신제한조치를 허가한 법원에 송부하여야 한다.

20. 범죄수사를 위한 통신사실 확인자료제공의 절차(제13조)

가. 통신사실 확인자료제공 요청

(1) 원칙

검사 또는 사법경찰관은 수사 또는 형의 집행을 위하여 필요한 경우 전기통신사업법에 의한 전기통신사업자(이하 '전기통신사업자'라 한다)에게 통신사실 확인자료의 열람이나 제출(이하 '통신사실 확인자료제공'이라 한다)을 요청할 수 있다.

(2) 예외

검사 또는 사법경찰관은 위 가.항에도 불구하고 수사를 위하여 통신사실확인자료 중 1) 제2조 제11호 바목·사목 중 실시간 추적자료, 2) 특정한 기지국에 대한 통신사실확인자료의 어느 하나에 해당하는 자료가 필요한 경우에는 다른 방법으로는 범죄의 실행을 저지하기 어렵거나 범인의 발견·확보 또는 증거의 수집·보전이 어려운 경우에만 전기통신사업자에게 해당 자료의 열람이나 제출을 요청할 수 있다. 다만, 제5조 제1항 각 호의 어느 하나에 해당하는 범죄 또는 전기통신을 수단으로 하는 범죄에 대한 통신사실확인자료가 필요한 경우에는 위 가.항에 따라 열람이나 제출을 요청할 수 있다.

> '통신사실확인자료'라 함은 다음 각목의 어느 하나에 해당하는 전기통신사실에 관한 자료를 말한다.
>> 바. 정보통신망에 접속된 정보통신기기의 위치를 확인할 수 있는 발신기지국의 위치추적 자료
>> 사. 컴퓨터통신 또는 인터넷의 사용자가 정보통신망에 접속하기 위하여 사용하는 정보통신기기의 위치를 확인할 수 있는 접속지의 추적자료

나. 법원의 허가 및 불허가시 조치

(1) 법원의 허가 등

통신사실 확인자료제공을 요청하는 경우에는 요청사유, 해당 가입자와의 연관성 및 필요한 자료의 범위를 기록한 서면으로 관할 지방법원(보통군사법원을 포함한다. 이하 같다) 또는 지원의 허가를 받아야 한다. 다만, 관할 지방법원 또는 지원의 허가를 받을 수 없는 긴급한

사유가 있는 때에는 통신사실 확인자료제공을 요청한 후 지체 없이 그 허가를 받아 전기통신사업자에게 송부하여야 한다. 이에 따라 긴급한 사유로 통신사실확인자료를 제공받았으나 지방법원 또는 지원의 허가를 받지 못한 경우에는 지체 없이 제공받은 통신사실확인자료를 폐기하여야 한다.

(2) 법원의 관련자료 보존

지방법원 또는 지원은 통신사실 확인자료제공 요청허가청구를 받은 현황, 이를 허가한 현황 및 관련된 자료를 보존하여야 한다.

다. 검사 등 관련자료 비치

검사 또는 사법경찰관은 통신사실 확인자료제공을 받은 때에는 해당 통신사실 확인자료제공요청사실 등 필요한 사항을 기재한 대장과 통신사실 확인자료제공요청서 등 관련자료를 소속기관에 비치하여야 한다.

라. 전기통신사업자의 자료제공현황 보고 및 관련자료 비치

(1) 자료제공현황 보고 등

전기통신사업자는 검사, 사법경찰관 또는 정보수사기관의 장에게 통신사실 확인자료를 제공한 때에는 자료제공현황 등을 연 2회 과학기술정보통신부장관에게 보고하고, 해당 통신사실 확인자료 제공사실 등 필요한 사항을 기재한 대장과 통신사실 확인자료제공요청서 등 관련자료를 통신사실확인자료를 제공한 날부터 7년간 비치하여야 한다.

> 규정에 위반하여 통신사실확인자료제공 현황 등을 과학기술정보통신부장관에게 보고하지 아니하였거나 관련 자료를 비치하지 아니한 다는 3년 이하의 징역 또는 1천만원 이하의 벌금에 처한다.

(2) 대장 등 관련자료 관리실태 점검

과학기술정보통신부장관은 전기통신사업자가 제7항에 따라 보고한 내용의 사실여부 및 비치하여야 하는 대장등 관련자료의 관리실태를 점검할 수 있다.

마. 관련규정 준용

이 조에서 규정된 사항 외에 범죄수사를 위한 통신사실 확인자료제공과 관련된 사항에 관하여는 범죄수사를 위한 통신제한조치의 허가절차의 규정(제6조(제7항 및 제8항은 제외한다)를 준용한다.

21. 법원에의 통신사실확인자료제공(제13조의2)

법원은 재판상 필요한 경우에는 민사소송법 제294조 또는 형사소송법 제272조의 규정에 의하여 전기통신사업자에게 통신사실확인자료제공을 요청할 수 있다.

22. 범죄수사를 위한 통신사실 확인자료제공의 통지(제13조의3)

가. 검사 또는 사법경찰관의 통지

(1) 원칙

검사 또는 사법경찰관은 통신사실 확인자료제공을 받은 사건에 관하여 다음의 구분에 따라 정한 기간 내에 통신사실 확인자료제공을 받은 사실과 제공요청기관 및 그 기간 등을 통신사실 확인자료제공의 대상이 된 당사자에게 서면으로 통지하여야 한다.

1) 공소를 제기하거나, 공소의 제기 또는 입건을 하지 아니하는 처분(기소중지결정·참고인중지결정은 제외한다)을 한 경우: 그 처분을 한 날부터 30일 이내

2) 기소중지결정·참고인중지결정 처분을 한 경우: 그 처분을 한 날부터 1년(제6조 제8항 각 호의 어느 하나에 해당하는 범죄인 경우에는 3년)이 경과한 때부터 30일 이내

3) 수사가 진행 중인 경우: 통신사실 확인자료제공을 받은 날부터 1년(제6조 제8항 각 호의 어느 하나에 해당하는 범죄인 경우에는 3년)이 경과한 때부터 30일 이내

(2) 예외

위 (1)에도 불구하고 다음 각 호의 어느 하나에 해당하는 사유가 있는 경우에는 그 사유가 해소될 때까지 같은 항에 따른 통지를 유예할 수 있다. 다만, 검사 또는 사법경찰관은 아래의 사유가 해소된 때에는 그 날부터 30일 이내에 위 (1)항에 따른 통지를 하여야 한다.

1) 국가의 안전보장, 공공의 안녕질서를 위태롭게 할 우려가 있는 경우

2) 피해자 또는 그 밖의 사건관계인의 생명이나 신체의 안전을 위협할 우려가 있는 경우

3) 증거인멸, 도주, 증인 위협 등 공정한 사법절차의 진행을 방해할 우려가 있는 경우

4) 피의자, 피해자 또는 그 밖의 사건관계인의 명예나 사생활을 침해할 우려가 있는 경우

나. 검사장의 승인(통지유예시)

검사 또는 사법경찰관은 통지를 유예하려는 경우에는 소명자료를 첨부하여 미리 관할 지방 검찰청 검사장의 승인을 받아야 한다.

다. 통신사실 확인자료제공 요청 사유 서면통지

검사 또는 사법경찰관으로부터 통신사실 확인자료 제공을 받은 사실 등을 통지받은 당사자 는 해당 통신사실 확인자료 제공을 요청한 사유를 알려주도록 서면으로 신청할 수 있으며, 이에 따른 신청을 받은 검사 또는 사법경찰관은 위 가의 (2)항의 어느 하나에 해당하는 경우를 제외하고는 그 신청을 받은 날부터 30일 이내에 해당 통신사실 확인자료제공 요청의 사유를 서면으로 통지하여야 한다.

23. 국가안보를 위한 통신사실 확인자료 제공의 절차 등(제13조의4)

가. 통신사실 확인자료 제공요청

정보수사기관의 장은 국가안전보장에 대한 위해를 방지하기 위하여 정보수집이 필요한 경우 전기통신사업자에게 통신사실 확인자료 제공을 요청할 수 있다.

나. 통신사실 확인자료 제공절차

제7조(국가안보를 위한 통신제한조치) 내지 제9조(통신제한조치의 집행) 및 제9조의2(통 신제한조치의 집행에 관한 통지) 제3항 · 제4항 · 제6항의 규정은 제1항의 규정에 의한 통신 사실 확인자료제공의 절차 등에 관하여 이를 준용한다. 이 경우 '통신제한조치'는 '통신사실 확인자료제공 요청'으로 본다.

다. 통신사실확인자료 폐기 및 관련 자료의 비치

통신사실확인자료의 폐기 및 관련 자료의 비치에 관하여는 제13조(범죄수사를 위한 통신사실 확인자료제공의 절차) 제4항 및 제5항을 준용한다.

24. 비밀준수의무 및 자료의 사용 제한(제13조의5)

비밀준수의 의무(제11조) 및 통신제한조치로 취득한 자료의 사용제한(제12조)의 규정은 범죄수사를 위한 통신사실 확인자료제공의 절차에 의한 통신사실 확인자료 제공 및 국가안보를 위한 통신사실 확인자료제공의 절차 등 규정에 의한 통신사실 확인자료제공에 따른 비밀준수의무 및 통신사실확인자료의 사용제한에 관하여 이를 준용한다.

25. 타인의 대화비밀 침해금지(제14조)

누구든지 공개되지 아니한 타인간의 대화를 녹음하거나 전자장치 또는 기계적 수단을 이용하여 청취할 수 없다.

26. 국회의 통제(제15조)

가. 상임위원회 등의 보고 요청

국회의 상임위원회와 국정감사 및 조사를 위한 위원회는 필요한 경우 특정한 통신제한조치 등에 대하여는 법원행정처장에게 통신제한조치를 청구하거나 신청한 기관의 장 또는 이를 집행한 기관의 장에 대하여, 감청설비에 대한 인가 또는 신고내역에 관하여는 과학기술정보통신부장관에게 보고를 요구할 수 있다.

나. 상임위원회 등의 비밀유지의무

국회의 상임위원회와 국정감사 및 조사를 위한 위원회는 그 의결로 수사관서의 감청장비보유현황, 감청집행기관 또는 감청협조기관의 교환실 등 필요한 장소에 대하여 현장검증이나 조사를 실시할 수 있다. 이 경우 현장검증이나 조사에 참여한 자는 그로 인하여 알게 된 비밀을 정당한 사유없이 누설하여서는 아니 된다.

다. 사생활침해 등 금지

현장검증이나 조사는 개인의 사생활을 침해하거나 계속중인 재판 또는 수사중인 사건의 소추에 관여할 목적으로 행사되어서는 아니된다.

라. 통신제한조치보고서 제출

통신제한조치를 집행하거나 위탁받은 기관 또는 이에 협조한 기관의 중앙행정기관의 장은 국회의 상임위원회와 국정감사 및 조사를 위한 위원회의 요구가 있는 경우 대통령령이 정하는 바에 따라 제5조 내지 제10조와 관련한 통신제한조치보고서를 국회에 제출하여야 한다. 다만, 정보수사기관의 장은 국회정보위원회에 제출하여야 한다.

> 통신제한조치 허가 및 승인 받은 건수, 통신제한조치 집행건수, 통신제한조치의 집행에 관한 통지건수 등 통계현황이 포함된 통신제한조치보고서를 국회에 제출하여야 한다. 통신제한조치의 집행을 위탁받거나 집행에 협조한 기관의 중앙행정기관의 장이 국회에 제출하는 통신제한조치보고서에는 통신제한 조치의 집행을 위탁받은 건수 또는 집행에 협조한 건수 등 통계현황이 포함되어야 한다.

27. 전기통신사업자의 협조의무(제15조의2)

가. 자료제공 요청 등 협조

전기통신사업자는 검사·사법경찰관 또는 정보수사기관의 장이 이 법에 따라 집행하는 통신제한조치 및 통신사실 확인자료 제공의 요청에 협조하여야 한다.

> 통신제한조치의 집행을 위하여 전기통신사업자는 살인, 인질강도 등 개인의 생명·신체에 급박한 위험이 현존하는 경우에는 통신제한조치 또는 통신사실 확인자료 제공 요청이 지체없이 이루어질 수 있도록 협조하여야 한다. 전기통신사업자의 통신사실확인 자료 보관기간은 가입자의 전기통신일시, 전기통신개시, 종료시간, 발·착신 통신번호 등 상대방의 가입자 번호, 사용도수 및 정보통신망에 접속된 정보통신기기의 위치를 확인할 수 있는 방발신기지국의 위치추적자료는 12개월 이상, 다만, 시외·시내전화역무와 관련된 자료인 경우에는 6개월로 한다.

나. 협조사항 등 규정

통신제한조치의 집행을 위하여 전기통신사업자가 협조할 사항, 통신사실 확인 자료의 보관 기간 그 밖에 전기통신사업자의 협조에 관하여 필요한 사항은 대통령령으로 정한다.

28. 벌칙(제16조)

가. 1년 이상 10년 이하의 징역과 5년 이하의 자격정지

다음 각 호의 어느 하나에 해당하는 자는 1년 이상 10년 이하의 징역과 5년 이하의 자격정지에 처한다.

1) 제3조의 규정에 위반하여 우편물의 검열 또는 전기통신의 감청을 하거나 공개되지 아니한 타인간의 대화를 녹음 또는 청취한 자

2) 제1호에 따라 알게 된 통신 또는 대화의 내용을 공개하거나 누설한 자

나. 10년 이하의 징역

다음 각호의 1에 해당하는 자는 10년 이하의 징역에 처한다.

1) 제9조(통신제한조치의 집행) 제2항의 규정에 위반하여 통신제한조치허가서 또는 긴급감 청서등의 표지의 사본을 교부하지 아니하고 통신제한조치의 집행을 위탁하거나 집행에 관한 협조를 요청한 자 또는 통신제한조치허가서 또는 긴급감청서등의 표지의 사본을 교부받지 아니하고 위탁받은 통신제한조치를 집행하거나 통신제한조치의 집행에 관하여 협조한 자

2) 제11조(비밀준수의 의무) 제1항(제14조(타인의 대화비밀 침해금지) 제2항의 규정에 의하 여 적용하는 경우 및 제13조의5(비밀준수의무 및 자료의 사용 제한)의 규정에 의하여 준용되는 경우를 포함한다)의 규정에 위반한 자

다. 7년 이하의 징역

제11조(비밀준수의 의무) 제2항(제13조의5의 규정에 의하여 준용되는 경우를 포함한다)의 규정에 위반한 자는 7년 이하의 징역에 처한다.

라. 5년 이하의 징역

제11조(비밀준수의 의무) 제3항(제14조(타인의 대화비밀 침해금지) 제2항의 규정에 의하여 적용하는 경우 및 제13조의5의 규정에 의하여 준용되는 경우를 포함한다)의 규정에 위반한 자는 5년 이하의 징역에 처한다.

29. 벌칙(제17조)

가. 5년 이하의 징역 또는 3천만원 이하의 벌금

다음 각 호의 어느 하나에 해당하는 자는 5년 이하의 징역 또는 3천만원 이하의 벌금에 처한다.

1) 제9조(통신제한조치의 집행) 제2항의 규정에 위반하여 통신제한조치허가서 또는 긴급감청서등의 표지의 사본을 보존하지 아니한 자

2) 제9조(통신제한조치의 집행) 제3항(제14조 제2항(타인의 대화비밀 침해금지)의 규정에 의하여 적용하는 경우를 포함한다)의 규정에 위반하여 대장을 비치하지 아니한 자

3) 제9조(통신제한조치의 집행) 제4항의 규정에 위반하여 통신제한조치허가서 또는 긴급감청서등에 기재된 통신제한조치 대상자의 전화번호 등을 확인하지 아니하거나 전기통신에 사용되는 비밀번호를 누설한 자

4) 제10조(감청설비에 대한 인가기관과 인가절차) 제1항의 규정에 위반하여 인가를 받지 아니하고 감청설비를 제조·수입·판매·배포·소지·사용하거나 이를 위한 광고를 한 자

5) 제10조(감청설비에 대한 인가기관과 인가절차) 제3항 또는 제4항의 규정에 위반하여 감청설비의 인가대장을 작성 또는 비치하지 아니한 자

5의2) 제10조의3(불법감청설비탐지업의 등록 등) 제1항의 규정에 의한 등록을 하지 아니하거나 거짓으로 등록하여 불법감청설비탐지업을 한 자

6) 삭제

나. 3년 이하의 징역 또는 1천만원 이하의 벌금

다음 각 호의 어느 하나에 해당하는 자는 3년 이하의 징역 또는 1천만원 이하의 벌금에 처한다.

1) 제3조(통신 및 대화비밀의 번호) 제3항의 규정을 위반하여 단말기기 고유번호를 제공하거나 제공받은 자

2) 제8조(긴급통신제한조치) 제2항 후단 또는 제9항 후단의 규정에 위반하여 긴급통신제한조치를 즉시 중지하지 아니한 자

3) 제9조의2(통신제한조치의 집행에 관한 통지)(제14조 제2항의 규정에 의하여 적용하는 경우를 포함한다)의 규정에 위반하여 통신제한조치의 집행에 관한 통지를 하지 아니한 자

4) 제13조(범죄수사를 위한 통신사실 확인자료제공의 절차) 제7항을 위반하여 통신사실확인자료제공 현황 등을 과학기술정보통신부장관에게 보고하지 아니하였거나 관련자료를 비치하지 아니한 자

30. 미수범(제18조)

제16조(벌칙) 및 제17조(벌칙)에 규정된 죄의 미수범은 처벌한다.

제5편
신용정보의 이용 및 보호에 관한 법률

제1장 총칙

1. 목적(제1조)

이 법은 신용정보업을 건전하게 육성하고 신용정보의 효율적 이용과 체계적 관리를 도모하며 신용정보의 오용·남용으로부터 사생활의 비밀 등을 적절히 보호함으로써 건전한 신용질서의 확립에 이바지함을 목적으로 한다.

2. 정의(제2조)

이 법에서 사용하는 용어의 뜻은 다음과 같다.

가. 신용정보

'신용정보'란 금융거래 등 상거래에서 거래 상대방의 신용을 판단할 때 필요한 정보로서 다음 각 목의 정보를 말한다.

1) 특정 신용정보주체를 식별할 수 있는 정보(나목부터 마목까지의 어느 하나에 해당하는 정보와 결합되는 경우만 신용정보에 해당한다)

> 생존하는 개인의 성명, 주소, 주민등록번호, 외국인등록번호, 국내거소신고번호, 여권번호, 성별, 국적 및 직업 등과 기업 및 법인의 상호, 법인등록번호, 사업자등록번호, 본점 및 영업소의 소재지, 설립연월일, 목적, 영업실태, 종목, 대표자의 성명 및 임원 등에 관한 사항(나부터 마)까지의 어느 하나에 해당하는 정보와 결합되는 경우만 해당된다.

2) 신용정보주체의 거래내용을 판단할 수 있는 정보

> 대출, 보증, 담보제공, 당좌거래(가계당좌거래 포함), 신용카드, 할부금융, 시설대여와 금융거래 등 상거래와 관련하여 그 거래의 종류, 기간, 금액 및 한도 등에 관한 사항.

3) 신용정보주체의 신용도를 판단할 수 있는 정보

> 금융거래 등 상거래와 관련하여 발생한 연체, 부도, 대위변제, 대지급과 거짓, 속임수, 그 밖의 부정한 방법에 의한 신용질서 문란행위와 관련된 금액 및 발생·해소의 시기 등에 관한 사항. 이 경우 신용정보주체가 기업인 경우에는 다음의 어느 하나에 해당하는 자를 포함한다.
> ① 국세기본법에 따른 과점주주로서 최다출자자인 자
> ② 국세기본법에 따른 과점주주인 동시에 해당 기업의 이사 또는 감사로서 그 기업의 채무에 연대보증을 한 자
> ③ 해당 기업의 의결권 있는 발행주식 총수 또는 지분총액의 100분의 30이상을 소유하고 있는 자로서 최다출자자인 자
> ④ 해당 기업의 무한책임사원

4) 신용정보주체의 신용거래능력을 판단할 수 있는 정보

> 금융 거래 등 상거래에서 신용거래능력을 판단할 수 있는 다음의 어느 하나에 해당하는 정보를 말한다.
> ① 개인의 재산, 채무, 소득의 총액 및 납세실적
> ② 기업의 연혁·주식 또는 지분보유 현황 등 기업의 개황(槪況), 판매명세·수주실적 또는 경영상의 주요 계약 등 사업의 내용, 재무제표(연결재무제표 및 결합재무제표 포함) 등 재무에 관한 사항과 주식회사의 외부감사에 관한 법률에 따른 감사인의 감사의견 및 납세실적

5) 가목부터 라목까지의 정보 외에 신용정보주체의 신용을 판단할 때 필요한 정보(그 밖의 유사한 정보)

① 법원의 금치산선고(성년후견인선고), 한정치산선고(한정후견인선고), 실종선고의 재판, 회생 · 개인회생과 관련된 결정, 파산선고, 면책, 복권과 관련된 결정, 채무불이행자명부의 등재 · 말소 결정 및 경매개시결정 · 경락허가결정 등 경매와 관련된 결정에 관한 정보
② 국세, 지방세, 관세 또는 국가채권의 채납 관련 정보
③ 벌금, 과태료, 과징금 또는 추징금 등의 체납 관련 정보
④ 사회보험료 · 공공요금 또는 수수료 등 관련 정보
⑤ 기업의 영업에 관한 정보로서 정부조달 실적 또는 수출 · 수입액 등의 관련 정보
⑥ 개인의 주민등록 관련 정보로서 출생, 사망, 이민, 부재에 관한 정보, 주민등록번호 · 성명의 변경 등에 관한 정보

나. 개인신용정보

'개인신용정보'란 기업 및 법인에 관한 정보를 제외한 살아 있는 개인에 관한 신용정보로서 다음 각 목의 어느 하나에 해당하는 정보를 말한다.

1) 해당 정보의 성명, 주민등록번호 및 영상 등을 통하여 특정 개인을 알아볼 수 있는 정보
2) 해당 정보만으로는 특정 개인을 알아볼 수 없더라도 다른 정보와 쉽게 결합하여 특정 개인을 알아볼 수 있는 정보

다만, 다른 법령에 따라 공시 또는 공개된 정보나 다른 법령에 위반됨이 없이 출판물 또는 방송매체나 국가 · 지방자치단체 또는 공공기관의 인터넷 홈페이지 등의 공공매체를 통하여 공시 또는 공개된 정보는 제외된다.

다. 신용정보주체

'신용정보주체'란 처리된 신용정보로 알아볼 수 있는 자로서 그 신용정보의 주체가 되는 자를 말한다.

라. 신용정보업

'신용정보업'이란 다음 각 목의 어느 하나에 해당하는 업(業)을 말한다.

1) 개인신용평가업

2) 개인사업자신용평가업

3) 기업신용조회업

4) 신용조사업

마. 신용정보회사

'신용정보회사'란 제4호 각 목의 신용정보업에 대하여 금융위원회의 허가를 받은 자로서 다음 각 목의 어느 하나에 해당하는 자를 말한다.

1) 개인신용평가회사: 개인신용평가업 허가를 받은 자

2) 개인사업자신용평가회사: 개인사업자신용평가업 허가를 받은 자

3) 기업신용조회회사: 기업신용조회업 허가를 받은 자

4) 신용조사회사: 신용조사업 허가를 받은 자

사. 신용정보집중기관

'신용정보집중기관'이란 신용정보를 집중하여 관리·활용하는 자로서 제25조 제1항에 따라 금융위원회로부터 허가받은 자를 말한다.

아. 신용정보제공·이용자

'신용정보제공·이용자'란 고객과의 금융거래 등 상거래를 위하여 본인의 영업과 관련하여 얻거나 만들어 낸 신용정보를 타인에게 제공하거나 타인으로부터 신용정보를 제공받아 본인의 영업에 이용하는 자와 그 밖에 이에 준하는 자로서 대통령령으로 정하는 자를 말한다.

> ① 우체국예금·보험에 관한 법률에 따른 체신관서
> ② 상호저축은행법에 따른 상호저축은행중앙회
> ③ 중소기업창업 지원법에 따른 중소기업창업투자회사 및 중소기업투자조합

④ 국채법 및 공사채등록법에 따른 채권등록기관

⑤ 특별법에 따라 조합, 공제조합, 금고 및 그 중앙회·연합회

⑥ 특별법에 따라 설립된 공사, 공단, 은행, 보증기금, 보증재단 및 그 중앙회·연합회

⑦ 주식회사의 외부감사에 관한 법률에 따라 감사인

⑧ 그 밖에 금융위원회가 정하여 고시하는 자

자. 개인신용평가업

'개인신용평가업'이란 개인의 신용을 판단하는 데 필요한 정보를 수집하고 개인의 신용상태를 평가(이하 '개인신용평가'라 한다)하여 그 결과(개인신용평점을 포함한다)를 제3자에게 제공하는 행위를 영업으로 하는 것을 말한다.

차. 개인사업자신용평가업

개인사업자신용평가업'이란 개인사업자의 신용을 판단하는 데 필요한 정보를 수집하고 개인사업자의 신용상태를 평가하여 그 결과를 제3자에게 제공하는 행위를 영업으로 하는 것을 말한다. 다만, '자본시장과 금융투자업에 관한 법률' 제9조 제26항에 따른 신용평가업은 제외한다.

카. 기업신용조회업

'기업신용조회업'이란 다음 각 목에 따른 업무를 영업으로 하는 것을 말한다. 다만, '자본시장과 금융투자업에 관한 법률' 제9조 제26항에 따른 신용평가업은 제외한다.

가) 기업정보조회업무: 기업 및 법인인 신용정보주체의 거래내용, 신용거래능력 등을 나타내기 위하여 대통령령으로 정하는 정보를 제외한 신용정보를 수집하고, 대통령령으로 정하는 방법으로 통합·분석 또는 가공하여 제공하는 행위

나) 기업신용등급제공업무: 기업 및 법인인 신용정보주체의 신용상태를 평가하여 기업신용등급을 생성하고, 해당 신용정보주체 및 그 신용정보주체의 거래상대방 등 이해관계를 가지는 자에게 제공하는 행위

다) 기술신용평가업무: 기업 및 법인인 신용정보주체의 신용상태 및 기술에 관한 가치를 평

가하여 기술신용정보를 생성한 다음해당 신용정보주체 및 그 신용정보주체의 거래상대
방 등 이해관계를 가지는 자에게 제공하는 행위

타. 신용조사업

'신용조사업'이란 제3자의 의뢰를 받아 신용정보를 조사하고, 그 신용정보를 그 의뢰인에게
제공하는 행위를 영업으로 하는 것을 말한다.

파. 본인신용정보관리업

'본인신용정보관리업'이란 개인인 신용정보주체의 신용관리를 지원하기 위하여 다음 각
목의 전부 또는 일부의 신용정보를 대통령령으로 정하는 방식으로 통합하여 그 신용정보주
체에게 제공하는 행위를 영업으로 하는 것을 말한다.

하. 본인신용정보관리회사

'본인신용정보관리회사'란 본인신용정보관리업에 대하여 금융위원회로부터 허가를 받은
자를 말한다.

거. 채권추심업

'채권추심업'이란 채권자의 위임을 받아 변제하기로 약정한 날까지 채무를 변제하지 아니한
자에 대한 재산조사, 변제의 촉구 또는 채무자로부터의 변제금 수령을 통하여 채권자를
대신하여 추심채권을 행사하는 행위를 영업으로 하는 것을 말한다.

너. 채권추심회사

'채권추심회사'란 채권추심업에 대하여 금융위원회로부터 허가를 받은 자를 말한다.

더. 채권추심의 대상이 되는 '채권'

채권추심의 대상이 되는 '채권'이란 상법에 따른 상행위로 생긴 금전채권, 판결 등에 따라

권원(權原)이 인정된 민사채권으로서 대통령령으로 정하는 채권, 특별법에 따라 설립된 조합·공제조합·금고 및 그 중앙회·연합회 등의 조합원·회원 등에 대한 대출·보증, 그 밖의 여신 및 보험 업무에 따른 금전채권 및 다른 법률에서 채권추심회사에 대한 채권추심의 위탁을 허용한 채권을 말한다.

러. 처리

'처리'란 신용정보의 수집(조사를 포함한다. 이하 같다), 생성, 연계, 연동, 기록, 저장, 보유, 가공, 편집, 검색, 출력, 정정(訂正), 복구, 이용, 결합, 제공, 공개, 파기(破棄), 그 밖에 이와 유사한 행위를 말한다.

머. 자동화평가

'자동화평가'란 제15조 제1항에 따른 신용정보회사 등의 종사자가 평가 업무에 관여하지 아니하고 컴퓨터 등 정보처리장치로만 개인신용정보 및 그 밖의 정보를 처리하여 개인인 신용정보주체를 평가하는 행위를 말한다.

3. 신용정보 관련 산업의 육성(제3조)

금융위원회는 신용정보 제공능력의 향상과 신용정보의 원활한 이용에 필요하다고 인정하면 신용정보 관련 산업의 육성에 관한 계획을 세울 수 있으며, 이에 따른 계획을 원활하게 추진하기 위하여 필요하면 관계 행정기관의 장에게 협조를 요청할 수 있으며, 그 요청을 받은 관계 행정기관의 장은 정당한 사유가 없으면 그 요청에 따라야 한다.

4. 다른 법률과의 관계(제3조의2)

신용정보의 이용 및 보호에 관하여 다른 법률에 특별한 규정이 있는 경우를 제외하고는 이 법에서 정하는 바에 따른다. 또한 개인정보의 보호에 관하여 이 법에 특별한 규정이 있는 경우를 제외하고는 개인정보 보호법에서 정하는 바에 따른다.

제2장 신용정보업 등의 허가 등

1. 신용정보업의 종류

신용정보업의 종류 및 그 업무

(1) 신용조회업: 신용조회업무 및 본인인증 및 신용정보주체의 식별확인업무로서 금융위원회가 승인한 업무, 신용평가모형 및 위험관리모형의 개발 및 판매 업무
(2) 신용조사업: 신용조사업무 및 부동산 및 동산의 임대차 현황 및 가격조사업무
(3) 채권추심업: 채권추심업무 및 부동산 및 동산의 임대차 현황 및 가격조사업무, 채권자 등에 대한 채권관리시스템 제공 및 구축 관련 자문업무, 그 밖에 금융위원회가 정하여 고시하는 업무

> 허가 또는 인가를 받지 아니하고 신용조회업, 신용조사업, 채권추심업의 업무를 한 자는 5년 이하의 징역 또는 5천만원 이하의 벌금에 처한다.
> 거짓이나 그 밖의 부정한 방법으로 신용조회업, 신용조사업, 채권추심의 허가를 받은 자는 5년 이하의 징역 또는 5천만원 이하의 벌금에 처한다.

2. 신용정보업 등의 허가(제4조) 〈개정 및 신설 2020.2.4.〉

가. 신용정보업 허가

누구든지 이 법에 따른 신용정보업, 본인신용정보관리업, 채권추심업 허가를 받지 아니하고는 신용정보업, 본인신용정보관리업 또는 채권추심업을 하여서는 아니 된다.

나. 허가권자 및 신청서 제출

신용정보업, 본인신용정보관리업 및 채권추심업을 하려는 자는 금융위원회로부터 허가를 받아야 하며, 이에 따른 허가를 받으려는 자는 대통령령으로 정하는 바에 따라 금융위원회에 신청서를 제출하여야 한다. 금융위원회는 허가에 조건을 붙일 수 있다.

다. 허가신청서작성 방법 등

허가와 관련된 허가신청서의 작성 방법 등 허가신청에 관한 사항, 허가심사의 절차 및 기준에 관한 사항, 그 밖에 필요한 사항은 총리령으로 정한다.

3. 신용정보업 등의 허가를 받을 수 있는 자(제5조)

가. 개인신용평가업 등

개인신용평가업, 신용조사업 및 채권추심업 허가를 받을 수 있는 자는 다음의 자로 제한한다. 다만, 대통령령으로 정하는 금융거래에 관한 개인신용정보 및 제25조(신용정보집중기관) 제2항 제1호에 따른 종합신용정보집중기관이 집중관리·활용하는 개인신용정보를 제외한 정보만 처리하는 개인신용평가업(이하 '전문개인신용평가업'이라 한다)에 대해서는 그러하지 아니하다.

1) 대통령령으로 정하는 금융기관 등이 100분의 50 이상을 출자한 법인

2) 신용보증기금법에 따른 신용보증기금

3) 기술보증기금법에 따른 기술보증기금

4) 지역신용보증재단법에 따라 설립된 신용보증재단

5) 무역보험법에 따라 설립된 한국무역보험공사

6) 신용정보업이나 채권추심업의 전부 또는 일부를 허가받은 자가 100분의 50 이상을 출자한 법인 다만, 출자자가 출자를 받은 법인과 같은 종류의 업을 하는 경우는 제외한다.

나. 개인사업자신용평가업

개인사업자신용평가업 허가를 받을 수 있는 자는 다음의 어느 하나에 해당하는 자로 한다.

1) 개인신용평가회사(전문개인신용평가회사를 제외한다)

2) 기업신용등급제공업무를 하는 기업신용조회회사

3) 여신전문금융업법에 따른 신용카드업자

4) 제1항 제1호에 따른 자

5) 제1항 제6호에 따른 자

다. 기업신용조회업

기업신용조회업 허가를 받을 수 있는 자는 다음 각 호의 어느 하나에 해당하는 자로 한다. 다만, 기업신용등급제공 업무 또는 기술신용평가업무를 하려는 자는 1)·2) 및 4)의 자로 한정한다.

1) 제1항 제1호에 따른 자

2. 제1항 제2호부터 제6호까지의 규정에 따른 자

3) 상법에 따라 설립된 주식회사

4) 기술신용평가업무의 특성, 법인의 설립 목적 등을 고려하여 대통령령으로 정하는 법인

다만, 다음의 어느 하나에 해당하는 자는 업무의 허가를 받을 수 없다.

1) 독점규제 및 공정거래에 관한 법률 제14조 제1항에 따른 공시대상기업집단 및 상호출자제한기업집단에 속하는 회사가 100분의 10을 초과하여 출자한 법인

2) 자본시장과 금융투자업에 관한 법률 제9조 제17항 제3호의2에 따른 자(이하 이 조에서 '신용평가회사'라 한다) 또는 외국에서 신용평가회사와 유사한 업을 경영하는 회사가 100분의 10을 초과하여 출자한 법인

3) 제1호 또는 제2호의 회사가 최대주주인 법인

4. 허가의 요건(제6조)

가. 신용정보업 등의 자격요건

신용정보업, 본인신용정보관리업 또는 채권추심업의 허가를 받으려는 자는 다음의 요건을 갖추어야 한다.

1) 신용정보업, 본인신용정보관리업 또는 채권추심업을 하기에 충분한 인력(본인신용정보관리업은 제외한다)과 전산설비 등 물적 시설을 갖출 것

> 신용조회업을 하는 경우 상시고용인력에는 공인회계사 또는 3년 이상 신용조회업무(신용정보의 분석에 관한 업무를 포함한다)에 종사하는 경력이 있는 사람 10명 이상이 포함될 것. 신용조회업을 하는 경우 신용정보의 처리를 적정하게 수행할 수 있다고 금융위원회가 정하여 고시하는 정보처리·정보통신설비를 갖출 것. 신용조사사업과 채권추심법을 각각 또는 함께하는 경우에는 20명 이상의 상시고용인력을 갖출 것.

2) 개인사업자신용평가업을 하려는 경우: 50억원 이상

3) 기업신용조회업을 하려는 경우에는 제2조 제8호의3 각 목에 따른 업무 단위별로 다음
각 목의 구분에 따른 금액 이상

> 가. 기업정보조회업무: 5억원
> 나. 기업신용등급제공업무: 20억원
> 다. 기술신용평가업무: 20억원

5) 본인신용정보관리업을 하려는 경우: 5억원 이상

6) 사업계획이 타당하고 건전할 것

> ① 수입, 지출 전망이 타당하고 실현 가능성이 있을 것
> ② 사업계획상의 조직구조 및 관리, 운용체계가 사업계획의 추진에 적합하고 이해상충 및 불
> 공적 행위 등 신용정보업을 건전하게 하는 데에 지장을 주지 아니할 것

7) 대주주가 충분한 출자능력, 건전한 재무상태 및 사회적 신용을 갖출 것

8) 임원이 제22조(신용정보회사 임원의 자격요건 등) 제1항·제2항, 제22조의8(본인신용
정보관리회사의 임원의 자격요건) 또는 제27조(채권추심업 종사자 및 위임직채권추심
인 등) 제1항에 적합할 것

> 제22조(신용정보회사 임원의 자격요건 등) ① 개인신용평가회사, 개인사업자신용평가회
> 사 및 기업신용조회회사의 임원에 관하여는 금융회사의 지배구조에 관한 법률 제5조를 준용
> 한다.
> ② 신용조사회사는 다음 각 호의 어느 하나에 해당하는 사람을 임직원으로 채용하거나 고용
> 하여서는 아니 된다.
> 1. 미성년자. 다만, 금융위원회가 정하여 고시하는 업무에 채용하거나 고용하는 경우는 제외
> 한다.
> 2. 피성년후견인 또는 피한정후견인
> 3. 파산선고를 받고 복권되지 아니한 사람
> 4. 금고 이상의 실형을 선고받고 그 집행이 끝나거나(집행이 끝난 것으로 보는 경우를 포함한
> 다) 집행이 면제된 날부터 3년이 지나지 아니한 사람

5. 금고 이상의 형의 집행유예를 선고받고 그 유예기간 중에 있는 사람

6. 이 법 또는 그 밖의 법령에 따라 해임되거나 면직된 후 5년이 지나지 아니한 사람

7. 이 법 또는 그 밖의 법령에 따라 영업의 허가·인가 등이 취소된 법인이나 회사의 임직원이었던 사람(그 취소사유의 발생에 직접 또는 이에 상응하는 책임이 있는 사람으로서 대통령령으로 정하는 사람만 해당한다)으로서 그 법인 또는 회사에 대한 취소가 있은 날부터 5년이 지나지 아니한 사람

8. 재임 또는 재직 중이었더라면 이 법 또는 그 밖의 법령에 따라 해임권고(해임요구를 포함한다) 또는 면직요구의 조치를 받았을 것으로 통보된 퇴임한 임원 또는 퇴직한 직원으로서 그 통보가 있었던 날부터 5년(통보가 있었던 날부터 5년이 퇴임 또는 퇴직한 날부터 7년을 초과한 경우에는 퇴임 또는 퇴직한 날부터 7년으로 한다)이 지나지 아니한 사람

제22조의8(본인신용정보관리회사의 임원의 자격요건) 본인신용정보관리회사의 임원에 관하여는 금융회사의 지배구조에 관한 법률 5조를 준용한다.

제27조(채권추심업 종사자 및 위임직채권추심인 등) ① 채권추심회사는 다음 각 호의 어느 하나에 해당하는 자를 임직원으로 채용하거나 고용하여서는 아니 되며, 위임 또는 그에 준하는 방법으로 채권추심업무를 하여서는 아니 된다.

1. 미성년자. 다만, 금융위원회가 정하여 고시하는 업무에 채용하거나 고용하는 경우는 제외한다.

2. 피성년후견인 또는 피한정후견인

3. 파산선고를 받고 복권되지 아니한 자

4. 금고 이상의 실형을 선고받고 그 집행이 끝나거나(집행이 끝난 것으로 보는 경우를 포함한다) 집행이 면제된 날부터 3년이 지나지 아니한 자

5. 금고 이상의 형의 집행유예를 선고받고 그 유예기간 중에 있는 자

6. 이 법 또는 그 밖의 법령에 따라 해임되거나 면직된 후 5년이 지나지 아니한 자

7. 이 법 또는 그 밖의 법령에 따라 영업의 허가·인가 등이 취소된 법인이나 회사의 임직원이었던 자(그 취소사유의 발생에 직접 또는 이에 상응하는 책임이 있는 자로서 대통령령으로 정하는 자만 해당한다)로서 그 법인 또는 회사에 대한 취소가 있은 날부터 5년이 지나지 아니한 자

8. 제2항 제2호에 따른 위임직채권추심인이었던 자로서 등록이 취소된 지 5년이 지나지 아니한 자

9. 재임 또는 재직 중이었더라면 이 법 또는 그 밖의 법령에 따라 해임권고(해임요구를 포함

한다) 또는 면직요구의 조치를 받았을 것으로 통보된 퇴임한 임원 또는 퇴직한 직원으로서 그 통보가 있었던 날부터 5년(통보가 있었던 날부터 5년이 퇴임 또는 퇴직한 날부터 7년을 초과한 경우에는 퇴임 또는 퇴직한 날부터 7년으로 한다)이 지나지 아니한 사람

9) 신용정보업, 본인신용정보관리업 또는 채권추심업을 하기에 충분한 전문성을 갖출 것

나. 자본금, 기본재산

신용정보업, 본인신용정보관리업 또는 채권추심업의 허가를 받으려는 자는 다음의 구분에 따른 자본금 또는 기본재산을 갖추어야 한다.

(1) 개인신용평가업을 하려는 경우

50억원 이상. 다만, 전문개인신용평가업만 하려는 경우에는 다음 각 목의 구분에 따른 금액 이상으로 한다.

가) 다음 각각의 신용정보제공 · 이용자가 수집하거나 신용정보주체에 대한 상품 또는 서비스 제공의 대가로 생성한 거래내역에 관한 개인신용정보를 처리하는 개인신용평가업을 하려는 경우: 20억원

1) 전기통신사업법에 따른 전기통신사업자
2) 한국전력공사법에 따른 한국전력공사
3) 한국수자원공사법에 따른 한국수자원공사
4) 1)부터 3)까지와 유사한 신용정보제공 · 이용자로서 대통령령으로 정하는 자

나) 가목에 따른 각 개인신용정보 외의 정보를 처리하는 개인신용평가업을 하려는 경우: 5억원

(2) 신용조사업 및 채권추심업을 각각 또는 함께 하려는 경우에는 50억원 이내에서 대통령령으로 정하는 금액 이상

> 신용조회업을 하려는 경우에는 50억원 이상

5. 허가 등의 공고(제7조)

금융위원회는 다음의 어느 하나에 해당하는 경우 지체 없이 그 내용을 관보에 공고하고 인터넷 홈페이지 등을 이용하여 일반인에게 알려야 한다.

1) 제4조(신용정보업 등의 허가) 제2항에 따라 신용정보업, 본인신용정보관리업 및 채권추심업 허가를 한 경우
2) 제10조(양도 · 양수 등의 인가 등) 제1항에 따라 양도 · 양수 등을 인가한 경우
3) 제10조 제제4항에 따른 폐업신고를 수리한 경우
4) 제11조의2(부수업무) 제1항에 따른 부수업무의 신고를 수리한 경우
5) 제11조의2(부수업무) 제8항에 따라 부수업무에 대하여 제한명령 또는 시정명령을 한 경우
6) 제14조(허가 등의 취소와 업무의 정지) 제1항에 따라 신용정보업, 본인신용정보관리업 및 채권추심업 허가 또는 양도 · 양수 등의 인가를 취소한 경우
7) 제26조의4(데이터전문기관) 제1항에 따라 데이터전문기관을 지정한 경우

6. 신고 및 보고 사항(제8조)

가. 허가사항 변경시 신고

허가받은 사항 중 대통령령으로 정하는 사항을 변경하려면 미리 금융위원회에 신고하여야 한다. 다만, 대통령령으로 정하는(대표자 및 임원의 변경, 법령의 개정내용을 반영하거나 법령에 따라 인가, 허가받은 내용을 반영하는 사항 등) 경미한 사항을 변경하려면 그 사유가 발생한 날부터 7일 이내에 그 사실을 금융위원회에 보고하여야 한다.

> 이를 위반 한 자에게는 1천만원 이하의 과태료를 부과한다.

나. 신고의 수리

금융위원회는 위 가.항 본문에 따른 신고를 받은 경우 그 내용을 검토하여 이 법에 적합하면 신고를 수리하여야 한다.

7. 대주주의 변경승인 등(제9조)

가. 대주주의 변경승인

신용정보회사, 본인신용정보관리회사 및 채권추심회사가 발행한 주식을 취득·양수(실질적으로 해당 주식을 지배하는 것을 말하며, 이하 '취득 등'이라 한다)하여 대주주(최대주주의 경우 최대주주의 특수관계인인 주주를 포함하며, 최대주주가 법인인 경우 그 법인의 중요한 경영사항에 대하여 사실상 영향력을 행사하고 있는 자로서 대통령령으로 정하는 자를 포함한다. 이하 이 조에서 같다)가 되고자 하는 자는 건전한 경영을 위하여 조세범 처벌법 및 금융과 관련하여 대통령령으로 정하는 법률을 위반하지 아니하는 등 대통령령으로 정하는 요건을 갖추어 미리 금융위원회의 승인을 받아야 한다. 이에 따른 승인을 받지 아니한 경우 승인 없이 취득한 주식에 대하여 의결권을 행사할 수 없다.

다만, 국가 및 공공기관의 운영에 관한 법률 제4조에 따른 공공기관 등 건전한 금융질서를 저해할 우려가 없는 자로서 대통령령으로 정하는 자는 그러하지 아니하다.

나. 변경승인 신청기한

주식의 취득 등이 기존 대주주의 사망 등 대통령령으로 정하는 사유로 인한 때에는 취득 등을 한 날부터 3개월 이내에서 대통령령으로 정하는 기간 이내에 금융위원회에 승인을 신청하여야 한다. 만일 이에 따른 승인을 신청하지 아니한 자는 승인 없이 취득하거나 취득 후 승인을 신청하지 아니한 주식에 대하여 의결권을 행사할 수 없다.

다. 금융위원회의 처분명령

금융위원회는 승인을 받지 아니하고 취득 등을 한 주식과 위 나.항에 따른 취득 등을 한 후 승인을 신청하지 아니한 주식에 대하여 6개월 이내의 기간을 정하여 처분을 명할 수 있다.

8. 최대주주의 자격심사 등(제9조의2)

가. 금융위원회의 자격심사

(1) 자격심사

금융위원회는 대통령령으로 정하는 개인신용평가회사 및 개인사업자신용평가회사(이하 이 조에서 '심사대상회사'라 한다)의 최대주주 중 최다출자자 1인(최다출자자 1인이 법인인 경우 그 법인의 최대주주 중 최다출자자 1인을 말하며, 그 최다출자자 1인도 법인인 경우에는 최다출자자 1인이 개인이 될 때까지 같은 방법으로 선정한다. 다만, 법인 간 순환출자 구조인 경우에는 최대주주 중 대통령령으로 정하는 최다출자자 1인으로 한다. 이하 이 조에서 '적격성 심사대상'이라 한다)에 대하여 대통령령으로 정하는 기간마다 제9조 제1항에 따른 요건 중 조세범 처벌법 및 금융과 관련하여 대통령령으로 정하는 법률을 위반하지 아니하는 등 대통령령으로 정하는 요건(이하 '적격성 유지요건'이라 한다)에 부합하는지 여부를 심사하여야 한다.

(2) 자료제공 요청

금융위원회는 심사를 위하여 필요한 경우에는 심사대상회사 또는 적격성 심사대상에 대하여 필요한 자료 또는 정보의 제공을 요구할 수 있다.

나. 자격미충족 사실 금융위원회에 보고

심사대상회사는 해당 심사대상회사의 적격성 심사대상이 적격성 유지요건을 충족하지 못하는 사유가 발생한 사실을 인지한 경우 지체 없이 그 사실을 금융위원회에 보고하여야 한다.

다. 자격미충족시 금융위원회의 조치

(1) 경영건정성 확보를 위한 조치

금융위원회는 심사 결과 적격성 심사대상이 적격성 유지요건을 충족하지 못하고 있다고 인정되는 경우 해당 적격성 심사대상에 대하여 6개월 이내의 기간을 정하여 해당 심사대상회사의 경영건전성을 확보하기 위한 1) 적격성 유지요건을 충족하기 위한 조치, 2) 해당 적격성 심사대상과의 거래의 제한 등 이해상충 방지를 위한 조치, 3) 그 밖에 심사대상회사의 경영건전성을 위하여 필요하다고 인정되는 조치로서 대통령령으로 정하는 조치의 전부 또는 일부를 포함한 조치를 이행할 것을 명할 수 있다.

(2) 의결권행사 제한.

금융위원회는 심사 결과 적격성 심사대상이 1) 제1항에 규정된 법률의 위반으로 금고 1년 이상의 실형을 선고받고 그 형이 확정된 경우, 2) 그 밖에 건전한 금융질서 유지를 위하여 대통령령으로 정하는 경우의 어느 하나에 해당하는 경우로서 법령 위반 정도를 감안할 때 건전한 금융질서와 심사대상회사의 건전성이 유지되기 어렵다고 인정되는 경우 5년 이내에서 대통령령으로 정하는 기간 내에 해당 적격성 심사대상이 보유한 심사대상회사의 의결권 있는 발행주식(최다출자자 1인이 법인인 경우 그 법인이 보유한 해당 심사대상회사의 의결권 있는 발행주식을 말한다) 총수의 100분의 10 이상에 대하여는 의결권을 행사할 수 없도록 명할 수 있다.

라. 분리심리 및 선고

제1항에 규정된 법률의 위반에 따른 죄와 다른 죄의 경합범에 대하여는 형법 제38조에도 불구하고 이를 분리 심리하여 따로 선고하여야 한다.

9. 양도·양수 등의 인가 등(제10조)

가. 금융위원회위의 인가

신용정보회사, 본인신용정보관리회사 및 채권추심회사가 그 사업의 전부 또는 일부를 양도·양수 또는 분할하거나, 다른 법인과 합병(상법) 제530조의2에 따른 분할합병을 포함한다. 이하 같다)하려는 경우에는 대통령령으로 정하는 바에 따라 금융위원회의 인가를 받아야 한다.

나. 지위승계 등

신용정보회사, 본인신용정보관리회사 및 채권추심회사가 인가를 받아 그 사업을 양도 또는 분할하거나 다른 법인과 합병한 경우에는 양수인, 분할 후 설립되는 법인 또는 합병 후 존속하는 법인(신용정보회사, 본인신용정보관리회사 및 채권추심회사인 법인이 신용정보회사,

본인신용정보관리회사 및 채권추심회사가 아닌 법인을 흡수 합병하는 경우는 제외한다)이나 합병에 따라 설립되는 법인은 양도인, 분할 전의 법인 또는 합병 전의 법인의 신용정보회사, 본인신용정보관리회사 및 채권추심회사로서의 지위를 승계한다. 이 경우 종전의 신용정보회사, 본인신용정보관리회사 및 채권추심회사에 대한 허가는 그 효력(제1항에 따른 일부 양도 또는 분할의 경우에는 그 양도 또는 분할한 사업의 범위로 제한한다)을 잃는다.

다. 관련 규정준용

제1항 및 제2항에 따른 양수인, 합병 후 존속하는 법인 및 분할 또는 합병에 따라 설립되는 법인에 대하여는 제5조, 제6조, 제22조, 제22조의8 및 제27조 제1항부터 제7항까지의 규정을 준용한다.

라. 영업 중단, 폐업시 신고

신용정보회사, 본인신용정보관리회사 및 채권추심회사가 영업의 전부 또는 일부를 일시적으로 중단하거나 폐업하려면 총리령으로 정하는 바에 따라 미리 금융위원회에 신고하여야 한다.

10. 겸영업무(제11조)

가. 겸영업무 인가 등

신용정보회사, 본인신용정보관리회사 및 채권추심회사는 총리령으로 정하는 바에 따라 금융위원회에 미리 신고하고 신용정보주체 보호 및 건전한 신용질서를 저해할 우려가 없는 업무(이하 '겸영업무'라 한다)를 겸영할 수 있다. 이 경우 이 법 및 다른 법률에 따라 행정관청의 인가 · 허가 · 등록 및 승인 등의 조치가 필요한 겸영업무는 해당 개별 법률에 따라 인가 · 허가 · 등록 및 승인 등을 미리 받아야 할 수 있다.

나. 겸영가능 업무

(1) 개인신용평가회사

개인신용평가회사의 겸영업무는 다음 각 호와 같다.

> 1. 개인신용평가업 외의 신용정보업
>
> 2. 채권추심업
>
> 3. 정보통신망 이용촉진 및 정보보호 등에 관한 법률 제23조의3에 따른 본인확인기관의 업무
>
> 4. 그 밖에 신용정보주체 보호 및 건전한 신용질서를 저해할 우려가 없는 업무로서 대통령령으로 정하는 업무

(2) 개인사업자신용평가회사

개인사업자신용평가회사의 겸영업무는 다음 각 호와 같다.

> 1. 개인사업자신용평가업 외의 신용정보업
>
> 2. 채권추심업
>
> 3. 정보통신망 이용촉진 및 정보보호 등에 관한 법률 제23조의3에 따른 본인확인기관의 업무
>
> 4. 그 밖에 신용정보주체 보호 및 건전한 신용질서를 저해할 우려가 없는 업무로서 대통령령으로 정하는 업무

(3) 기업신용조사회사

기업신용조회회사의 겸영업무는 다음 각 호와 같다.

> 1. 기업신용조회업 외의 신용정보업
>
> 2. 채권추심업
>
> 3. 그 밖에 신용정보주체 보호 및 건전한 신용질서를 저해할 우려가 없는 업무로서 대통령령으로 정하는 업무

(4) 신용조사회사

신용조사회사의 겸영업무는 다음 각 호와 같다.

1. 신용조사업 외의 신용정보업

2. 자산유동화에 관한 법률 제10조(자산관리의 위탁)에 따른 유동화자산 관리 업무

① 유동화전문회사 등(신탁업자를 제외한다)은 자산관리위탁계약에 의하여 다음 각호의 1에 해당하는 자(이하 '자산관리자'라 한다)에게 유동화자산의 관리를 위탁하여야 한다.

  1. 자산보유자

  2. 신용정보의 이용 및 보호에 관한 법률 제2조 제8호, 제8호의2, 제8호의3, 제9호 및 제10호의 업무를 허가받은 신용정보회사 및 채권추심회사

  3. 기타 자산관리업무를 전문적으로 수행하는 자로서 대통령령이 정하는 요건을 갖춘 자

② 제1항 제1호 및 제3호의 규정에 의한 자산관리자는 신용정보의 이용 및 보호에 관한 법률 제4조 및 제5조에도 불구하고 유동화전문회사 등이 양도 또는 신탁받은 유동화자산에 대하여 신용정보의 이용 및 보호에 관한 법률 제2조 제10호에 따른 채권추심업을 수행할 수 있다.

③ 유동화전문회사 등은 자산관리위탁계약을 해지한 경우 이로 인하여 자산관리자의 변제수령권한이 소멸되었음을 이유로 하여 유동화자산인 채권의 채무자에 대하여 대항할 수 없다. 다만, 채무자가 자산관리자의 변제수령권한이 소멸되었음을 알았거나 알 수 있었을 경우에는 그러하지 아니하다.

3. 기타 자산관리업무를 전문적으로 수행하는 자로서 대통령령이 정하는 요건을 갖춘 자

(5) 유동화전문회사 등

제1항 제1호 및 제3호의 규정에 의한 자산관리자는 신용정보의 이용 및 보호에 관한 법률 제4조 및 제5조에도 불구하고 유동화전문회사 등이 양도 또는 신탁받은 유동화자산에 대하여 신용정보의 이용 및 보호에 관한 법률 제2조 제10호에 따른 채권추심업을 수행할 수 있다.

(6) 자동화전문회사 등

자동화전문회사 등은 자산관리위탁계약을 해지한 경우 이로 인하여 자산관리자의 변제수령권한이 소멸되었음을 이유로 하여 유동화자산인 채권의 채무자에 대하여 대항할 수 없다.

다만, 채무자가 자산관리자의 변제수령권한이 소멸되었음을 알았거나 알 수 있었을 경우에는 그러하지 아니하다.

(7) 그 밖의 업무

그 밖에 신용정보주체 보호 및 거래질서를 저해할 우려가 없는 업무로서 대통령령으로 정하는 업무

11. 부수업무(11조의2)

가. 신용정보회사 등

신용정보회사, 본인신용정보관리회사 및 채권추심회사는 해당 허가를 받은 영업에 부수하는 업무(이하 '부수업무'라 한다)를 할 수 있다. 이 경우 신용정보회사, 본인신용정보관리회사 및 채권추심회사는 그 부수업무를 하려는 날의 7일 전까지 이를 금융위원회에 신고하여야 한다.

나. 개인신용평가회사

개인신용평가회사의 부수업무는 다음 각 호와 같다.

---

1. 새로이 만들어 낸 개인신용평점, 그 밖의 개인신용평가 결과를 신용정보주체 본인에게 제공하는 업무
2. 개인신용정보나 이를 가공한 정보를 본인이나 제3자에게 제공하는 업무
3. 가명정보나 익명처리한 정보를 이용하거나 제공하는 업무
4. 개인신용정보, 그 밖의 정보를 기초로 하는 데이터 분석 및 컨설팅 업무
5. 개인신용정보 관련 전산처리시스템, 솔루션 및 소프트웨어(개인신용평가 및 위험관리 모형을 포함한다) 개발 및 판매 업무
6. 그 밖에 신용정보주체 보호 및 건전한 신용질서를 저해할 우려가 없는 업무로서 대통령령으로 정하는 업무

다. 개인사업자신용평가회사

개인사업자신용평가회사의 부수업무는 다음 각 호와 같다.

> 1. 새로이 만들어 낸 개인사업자의 신용상태에 대한 평가의 결과를 해당 개인사업자에게 제공하는 업무
> 2. 개인사업자에 관한 신용정보나 이를 가공한 정보를 해당 개인사업자나 제3자에게 제공하는 업무
> 3. 가명정보나 익명처리한 정보를 이용하거나 제공하는 업무
> 4. 개인사업자에 관한 신용정보, 그 밖의 정보를 기초로 하는 데이터 분석 및 컨설팅 업무
> 5. 개인사업자신용정보 관련 전산처리시스템, 솔루션 및 소프트웨어(개인사업자의 신용상태에 대한 평가 및 위험관리 모형을 포함한다) 개발 및 판매 업무

라. 기업신용조회회사

기업신용조회회사의 부수업무는 다음 각 호와 같다. 다만, 제1호의 부수업무는 기업신용등급제공업무 또는 기술신용평가업무를 하는 기업신용조회회사로 한정한다.

> 1. 기업 및 법인에 관한 신용정보나 이를 가공한 정보를 본인이나 제3자에게 제공하는 업무
> 2. 가명정보나 익명처리한 정보를 이용하거나 제공하는 업무
> 3. 기업 및 법인에 관한 신용정보, 그 밖의 정보를 기초로 하는 데이터 분석 및 컨설팅 업무
> 4. 기업 및 법인에 관한 신용정보 관련 전산처리시스템, 솔루션 및 소프트웨어(기업신용등급 산출 및 위험관리 모형을 포함한다) 개발 및 판매 업무
> 5. 그 밖에 신용정보주체 보호 및 건전한 신용질서를 저해할 우려가 없는 업무로서 대통령령으로 정하는 업무

마. 신용조사회사

신용조사회사의 부수업무는 다음 각 호와 같다.

> 1. 부동산과 동산의 임대차 현황 및 가격조사 업무
> 2. 사업체 및 사업장의 현황조사 업무
> 3. 그 밖에 신용정보주체 보호 및 건전한 신용질서를 저해할 우려가 없는 업무로서 대통령령
>   으로 정하는 업무

바. 본인신용정보관리회사

본인신용정보관리회사의 부수업무는 다음 각 호와 같다.

> 1. 해당 신용정보주체에게 제공된 본인의 개인신용정보를 기초로 그 본인에게 하는 데이터
>   분석 및 컨설팅 업무
> 2. 신용정보주체 본인에게 자신의 개인신용정보를 관리 · 사용할 수 있는 계좌를 제공하는
>   업무
> 3. 제39조의3(신용정보주체의 권리행사 방법 및 절차) 제1항 각 호의 권리를 대리 행사하는
>   업무
>
> > 제39조의3(신용정보주체의 권리행사 방법 및 절차) ① 신용정보주체는 다음 각 호의 권
> > 리행사(이하 '열람 등 요구'라 한다)를 서면 등 대통령령으로 정하는 방법 · 절차에 따라
> > 대리인에게 하게 할 수 있다. ② 만 14세 미만 아동의 법정대리인은 신용정보회사 등에
> > 그 아동의 개인신용정보에 대하여 열람 등 요구를 할 수 있다.
>
> 4. 그 밖에 신용정보주체 보호 및 건전한 신용질서를 저해할 우려가 없는 업무로서 대통령
>   령으로 정하는 업무

사. 채권추심회사

채권추심회사의 부수업무는 다음 각 호와 같다.

1. 채권자 등에 대한 채권관리시스템의 구축 및 제공 업무
2. 대통령령으로 정하는 자로부터 위탁받아 채권의 공정한 추심에 관한 법률 제5조에 따른 채무확인서를 교부하는 업무
3. 그 밖에 신용정보주체 보호 및 건전한 신용질서를 저해할 우려가 없는 업무로서 대통령령으로 정하는 업무

아. 금융위원회의 부수업무 제한 및 시정 명령

금융위원회는 부수업무에 관한 신고내용이 다음 각 호의 어느 하나에 해당하는 경우 그 부수업무를 하는 것을 제한하거나 시정할 것을 명할 수 있으며, 이에 따른 제한명령 또는 시정명령은 그 내용 및 사유가 구체적으로 적힌 문서로 하여야 한다.

1. 신용정보회사, 본인신용정보관리회사 및 채권추심회사의 경영건전성을 해치는 경우
2. 신용정보주체의 보호 및 건전한 신용질서 유지를 위하여 필요한 경우로서 대통령령으로 정하는 경우

12. 유사명칭의 사용금지(제12조)

이 법에 따라 허가받은 신용정보회사, 본인신용정보관리회사, 채권추심회사 또는 신용정보집중기관이 아닌 자는 상호 또는 명칭 중에 신용정보·신용조사·개인신용평가·신용관리·마이데이터(MyData)·채권추심 또는 이와 비슷한 문자를 사용하지 못한다.

이를 위반한 자에게는 1천만원 이하의 과태료를 부과한다.

다만, 신용정보회사, 본인신용정보관리회사, 채권추심회사 또는 신용정보집중기관과 유사한 업무를 수행할 수 있도록 다른 법령에서 허용한 경우 등 대통령령으로 정하는 경우는 제외한다.

13. 임원의 겸직 금지(제13조)

신용정보회사, 본인신용정보관리회사 및 채권추심회사의 상임 임원은 금융위원회의 승인

없이 다른 영리법인의 상무(常務)에 종사할 수 없다.

> 이를 위반한 자에게는 1천만원 이하의 과태료를 부과한다.

14. 허가 등의 취소와 업무의 정비(제14조)

가. 금융위원회의 허가 또는 인가취소

금융위원회는 신용정보회사, 본인신용정보관리회사 및 채권추심회사가 다음의 어느 하나에 해당하는 경우에는 허가 또는 인가를 취소할 수 있다. 다만, 신용정보회사, 본인신용정보관리회사 및 채권추심회사가 다음 각 호의 어느 하나에 해당하더라도 대통령령으로 정하는 사유에 해당하면 6개월 이내의 기간을 정하여 허가 또는 인가를 취소하기 전에 시정명령을 할 수 있다.

1) 거짓이나 그 밖의 부정한 방법으로 허가를 받거나 인가를 받은 경우

2) 금융기관 등의 출자요건을 위반한 경우. 다만, 신용정보회사 및 채권추심회사의 주식이 자본시장과 금융투자업에 관한 법률 제8조의2 제4항 제1호에 따른 증권시장에 상장되어 있는 경우로서 금융기관 등이 100분의 33 이상을 출자한 경우에는 제외한다.

3) 신용정보회사, 본인신용정보관리회사 및 채권추심회사[허가를 받은 날부터 3개 사업연도(개인신용평가업, 개인사업자신용평가업 및 기업신용조회업이 포함된 경우에는 5개 사업연도)가 지나지 아니한 경우는 제외한다]의 자기자본(최근 사업연도 말 현재 대차대조표상 자산총액에서 부채총액을 뺀 금액을 말한다. 이하 같다)이 제6조 제2항에 따른 자본금 또는 기본재산의 요건에 미치지 못한 경우

4) 업무정지명령을 위반하거나 업무정지에 해당하는 행위를 한 자가 그 사유발생일 전 3년 이내에 업무정지처분을 받은 사실이 있는 경우

5) 제22조의7(신용조사회사의 행위규칙) 제1항 제1호를 위반하여 의뢰인에게 허위 사실을 알린 경우

> **제22조의7(신용조사회사의 행위규칙)** ① 신용조사회사는 다음 각 호의 어느 하나에 해당하는 행위를 하여서는 아니 된다.
> 1. 의뢰인에게 허위 사실을 알리는 행위
> 2. 신용정보에 관한 조사 의뢰를 강요하는 행위
> 3. 신용정보 조사 대상자에게 조사자료의 제공과 답변을 강요하는 행위
> 4. 금융거래 등 상거래관계 외의 사생활 등을 조사하는 행위 〈본조신설 2020. 2. 4.〉

6) 제22조의7 제1항 제2호를 위반하여 신용정보에 관한 조사 의뢰를 강요한 경우

6의3. 제22조의7 제1항 제3호를 위반하여 신용정보 조사 대상자에게 조사자료의 제공과 답변을 강요한 경우

7) 제22조의7 제1항 제4호를 위반하여 금융거래 등 상거래관계 외의 사생활 등을 조사한 경우

8) 채권의 공정한 추심에 관한 법률 제9조(폭행·협박 등의 금지) 각 호의 어느 하나를 위반하여 채권추심행위를 한 경우(채권추심업만 해당한다)

> **제9조(폭행·협박 등의 금지)** 채권추심자는 채권추심과 관련하여 다음 각 호의 어느 하나에 해당하는 행위를 하여서는 아니 된다.
> 1. 채무자 또는 관계인을 폭행·협박·체포 또는 감금하거나 그에게 위계나 위력을 사용하는 행위
> 2. 정당한 사유 없이 반복적으로 또는 야간(오후 9시 이후부터 다음 날 오전 8시까지를 말한다. 이하 같다)에 채무자나 관계인을 방문함으로써 공포심이나 불안감을 유발하여 사생활 또는 업무의 평온을 심하게 해치는 행위
> 3. 정당한 사유 없이 반복적으로 또는 야간에 전화하는 등 말·글·음향·영상 또는 물건을 채무자나 관계인에게 도달하게 함으로써 공포심이나 불안감을 유발하여 사생활 또는 업무의 평온을 심하게 해치는 행위
> 4. 채무자 외의 사람(제2조 제2호에도 불구하고 보증인을 포함한다)에게 채무에 관한 거짓 사실을 알리는 행위
> 5. 채무자 또는 관계인에게 금전의 차용이나 그 밖의 이와 유사한 방법으로 채무의 변제자금을 마련할 것을 강요함으로써 공포심이나 불안감을 유발하여 사생활 또는 업무의 평온을

심하게 해치는 행위

6. 채무를 변제할 법률상 의무가 없는 채무자 외의 사람에게 채무자를 대신하여 채무를 변제할 것을 요구함으로써 공포심이나 불안감을 유발하여 사생활 또는 업무의 평온을 심하게 해치는 행위

7. 채무자의 직장이나 거주지 등 채무자의 사생활 또는 업무와 관련된 장소에서 다수인이 모여 있는 가운데 채무자 외의 사람에게 채무자의 채무금액, 채무불이행 기간 등 채무에 관한 사항을 공연히 알리는 행위

9) 허가 또는 인가의 내용이나 조건을 위반한 경우

10) 정당한 사유 없이 1년 이상 계속하여 허가받은 영업을 하지 아니한 경우

11) 제41조(채권추심회사의 금지사항) 제1항을 위반하여 채권추심행위를 한 경우(채권추심업만 해당한다)

제41조(채권추심회사의 금지 사항) ① 채권추심회사는 자기의 명의를 빌려주어 타인으로 하여금 채권추심업을 하게 하여서는 아니 된다.

나. 금융위원회의 업무정지명령

금융위원회는 신용정보회사, 본인신용정보관리회사 및 채권추심회사가 다음의 어느 하나에 해당하는 경우에는 6개월의 범위에서 기간을 정하여 그 업무의 전부 또는 일부의 정지를 명할 수 있다.

1) 제6조 제4항을 위반한 경우

신용정보업을 하는 동안 충분한 인력과 전산설비 등 물적 시설을 유지하지 못한 경우

2) 제11조 및 제11조의2를 위반한 경우

겸영업무, 부수업무을 위반 한 경우

3) 제17조(처리의 위탁) 제4항 또는 제19조(신용정보전산시스템의 안전보호)를 위반하여

신용정보를 분실·도난·유출·변조 또는 훼손당한 경우

4) 제22조(신용정보회사 임원의 자격요건 등) 제1항·제2항, 제22조의8(본인신용정보관리회사의 임원의 자격요건) 및 제27조 제1항(채권추심업 종사자 및 위임직채권추심인 등)을 위반한 경우

> 신용조회회사가 결격사유자를 임원으로 채용하거나 고용한 경우, 신용조사회사 또는 채권추심회사가 결격사유에 해당되는 사람을 임직원으로 채용하거나 고용, 위임 또는 그에 준하는 방법으로 채권추심업무를 한 경우

5) 제22조의9(본인신용정보관리회사의 행위규칙) 제3항을 위반하여 신용정보를 수집하거나 같은 조 제4항을 위반하여 개인신용정보를 전송한 경우

> ③ 본인신용정보관리회사는 다음 각 호의 수단을 대통령령으로 정하는 방식으로 사용·보관함으로써 신용정보주체에게 교부할 신용정보를 수집하여서는 아니 된다.
> 1. 대통령령으로 정하는 신용정보제공·이용자나 개인정보 보호법에 따른 공공기관으로서 대통령령으로 정하는 공공기관 또는 본인신용정보관리회사(이하 이 조 및 제33조의2에서 '신용정보제공·이용자등'이라 한다)가 선정하여 사용·관리하는 신용정보주체 본인에 관한 수단으로서 전자금융거래법 제2조 제10호에 따른 접근매체
> 2. 본인임을 확인 받는 수단으로서 본인의 신분을 나타내는 증표 제시 또는 전화, 인터넷 홈페이지의 이용 등 대통령령으로 정하는 방법
> ④ 신용정보제공·이용자등은 개인인 신용정보주체가 본인신용정보관리회사에 본인에 관한 개인신용정보의 전송을 요구하는 경우에는 정보제공의 안전성과 신뢰성이 보장될 수 있는 방식으로서 대통령령으로 정하는 방식으로 해당 개인인 신용정보주체의 개인신용정보를 그 본인신용정보관리회사에 직접 전송하여야 한다.

6) 제33조(개인신용정보의 이용) 제2항을 위반한 경우

> ② 신용정보회사 등이 개인의 질병, 상해 또는 그 밖에 이와 유사한 정보를 수집·조사하거나 제3자에게 제공하려면 미리 제32조 제1항(개인신용정보의 제공·활용에 대한 동의) 각 호의

방식으로 해당 개인의 동의를 받아야 하며, 대통령령으로 정하는 목적으로만 그 정보를 이용하여야 한다.

제32조(개인신용정보의 제공 · 활용에 대한 동의) ① 신용정보제공 · 이용자가 개인신용정보를 타인에게 제공하려는 경우에는 대통령령으로 정하는 바에 따라 해당 신용정보주체로부터 다음 각 호의 어느 하나에 해당하는 방식으로 개인신용정보를 제공할 때마다 미리 개별적으로 동의를 받아야 한다. 다만, 기존에 동의한 목적 또는 이용 범위에서 개인신용정보의 정확성 · 최신성을 유지하기 위한 경우에는 그러하지 아니하다.

1. 서면
2. 「전자서명법」 제2조제2호에 따른 전자서명(서명자의 실지명의를 확인할 수 있는 것을 말한다)이 있는 전자문서(「전자문서 및 전자거래 기본법」 제2조제1호에 따른 전자문서를 말한다)
3. 개인신용정보의 제공 내용 및 제공 목적 등을 고려하여 정보 제공 동의의 안정성과 신뢰성이 확보될 수 있는 유무선 통신으로 개인비밀번호를 입력하는 방식
4. 유무선 통신으로 동의 내용을 해당 개인에게 알리고 동의를 받는 방법. 이 경우 본인 여부 및 동의 내용, 그에 대한 해당 개인의 답변을 음성을 녹음하는 등 증거자료를 확보 · 유지하여야 하며, 대통령령으로 정하는 바에 따른 사후 고지절차를 거친다.
5. 그 밖에 대통령령으로 정하는 방식

---

7) 제40조(신용정보회사 등의 금지사항) 제1항 제5호를 위반하여 정보원, 탐정, 그 밖에 이와 비슷한 명칭을 사용한 경우

8) 제42조 제1항·제3항 또는 제4항을 위반한 경우

제42조(업무 목적 외 누설금지 등) ① 신용정보회사 등과 제17조 제2항에 따라 신용정보의 처리를 위탁받은 자의 임직원이거나 임직원이었던 자(이하 '신용정보업관련자'라 한다)는 업무상 알게 된 타인의 신용정보 및 사생활 등 개인적 비밀(이하 '개인비밀'이라 한다)을 업무 목적 외에 누설하거나 이용하여서는 아니 된다.

② 신용정보회사 등과 신용정보업관련자가 이 법에 따라 신용정보회사 등에 신용정보를 제공하는 행위는 제1항에 따른 업무 목적 외의 누설이나 이용으로 보지 아니한다.

③ 제1항을 위반하여 누설된 개인비밀을 취득한 자(그로부터 누설된 개인비밀을 다시 취득한 자를 포함한다)는 그 개인비밀이 제1항을 위반하여 누설된 것임을 알게 된 경우 그 개인비밀을 타인에게 제공하거나 이용하여서는 아니 된다.

④ 신용정보회사 등과 신용정보업관련자로부터 개인신용정보를 제공받은 자는 그 개인신용정보를 타인에게 제공하여서는 아니 된다. 다만, 이 법 또는 다른 법률에 따라 제공이 허용되는 경우에는 그러하지 아니하다.

---

9) 별표에 규정된 처분 사유에 해당하는 경우

10) 채권의 공정한 추심에 관한 법률 제12조 제2호·제5호를 위반하여 채권추심행위를 한 경우(채권추심업만 해당한다)

11) 그 밖에 법령 또는 정관을 위반하거나 경영상태가 건전하지 못하여 공익을 심각하게 해치거나 해칠 우려가 있는 경우

제3장 신용정보의 수집 · 조사 및 처리

1. 신용정보회사 등의 신용정보 수집 및 처리의 원칙(제15조)

가. 신용정보 수집 및 처리의 원칙

신용정보회사, 본인신용정보관리회사, 채권추심회사, 신용정보집중기관 및 신용정보제공·이용자(이하 '신용정보회사 등'이라 한다)는 신용정보를 수집하고 이를 처리할 수 있다. 이 경우 이 법 또는 정관으로 정한 업무 범위에서 수집 및 처리의 목적을 명확히 하여야 하며, 이 법 및 개인정보 보호법 제3조 제1항 및 제2항에 따라 그 목적 달성에 필요한 최소한의 범위에서 합리적이고 공정한 수단을 사용하여 신용정보를 수집 및 처리하여야 한다.

나. 정보주체의 동의

(1) 원칙

신용정보회사 등이 개인신용정보를 수집하는 때에는 해당 신용정보주체의 동의를 받아야 한다.

(2) 예외

다만, 다음의 어느 하나에 해당하는 경우에는 그러하지 아니하다.

1) 개인정보 보호법 제15조 제1항 제2호부터 제6호까지의 어느 하나에 해당하는 경우

2) 다음 각 목의 어느 하나에 해당하는 정보를 수집하는 경우

가) 법령에 따라 공시(公示)되거나 공개된 정보

나) 출판물이나 방송매체 또는 공공기관의 정보공개에 관한 법률 제2조 제3호에 따른 공공기관의 인터넷 홈페이지 등의 매체를 통하여 공시 또는 공개된 정보

다) 신용정보주체가 스스로 사회관계망서비스 등에 직접 또는 제3자를 통하여 공개한 정보. 이 경우 대통령령으로 정하는 바에 따라 해당 신용정보주체의 동의가 있었다고 객관적으로 인정되는 범위 내로 한정한다.

3) 제1호 및 제2호에 준하는 경우로서 대통령령으로 정하는 경우

2. 처리의 위탁(제17조)

가. 신용정보회사 등의 신용정보업무 처리위탁

신용정보회사 등은 제3자에게 신용정보의 처리 업무를 위탁할 수 있다. 이 경우 개인신용정보의 처리 위탁에 대해서는 개인정보 보호법 제26조 제1항부터 제3항까지의 규정을 준용한다.

나. 위탁시 준용규정

신용정보회사 등은 신용정보의 처리를 위탁할 수 있으며 이에 따라 위탁을 받은 자(이하 '수탁자'라 한다)의 위탁받은 업무의 처리에 관하여는 제19조부터 제21조까지, 제22조의4부터 제22조의7까지, 제22조의9, 제40조, 제43조, 제43조의2, 제45조, 제45조의2 및 제45조의3(해당 조문에 대한 벌칙 및 과태료규정을 포함한다)을 준용한다. 또한 이에 따라 신용정보의 처리를 위탁하기 위하여 수탁자에게 개인신용정보를 제공하는 경우 특정 신용정보주체를 식별할 수 있는 정보는 대통령령으로 정하는 바에 따라 암호화 등의 보호 조치를 하여야 한다.

다. 제공하는 신용정보 범위 고지 및 보호조치

신용정보의 처리를 위탁하려는 신용정보회사 등으로서 대통령령으로 정하는 자는 제공하는 신용정보의 범위 등을 대통령령으로 정하는 바에 따라 금융위원회에 알려야 한다.

라. 수탁자에 대한 안전교육 등

신용정보회사 등은 수탁자에게 신용정보를 제공한 경우 신용정보를 분실·도난·유출·위조·변조 또는 훼손당하지 아니하도록 대통령령으로 정하는 바에 따라 수탁자를 교육하여야 하고 수탁자의 안전한 신용정보 처리에 관한 사항을 위탁계약에 반영하여야 한다. 또한, 수탁자가 개인신용정보를 이용하거나 제3자에게 제공하는 경우에는 개인정보 보호법 제26조 제5항에 따른다.

마. 재위탁금지

수탁자는 위탁받은 업무를 제3자에게 재위탁하여서는 아니 된다. 다만, 신용정보의 보호 및 안전한 처리를 저해하지 아니하는 범위에서 금융위원회가 인정하는 경우에는 그러하지 아니하다.

3. 정보집합물의 결합 등(제17조의2)

가. 정보집합물의 결합 방법

신용정보회사 등(대통령령으로 정하는 자는 제외한다. 이하 이 조 및 제40조의2(가명처리 · 익명처리에 관한 행위규칙)에서 같다)은 자기가 보유한 정보집합물을 제3자가 보유한 정보집합물과 결합하려는 경우에는 제26조의4에 따라 지정된 데이터전문기관을 통하여 결합하여야 한다.

나. 결합정보물의 전달방법

제26조의4(데이터전문기관)에 따라 지정된 데이터전문기관이 결합된 정보집합물을 해당 신용정보회사 등 또는 그 제3자에게 전달하는 경우에는 가명처리 또는 익명처리가 된 상태로 전달하여야 한다.

제4장 신용정보의 유통 및 관리

1. 신용정보의 정확성 및 최신성의 유지(제1조)

가. 신용정보의 등록·변경 및 관리 등

신용정보회사 등은 신용정보의 정확성과 최신성이 유지될 수 있도록 대통령령으로 정하는 바에 따라 신용정보의 등록·변경 및 관리 등을 하여야 한다.

나. 불이익정보 삭제

(1) 원칙

신용정보회사 등은 신용정보주체에게 불이익을 줄 수 있는 신용정보를 그 불이익을 초래하게 된 사유가 해소된 날부터 최장 5년 이내에 등록·관리 대상에서 삭제하여야 한다.

(2) 예외

다만, 다음의 어느 하나에 해당하는 경우에는 그러하지 아니하다.

> 등록·관리 대상에서 삭제해야 하는 신용정보의 종류
> ① 신용정보 중 연체, 부도, 대위변제 및 대지급과 관련된 정보
> ② 신용정보 중 신용질서 문란행위와 관련된 정보
> ③ 신용정보 중 법원의 파산선고, 면책, 복권 결정 및 회생·개인회생의 결정과 관련된 정보
> ④ 신용정보 중 체납 관련 정보
> ⑤ 그 밖에 유사한 형태의 불이익정보로서 금융위원회가 정하여 고시하는 신용정보

1) 제25조의2(종합신용정보집중기관의 업무) 제1호의3에 따른 업무를 수행하기 위한 경우

> 1의3. 제39조의2(채권자변동정보의 열람 등)에 따라 신용정보주체에게 채권자변동정보를 교부하거나 열람하게 하는 업무

2) 그 밖에 신용정보주체의 보호 및 건전한 신용질서를 저해할 우려가 없는 경우로서 대통령령으로 정하는 경우

2. 신용정보전산시스템의 안전보호(제19조)

가. 보안대책 수립, 시행

신용정보회사 등은 신용정보전산시스템(제25조 제6항에 따른 신용정보공동전산망을 포함한다. 이하 같다)에 대한 제3자의 불법적인 접근, 입력된 정보의 변경·훼손 및 파괴, 그 밖의 위험에 대하여 대통령령으로 정하는 바에 따라 기술적·물리적·관리적 보안대책을 수립·시행하여야 한다.

> 권한 없이 신용정보전산시스템의 정보를 변경·삭제하거나 그 밖의 방법으로 이용할 수 없게 한 자 또는 권한 없이 신용정보를 검색·복제하거나 그 밖의 방법으로 이용한자는 5년 이하의 징역 또는 5천만원 이하의 벌금에 처한다.

나. 신용정보 보안관리 대책관련 계약체결

신용정보제공·이용자가 다른 신용정보제공·이용자 또는 개인신용평가회사, 개인사업자신용평가회사, 기업신용조회회사와 서로 이 법에 따라 신용정보를 제공하는 경우에는 금융위원회가 정하여 고시하는 바에 따라 신용정보 보안관리 대책을 포함한 계약을 체결하여야 한다.

3. 신용정보 관리책임의 명확화 및 업무처리기록의 보존(제20조)

가. 신용정보 관리기준을 준수의무

신용정보회사 등은 신용정보의 수집·처리·이용 및 보호 등에 대하여 금융위원회가 정하는 신용정보 관리기준을 준수하여야 한다.

나. 개인신용정보처리기록 보존기간

신용정보회사 등은 다음의 구분에 따라 개인신용정보의 처리에 대한 기록을 3년간 보존하여야 한다.

1) 개인신용정보를 수집 · 이용한 경우

> ㉮ 수집 · 이용한 날짜
> ㉯ 수집 · 이용한 정보의 항목
> ㉰ 수집 · 이용한 사유와 근거

2) 개인신용정보를 제공하거나 제공받은 경우

> ㉮ 제공하거나 제공받은 날짜
> ㉯ 제공하거나 제공받은 정보의 항목
> ㉰ 제공하거나 제공받은 사유와 근거

3) 개인신용정보를 폐기한 경우

> ㉮ 폐기한 날짜
> ㉯ 폐기한 정보의 항목
> ㉰ 폐기한 사유와 근거

4) 그 밖에 대통령령으로 정하는 사항

다. 신용정보관리 · 보호인

(1) 지정

신용정보회사, 본인신용정보관리회사, 채권추심회사, 신용정보집중기관 및 대통령령으로 정하는 신용정보제공 · 이용자는 제4항에 따른 업무를 하는 신용정보관리 · 보호인을 1명 이상 지정하여야 한다. 다만, 총자산, 종업원 수 등을 감안하여 대통령령으로 정하는 자는 신용정보관리 · 보호인을 임원(신용정보의 관리 · 보호 등을 총괄하는 지위에 있는 사람으로서 대대통령령으로 정하는 사람을 포함한다)으로 하여야 한다. 다만, 금융지주회사법 제48조의2 제6항에 따라 선임된 고객정보관리인이 제6항의 자격요건에 해당하면 제3항에 따라 지정된 신용정보관리 · 보호인으로 본다.

(2) 업무

신용정보관리 · 보호인은 다음의 업무를 수행한다.

1) 개인신용정보의 경우에는 다음 각 목의 업무

> ㉮ 개인정보 보호법 제31조 제2항 제1호부터 제5호까지의 업무
> ㉯ 임직원 및 전속 모집인 등의 신용정보보호 관련 법령 및 규정 준수 여부 점검
> ㉰ 그 밖에 신용정보의 관리 및 보호를 위하여 대통령령으로 정하는 업무

2) 기업신용정보의 경우 다음 각 목의 업무

> ㉮ 신용정보의 수집 · 보유 · 제공 · 삭제 등 관리 및 보호 계획의 수립 및 시행
> ㉯ 신용정보의 수집 · 보유 · 제공 · 삭제 등 관리 및 보호 실태와 관행에 대한 정기적인 조사
>   및 개선
> ㉰ 신용정보 열람 및 정정청구 등 신용정보주체의 권리행사 및 피해구제
> ㉱ 신용정보 유출 등을 방지하기 위한 내부통제시스템의 구축 및 운영
> ㉲ 임직원 및 전속 모집인 등에 대한 신용정보보호 교육계획의 수립 및 시행
> ㉳ 임직원 및 전속 모집인 등의 신용정보보호 관련 법령 및 규정 준수 여부 점검
> ㉴ 그 밖에 신용정보의 관리 및 보호를 위하여 대통령령으로 정하는 업무

(3) 신용정보관리 · 보호인 등의 관리결과 제출

대통령령으로 정하는 신용정보회사 등은 처리하는 개인신용정보의 관리 및 보호 실태를
대통령령으로 정하는 절차와 방법에 따라 정기적으로 점검하고, 그 결과를 금융위원회에
제출하여야 한다.

4. 개인신용정보의 보유기간 등(제20조의2)

가. 개인신용정보의 관리

신용정보제공 · 이용자는 금융거래 등 상거래관계(고용관계는 제외한다. 이하 같다)가 종
료된 날부터 금융위원회가 정하여 고시하는 기한까지 해당 신용정보주체의 개인신용정보가

안전하게 보호될 수 있도록 접근권한을 강화하는 등 대통령령으로 정하는 바에 따라 관리하여야 한다.

나. 신용정보삭제

(1) 원칙

개인정보 보호법 제21조 제1항에도 불구하고 신용정보제공·이용자는 금융거래 등 상거래 관계가 종료된 날부터 최장 5년 이내(해당 기간 이전에 정보 수집·제공 등의 목적이 달성된 경우에는 그 목적이 달성된 날부터 3개월 이내)에 해당 신용정보주체의 개인신용정보를 관리대상에서 삭제하여야 한다.

(2) 예외

다만, 다음의 경우에는 그러하지 아니하다.

1) 이 법 또는 다른 법률에 따른 의무를 이행하기 위하여 불가피한 경우

2) 개인의 급박한 생명·신체·재산의 이익을 위하여 필요하다고 인정되는 경우

3) 가명정보를 이용하는 경우로서 그 이용 목적, 가명처리의 기술적 특성, 정보의 속성 등을 고려하여 대통령령으로 정하는 기간 동안 보존하는 경우

4) 그 밖에 다음 각 목의 어느 하나에 해당하는 경우로서 대통령령으로 정하는 경우

> ㉮ 예금·보험금의 지급을 위한 경우
> ㉯ 보험사기자의 재가입 방지를 위한 경우
> ㉰ 개인신용정보를 처리하는 기술의 특성 등으로 개인신용정보를 보존할 필요가 있는 경우
> ㉱ 가목부터 다목까지와 유사한 경우로서 개인신용정보를 보존할 필요가 있는 경우

다. 삭제하지 않고 보존하는 정보의 관리방법

신용정보제공·이용자가 제2항 단서에 따라 개인신용정보를 삭제하지 아니하고 보존하는 경우에는 현재 거래 중인 신용정보주체의 개인신용정보와 분리하는 등 대통령령으로 정하는 바에 따라 관리하여야 하며, 이에 따라 분리하여 보존하는 개인신용정보를 활용하는 경우에는 신용정보주체에게 통지하여야 한다.

라. 개인정보의 관리절차 등

개인신용정보의 종류, 관리기간, 삭제의 방법·절차 및 금융거래 등 상거래관계가 종료된 날의 기준 등은 대통령령으로 정한다.

5. 폐업 시 보유정보의 처리(제21조)

신용정보회사 등(신용정보제공·이용자는 제외한다)이 폐업하려는 경우에는 금융위원회가 정하여 고시하는 바에 따라 보유정보를 처분하거나 폐기하여야 한다.

제5장 신용정보 관련 산업

제1절 신용정보업

1. 신용정보회사 임원의 자격요건 등(제22조)

가. 임원의 자격요건

개인신용평가회사, 개인사업자신용평가회사 및 기업신용조회회사의 임원에 관하여는 금융회사의 지배구조에 관한 법률 제5조를 준용한다.

나. 임직원 채용 결격사유

신용조사회사는 다음의 어느 하나에 해당하는 사람을 임직원으로 채용하거나 고용하여서는 아니 된다.

1. 미성년자. 다만, 금융위원회가 정하여 고시하는 업무에 채용하거나 고용하는 경우는 제외한다.
2. 피성년후견인 또는 피한정후견인
3. 파산선고를 받고 복권되지 아니한 사람
4. 금고 이상의 실형을 선고받고 그 집행이 끝나거나(집행이 끝난 것으로 보는 경우를 포함한다) 집행이 면제된 날부터 3년이 지나지 아니한 사람
5. 금고 이상의 형의 집행유예를 선고받고 그 유예기간 중에 있는 사람
6. 이 법 또는 그 밖의 법령에 따라 해임되거나 면직된 후 5년이 지나지 아니한 사람
7. 이 법 또는 그 밖의 법령에 따라 영업의 허가·인가 등이 취소된 법인이나 회사의 임직원이었던 사람(그 취소사유의 발생에 직접 또는 이에 상응하는 책임이 있는 사람으로서 대통령령으로 정하는 사람만 해당한다)으로서 그 법인 또는 회사에 대한 취소가 있는 날부터 5년이 지나지 아니한 사람

> 감사 또는 감사위원회의 위원, 허가 · 인가 등의 취소 원인이 되는 사유의 발생과 관련하여 위법 또는 부당한 행위로 금융위원회 또는 금융감독원의 원장으로부터 주의, 경고, 문책, 직무정지, 해임요구 또는 그 밖의 조치를 받은 임원, 허가 · 인가 등의 취소 원인이 되는 사유의 발생과 관련하여 위법 또는 부당한 행위로 금융위원회 또는 금융감독원장으로부터 정직요구 이상에 해당하는 조치를 받은 사람, 제재 대상으로서 그 제재를 받기 전에 사임하거나 사직한 사람.

재임 또는 재직 중이었더라면 이 법 또는 그 밖의 법령에 따라 해임권고(해임요구를 포함한다) 또는 면직요구의 조치를 받았을 것으로 통보된 퇴임한 임원 또는 퇴직한 직원으로서 그 통보가 있었던 날부터 5년(통보가 있었던 날부터 5년이 퇴임 또는 퇴직한 날부터 7년을 초과한 경우에는 퇴임 또는 퇴직한 날부터 7년으로 한다)이 지나지 아니한 사람

2. 신용정보 등의 보고(제22조의2)

개인신용평가회사, 개인사업자신용평가회사, 기업신용조회회사 및 본인신용정보관리회사는 신용정보의 이용범위, 이용기간, 제공 대상자를 대통령령으로 정하는 바에 따라 금융위원회에 보고하여야 한다.

3. 개인신용평가 등에 관한 원칙(제22조의3)

가. 신용평가 업무시 고려사항

개인신용평가회사 및 그 임직원은 개인신용평가에 관한 업무를 할 때 1) 개인신용평가 결과가 정확하고 그 평가체계가 공정한지 여부, 2) 개인신용평가 과정이 공개적으로 투명하게 이루어지는지 여부의 사항을 고려하여 그 업무를 수행하여야 한다.

나. 충실의무

기업신용등급제공업무 또는 기술신용평가업무를 하는 기업신용조회회사 및 그 임직원은 기업신용등급이나 기술신용정보의 생성에 관한 업무를 할 때 독립적인 입장에서 공정하고

충실하게 그 업무를 수행하여야 한다.

4. 개인신용평가회사의 행위규칙(제22조의4)

가. 신용평가 방법

개인신용평가회사가 개인인 신용정보주체의 신용상태를 평가할 경우 그 신용정보주체에게 개인신용평가에 불이익이 발생할 수 있는 정보 외에 개인신용평가에 혜택을 줄 수 있는 정보도 함께 고려하여야 한다.

나. 신용평가시 금지사항

개인신용평가회사가 개인신용평가를 할 때에는 다음의 행위를 하여서는 아니 된다.

1) 성별, 출신지역, 국적 등으로 합리적 이유 없이 차별하는 행위

2) 개인신용평가 모형을 만들 때 특정한 평가항목을 합리적 이유 없이 유리하게 또는 불리하게 반영하는 행위

3) 그 밖에 신용정보주체 보호 또는 건전한 신용질서를 저해할 우려가 있는 행위로서 대통령령으로 정하는 행위

다. 불공정행위 금지

전문개인신용평가업을 하는 개인신용평가회사는 계열회사(독점규제 및 공정거래에 관한 법률 제2조 제3호에 따른 계열회사를 말한다. 이하 같다)로부터 상품 또는 서비스를 제공받는 개인인 신용정보주체의 개인신용평점을 높이는 등 대통령령으로 정하는 불공정행위를 하여서는 아니 된다.

5. 개인사업자신용평가회사의 행위규칙(제22조의5)

가. 신용평가 방법

개인사업자신용평가회사가 개인사업자의 신용상태를 평가할 경우에는 다음의 사항을 따라야 한다.

1) 해당 개인사업자에게 평가에 불이익이 발생할 수 있는 정보 외에 평가에 혜택을 줄 수

있는 정보도 함께 고려할 것

2) 개인사업자신용평가회사와 금융거래 등 상거래 관계가 있는 자와 그 외의 자를 합리적 이유 없이 차별하지 아니할 것

나. 신용평가시 금지행위

개인사업자신용평가회사는 다음의 어느 하나에 해당하는 행위를 하여서는 아니 된다.

1) 개인사업자의 신용상태를 평가하는 과정에서 개인사업자신용평가회사 또는 그 계열회사의 상품이나 서비스를 구매하거나 이용하도록 강요하는 행위

2) 그 밖에 신용정보주체 보호 또는 건전한 신용질서를 저해할 우려가 있는 행위로서 대통령령으로 정하는 행위

다. 내부통제기준 설정

개인사업자신용평가회사는 그 임직원이 직무를 수행할 때 지켜야 할 적절한 기준 및 절차로서 다음의 사항을 포함하는 내부통제기준을 정하여야 한다. 다만, 개인신용평가회사가 제11조 제2항에 따라 개인사업자신용평가업을 하는 경우로서 자동화평가의 방법으로 개인사업자의 신용상태를 평가하는 경우에는 1)를 포함하지 아니할 수 있다.

1) 평가조직과 영업조직의 분리에 관한 사항

2) 이해상충 방지에 관한 사항

3) 불공정행위의 금지에 관한 사항

4) 개인사업자의 특성에 적합한 신용상태의 평가기준에 관한 사항

5) 그 밖에 내부통제기준에 관하여 필요한 사항으로서 대통령령으로 정하는 사항

6. 기업신용조회회사의 행위규칙(제22조의6)

가. 신용평가 방법

기업신용조회회사(기업정보조회업무만 하는 기업신용조회회사는 제외한다. 이하 제2항 및 제3항에서 같다)가 기업 및 법인의 신용상태를 평가할 경우에는 해당 기업 및 법인에게 평가에 불이익이 발생할 수 있는 정보 외에 평가에 혜택을 줄 수 있는 정보도 함께 고려하여야 한다.

나. 신용평가시 금지사항

기업신용조회회사는 다음 각 호의 어느 하나에 해당하는 행위를 하여서는 아니 된다.

1) 기업신용조회회사와 일정한 비율 이상의 출자관계에 있는 등 특수한 관계에 있는 자로서 대통령령으로 정하는 자와 관련된 기업신용등급 및 기술신용정보를 생성하는 행위

2) 기업신용등급 및 기술신용정보의 생성 과정에서 기업신용조회회사 또는 그 계열회사의 상품이나 서비스를 구매하거나 이용하도록 강요하는 행위

3) 그 밖에 신용정보주체 보호 또는 건전한 신용질서를 저해할 우려가 있는 행위로서 대통령령으로 정하는 행위

다. 내부통제기준 설정

기업신용조회회사는 그 임직원이 직무를 수행할 때 지켜야 할 적절한 기준 및 절차로서 다음의 사항을 포함하는 내부통제기준을 정하여야 한다.

1) 평가조직과 영업조직의 분리에 관한 사항

2) 이해상충 방지에 관한 사항

3) 불공정행위의 금지에 관한 사항

4) 기업 및 법인의 특성에 적합한 기업신용등급의 생성기준 또는 기술신용평가의 기준에 관한 사항

5) 그 밖에 내부통제기준에 관하여 필요한 사항으로서 대통령령으로 정하는 사항

7. 신용조사회사의 행위규칙(제22조의7)

가. 금지행위

신용조사회사는 다음의 어느 하나에 해당하는 행위를 하여서는 아니 된다.

1) 의뢰인에게 허위 사실을 알리는 행위

2) 신용정보에 관한 조사 의뢰를 강요하는 행위

3) 신용정보 조사 대상자에게 조사자료의 제공과 답변을 강요하는 행위

4) 금융거래 등 상거래관계 외의 사생활 등을 조사하는 행위

나. 증표소지 및 제시

신용조사업에 종사하는 임직원이 신용정보를 조사하는 경우에는 신용조사업에 종사하고 있음을 나타내는 증표를 지니고 이를 상대방에게 내보여야 한다.

제2절 본인신용정보관리업

1. 본인신용정보관리회사의 임원의 자격요건(제22조의8)

본인신용정보관리회사의 임원에 관하여는 금융회사의 지배구조에 관한 법률 5조를 준용한다.

2. 본인신용정보관리회사의 행위규칙(제22조의9)

가. 금지행위

본인신용정보관리회사는 다음의 어느 하나에 해당하는 행위를 하여서는 아니 된다.

1) 개인인 신용정보주체에게 개인신용정보의 전송요구를 강요하거나 부당하게 유도하는 행위

2) 그 밖에 신용정보주체 보호 또는 건전한 신용질서를 저해할 우려가 있는 행위로서 대통령령으로 정하는 행위

나. 내부관리규정 구비

본인신용정보관리회사는 제11조 제6항에 따른 업무 및 제11조의2 제6항 제3호에 따른 업무를 수행하는 과정에서 개인인 신용정보주체와 본인신용정보관리회사 사이에 발생할 수 있는 이해상충을 방지하기 위한 내부관리규정을 마련하여야 한다.

다. 금지행위

본인신용정보관리회사는 다음의 수단을 대통령령으로 정하는 방식으로 사용·보관함으로써 신용정보주체에게 교부할 신용정보를 수집하여서는 아니 된다.

1) 대통령령으로 정하는 신용정보제공 · 이용자나 개인정보 보호법에 따른 공공기관으로서 대통령령으로 정하는 공공기관 또는 본인신용정보관리회사(이하 이 조 및 제33조의2에서 '신용정보제공 · 이용자등'이라 한다)가 선정하여 사용 · 관리하는 신용정보주체 본인에 관한 수단으로서 전자금융거래법 제2조 제10호에 따른 접근매체

2) 본인임을 확인 받는 수단으로서 본인의 신분을 나타내는 증표 제시 또는 전화, 인터넷 홈페이지의 이용 등 대통령령으로 정하는 방법

라. 개인정보 전송 등 방법

(1) 원칙

신용정보제공 · 이용자등은 개인인 신용정보주체가 본인신용정보관리회사에 본인에 관한 개인신용정보의 전송을 요구하는 경우에는 정보제공의 안전성과 신뢰성이 보장될 수 있는 방식으로서 대통령령으로 정하는 방식으로 해당 개인인 신용정보주체의 개인신용정보를 그 본인신용정보관리회사에 직접 전송하여야 한다.

(2) 위 (1)항에도 불구하고 신용정보제공 · 이용자등의 규모, 금융거래 등 상거래의 빈도 등을 고려하여 대통령령으로 정하는 경우에 해당 신용정보제공 · 이용자등은 대통령령으로 정하는 중계기관을 통하여 본인신용정보관리회사에 개인신용정보를 전송할 수 있다.

마. 비용부담

신용정보제공 · 이용자등은 제33조의2 제제4항에 따라 개인신용정보를 정기적으로 전송할 경우에는 필요한 범위에서 최소한의 비용을 본인신용정보관리회사가 부담하도록 할 수 있다.

바. 전송절차 등 규정

전송의 절차 · 방법, 비용의 산정기준 등에 대해서는 대통령령으로 정한다.

> [시행일 : 2021. 8. 4.] 제22조의9제3항, 제22조의9제4항, 제22조의9 제5항, 제22조의9 제6항, 제22조의9 제7항

제3절 공공정보의 이용 · 제공

1. 공공기관에 대한 신용정보의 제공 요청 등(제23조)

가. 신용정보의 제공 요청

신용정보집중기관이 국가 · 지방자치단체 또는 대통령령으로 정하는 공공단체(이하 '공공기관'이라 한다)의 장에게 신용정보주체의 신용도 · 신용거래능력 등의 판단에 필요한 신용정보로서 대통령령으로 정하는 신용정보의 제공을 요청하면 그 요청을 받은 공공기관의 장은 다음의 법률에도 불구하고 해당 신용정보집중기관에 정보를 제공할 수 있다. 이 경우 정보를 제공하는 기준과 절차 등은 대통령령으로 정한다.

1) 공공기관의 정보공개에 관한 법률

2) 개인정보 보호법

3) 국민건강보험법

4) 국민연금법

5) 한국전력공사법

6) 주민등록법

공공기관

(1) 공공기관의 운영에 관한 법률 제4조에 따른 공공기관으로서 금융위원회사 정하여 고사하는 기관

(2) 국가 또는 지방자치단체가 자본금, 기금 또는 경비를 투자, 출연 또는 보조하는 기관으로서 금융위원회가 정하여 고사하는 기관

(3) 특별법에 따라 설립된 특수법인으로서 금융위원회가 정하여 고사하는 기관

(4) 어음법 및 수표법에 따라 지정된 어음교환소와 전자어음의 발행 및 유통에 관한 법률에 따라 지정된 전자어음관리기관

(5) 초 · 중등교육법, 고등교육법 및 그 밖의 다른 법률에 따라 설치된 각급학교

(6) 보험업법에 따른 보험요율산출기관

(7) 민법에 따라 금융위원회로부터 허가를 받아 설립된 신용회복위원회

나. 신용정보의 제공

(1) 정보제공

신용정보집중기관은 공공기관으로부터 제공받은 신용정보를 대통령령으로 정하는 신용정보의 이용자에게 제공할 수 있다. 이에 따라 개인신용정보를 제공받은 자는 그 정보를 제3자에게 제공하여서는 아니 된다.

(2) 수수료 등 지급

신용정보의 제공을 요청하는 자는 관계 법령에 따라 열람료 또는 수수료 등을 내야 한다.

다. 신용정보 제공시 유의사항

신용정보집중기관 또는 제3항에 따른 신용정보의 이용자가 제2항 및 제3항에 따라 공공기관으로부터 제공받은 개인신용정보를 제공하는 경우에는 제32조 제3항에서 정하는 바에 따라 제공받으려는 자가 해당 개인으로부터 신용정보 제공·이용에 대한 동의를 받았는지를 확인하여야 한다. 다만, 제32조 제6항 각 호의 어느 하나에 해당하는 경우에는 그러하지 아니하다.

라. 공무목적 신용정보 제공

신용정보회사 등은 공공기관의 장이 관계 법령에서 정하는 공무상 목적으로 이용하기 위하여 신용정보의 제공을 문서로 요청한 경우에는 그 신용정보를 제공할 수 있다.

2. 주민등록전산정보자료의 이용(제24조)

가. 주민등록전산정보자료 요청

신용정보집중기관 및 대통령령으로 정하는 신용정보제공·이용자는 다음의 어느 하나에 해당하는 경우에는 행정안전부장관에게 주민등록법 제30조 제1항에 따른 주민등록전산정보자료의 제공을 요청할 수 있다. 이 경우 요청을 받은 행정안전부장관은 특별한 사유가 없으면 그 요청에 따라야 한다.

1) 상법 제64조(상사시효) 등 다른 법률에 따라 소멸시효가 완성된 예금 및 보험금 등의

지급을 위한 경우로서 해당 예금 및 보험금 등의 원권리자에게 관련 사항을 알리기 위한 경우

2) 금융거래계약의 만기 도래, 실효(失效), 해지 등 계약의 변경사유 발생 등 거래 상대방의 권리 · 의무에 영향을 미치는 사항을 알리기 위한 경우

나. 자료제공 요청 심사

주민등록전산정보자료를 요청하는 경우에는 금융위원회위원장의 심사를 받아야 한다. 이에 따라 금융위원회위원장의 심사를 받은 경우에는 주민등록법 제30조 제1항에 따른 관계 중앙행정기관의 장의 심사를 거친 것으로 본다. 처리절차, 사용료 또는 수수료 등에 관한 사항은 주민등록법에 따른다.

제4절 신용정보집중기관 및 데이터전문기관 등

1. 신용정보집중기관(제25조)

가. 금융위원회의 허가

신용정보를 집중하여 수집 · 보관함으로써 체계적 · 종합적으로 관리하고, 신용정보회사 등 상호 간에 신용정보를 교환 · 활용(이하 '집중관리 · 활용'이라 한다)하려는 자는 금융위원회로부터 신용정보집중기관으로 허가를 받아야 한다.

나. 허가구분

신용정보집중기관은 다음의 구분에 따라 허가를 받아야 한다.

1) 종합신용정보집중기관: 대통령령으로 정하는 금융기관 전체로부터의 신용정보를 집중관리 · 활용하는 신용정보집중기관

이에 따른 종합신용정보집중기관(이하 '종합신용정보집중기관'이라 한다)은 집중되는 신용정보의 정확성 · 신속성을 확보하기 위하여 제26조에 따른 신용정보집중관리위원회가 정하는 바에 따라 신용정보를 제공하는 금융기관의 신용정보 제공의무 이행 실태를

조사할 수 있다.

2) 개별신용정보집중기관: 제1호에 따른 금융기관 외의 같은 종류의 사업자가 설립한 협회 등의 협약 등에 따라 신용정보를 집중관리 · 활용하는 신용정보집중기관

이에 따른 신용정보집중기관은 대통령령으로 정하는 바에 따라 신용정보공동전산망(이하 '공동전산망'이라 한다)을 구축할 수 있으며, 공동전산망에 참여하는 자는 그 유지 · 관리 등에 필요한 협조를 하여야 한다. 이 경우 신용정보집중기관은 전기통신사업법 제2조 제1항 제1호에 따른 전기통신사업자이어야 한다.

다. 허가요건

신용정보집중기관으로 허가를 받으려는 자는 다음의 요건을 갖추어야 한다.

1) 민법 제32조(비영리법인의 설립과 허가)에 따라 설립된 비영리법인일 것
2) 신용정보를 집중관리 · 활용하는 데 있어서 대통령령으로 정하는 바에 따라 공공성과 중립성을 갖출 것
3) 대통령령으로 정하는 시설 · 설비 및 인력을 갖출 것

라. 허가 및 취소 등에 필요한 사항 등

허가 및 그 취소 등에 필요한 사항과 집중관리 · 활용되는 신용정보의 내용 · 범위 및 교환 대상자는 대통령령으로 정한다.

다만, 신용정보집중기관과 개인신용평가회사, 개인사업자신용평가회사, 기업신용조회회사(기업정보조회업무만 하는 기업신용조회회사는 제외한다) 사이의 신용정보 교환 및 이용은 개인신용평가회사, 개인사업자신용평가회사, 기업신용조회회사(기업정보조회업무만 하는 기업신용조회회사는 제외한다)의 의뢰에 따라 신용정보집중기관이 개인신용평가회사, 개인사업자신용평가회사, 기업신용조회회사(기업정보조회업무만 하는 기업신용조회회사는 제외한다)에 신용정보를 제공하는 방식으로 한다.

2. 종합신용정보집중기관의 업무(제25조의2)

종합신용정보집중기관은 다음의 업무를 수행한다. 〈개정 2020. 2. 4.〉

1) 제25조(신용정보집중기관) 제2항 제1호에 따른 금융기관 전체로부터의 신용정보 집중관리ㆍ활용

> ② 제1항에 따른 신용정보집중기관은 다음 각 호의 구분에 따라 허가를 받아야 한다.
>
> 1. 종합신용정보집중기관: 대통령령으로 정하는 금융기관 전체로부터의 신용정보를 집중관리ㆍ활용하는 신용정보집중기관

2) 제23조(공공기관에 대한 신용정보의 제공 요청 등)제2항에 따라 공공기관으로부터 수집한 신용정보의 집중관리ㆍ활용

3) 제39조의2(채권자변동정보의 열람 등)에 따라 신용정보주체에게 채권자변동정보를 교부하거나 열람하게 하는 업무

4) 공공 목적의 조사 및 분석 업무

5) 신용정보의 가공ㆍ분석 및 제공 등과 관련하여 대통령령으로 정하는 업무

6) 제26조의3(개인신용평가체계 검증위원회)에 따른 개인신용평가체계 검증위원회의 운영

7) 이 법 및 다른 법률에서 종합신용정보집중기관이 할 수 있도록 정한 업무

8) 그 밖에 제1호부터 제5호까지에 준하는 업무로서 대통령령으로 정하는 업무

3. 신용정보집중관리위원회(제26)

가. 위원회설치

다음의 업무를 수행하기 위하여 종합신용정보집중기관에 신용정보집중관리위원회(이하 '위원회'라 한다)를 둔다.

1) 제25조의2 각 호의 업무로서 대통령령으로 정하는 업무와 관련한 중요 사안에 대한 심의

2) 신용정보의 집중관리ㆍ활용에 드는 경상경비, 신규사업의 투자비 등의 분담에 관한 사항

3) 제25조 제2항 제1호에 따른 금융기관의 신용정보제공의무 이행 실태에 관한 조사 및 대통령령으로 정하는 바에 따른 제재를 부과하는 사항

4) 신용정보의 업무목적 외 누설 또는 이용의 방지대책에 관한 사항

5) 그 밖에 신용정보의 집중관리ㆍ활용에 필요한 사항

나. 위원회의 보고

위원회는 위 가.항 각 호의 사항을 결정한 경우 금융위원회가 정하는 바에 따라 금융위원회에 보고하여야 한다.

4. 신용정보집중관리위원회의 구성 · 운영 등(제26조의2)

위원회는 위원장 1명을 포함한 15명 이내의 위원으로 구성하며, 위원회의 위원장은 종합신용정보집중기관의 장으로 하며, 위원은 공익성, 중립성, 업권별 대표성, 신용정보에 관한 전문지식 등을 고려하여 구성한다. 그 밖에 위원회의 구성 및 운영 등에 필요한 사항은 대통령령으로 정한다.

5. 개인신용평가체계 검증위원회(제26조의3) 〈본조신설 2020. 2. 4.〉

가. 검증위원회 설치

다음의 업무를 수행하기 위하여 종합신용정보집중기관에 개인신용평가체계 검증위원회를 두며, 이에 따른 개인신용평가체계 검증위원회의 구성 및 운영, 제2항부터 제4항까지의 규정에 따른 심의결과의 제출 방법, 시기 및 절차 등에 관하여는 대통령령으로 정한다.

1) 개인신용평가회사 및 개인사업자신용평가회사(이하 이 조에서 '개인신용평가회사 등'이라 한다)의 평가에 사용되는 기초정보에 관한 심의
2) 개인신용평가회사 등의 평가모형의 예측력, 안정성 등에 관한 심의
3) 1) 및 2)와 유사한 것으로서 대통령령으로 정하는 사항

나. 검증위원회 구성

개인신용평가체계 검증위원회는 위원장 1명을 포함한 7명 이내의 위원으로 구성한다.

다. 검증위원회의 심의 및 보고 등

개인신용평가체계 검증위원회는 위 가.항 각 호의 사항을 심의하여 그 결과를 금융위원회가 정하여 고시하는 바에 따라 금융위원회에 보고하고, 해당 개인신용평가회사 등에 알려야 한다. 금융위원회는 이항에 따라 보고받은 심의결과를 금융위원회가 정하여 고시하는 바에

따라 인터넷 홈페이지 등을 이용하여 공개하여야 한다.

제5절 채권추심업

채권추심업 종사자 및 위임직채권추심인 등(제27조)

> 원래제목: 종사자 및 위임직채권추심인 등〈제목개정 2020. 2. 4.〉

가. 임직원 채용 부적격자 및 금지업무

채권추심회사는 다음의 어느 하나에 해당하는 자를 임직원으로 채용하거나 고용하여서는 아니 되며, 위임 또는 그에 준하는 방법으로 채권추심업무를 하여서는 아니 된다.

1) 미성년자. 다만, 금융위원회가 정하여 고시하는 업무에 채용하거나 고용하는 경우는 제외한다.

2) 피성년후견인 또는 피한정후견인

3) 파산선고를 받고 복권되지 아니한 자

4) 금고 이상의 실형을 선고받고 그 집행이 끝나거나(집행이 끝난 것으로 보는 경우를 포함한다) 집행이 면제된 날부터 3년이 지나지 아니한 자

5) 금고 이상의 형의 집행유예를 선고받고 그 유예기간 중에 있는 자

6) 이 법 또는 그 밖의 법령에 따라 해임되거나 면직된 후 5년이 지나지 아니한 자

7) 이 법 또는 그 밖의 법령에 따라 영업의 허가·인가 등이 취소된 법인이나 회사의 임직원이었던 자(그 취소사유의 발생에 직접 또는 이에 상응하는 책임이 있는 자로서 대통령령으로 정하는 자만 해당한다)로서 그 법인 또는 회사에 대한 취소가 있은 날부터 5년이 지나지 아니한 자

8) 제2항 제2호에 따른 위임직채권추심인이었던 자로서 등록이 취소된 지 5년이 지나지 아니한 자

9) 재임 또는 재직 중이었더라면 이 법 또는 그 밖의 법령에 따라 해임권고(해임요구를 포함한

다) 또는 면직요구의 조치를 받았을 것으로 통보된 퇴임한 임원 또는 퇴직한 직원으로서 그 통보가 있었던 날부터 5년(통보가 있었던 날부터 5년이 퇴임 또는 퇴직한 날부터 7년을 초과한 경우에는 퇴임 또는 퇴직한 날부터 7년으로 한다)이 지나지 아니한 사람

나. 추심업무 범위

(1) 업무범위

채권추심회사는 다음의 어느 하나에 해당하는 자를 통하여 추심업무를 하여야 한다.

1) 채권추심회사의 임직원

2) 채권추심회사가 위임 또는 그에 준하는 방법으로 채권추심업무를 하도록 한 자(이하 '위임직채권추심인'이라 한다)

(2) 배제업무

채권추심회사는 추심채권이 아닌 채권을 추심할 수 없으며 다음의 어느 하나에 해당하는 위임직채권추심인을 통하여 채권추심업무를 하여서는 아니 된다.

1) 등록되지 아니한 위임직채권추심인

2) 다른 채권추심회사의 소속으로 등록된 위임직채권추심인

3) 업무정지 중에 있는 위임직채권추심인

다. 추심인 등록 및 업무

채권추심회사는 그 소속 위임직채권추심인이 되려는 자를 금융위원회에 등록하여야 하며, 위임직채권추심인은 소속 채권추심회사 외의 자를 위하여 채권추심업무를 할 수 없다.

라. 등록취소 사유

금융위원회는 위임직채권추심인이 다음의 어느 하나에 해당하면 그 등록을 취소할 수 있다.

1) 거짓이나 그 밖의 부정한 방법으로 제3항에 따른 등록을 한 경우

2) 업무정지명령을 위반하거나 업무정지에 해당하는 행위를 한 자가 그 사유발생일 전 1년 이내에 업무정지처분을 받은 사실이 있는 경우

3) 채권의 공정한 추심에 관한 법률 제9조 각 호의 어느 하나를 위반하여 채권추심행위를
한 경우

제9조(폭행 · 협박 등의 금지) 채권추심자는 채권추심과 관련하여 다음 각 호의 어느 하나
에 해당하는 행위를 하여서는 아니 된다.

1. 채무자 또는 관계인을 폭행 · 협박 · 체포 또는 감금하거나 그에게 위계나 위력을 사용하는
행위

2. 정당한 사유 없이 반복적으로 또는 야간(오후 9시 이후부터 다음 날 오전 8시까지를 말한
다. 이하 같다)에 채무자나 관계인을 방문함으로써 공포심이나 불안감을 유발하여 사생활
또는 업무의 평온을 심하게 해치는 행위

3. 정당한 사유 없이 반복적으로 또는 야간에 전화하는 등 말 · 글 · 음향 · 영상 또는 물건을
채무자나 관계인에게 도달하게 함으로써 공포심이나 불안감을 유발하여 사생활 또는 업
무의 평온을 심하게 해치는 행위

4. 채무자 외의 사람(제2조 제2호에도 불구하고 보증인을 포함한다)에게 채무에 관한 거짓
사실을 알리는 행위

5. 채무자 또는 관계인에게 금전의 차용이나 그 밖의 이와 유사한 방법으로 채무의 변제자금
을 마련할 것을 강요함으로써 공포심이나 불안감을 유발하여 사생활 또는 업무의 평온을
심하게 해치는 행위

6. 채무를 변제할 법률상 의무가 없는 채무자 외의 사람에게 채무자를 대신하여 채무를 변제
할 것을 요구함으로써 공포심이나 불안감을 유발하여 사생활 또는 업무의 평온을 심하게
해치는 행위

7. 채무자의 직장이나 거주지 등 채무자의 사생활 또는 업무와 관련된 장소에서 다수인이 모
여 있는 가운데 채무자 외의 사람에게 채무자의 채무금액, 채무불이행 기간 등 채무에 관
한 사항을 공연히 알리는 행위

4) 등록의 내용이나 조건을 위반한 경우
5) 정당한 사유 없이 1년 이상 계속하여 등록한 영업을 하지 아니한 경우

마. 업부의 정지 명령 등

금융위원회는 위임직채권추심인이 다음의 어느 하나에 해당하면 6개월의 범위에서 기간을
정하여 그 업무의 전부 또는 일부의 정지를 명할 수 있다.

1) 제4항을 위반한 경우

2) 제40조(신용정보회사 등의 금지사항) 제1항 제5호를 위반한 경우

3) 채권의 공정한 추심에 관한 법률 제12조 제2호·제5호를 위반한 경우

4) 그 밖에 법령 또는 소속 채권추심회사의 정관을 위반하여 공익을 심각하게 해치거나 해칠 우려가 있는 경우

바. 증표의 소지 및 제시

채권추심업에 종사하는 임직원이나 위임직채권추심인이 채권추심업무를 하려는 경우에는 채권추심업에 종사함을 나타내는 증표를 지니고 이를 채권의 공정한 추심에 관한 법에 따른 채무자 또는 관계인에게 내보여야 한다.

사. 추심인의 관리 및 금지행위

채권추심회사는 그 소속 위임직채권추심인이 채권추심업무를 함에 있어 법령을 준수하고 건전한 거래질서를 해하는 일이 없도록 성실히 관리하여야 한다. 이 경우 그 소속 위임직채권 추심인이 다음의 구분에 따른 위반행위를 하지 아니하도록 하여야 한다.

1) 채권의 공정한 추심에 관한 법률 제8조의3 제1항, 제9조, 제10조 제1항, 제11조 제1호 또는 제2호를 위반하는 행위

2) 채권의 공정한 추심에 관한 법률 제8조의3 제2항, 제11조 제3호부터 제5호까지, 제12조, 제13조 또는 제13조의2 제2항을 위반하는 행위

아. 추심인의 자격요건 등

위임직채권추심인의 자격요건 및 등록절차는 대통령령으로 정하며, 위임직채권추심인이 되고자 하는 자가 등록을 신청한 때에는 총리령으로 정하는 바에 따라 수수료를 내야 한다.

2. 무허가 채권추심업자에 대한 업무위탁의 금지(제27조의2)

대통령령으로 정하는 여신금융기관, 대부업자 등 신용정보제공·이용자는 채권추심회사 외의 자에게 채권추심업무를 위탁하여서는 아니 된다.

제6장 신용정보주체의 보호

1. 신용정보활용체제의 공시(제31조)

가. 공시사항

개인신용평가회사, 개인사업자신용평가회사, 기업신용조회회사, 신용정보집중기관 및 대통령령으로 정하는 신용정보제공·이용자는 다음의 사항을 대통령령으로 정하는 바에 따라 공시하여야 한다.

1) 개인신용정보 보호 및 관리에 관한 기본계획(총자산, 종업원 수 등을 고려하여 대통령령으로 정하는 자로 한정한다)

2) 관리하는 신용정보의 종류 및 이용 목적

3) 신용정보를 제공받는 자

4) 신용정보주체의 권리의 종류 및 행사 방법

5) 신용평가에 반영되는 신용정보의 종류, 반영비중 및 반영기간(개인신용평가회사, 개인사업자신용평가회사 및 기업신용등급제공업무·기술신용평가업무를 하는 기업신용조회회사로 한정한다)

6) 개인정보 보호법 제30조 제1항 제6호 및 제7호의 사항

제30조(개인정보 처리방침의 수립 및 공개) ① 개인정보처리자는 다음 각 호의 사항이 포함된 개인정보의 처리 방침(이하 '개인정보 처리방침'이라 한다)을 정하여야 한다. 이 경우 공공기관은 제32조에 따라 등록대상이 되는 개인정보파일에 대하여 개인정보 처리방침을 정한다.

6. 제31조에 따른 개인정보 보호책임자의 성명 또는 개인정보 보호업무 및 관련 고충사항을 처리하는 부서의 명칭과 전화번호 등 연락처

7. 인터넷 접속정보파일 등 개인정보를 자동으로 수집하는 장치의 설치·운영 및 그 거부에 관한 사항(해당하는 경우에만 정한다)

---

7). 그 밖에 신용정보의 처리에 관한 사항으로서 대통령령으로 정하는 사항

나. 공시사항 변경시 준용규정

공시 사항을 변경하는 경우에는 개인정보 보호법 제30조 제2항에 따른 방법을 준용한다.

2. 개인신용정보의 제공 · 활용에 대한 동의(제32조)

가. 개인신용정보의 제공 · 활용에 대한 동의

(1) 신용정보 이용자가 타인에 제공시

신용정보제공 · 이용자가 개인신용정보를 타인에게 제공하려는 경우에는 대통령령으로 정하는 바에 따라 해당 신용정보주체로부터 다음의 어느 하나에 해당하는 방식으로 개인신용정보를 제공할 때마다 미리 개별적으로 동의를 받아야 한다. 다만, 기존에 동의한 목적 또는 이용 범위에서 개인신용정보의 정확성 · 최신성을 유지하기 위한 경우에는 그러하지 아니하다.

1) 서면

2) 전자서명법 제2조(정의) 제3호에 따른 공인전자서명이 있는 전자문서(전자문서 및 전자
   거래 기본법 제2조(정의) 제1호에 따른 전자문서를 말한다)

> **전자서명법 제2조(정의)** 이 법에서 사용하는 용어의 정의는 다음과 같다.
> 3. '공인전자서명'이라 함은 다음 각목의 요건을 갖추고 공인인증서에 기초한 전자서명을 말한다.
>   가. 전자서명생성정보가 가입자에게 유일하게 속할 것
>   나. 서명 당시 가입자가 전자서명생성정보를 지배 · 관리하고 있을 것
>   다. 전자서명이 있은 후에 해당 전자서명에 대한 변경여부를 확인할 수 있을 것
>   라. 전자서명이 있은 후에 해당 전자문서의 변경여부를 확인할 수 있을 것

> **전자문서 및 전자거래 기본법 제2조(정의)** 이 법에서 사용하는 용어의 뜻은 다음과 같다.
> 1. '전자문서'란 정보처리시스템에 의하여 전자적 형태로 작성, 송신 · 수신 또는 저장된 정보를 말한다.

3) 개인신용정보의 제공 내용 및 제공 목적 등을 고려하여 정보 제공 동의의 안정성과 신뢰성
   이 확보될 수 있는 유무선 통신으로 개인비밀번호를 입력하는 방식

4) 유무선 통신으로 동의 내용을 해당 개인에게 알리고 동의를 받는 방법. 이 경우 본인 여부 및 동의 내용, 그에 대한 해당 개인의 답변을 음성녹음하는 등 증거자료를 확보·유지하여야 하며, 대통령령으로 정하는 바에 따른 사후 고지절차를 거친다.

5) 그 밖에 대통령령으로 정하는 방식

(2) 신용정보제공받는 자의 경우

개인신용평가회사, 개인사업자신용평가회사, 기업신용조회회사 또는 신용정보집중기관으로부터 개인신용정보를 제공받으려는 자는 대통령령으로 정하는 바에 따라 해당 신용정보주체로부터 위 가.항 각 호의 어느 하나에 해당하는 방식으로 개인신용정보를 제공받을 때마다 개별적으로 동의(기존에 동의한 목적 또는 이용 범위에서 개인신용정보의 정확성·최신성을 유지하기 위한 경우는 제외한다)를 받아야 한다. 이 경우 개인신용정보를 제공받으려는 자는 개인신용정보의 조회 시 개인신용평점이 하락할 수 있는 때에는 해당 신용정보주체에게 이를 고지하여야 한다.

나. 신용정보 제공시 동의여부 확인

개인신용평가회사, 개인사업자신용평가회사, 기업신용조회회사 또는 신용정보집중기관이 개인신용정보를 제공하는 경우에는 해당 개인신용정보를 제공받으려는 자가 동의를 받았는지를 대통령령으로 정하는 바에 따라 확인하여야 한다.

다. 동의방법 – 동의사항 구분 설명 후 확인

신용정보회사 등은 개인신용정보의 제공 및 활용과 관련하여 동의를 받을 때에는 서비스 제공을 위하여 필수적 동의사항과 그 밖의 선택적 동의사항을 구분하여 설명한 후 각각 동의를 받아야 한다. 이 경우 필수적 동의사항은 서비스 제공과의 관련성을 설명하여야 하며, 선택적 동의사항은 정보제공에 동의하지 아니할 수 있다는 사실을 고지하여야 한다. 또한, 신용정보회사 등은 신용정보주체가 선택적 동의사항에 동의하지 아니한다는 이유로 신용정보주체에게 서비스의 제공을 거부하여서는 아니 된다.

라. 신용정보 공시 및 동의배제 사유 등

신용정보회사 등(제9호의3을 적용하는 경우에는 데이터전문기관을 포함한다)이 개인신용정보를 제공하는 경우로서 다음의 어느 하나에 해당하는 경우에는 제1항부터 제5항까지를 적용하지 아니한다.

1) 신용정보회사 및 채권추심회사가 다른 신용정보회사 및 채권추심회사 또는 신용정보집중기관과 서로 집중관리·활용하기 위하여 제공하는 경우

2) 제17조 제2항에 따라 신용정보의 처리를 위탁하기 위하여 제공하는 경우

3) 영업양도·분할·합병 등의 이유로 권리·의무의 전부 또는 일부를 이전하면서 그와 관련된 개인신용정보를 제공하는 경우

4) 채권추심(추심채권을 추심하는 경우만 해당한다), 인가·허가의 목적, 기업의 신용도 판단, 유가증권의 양수 등 대통령령으로 정하는 목적으로 사용하는 자에게 제공하는 경우

5) 법원의 제출명령 또는 법관이 발부한 영장에 따라 제공하는 경우

6) 범죄 때문에 피해자의 생명이나 신체에 심각한 위험 발생이 예상되는 등 긴급한 상황에서 제5호에 따른 법관의 영장을 발부받을 시간적 여유가 없는 경우로서 검사 또는 사법경찰관의 요구에 따라 제공하는 경우. 이 경우 개인신용정보를 제공받은 검사는 지체 없이 법관에게 영장을 청구하여야 하고, 사법경찰관은 검사에게 신청하여 검사의 청구로 영장을 청구하여야 하며, 개인신용정보를 제공받은 때부터 36시간 이내에 영장을 발부받지 못하면 지체 없이 제공받은 개인신용정보를 폐기하여야 한다.

7) 조세에 관한 법률에 따른 질문·검사 또는 조사를 위하여 관할 관서의 장이 서면으로 요구하거나 조세에 관한 법률에 따라 제출의무가 있는 과세자료의 제공을 요구함에 따라 제공하는 경우

8) 국제협약 등에 따라 외국의 금융감독기구에 금융회사가 가지고 있는 개인신용정보를 제공하는 경우

9) 제2조 제1호의4 나목 및 다목의 정보를 개인신용평가회사, 개인사업자신용평가회사, 기업신용등급제공업무·기술신용평가업무를 하는 기업신용조회회사 및 신용정보집중기관에 제공하거나 그로부터 제공받는 경우

10) 통계작성, 연구, 공익적 기록보존 등을 위하여 가명정보를 제공하는 경우. 이 경우 통계

작성에는 시장조사 등 상업적 목적의 통계작성을 포함하며, 연구에는 산업적 연구를 포함한다.

11) 제17조의2 제1항에 따른 정보집합물의 결합 목적으로 데이터전문기관에 개인신용정보를 제공하는 경우

12) 다음 각 목의 요소를 고려하여 당초 수집한 목적과 상충되지 아니하는 목적으로 개인신용정보를 제공하는 경우

> 가. 양 목적 간의 관련성
> 나. 신용정보회사 등이 신용정보주체로부터 개인신용정보를 수집한 경위
> 다. 해당 개인신용정보의 제공이 신용정보주체에게 미치는 영향
> 라. 해당 개인신용정보에 대하여 가명처리를 하는 등 신용정보의 보안대책을 적절히 시행하였는지 여부

13) 이 법 및 다른 법률에 따라 제공하는 경우

14) 1)부터 14)까지의 규정에 준하는 경우로서 대통령령으로 정하는 경우

마. 신용정보 제공시 사전고지

개인신용정보를 타인에게 제공하려는 자 또는 제공받은 자는 대통령령으로 정하는 바에 따라 개인신용정보의 제공 사실 및 이유 등을 사전에 해당 신용정보주체에게 알려야 한다. 다만, 대통령령으로 정하는 불가피한 사유가 있는 경우에는 인터넷 홈페이지 게재 또는 그 밖에 유사한 방법을 통하여 사후에 알리거나 공시할 수 있다.

바. 금융위원회의 승인

개인신용정보를 타인에게 제공하는 신용정보제공·이용자로서 대통령령으로 정하는 자는 제공하는 신용정보의 범위 등 대통령령으로 정하는 사항에 관하여 금융위원회의 승인을 받아야 한다.

사. 제공받는 신용정보의 분리관리

승인을 받아 개인신용정보를 제공받은 자는 해당 개인신용정보를 금융위원회가 정하는

바에 따라 현재 거래 중인 신용정보주체의 개인신용정보와 분리하여 관리하여야 한다.

아. 정보제공의 받는 자의 신원 등 확인

신용정보회사 등이 개인신용정보를 제공하는 경우에는 금융위원회가 정하여 고시하는 바에 따라 개인신용정보를 제공받는 자의 신원(身元)과 이용 목적을 확인하여야 한다.

3. 개인신용정보의 제공·활용에 대한 동의(제32조)

가. 개인신용정보의 제공·활용에 대한 동의

(1) 이용자 등이 타에 제공하는 경우

신용정보제공·이용자가 개인신용정보를 타인에게 제공하려는 경우에는 대통령령으로 정하는 바에 따라 해당 신용정보주체로부터 다음의 어느 하나에 해당하는 방식으로 개인신용정보를 제공할 때마다 미리 개별적으로 동의를 받아야 한다. 다만, 기존에 동의한 목적 또는 이용 범위에서 개인신용정보의 정확성·최신성을 유지하기 위한 경우에는 그러하지 아니하다. 한편, 개인신용정보를 제공한 신용정보제공·이용자는 미리 개별적 동의를 받았는지 여부 등에 대한 다툼이 있는 경우 이를 증명하여야 한다. 한편, 개인신용정보를 제공한 신용정보제공·이용자는 미리 개별적 동의를 받았는지 여부 등에 대한 다툼이 있는 경우 이를 증명하여야 한다.

> 이를 위반한 자는 5년 이하의 징역 또는 5천만원 이하의 벌금에 처한다.

1) 서면

2) 전자서명법 제2조제2호에 따른 전자서명(서명자의 실지명의를 확인할 수 있는 것을 말한다)이 있는 전자문서(전자문서 및 전자거래 기본법, 제2조 제1호에 따른 전자문서를 말한다)

3) 개인신용정보의 제공 내용 및 제공 목적 등을 고려하여 정보 제공 동의의 안정성과 신뢰성이 확보될 수 있는 유무선 통신으로 개인비밀번호를 입력하는 방식

4) 유무선 통신으로 동의 내용을 해당 개인에게 알리고 동의를 받는 방법. 이 경우 본인 여부 및 동의 내용, 그에 대한 해당 개인의 답변을 음성녹음하는 등 증거자료를 확보·유지하여야 하며, 대통령령으로 정하는 바에 따른 사후 고지절차를 거친다.

5) 그 밖에 대통령령으로 정하는 방식

(2) 제공받는 자의 경우

개인신용평가회사, 개인사업자신용평가회사, 기업신용조회회사 또는 신용정보집중기관
으로부터 개인신용정보를 제공받으려는 자는 대통령령으로 정하는 바에 따라 해당 신용정
보주체로부터 위 가.항 각 호의 어느 하나에 해당하는 방식으로 개인신용정보를 제공받을
때마다 개별적으로 동의(기존에 동의한 목적 또는 이용 범위에서 개인신용정보의 정확성 ·
최신성을 유지하기 위한 경우는 제외한다)를 받아야 한다. 이 경우 개인신용정보를 제공받으
려는 자는 개인신용정보의 조회 시 개인신용평점이 하락할 수 있는 때에는 해당 신용정보주
체에게 이를 고지하여야 한다.

나. 개인정보 제공시 동의확인

개인신용평가회사, 개인사업자신용평가회사, 기업신용조회회사 또는 신용정보집중기관
이 개인신용정보를 위 (2)에 따라 제공하는 경우에는 해당 개인신용정보를 제공받으려는
자가 위 (2)에 따른 동의를 받았는지를 대통령령으로 정하는 바에 따라 확인하여야 한다.

다. 동의방법 – 동의사항 구분 설명 후 확인

신용정보회사 등은 개인신용정보의 제공 및 활용과 관련하여 동의를 받을 때에는 대통령령
으로 정하는 바에 따라 서비스 제공을 위하여 필수적 동의사항과 그 밖의 선택적 동의사항을
구분하여 설명한 후 각각 동의를 받아야 한다. 이 경우 필수적 동의사항은 서비스 제공과의
관련성을 설명하여야 하며, 선택적 동의사항은 정보제공에 동의하지 아니할 수 있다는 사실
을 고지하여야 한다. 또한, 신용정보회사 등은 신용정보주체가 선택적 동의사항에 동의하지
아니한다는 이유로 신용정보주체에게 서비스의 제공을 거부하여서는 아니 된다.

라. 신용정보 공시 및 동의배제 사유 등

신용정보회사 등(제9호의3을 적용하는 경우에는 데이터전문기관을 포함한다)이 개인신용
정보를 제공하는 경우로서 다음의 어느 하나에 해당하는 경우에는 제1항부터 제5항까지를

적용하지 아니한다.

1) 신용정보회사 및 채권추심회사가 다른 신용정보회사 및 채권추심회사 또는 신용정보집중기관과 서로 집중관리·활용하기 위하여 제공하는 경우

2) 제17조제2항에 따라 신용정보의 처리를 위탁하기 위하여 제공하는 경우

3) 영업양도·분할·합병 등의 이유로 권리·의무의 전부 또는 일부를 이전하면서 그와 관련된 개인신용정보를 제공하는 경우

4) 채권추심(추심채권을 추심하는 경우만 해당한다), 인가·허가의 목적, 기업의 신용도 판단, 유가증권의 양수 등 대통령령으로 정하는 목적으로 사용하는 자에게 제공하는 경우

5) 법원의 제출명령 또는 법관이 발부한 영장에 따라 제공하는 경우

6) 범죄 때문에 피해자의 생명이나 신체에 심각한 위험 발생이 예상되는 등 긴급한 상황에서 제5호에 따른 법관의 영장을 발부받을 시간적 여유가 없는 경우로서 검사 또는 사법경찰관의 요구에 따라 제공하는 경우. 이 경우 개인신용정보를 제공받은 검사는 지체 없이 법관에게 영장을 청구하여야 하고, 사법경찰관은 검사에게 신청하여 검사의 청구로 영장을 청구하여야 하며, 개인신용정보를 제공받은 때부터 36시간 이내에 영장을 발부받지 못하면 지체 없이 제공받은 개인신용정보를 폐기하여야 한다.

7) 조세에 관한 법률에 따른 질문·검사 또는 조사를 위하여 관할관서의 장이 서면으로 요구하거나 조세에 관한 법률에 따라 제출의무가 있는 과세자료의 제공을 요구함에 따라 제공하는 경우

8) 국제협약 등에 따라 외국의 금융감독기구에 금융회사가 가지고 있는 개인신용정보를 제공하는 경우

9) 제2조 제1호의 4나목 및 다목의 정보를 개인신용평가회사, 개인사업자신용평가회사, 기업신용등급제공업무·기술신용평가업무를 하는 기업신용조회회사 및 신용정보집중기관에 제공하거나 그로부터 제공받는 경우

10) 통계작성, 연구, 공익적 기록보존 등을 위하여 가명정보를 제공하는 경우. 이 경우 통계 작성에는 시장조사 등 상업적 목적의 통계작성을 포함하며, 연구에는 산업적 연구를 포함한다.

11) 제17조의2제1항에 따른 정보집합물의 결합 목적으로 데이터전문기관에 개인신용정보를 제공하는 경우

12) 다음 각 목의 요소를 고려하여 당초 수집한 목적과 상충되지 아니하는 목적으로 개인신용정보를 제공하는 경우

> 가. 양 목적 간의 관련성
> 나. 신용정보회사 등이 신용정보주체로부터 개인신용정보를 수집한 경위
> 다. 해당 개인신용정보의 제공이 신용정보주체에게 미치는 영향
> 라. 해당 개인신용정보에 대하여 가명처리를 하는 등 신용정보의 보안대책을 적절히 시행하였는지 여부

13) 이 법 및 다른 법률에 따라 제공하는 경우

14) 1)부터 14)까지의 규정에 준하는 경우로서 대통령령으로 정하는 경우

마. 신용정보 제공시 사전고지

개인신용정보를 타인에게 제공하려는 자 또는 제공받은 자는 대통령령으로 정하는 바에 따라 개인신용정보의 제공 사실 및 이유 등을 사전에 해당 신용정보주체에게 알려야 한다. 다만, 대통령령으로 정하는 불가피한 사유가 있는 경우에는 인터넷 홈페이지 게재 또는 그 밖에 유사한 방법을 통하여 사후에 알리거나 공시할 수 있다.

사. 금융위원회의 승인

개인신용정보를 타인에게 제공하는 신용정보제공·이용자로서 대통령령으로 정하는 자는 제공하는 신용정보의 범위 등 대통령령으로 정하는 사항에 관하여 금융위원회의 승인을 받아야 한다.

아. 제공받는 신용정보 분리관리

승인을 받아 개인신용정보를 제공받은 자는 해당 개인신용정보를 금융위원회가 정하는 바에 따라 현재 거래 중인 신용정보주체의 개인신용정보와 분리하여 관리하여야 한다.

자. 정보제공의 받는 자의 신원 등 확인

신용정보회사 등이 개인신용정보를 제공하는 경우에는 금융위원회가 정하여 고시하는 바에 따라 개인신용정보를 제공받는 자의 신원(身元)과 이용 목적을 확인하여야 한다.

4. 개인신용정보의 이용(제33조)

가. 개인신용정보의 이용

개인신용정보는 다음의 어느 하나에 해당하는 경우에만 이용하여야 한다.

1) 해당 신용정보주체가 신청한 금융거래 등 상거래관계의 설정 및 유지 여부 등을 판단하기 위한 목적으로 이용하는 경우

> ⇨ 이를 위반한 자는 5년 이하의 징역 또는 5천만원 이하의 벌금에 처한다.

2) 제1호의 목적 외의 다른 목적으로 이용하는 것에 대하여 신용정보주체로부터 동의를 받은 경우
3) 개인이 직접 제공한 개인신용정보(그 개인과의 상거래에서 생긴 신용정보를 포함한다)를 제공받은 목적으로 이용하는 경우(상품과 서비스를 소개하거나 그 구매를 권유할 목적으로 이용하는 경우는 제외한다)
4) 제32조(개인신용정보의 제공·활용에 대한 동의) 제6항 각 호의 경우

> 제32조 ⑥ 신용정보회사 등(제9호의3을 적용하는 경우에는 데이터전문기관을 포함한다)이 개인신용정보를 제공하는 경우로서 다음 각 호의 어느 하나에 해당하는 경우에는 제1항부터 제5항까지를 적용하지 아니한다.

5) 그 밖에 제1호부터 제4호까지의 규정에 준하는 경우로서 대통령령으로 정하는 경우

나. 사전동의

신용정보회사 등이 개인의 질병, 상해 또는 그 밖에 이와 유사한 정보를 수집·조사하거나 제3자에게 제공하려면 미리 제32조 제1항 각 호의 방식으로 해당 개인의 동의를 받아야 하며, 대통령령으로 정하는 목적으로만 그 정보를 이용하여야 한다.

제32조 ① 신용정보제공·이용자가 개인신용정보를 타인에게 제공하려는 경우에는 대통령령으로 정하는 바에 따라 해당 신용정보주체로부터 다음 각 호의 어느 하나에 해당하는 방식으로 개인신용정보를 제공할 때마다 미리 개별적으로 동의를 받아야 한다. 다만, 기존에 동의한 목적 또는 이용 범위에서 개인신용정보의 정확성·최신성을 유지하기 위한 경우에는 그러하지 아니하다.

5. 개인신용정보의 전송요구(제33조의2) 〈본조신설 2020. 2. 4.〉

가. 전송요구

개인인 신용정보주체는 신용정보제공·이용자등에 대하여 그가 보유하고 있는 본인에 관한 개인신용정보를 다음의 어느 하나에 해당하는 자에게 전송하여 줄 것을 요구할 수 있다. 이에 따라 신용정보주체 본인이 개인신용정보의 전송을 요구하는 경우 신용정보제공·이용자등에 대하여 해당 개인신용정보의 정확성 및 최신성이 유지될 수 있도록 정기적으로 같은 내역의 개인신용정보를 전송하여 줄 것을 요구할 수 있다.

1. 해당 신용정보주체 본인
2. 본인신용정보관리회사
3. 대통령령으로 정하는 신용정보제공·이용자
4. 개인신용평가회사
5. 그 밖에 제1호부터 제4호까지의 규정에서 정한 자와 유사한 자로서 대통령령으로 정하는 자

한편, 개인인 신용정보주체가 위 각 호의 어느 하나에 해당하는 자에게 가.항에 따른 전송요구를 할 때에는 다음의 사항을 모두 특정하여 전자문서나 그 밖에 안전성과 신뢰성이 확보된 방법으로 하여야 한다.

> 1. 신용정보제공 · 이용자등으로서 전송요구를 받는 자
> 2. 전송을 요구하는 개인신용정보
> 3. 전송요구에 따라 개인신용정보를 제공받는 자
> 4. 정기적인 전송을 요구하는지 여부 및 요구하는 경우 그 주기
> 5. 그 밖에 제1호부터 제4호까지의 규정에서 정한 사항과 유사한 사항으로서 대통령령으로
> 정하는 사항

나. 전송요구할 수 있는 개인신용정보의 범위

개인인 신용정보주체가 전송을 요구할 수 있는 본인에 관한 개인신용정보의 범위는 다음의
요소를 모두 고려하여 대통령령으로 정한다.

1) 해당 신용정보주체(법령 등에 따라 그 신용정보주체의 신용정보를 처리하는 자를 포함한
   다. 이하 이 호에서 같다)와 신용정보제공 · 이용자등 사이에서 처리된 신용정보로서 다음
   각 목의 어느 하나에 해당하는 정보일 것.

> 가. 신용정보제공 · 이용자등이 신용정보주체로부터 수집한 정보
> 나. 신용정보주체가 신용정보제공 · 이용자등에게 제공한 정보
> 다. 신용정보주체와 신용정보제공 · 이용자등 간의 권리 · 의무관계에서 생성된 정보

2) 컴퓨터 등 정보처리장치로 처리된 신용정보일 것
3) 신용정보제공 · 이용자등이 개인신용정보를 기초로 별도로 생성하거나 가공한 신용정보
   가 아닐 것

다. 전송방법

본인으로부터 개인신용정보의 전송요구를 받은 신용정보제공 · 이용자등은 제32조 및 다
음의 어느 하나에 해당하는 법률의 관련 규정에도 불구하고 지체 없이 본인에 관한 개인신용
정보를 컴퓨터 등 정보처리장치로 처리가 가능한 형태로 전송하여야 한다.

1. 금융실명거래 및 비밀보장에 관한 법률 제4조

2. 국세기본법 제81조의13

3. 지방세기본법 제86조

4. 개인정보 보호법 제18조

5. 그 밖에 제1호부터 제4호까지의 규정에서 정한 규정과 유사한 규정으로서 대통령령으로
   정하는 법률의 관련 규정

라. 전송사실 통보

개인신용정보를 제공한 신용정보제공 · 이용자등은 제32조 제7항 및 다음 각 호의 어느
하나에 해당하는 법률의 관련 규정에도 불구하고 개인신용정보의 전송 사실을 해당 신용정
보주체 본인에게 통보하지 아니할 수 있다.

1. 금융실명거래 및 비밀보장에 관한 법률 제4조의2
2. 그 밖에 개인신용정보의 처리에 관한 규정으로서 대통령령으로 정하는 법률의 관련 규정

마. 전송요구철회

개인인 신용정보주체는 전송요구를 철회할 수 있다.

바. 전송요구 거절, 정지, 중단

본인으로부터 개인신용정보의 전송요구를 받은 신용정보제공 · 이용자등은 신용정보주체
의 본인 여부가 확인되지 아니하는 경우 등 대통령령으로 정하는 경우에는 전송요구를 거절
하거나 전송을 정지 · 중단할 수 있다.

사. 전송방법 등 규정

전송요구의 방법, 전송의 기한 및 방법, 전송요구 철회의 방법, 거절이나 정지 · 중단의
방법에 대해서는 대통령령으로 정한다.

6. 개인식별정보의 수집 · 이용 및 제공(제34조)

신용정보회사 등이 개인을 식별하기 위하여 필요로 하는 정보로서 대통령령으로 정하는 정보를 수집 · 이용 및 제공하는 경우에는 제15조(수집 및 처리의 원칙), 제32조(개인신용정보의 제공 · 활용) 및 제33조(개인신용정보의 이용)를 준용한다.

원래 제목: 개인식별정보의 제공 · 이용 〈제목개정 2020. 2. 4.〉

7. 개인신용정보 등의 활용에 관한 동의의 원칙(제34조의2)

가. 정보활동 동의

(1) 원칙

신용정보회사 등은 제15조 제2항, 제32조 제1항 · 제2항, 제33조 제1항 제2호, 제34조에 따라 신용정보주체로부터 동의(이하 '정보활용 동의'라 한다. 이하 이 조 및 제34조의3에서 같다)를 받는 경우 개인정보 보호법 제15조제2항, 제17조제2항 및 제18조 제3항에 따라 신용정보주체에게 해당 각 조항에서 규정한 사항(이하 이 조에서 '고지사항'이라 한다)을 알리고 정보활용 동의를 받아야 한다. 다만, 동의 방식이나 개인신용정보의 특성 등을 고려하여 대통령령으로 정하는 경우에 대해서는 그러하지 아니하다.

(2) 예외

대통령령으로 정하는 신용정보제공 · 이용자는 제1항에도 불구하고 고지사항 중 그 일부를 생략하거나 중요한 사항만을 발췌하여 그 신용정보주체에게 알리고 정보활용 동의를 받을 수 있다. 다만, 개인인 신용정보주체가 고지사항 전부를 알려줄 것을 요청한 경우에는 그러하지 아니하다. 또한 본문에 따라 고지사항 중 그 일부를 생략하거나 중요한 사항만을 발췌하여 정보활용 동의를 받는 경우에는 같은 항 단서에 따라 신용정보주체에게 고지사항 전부를 별도로 요청할 수 있음을 알려야 한다.

나. 동의시 고려사항

대통령령으로 정하는 신용정보제공 · 이용자는 다음의 사항을 고려하여 개인인 신용정보주체로부터 정보활용 동의를 받아야 한다.

1) 보다 쉬운 용어나 단순하고 시청각적인 전달 수단 등을 사용하여 신용정보주체가 정보활용 동의 사항을 이해할 수 있도록 할 것

2) 정보활용 동의 사항과 금융거래 등 상거래관계의 설정 및 유지 등에 관한 사항이 명확하게 구분되도록 할 것

3) 정보를 활용하는 신용정보회사 등이나 정보활용의 목적별로 정보활용 동의 사항을 구분하여 신용정보주체가 개별적으로 해당 동의를 할 수 있도록 할 것(제32조제4항의 선택적 동의사항으로 한정한다)

8. 정보활용 동의등급(제34조의3)

가. 정보활용 동의등급 고지 및 동의

대통령령으로 정하는 신용정보제공·이용자는 정보활용 동의 사항에 대하여 금융위원회가 평가한 등급(이하 이 조에서 '정보활용 동의등급'이라 한다)을 신용정보주체에게 알리고 정보활용 동의를 받아야 한다. 정보활용 동의 사항 중 대통령령으로 정하는 중요사항을 변경한 경우에도 또한 같다.

나. 정보활용 동의등급 평가시 고려사항

금융위원회는 동의등급 평가를 할 때 다음의 사항을 고려하여 정보활용 동의등급을 부여하여야 한다.

1) 정보활용에 따른 사생활의 비밀과 자유를 침해할 위험에 관한 사항(활용되는 개인신용정보가 개인정보 보호법 제23조에 따른 민감정보인지 여부를 포함한다)

2) 정보활용에 따라 신용정보주체가 받게 되는 이익이나 혜택

3) 제34조의2 제2항 제1호 및 제2호의 사항

4) 그 밖에 제1호부터 제3호까지의 규정에서 정한 사항과 유사한 사항으로서 대통령령으로 정하는 사항

다. 동의등급 취소, 변경

금융위원회는 신용정보제공·이용자가 거짓이나 그 밖의 부정한 방법으로 정보활용 동의등급을 부여받은 경우, 그 밖에 대통령령으로 정하는 경우에는 부여한 정보활용 동의등급을 취소하거나 변경할 수 있다.

9. 신용정보 이용 및 제공사실의 조회(제35조)

가. 신용정보제공시 신용정보주체의 조회

신용정보회사 등은 개인신용정보를 이용하거나 제공한 경우 대통령령으로 정하는 바에 따라 다음의 구분에 따른 사항을 신용정보주체가 조회할 수 있도록 하여야 한다. 다만, 내부 경영관리의 목적으로 이용하거나 반복적인 업무위탁을 위하여 제공하는 경우 등 대통령령으로 정하는 경우에는 그러하지 아니하다.

1) 개인신용정보를 이용한 경우: 이용 주체, 이용 목적, 이용 날짜, 이용한 신용정보의 내용, 그 밖에 대통령령으로 정하는 사항

2) 개인신용정보를 제공한 경우: 제공 주체, 제공받은 자, 제공 목적, 제공한 날짜, 제공한 신용정보의 내용, 그 밖에 대통령령으로 정하는 사항

나. 신용정보주체에 통지

신용정보회사 등은 조회를 한 신용정보주체의 요청이 있는 경우 개인신용정보를 이용하거나 제공하는 때에 위 가.항 각 호의 구분에 따른 사항을 대통령령으로 정하는 바에 따라 신용정보주체에게 통지하여야 하며, 이에 따른 통지를 요청할 수 있음을 알려주어야 한다.

10. 개인신용평점 하락 가능성 등에 대한 설명의무(제35조의2)

대통령령으로 정하는 신용정보제공·이용자는 개인인 신용정보주체와 신용위험이 따르는 금융거래로서 대통령령으로 정하는 금융거래를 하는 경우 다음의 사항을 해당 신용정보주체에게 설명하여야 한다.

1) 해당 금융거래로 인하여 개인신용평가회사가 개인신용평점을 만들어 낼 때 해당 신용정보주체에게 불이익이 발생할 수 있다는 사실

2) 그 밖에 해당 금융거래로 인하여 해당 신용정보주체에게 영향을 미칠 수 있는 사항으로서 대통령령으로 정하는 사항

11. 신용정보제공 · 이용자의 사전통지(제35조의2)

대통령령으로 정하는 신용정보제공 · 이용자가 제2조 제1호 다목의 정보 중 개인신용정보를 개인신용평가회사, 개인사업자신용평가회사, 기업신용조회회사 및 신용정보집중기관에 제공하여 그 업무에 이용하게 하는 경우에는 다음의 사항을 신용정보주체 본인에게 통지하여야 하며, 이에 따른 통지의 시기와 방법 등에 대하여 필요한 사항은 대통령령으로 정한다.

1) 채권자
2) 약정한 기일까지 채무를 이행하지 아니한 사실에 관한 정보로서 다음 각 목의 정보

> 가. 금액 및 기산일
> 나. 해당 정보 등록이 예상되는 날짜

3) 정보 등록 시 개인신용평점 또는 기업신용등급이 하락하고 금리가 상승하는 등 불이익을 받을 수 있다는 사실(신용정보집중기관에 등록하는 경우에는 신용정보집중기관이 제3자에게 정보를 제공함으로써 신용정보주체가 불이익을 받을 수 있다는 사실)
4) 그 밖에 제1호부터 제3호까지의 규정에서 정한 사항과 유사한 사항으로서 대통령령으로 정하는 사항

12. 상거래 거절 근거 신용정보의 고지 등(제36조)

가. 상거래 거절 근거 신용정보의 고지

신용정보제공 · 이용자가 개인신용평가회사, 개인사업자신용평가회사, 기업신용조회회사(기업정보조회업무만 하는 기업신용조회회사는 제외한다) 및 신용정보집중기관으로부터 제공받은 개인신용정보로서 대통령령으로 정하는 정보에 근거하여 상대방과의 상거래관계 설정을 거절하거나 중지한 경우에는 해당 신용정보주체의 요구가 있으면 그 거절 또는 중지의 근거가 된 정보 등 대통령령으로 정하는 사항을 본인에게 고지하여야 한다.

나. 신용정보 확인요청

신용정보주체는 고지받은 본인정보의 내용에 이의가 있으면 고지를 받은 날부터 60일 이내에 해당 신용정보를 수집·제공한 개인신용평가회사, 개인사업자신용평가회사, 기업신용조회회사(기업정보조회업무만 하는 기업신용조회회사는 제외한다) 및 신용정보집중기관에게 그 신용정보의 정확성을 확인하도록 요청할 수 있다.

13. 자동화평가 결과에 대한 설명 및 이의제기 등(제36조의2)

가. 개인신용평가회사 등에 대한 설명요청

개인인 신용정보주체는 개인신용평가회사 및 대통령령으로 정하는 신용정보제공·이용자(이하 이 조에서 '개인신용평가회사 등'이라 한다)에 대하여 다음의 사항을 설명하여 줄 것을 요구할 수 있다.

1) 다음 각 목의 행위에 자동화평가를 하는지 여부

> 가. 개인신용평가
> 나. 대통령령으로 정하는 금융거래의 설정 및 유지 여부, 내용의 결정(대통령령으로 정하는 신용정보제공·이용자에 한정한다)
> 다. 그 밖에 컴퓨터 등 정보처리장치로만 처리하면 개인신용정보 보호를 저해할 우려가 있는 경우로서 대통령령으로 정하는 행위

2) 자동화평가를 하는 경우 다음 각 목의 사항

> 가. 자동화평가의 결과
> 나. 자동화평가의 주요 기준
> 다. 자동화평가에 이용된 기초정보(이하 이 조에서 '기초정보'라 한다)의 개요
> 라. 그 밖에 가목부터 다목까지의 규정에서 정한 사항과 유사한 사항으로서 대통령령으로 정하는 사항

나. 개인인 신용정보주체의 개인신용평가회사 등에 대한 행위

개인인 신용정보주체는 개인신용평가회사 등에 대하여 다음의 행위를 할 수 있다.

1) 해당 신용정보주체에게 자동화평가 결과의 산출에 유리하다고 판단되는 정보의 제출

2) 자동화평가에 이용된 기초정보의 내용이 정확하지 아니하거나 최신의 정보가 아니라고 판단되는 경우 다음 각 목의 어느 하나에 해당하는 행위

> 가. 기초정보를 정정하거나 삭제할 것을 요구하는 행위
> 나. 자동화평가 결과를 다시 산출할 것을 요구하는 행위

다. 개인인 신용정보주체의 요구를 거절

개인신용평가회사 등은 다음의 어느 하나에 해당하는 경우에는 위 가.항 및 나.항에 따른 개인인 신용정보주체의 요구를 거절할 수 있다.

1) 이 법 또는 다른 법률에 특별한 규정이 있거나 법령상 의무를 준수하기 위하여 불가피한 경우

2) 해당 신용정보주체의 요구에 따르게 되면 금융거래 등 상거래관계의 설정 및 유지 등이 곤란한 경우

3) 그 밖에 제1호 및 제2호에서 정한 경우와 유사한 경우로서 대통령령으로 정하는 경우

14. 개인신용정보 제공 동의 철회권(제37조)

가. 개인신용정보 제공 동의 철회권

개인인 신용정보주체는 제32조 제1항 각 호의 방식으로 동의를 받은 신용정보제공·이용자에게 개인신용평가회사, 개인사업자신용평가회사 또는 신용정보집중기관에 제공하여 개인의 신용도 등을 평가하기 위한 목적 외의 목적으로 행한 개인신용정보 제공 동의를 재통령령으로 정하는 바에 따라 철회할 수 있다. 다만, 동의를 받은 신용정보제공·이용자 외의 신용정보제공·이용자에게 해당 개인신용정보를 제공하지 아니하면 해당 신용정보주체와 약정한 용역의 제공을 하지 못하게 되는 등 계약 이행이 어려워지거나 제33조 제1항 제1호에 따른 목적을 달성할 수 없는 경우에는 고객이 동의를 철회하려면 그 용역의 제공을 받지 아니할 의사를 명확하게 밝혀야 한다.

나. 개인인 신용정보주체의 신용제공자 등에 연락중지 요청

개인인 신용정보주체는 대통령령으로 정하는 바에 따라 신용정보제공·이용자에 대하여 상품이나 용역을 소개하거나 구매를 권유할 목적으로 본인에게 연락하는 것을 중지하도록 청구할 수 있다.

15. 신용정보의 열람 및 정정청구 등(제38조)

가. 신용정보의 열람청구 등

신용정보주체는 신용정보회사 등에 본인의 신분을 나타내는 증표를 내보이거나 전화, 인터넷 홈페이지의 이용 등 대통령령으로 정하는 방법으로 본인임을 확인받아 신용정보회사 등이 가지고 있는 신용정보주체 본인에 관한 신용정보로서 대통령령으로 정하는 신용정보의 교부 또는 열람을 청구할 수 있다.

> 전자서명법에 따른 공인전자서명이 있는 전자문서, 개인신용정보의 제공 내용 및 제공 목적 등을 고려하여 정보 제공 동의의 안정성과 신뢰성이 확보될 수 있는 유무선 통신으로 개인비밀번호를 입력하는 방식, 본인의 신분을 나타내는 증표를 내보이는 방법, 전화, 인터넷 홈페이지.

나. 신용정보의 정정청구 등

자신의 신용정보를 열람한 신용정보주체는 본인 신용정보가 사실과 다른 경우에는 금융위원회가 정하여 고시하는 바에 따라 정정을 청구할 수 있으며, 이에 따라 정정청구를 받은 신용정보회사 등은 정정청구에 정당한 사유가 있다고 인정하면 지체 없이 해당 신용정보의 제공·이용을 중단한 후 사실인지를 조사하여 사실과 다르거나 확인할 수 없는 신용정보는 삭제하거나 정정하여야 한다. 또한, 신용정보를 삭제하거나 정정한 신용정보회사 등은 해당 신용정보를 최근 6개월 이내에 제공받은 자와 해당 신용정보주체가 요구하는 자에게 해당 신용정보에서 삭제하거나 정정한 내용을 알려야 한다.

> 이를 위반한 자에게는 3천만원 이하의 과태료를 부과한다.

다. 열람 및 정정청구시 정보주체에 고지

신용정보회사 등은 처리결과를 7일 이내에 해당 신용정보주체에게 알려야 하며, 해당 신용정보주체는 처리결과에 이의가 있으면 대통령령으로 정하는 바에 따라 금융위원회에 그 시정을 요청할 수 있다. 다만, 개인신용정보에 대한 제45조의3(보호위원회의 자료제출 요구·조사 등) 상거래기업 및 법인의 처리에 대하여 이의가 있으면 대통령령으로 정하는 바에 따라 개인정보 보호법에 따른 개인정보 보호위원회(이하 '보호위원회'라 한다)에 그 시정을 요청할 수 있다.

라. 시정요청시 조사수행 등

(1) 조사수행

금융위원회 또는 보호위원회는 시정을 요청받으면 금융위원회의 설치 등에 관한 법률 제24조에 따라 설립된 금융감독원의 원장(이하 '금융감독원장' 라 한다) 또는 보호위원회가 지정한 자로 하여금 그 사실 여부를 조사하게 하고, 조사결과에 따라 신용정보회사 등에 대하여 시정을 명하거나 그 밖에 필요한 조치를 할 수 있다. 다만, 필요한 경우 보호위원회는 해당 업무를 직접 수행할 수 있다. 이에 따라 조사를 하는 자는 그 권한을 표시하는 증표를 지니고 이를 관계인에게 내보여야 한다.

> 이를 위반한 자에게는 3천만원 이하의 과태료를 부과한다.

(2) 시정조치 보고

신용정보회사 등이 제6항에 따른 금융위원회 또는 보호위원회의 시정명령에 따라 시정조치를 한 경우에는 그 결과를 금융위원회 또는 보호위원회에 보고하여야 한다.

16. 신용조회사실의 통지 요청(제38조의2)

신용정보주체는 개인신용평가회사, 개인사업자신용평가회사에 대하여 본인의 개인신용정보가 조회되는 사실을 통지하여 줄 것을 요청할 수 있으며, 이의 요청을 받은 개인신용평가회사 또는 개인사업자신용평가회사는 명의도용 가능성 등 대통령령으로 정하는 사유에 해당하는 개인신용정보 조회가 발생한 때에는 해당 조회에 따른 개인신용정보의 제공을 중지하고 그 사실을 지체 없이 해당 신용정보주체에게 통지하여야 한다. 이 경우 신용정보주체는 금융위원회가 정하는 방식에 따라 본인임을 확인받아야 한다.

> 신용조회사실의 통지 요청에 관한 규정을 위반한 자에게는 3천만원 이하의 과태료를 부과한다.

17. 개인신용정보의 삭제 요구(제38조의3)

가. 개인신용정보의 삭제 요구

(1) 삭제요구

신용정보주체는 금융거래 등 상거래관계가 종료되고 대통령령으로 정하는 기간이 경과한 경우 신용정보제공·이용자에게 본인의 개인신용정보의 삭제를 요구할 수 있다. 다만, 제20조의2 제2항 각 호의 어느 하나에 해당하는 경우에는 그러하지 아니하다.

(2) 분리관리 및 삭제결과 통지

신용정보제공·이용자는 신용정보주체의 요구가 제1항 단서에 해당될 때에는 다른 개인신용정보와 분리하는 등 대통령령으로 정하는 바에 따라 관리하여야 하며, 그 결과를 신용정보주체에게 통지하여야 하며, 이에 따른 통지의 방법은 금융위원회가 정하여 고시한다.

> 제20조의2 ② 개인정보 보호법 제21조 제1항에도 불구하고 신용정보제공·이용자는 금융거래 등 상거래관계가 종료된 날부터 최장 5년 이내(해당 기간 이전에 정보 수집·제공 등의 목적이 달성된 경우에는 그 목적이 달성된 날부터 3개월 이내)에 해당 신용정보주체의 개인신용정보를 관리대상에서 삭제하여야 한다. 다만, 다음 각 호의 경우에는 그러하지 아니하다.
> 1. 이 법 또는 다른 법률에 따른 의무를 이행하기 위하여 불가피한 경우
> 2. 개인의 급박한 생명·신체·재산의 이익을 위하여 필요하다고 인정되는 경우
> 2의2. 가명정보를 이용하는 경우로서 그 이용 목적, 가명처리의 기술적 특성, 정보의 속성 등을 고려하여 대통령령으로 정하는 기간 동안 보존하는 경우
> 3. 그 밖에 다음 각 목의 어느 하나에 해당하는 경우로서 대통령령으로 정하는 경우

나. 신용정보제공자 등의 개인정보 삭제 후 결과 통보

신용정보제공·이용자가 개인신용정보삭제 요구를 받았을 때에는 지체 없이 해당 이를 삭제하고 그 결과를 신용정보주체에게 통지하여야 하며, 이에 따른 통지의 방법은 금융위원회가 정하여 고시한다.

> 개인신용정보의 삭제 요구에 관한 규정을 위반한 자에게는 3천만원 이하의 과태료를 부과한다.

18. 무료 열람권(제39조)

개인인 신용정보주체는 1년 이내로서 대통령령으로 정하는 일정한 기간마다 개인신용평가회사(대통령령으로 정하는 개인신용평가회사는 제외한다)에 대하여 다음의 신용정보를 1회 이상 무료로 교부받거나 열람할 수 있다.

1) 개인신용평점
2) 개인신용평점의 산출에 이용된 개인신용정보
3) 그 밖에 1) 및 2)에서 정한 정보와 유사한 정보로서 대통령령으로 정하는 신용정보

19. 채권자변동정보의 열람 등(제39조의2)

> 종전 제39조의2는 제39조의4로 이동 〈2020. 2. 4.〉

가. 채권자변동정보 제공

⑴ 변동정보 제공 대통령령으로 정하는 신용정보제공·이용자는 개인인 신용정보주체와의 금융거래로서 대통령령으로 정하는 금융거래로 인하여 발생한 채권을 취득하거나 제3자에게 양도하는 경우 해당 채권의 취득·양도·양수 사실에 관한 정보, 그 밖에 신용정보주체의 보호를 위하여 필요한 정보로서 대통령령으로 정하는 정보(이하 이 조에서 '채권자변동정보'라 한다)를 종합신용정보집중기관에 제공하여야 한다.

(2) 분리보관

종합신용정보집중기관은 제1항에 따라 제공받은 채권자변동정보를 제25조 제1항에 따라 집중관리·활용하는 정보, 그 밖에 대통령령으로 정하는 정보와 대통령령으로 정하는 바에 따라 분리하여 보관하여야 한다.

나. 채권자변동정보 교부, 열람

개인인 신용정보주체는 제1항에 따라 종합신용정보집중기관이 제공받아 보유하고 있는 신용정보주체 본인에 대한 채권자변동정보를 교부받거나 열람할 수 있다.

20. 신용정보주체의 권리행사 방법 및 절차(제39조의3)

가. 열람 등 요구

신용정보주체는 다음의 권리행사(이하 '열람 등 요구'라 한다)를 서면 등 대통령령으로 정하는 방법·절차에 따라 대리인에게 하게 할 수 있다.

1) 제33조의2(개인신용정보의 전송요구) 제1항에 따른 전송요구

2) 제36조(상거래 거절 근거 신용정보의 고지 등) 제1항에 따른 고지요구

3) 제36조의2(자동화평가 결과에 대한 설명 및 이의제기 등) 제1항에 따른 설명 요구 및 제2항 각 호의 어느 하나에 해당하는 행위

4) 제37조(개인신용정보 제공 동의 철회권) 제1항에 따른 동의 철회 및 제2항에 따른 연락중지 청구

5) 제38조(신용정보의 열람 및 정정청구 등) 제1항 및 제2항에 따른 열람 및 정정청구

6) 제38조의2(신용조회사실의 통지 요청) 제1항에 따른 통지 요청

7) 제39(무료 열람권)조에 따른 무료열람

8) 제39조의2(채권자변동정보의 열람 등) 제2항에 따른 교부 또는 열람

나. 14세 미만 아동의 경우

만 14세 미만 아동의 법정대리인은 신용정보회사 등에 그 아동의 개인신용정보에 대하여 열람 등 요구를 할 수 있다.

21. 개인신용정보 누설통지 등(제39조의4)

제39조의2에서 이동 〈2020. 2. 4.〉

가. 누설통지

신용정보회사 등은 개인신용정보가 업무 목적 외로 누설되었음을 알게 된 때에는 지체 없이 해당 신용정보주체에게 통지하여야 한다. 이 경우 통지하여야 할 사항은 개인정보 보호법 제34조 제1항 각 호의 사항을 준용한다. 이에 따른 통지의 시기, 방법 및 절차 등에 필요한 사항은 대통령령으로 정한다.

나. 피해조치 강구

신용정보회사 등은 개인신용정보가 누설된 경우 그 피해를 최소화하기 위한 대책을 마련하고 필요한 조치를 하여야 하고, 금융위원회등 또는 보호위원회등은 신용정보회사 등이 행한 조치에 대하여 조사할 수 있으며, 그 조치가 미흡하다고 판단되는 경우 금융위원회 또는 보호위원회는 시정을 요구할 수 있다.

다. 누설시 신고

(1) 금융위원회 등에 신고

신용정보회사 등은 대통령령으로 정하는 규모 이상의 개인신용정보가 누설된 경우 통지 및 조치결과를 지체 없이 금융위원회 또는 대통령령으로 정하는 기관(이하 이 조에서 '금융위원회등'이라 한다)에 신고하여야 한다. 이 경우 금융위원회등은 피해 확산 방지, 피해 복구 등을 위한 기술을 지원할 수 있다. 다만, 상거래기업 및 법인은 보호위원회 또는 대통령령으로 정하는 기관(이하 이 조에서 '보호위원회등'이라 한다)에 신고하여야 한다.

(2) 개인정보 보호위원회에 고지

금융위원회등은 신고를 받은 때에는 이를 개인정보 보호위원회에 알려야 한다.

22. 신용정보회사 등의 금지사항(제40조)

가. 금지사항

신용정보회사 등은 다음의 행위를 하여서는 아니 된다.

1) 특정인의 소재 및 연락처(이하 '소재 등'이라 한다)를 알아내는 행위. 다만, 채권추심회사가 그 업무를 하기 위하여 특정인의 소재 등을 알아내는 경우 또는 다른 법령에 따라 특정인의 소재 등을 알아내는 것이 허용되는 경우에는 그러하지 아니하다.

2) 정보원, 탐정, 그 밖에 이와 비슷한 명칭을 사용하는 일

> 3년 이하의 징역 또는 3천만원 이하의 벌금
> 의뢰인에게 허위 사실을 알리는 일
> 신용정보에 관한 조사 의뢰를 강요하는 일
> 신용정보 조사 대상자에게 조사자료 제공과 답변을 강요하는 일
> 신용정보회사 등이 아니면 특정인의 소재 및 연락처를 알아내거나 금융거래 등 상거래관계
> 외의 사생활 등을 조사하는 일

나. 관련규정 준용

신용정보회사 등이 개인신용정보 또는 개인을 식별하기 위하여 필요한 정보를 이용하여 영리목적의 광고성 정보를 전송하는 경우에 대하여는 정보통신망 이용촉진 및 정보보호 등에 관한 법률 제50조를 준용한다.

23. 가명처리 · 익명처리에 관한 행위규칙(제40조의2)

가. 가명처리에 사용한 추가정보 분리보관, 삭제

신용정보회사 등은 가명처리에 사용한 추가정보를 대통령령으로 정하는 방법으로 분리하여 보관하거나 삭제하여야 한다.

나. 가명처리정보 내부관리계획 수립

신용정보회사 등은 가명처리한 개인신용정보에 대하여 제3자의 불법적인 접근, 입력된

정보의 변경 · 훼손 및 파괴, 그 밖의 위험으로부터 가명정보를 보호하기 위하여 내부관리계획을 수립하고 접속기록을 보관하는 등 대통령령으로 정하는 바에 따라 기술적 · 물리적 · 관리적 보안대책을 수립 · 시행하여야 한다.

다. 익명처리수준 심사 등

신용정보회사 등은 개인신용정보에 대한 익명처리가 적정하게 이루어졌는지 여부에 대하여 금융위원회에 그 심사를 요청할 수 있으며, 금융위원회가 신용정보회사 등의 요청에 따라 심사하여 적정하게 익명처리가 이루어졌다고 인정한 경우 더 이상 해당 개인인 신용정보주체를 알아볼 수 없는 정보로 추정한다.

라. 심사 등 위탁

금융위원회는 심사 및 인정 업무에 대해서는 대통령령으로 정하는 바에 따라 제26조의4에 따른 데이터 전문기관에 위탁할 수 있다.

마. 가명정보 처리방법

신용정보회사 등은 영리 또는 부정한 목적으로 특정 개인을 알아볼 수 있게 가명정보를 처리하여서는 아니 되며, 가명정보를 이용하는 과정에서 특정 개인을 알아볼 수 있게 된 경우 즉시 그 가명정보를 회수하여 처리를 중지하고, 특정 개인을 알아볼 수 있게 된 정보는 즉시 삭제하여야 한다.

바. 가명, 익명처리시 보존기간

신용정보회사 등은 개인신용정보를 가명처리나 익명처리를 한 경우 다음의 구분에 따라 조치 기록을 3년간 보존하여야 한다.
1) 개인신용정보를 가명 처리한 경우

> 가. 가명처리한 날짜
>
> 나. 가명처리한 정보의 항목
>
> 다. 가명처리한 사유와 근거

2) 개인신용정보를 익명처리한 경우

> 가. 익명처리한 날짜
>
> 나. 익명처리한 정보의 항목
>
> 다. 익명처리한 사유와 근거

24. 가명정보에 대한 적용 제외(제40조의3)

가명정보에 관하여는 제32조 제7항, 제33조의2, 제35조, 제35조의2, 제35조의3, 제36조, 제36조의2, 제37조, 제38조, 제38조의2, 제38조의3, 제39조 및 제39조의2부터 제39조의4까지의 규정을 적용하지 아니한다.

25. 채권추심회사의 금지사항(제41조)

채권추심회사는 자기의 명의를 빌려주어 타인으로 하여금 채권추심업을 하게 하여서는 아니 되며, 또한 다른 법령에서 허용된 경우 외에는 상호 중에 '신용정보'라는 표현이 포함된 명칭 이외의 명칭을 사용하여서는 아니 된다. 다만, 채권추심회사가 신용조회업 또는 자본시장과 금융투자업에 관한 법률 제335조의3 제1항에 따라 신용평가업인가를 받아 신용평가업을 함께하는 경우에는 그러하지 아니하다.

> 채권추심회사 및 소속 위임직채권추심인은 채권추심행위를 하는 과정에서 채권의 공정한 추심에 관한 법률 제5조, 제6조 및 제8조를 준수하여야 하며, 같은 법 제9조부터 제13조까지의 규정을 위반하여 채권추심을 해서는 아니 된다.
>
> **(1) 채권의 공정한 추심에 관한 법률 제5조(채무확인서의 교부)** ① 채권추심자는 채무자로부터 원금, 이자, 비용, 변제기 등 채무를 증명할 수 있는 서류(이하 '채무확인서'라 한다)의

교부를 요청받은 때에는 정당한 사유가 없는 한 이에 응하여야 한다.

② 채권추심자는 채무확인서 교부에 직접 사용되는 비용 중 대통령령으로 정하는 범위에서 채무자에게 그 비용을 청구할 수 있다.

(2) 채권의 공정한 추심에 관한 법률 제6조(수임사실 통보) ① 채권추심자 채권자로부터 채권추심을 위임받은 경우에는 채권추심에 착수하기 전까지 다음 각 호에 해당하는 사항을 채무자에게 서면(전자문서 및 전자거래 기본법 제2조 제1호의 전자문서를 포함한다)으로 통지하여야 한다. 다만, 채무자가 통지가 필요 없다고 동의한 경우에는 그러하지 아니하다.

1. 채권추심자의 성명 · 명칭 또는 연락처(채권추심자가 법인인 경우에는 채권추심담당자의 성명, 연락처를 포함한다)
2. 채권자의 성명 · 명칭, 채무금액, 채무불이행 기간 등 채무에 관한 사항
3. 입금계좌번호, 계좌명 등 입금계좌 관련 사항

② 제1항에도 불구하고 채무발생의 원인이 된 계약에 기한의 이익에 관한 규정이 있는 경우에는 채무자가 기한의 이익을 상실한 후 즉시 통지하여야 한다.

③ 제1항에도 불구하고 채무발생의 원인이 된 계약이 계속적인 서비스 공급 계약인 경우에는 서비스 이용료 납부지체 등 채무불이행으로 인하여 계약이 해지된 즉시 통지하여야 한다.

(3) 채권의 공정한 추심에 관한 법률 제8조(채무불이행정보 등록 금지) 채권추심자채무자가 채무의 존재를 다투는 소를 제기하여 그 소송이 진행 중인 경우에 「신용정보의 보호 및 이용에 관한 법률」에 따른 신용정보집중기관이나 신용정보업자의 신용정보전산시스템에 해당 채무자를 채무불이행자로 등록하여서는 아니 된다. 이 경우 채무불이행자로 이미 등록된 때에는 채권추심자는 채무의 존재를 다투는 소가 제기되어 소송이 진행 중임을 안 날부터 30일 이내에 채무불이행자 등록을 삭제하여야 한다.

(4) 채권의 공정한 추심에 관한 법률 제9조(폭행 · 협박 등의 금지) 채권추심자는 채권추심과 관련하여 다음 각 호의 어느 하나에 해당하는 행위를 하여서는 아니 된다.

1. 채무자 또는 관계인을 폭행 · 협박 · 체포 또는 감금하거나 그에게 위계나 위력을 사용하는 행위
2. 정당한 사유 없이 반복적으로 또는 야간(오후 9시 이후부터 다음 날 오전 8시까지를 말한다. 이하 같다)에 채무자나 관계인을 방문함으로써 공포심이나 불안감을 유발하여 사생활

또는 업무의 평온을 심하게 해치는 행위

3. 정당한 사유 없이 반복적으로 또는 야간에 전화하는 등 말·글·음향·영상 또는 물건을 채무자나 관계인에게 도달하게 함으로써 공포심이나 불안감을 유발하여 사생활 또는 업무의 평온을 심하게 해치는 행위

4. 채무자 외의 사람(제2조 제2호에도 불구하고 보증인을 포함한다)에게 채무에 관한 거짓 사실을 알리는 행위

5. 채무자 또는 관계인에게 금전의 차용이나 그 밖의 이와 유사한 방법으로 채무의 변제자금을 마련할 것을 강요함으로써 공포심이나 불안감을 유발하여 사생활 또는 업무의 평온을 심하게 해치는 행위

6. 채무를 변제할 법률상 의무가 없는 채무자 외의 사람에게 채무자를 대신하여 채무를 변제할 것을 요구함으로써 공포심이나 불안감을 유발하여 사생활 또는 업무의 평온을 심하게 해치는 행위

7. 채무자의 직장이나 거주지 등 채무자의 사생활 또는 업무와 관련된 장소에서 다수인이 모여 있는 가운데 채무자 외의 사람에게 채무자의 채무금액, 채무불이행 기간 등 채무에 관한 사항을 공연히 알리는 행위

(5) 채권의 공정한 추심에 관한 법률 제10조(개인정보의 누설 금지 등) ① 채권추심자는 채권발생이나 채권추심과 관련하여 알게 된 채무자 또는 관계인의 신용정보나 개인정보를 누설하거나 채권추심의 목적 외로 이용하여서는 아니 된다.
② 채권추심자가 다른 법률에 따라 신용정보나 개인정보를 제공하는 경우는 제1항에 따른 누설 또는 이용으로 보지 아니한다.

(6) 채권의 공정한 추심에 관한 법률 제11조(거짓 표시의 금지 등) 채권추심자는 채권추심과 관련하여 채무자 또는 관계인에게 다음 각 호의 어느 하나에 해당하는 행위를 하여서는 아니 된다.
1. 무효이거나 존재하지 아니한 채권을 추심하는 의사를 표시하는 행위
2. 법원, 검찰청, 그 밖의 국가기관에 의한 행위로 오인할 수 있는 말·글·음향 ·영상·물건, 그 밖의 표지를 사용하는 행위
3. 채권추심에 관한 법률적 권한이나 지위를 거짓으로 표시하는 행위
4. 채권추심에 관한 민사상 또는 형사상 법적인 절차가 진행되고 있지 아니함에도 그러한 절

차가 진행되고 있다고 거짓으로 표시하는 행위

5. 채권추심을 위하여 다른 사람이나 단체의 명칭을 무단으로 사용하는 행위

(7) 채권의 공정한 추심에 관한 법률 제12조(불공정한 행위의 금지) 채권추심자는 채권추심과 관련하여 다음 각 호의 어느 하나에 해당하는 행위를 하여서는 아니 된다.

1. 혼인, 장례 등 채무자가 채권추심에 응하기 곤란한 사정을 이용하여 채무자 또는 관계인에게 채권추심의 의사를 공개적으로 표시하는 행위

2. 채무자의 연락두절 등 소재파악이 곤란한 경우가 아님에도 채무자의 관계인에게 채무자의 소재, 연락처 또는 소재를 알 수 있는 방법 등을 문의하는 행위

3. 정당한 사유 없이 수화자부담전화료 등 통신비용을 채무자에게 발생하게 하는 행위
   채무자 회생 및 과실에 관한 법률에 따라 개인회생채권에 대한 변제를 받거나 변제를 요구하는 일체의 행위가 중지 또는 금지되었음을 알면서 법령으로 정한 절차 외에서 반복적으로 채무변제를 요구하는 행위

4. 채무자 회생 및 파산에 관한 법률에 따른 회생절차, 파산절차 또는 개인회생절차에 따라 전부 또는 일부 면책되었음을 알면서 법령으로 정한 절차 외에서 반복적으로 채무변제를 요구하는 행위

5. 엽서에 의한 채무변제 요구 등 채무자 외의 자가 채무사실을 알 수 있게 하는 행위

(8) 채권의 공정한 추심에 관한 법률 제13조(부당한 비용 청구 금지) 채권추심자는 채무자 또는 관계인에게 지급할 의무가 없거나 실제로 사용된 금액을 초과한 채권추심비용을 청구하여서는 아니 된다.
② 채권추심자가 채무자 또는 관계인에게 청구할 수 있는 채권추심비용의 범위 등 제1항과 관련하여 필요한 사항은 대통령령으로 정한다.

26. 모집업무수탁자의 모집경로 확인 등(제41조의2)

가. 모집업무위탁 및 확인사항

신용정보제공·이용자는 본인의 영업을 영위할 목적으로 모집업무(그 명칭과 상관없이 본인의 영업과 관련한 계약체결을 대리하거나 중개하는 업무를 말한다. 이하 같다)를 제3자에게 위탁하는 경우 그 모집업무를 위탁받은 자로서 대통령령으로 정하는 자(이하 '모집업무수탁자'라 한다)에 대하여 다음의 사항을 확인하여야 한다.

1) 거짓이나 그 밖의 부정한 수단이나 방법으로 취득하거나 제공받은 신용정보(이하 '불법
    취득신용정보'라 한다)를 모집업무에 이용하였는지 여부
2) 모집업무에 이용한 개인신용정보 등을 취득한 경로
3) 그 밖에 대통령령으로 정하는 사항

나. 위탁계약 해지

신용정보제공·이용자는 모집업무수탁자가 불법취득신용정보를 모집업무에 이용한 사실
을 확인한 경우 해당 모집업무수탁자와의 위탁계약을 해지하여야 하며, 이에 따라 모집업무
수탁자와의 위탁계약을 해지한 경우 이를 금융위원회 또는 대통령령으로 정하는 등록기관
에 알려야 한다.

27. 업무 목적 외 누설 금지 등(제42조)

가. 신용정보업관련자의 누설금지 등

(1) 위탁받은 자

신용정보회사 등과 제17조 제2항에 따라 신용정보의 처리를 위탁받은 자의 임직원이거나
임직원이었던 자(이하 '신용정보업관련자'라 한다)는 업무상 알게 된 타인의 신용정보 및
사생활 등 개인적 비밀(이하 '개인비밀'이라 한다)을 업무 목적 외에 누설하거나 이용하여서
는 아니 된다.
다만, 신용정보회사 등과 신용정보업관련자가 이 법에 따라 신용정보회사 등에 신용정보를
제공하는 행위는 업무 목적 외의 누설이나 이용으로 보지 아니한다.

(2) 제공받은 자

신용정보회사 등과 신용정보업관련자로부터 개인신용정보를 제공받은 자는 그 개인신용정
보를 타인에게 제공하여서는 아니 된다. 다만, 이 법 또는 다른 법률에 따라 제공이 허용되는
경우에는 그러하지 아니하다.

> 이를 위반한 자는 5년 이하의 징역 또는 5천만원 이하의 벌금에 처한다.

나. 누설정보 취득시 타에 제공 등 금지

누설금지의무를 위반하여 누설된 개인비밀을 취득한 자(그로부터 누설된 개인비밀을 다시 취득한 자를 포함한다)는 그 개인비밀이 위 가.항 위반하여 누설된 것임을 알게 된 경우 그 개인비밀을 타인에게 제공하거나 이용하여서는 아니 된다.

> 이를 위반한 자는 5년 이하의 징역 또는 5천만원 이하의 벌금에 처한다.

28. 과징금의 부과 등(제42조의2)

가. 매출액의 100분의 3 이하

금융위원회는 다음의 어느 하나에 해당하는 행위가 있는 경우에는 전체 매출액의 100분의 3 이하에 해당하는 금액을 과징금으로 부과할 수 있다. 다만, 제1호에 해당하는 행위가 있는 경우에는 50억원 이하의 과징금을 부과할 수 있다.

1) 제19조(신용정보전산시스템의 안전보호) 제1항을 위반하여 개인신용정보를 분실·도난·누출·변조 또는 훼손당한 경우

2) 제32조 제6항 제9호의2에 해당하지 아니함에도 제32조 제1항 또는 제2항을 위반하여 신용정보주체의 동의를 받지 아니하고 개인신용정보를 제3자에게 제공한 경우 및 그 사정을 알면서도 영리 또는 부정한 목적으로 개인신용정보를 제공받은 경우

3) 제32조 제6항 제9호의2 및 제33조 제1항 제4호에 해당하지 아니함에도 제33조 제1항을 위반하여 개인신용정보를 이용한 경우

4) 제40조의2 제6항을 위반하여 영리 또는 부정한 목적으로 특정 개인을 알아볼 수 있게 가명정보를 처리한 경우

5) 제42조 제1항을 위반하여 개인비밀을 업무 목적 외에 누설하거나 이용한 경우

6) 제42조 제3항을 위반하여 불법 누설된 개인비밀임을 알고 있음에도 그 개인비밀을 타인에게 제공하거나 이용한 경우

나. 거짓자료 제출 시

위 가항에 따른 과징금을 부과하는 경우 신용정보회사 등이 매출액 산정자료의 제출을 거부

하거나 거짓의 자료를 제출한 때에는 해당 신용정보회사 등과 비슷한 규모의 신용정보회사 등의 재무제표나 그 밖의 회계자료 등의 자료에 근거하여 매출액을 추정할 수 있다. 다만, 매출액이 없거나 매출액의 산정이 곤란한 경우로서 대통령령으로 정하는 경우에는 200억원 이하의 과징금을 부과할 수 있다.

다. 과징금부과시 고려사항

금융위원회 또는 보호위원회는 위 가.항에 따른 과징금을 부과하려면 다음의 사항을 고려하여야 한다.
1) 위반행위의 내용 및 정도
2) 위반행위의 기간 및 횟수
3) 위반행위로 인하여 취득한 이익의 규모

라. 가산금징수

금융위원회 또는 보호위원회는 제1항에 따른 과징금을 내야 할 자가 납부기한까지 이를 내지 아니하면 납부기한의 다음 날부터 내지 아니한 과징금의 연 100분의 6에 해당하는 가산금을 징수한다. 이 경우 가산금을 징수하는 기간은 60개월을 초과하지 못한다.

마. 과징금 강제징수

금융위원회 또는 보호위원회는 과징금을 내야 할 자가 납부기한까지 이를 내지 아니한 경우에는 기간을 정하여 독촉을 하고, 그 지정된 기간에 과징금과 제5항에 따른 가산금을 내지 아니하면 국세 체납처분의 예에 따라 징수한다.

바. 과징금의 환급

법원의 판결 등의 사유로 제1항에 따라 부과된 과징금을 환급하는 경우에는 과징금을 낸 날부터 환급하는 날까지 연 100분의 6에 해당하는 환급가산금을 지급하여야 한다.

사. 면책

신용정보제공·이용자가 위탁계약을 맺고 거래하는 모집인(여신전문금융업법 제14조의2 제2호에 따른 모집인을 말한다) 등 대통령령으로 정하는 자가 위 가항 각 호에 해당하는 경우에는 그 위반행위의 범위에서 해당 신용정보제공·이용자의 직원으로 본다. 다만, 그 신용정보제공·이용자가 그 모집인 등의 위반행위를 방지하기 위하여 상당한 주의와 감독을 다한 경우에는 그러하지 아니하다.

> 제1항 각호: 개인비밀을 분실·도난·누출·변조 또는 훼손당한 경우, 개인비밀을 업무 목적 외에 누설하거나 이용한 경우, 불법 누설된 개인비밀임을 알고 있음에도 그 개인비밀을 타인에게 제공하거나 이용한 경우

29. 손해배상의 책임(제43조)

가. 신용정보회사 등의 손배책임

(1) 신용정보회사 등과 그로부터 신용정보를 제공받은 자

신용정보회사 등과 그로부터 신용정보를 제공받은 자가 이 법을 위반하여 신용정보주체에게 손해를 가한 경우에는 해당 신용정보주체에 대하여 그 손해를 배상할 책임이 있다. 다만, 신용정보회사 등과 그로부터 신용정보를 제공받은 자가 고의 또는 과실이 없음을 증명한 경우에는 그러하지 아니하다.

(2) 채권추심회사 또는 위임직채권추심인

채권추심회사 또는 위임직채권추심인이 이 법을 위반하여 채권의 공정한 추심에 관한 법률에 따른 채무자 또는 관계인에게 손해를 가한 경우에는 그 손해를 배상할 책임이 있다. 다만, 채권추심회사 또는 위임직채권추심인이 자신에게 고의 또는 과실이 없음을 증명한 경우에는 그러하지 아니하다.

(3) 신용정보회사 자신의 책임있는 사유

신용정보회사가 자신에게 책임 있는 사유로 의뢰인에게 손해를 가한 경우에는 그 손해를

배상할 책임이 있다.

나. 배상책임의 범위

신용정보회사 등이나 그 밖의 신용정보 이용자(수탁자를 포함한다. 이하 이 조에서 같다)가
고의 또는 중대한 과실로 이 법을 위반하여 개인신용정보가 누설되거나 분실 · 도난 · 누
출 · 변조 또는 훼손되어 신용정보주체에게 피해를 입힌 경우에는 해당 신용정보주체에
대하여 그 손해의 5배를 넘지 아니하는 범위에서 배상할 책임이 있다. 다만, 신용정보회사
등이나 그 밖의 신용정보 이용자가 고의 또는 중대한 과실이 없음을 증명한 경우에는 그러하
지 아니하다.

다. 배상액 산정시 고려사항

법원은 배상액을 정할 때에는 다음의 사항을 고려하여야 한다.
1) 고의 또는 손해 발생의 우려를 인식한 정도
2) 위반행위로 인하여 입은 피해 규모
3) 위반행위로 인하여 신용정보회사 등이나 그 밖의 신용정보 이용자가 취득한 경제적 이익
4) 위반행위에 따른 벌금 및 과징금
5) 위반행위의 기간 · 횟수 등
6) 신용정보회사 등이나 그 밖의 신용정보 이용자의 재산상태
7) 신용정보회사 등이나 그 밖의 신용정보 이용자의 개인신용정보 분실 · 도난 · 누출 후
   해당 개인신용정보 회수 노력의 정도
8) 신용정보회사 등이나 그 밖의 신용정보 이용자의 피해구제 노력의 정도

라. 연대배상책임

신용정보의 처리를 위탁받은 자가 이 법을 위반하여 신용정보주체에게 손해를 가한 경우에
는 위탁자는 수탁자와 연대하여 그 손해를 배상할 책임이 있으며, 또한, 위임직채권추심인
이 이 법 또는 채권의 공정한 추심에 관한 법률을 위반하여 채권의 공정한 추심에 관한 법률에
따른 채무자 또는 관계인에게 손해를 가한 경우 채권추심회사는 위임직채권추심인과 연대

하여 그 손해를 배상할 책임이 있다. 다만, 채권추심회사가 위임직채권추심인 선임 및 관리에 있어서 자신에게 고의 또는 과실이 없음을 증명한 경우에는 그러하지 아니하다.

30. 법정손해배상의 청구(제43조의2)

가. 신용정보주체

신용정보주체는 신용정보회사 등이나 그로부터 신용정보를 제공받은 자가 이 법의 규정을 위반한 경우에는 신용정보회사 등이나 그로부터 신용정보를 제공받은 자에게 제43조에 따른 손해배상을 청구하는 대신 300만원 이하의 범위에서 상당한 금액을 손해액으로 하여 배상을 청구할 수 있다. 이 경우 해당 신용정보회사 등이나 그로부터 신용정보를 제공받은 자는 고의 또는 과실이 없음을 입증하지 아니하면 책임을 면할 수 없다.

나. 관련규정 준용

손해배상 청구의 변경 및 법원의 손해액 인정에 관하여는 개인정보 보호법 제39조의2 제2항 및 제3항을 준용한다.

31. 손배해상의 보장(제43조의3)

대통령령으로 정하는 신용정보회사 등은 제43조에 따른 손해배상책임의 이행을 위하여 금융위원회가 정하는 기준에 따라 보험 또는 공제에 가입하거나 준비금을 적립하는 등 필요한 조치를 하여야 한다.

32. 신용정보의 이용 및 보호에 관한 법률과 탐정제도 간의 상충 문제[6]

(1) 신용정보보호법은 신용정보업을 건전하게 육성하고 신용정보의 효율적이용과 체계적 관리를 도모하면서 신용정보의 오·남용으로부터 사생활의 비밀 등을 적절히 보호함으로써 건전한 신용질서의 확립에 이바지하기 위해 제정한 법률이다. 이 법은 우리나라에서 국내법 중 유일하게 타인에 관한 조사업무를 민간인이 비록 한정된 분야이지만 수행할수 있는 법적근거를 마련하고 있는 것이다. 동 법에서는 상행위로 인한 채권을 추심하기

---

6) 이정인, 앞의 논문, 194~194면 원용

위한 재산조사업무는 신용조사업자가 수행할 수 있도록 규정하고 있으므로 그 업무유형이 마치 탐정업무에 해당하는 것으로 보일지라도 이는 공인탐정이 아닌 신용조사업자의 업무이다. 즉, 이 법률 제2조 제11호에서는 상행위로 생긴 금전채권, 판결 등에 따라 권원(權原)이 인정된 민사채권으로서 대통령령으로 정하는 채권, 특별법에 따라 설립된 조합 · 공제조합 · 금고 및 그 중앙회 · 연합회 등의 조합원 · 회원 등에 대한 대출 · 보증, 그 밖의 여신 및 보험 업무에 따른 금전채권 및 다른 법률에서 신용정보회사에 대한 채권추심의 위탁을 허용한 채권을 말한다(동법 제2조 제11항)고 규정되어 있다. 반면에 상행위가 아닌 것으로 발생한 채권확보를 위해 필요한 재산 조사행위는 공인탐정이 수행할 수 있는 업무라 할 것이며, 공인탐정은 신용조사업자와는 달리 재산조사행위에 그칠 뿐 변제받기 위한 활동 및 변제수령행위는 불가능하다고 본다. 따라서 외견상으로는 다 같이 재산과 관련된 조사활동으로 다소 업무의 중첩이 생길 수 있으나 그 활동 대상이나 내용이 서로 다르다고 할 수 있어 업무 중복은 일어나지 않을 것이다.

(2) 신용정보법 제40조에서는 특정인에 대한 소재나 연락처를 알아내거나 상거래 관계 외 사생활을 조사하는 일을 하지 못하도록 금지하고 있지만 다른 법령이 허용하면 가능하도록 규정하고 있어 탐정업법에서 공인탐정의 업무범위로 특정인에 대한 소재탐지활동이 가능하도록 규정하면 될 것으로 보인다. 공인탐정제도가 시행되면 공인탐정의 조사업무 중 소재확인 조사는 가능하도록 규정됨으로써 공인탐정법(안)이 신용조사업자의 특정인에 조사를보완할 수 있으므로 상호 긍정적인 대안이 될 것으로 판단된다.

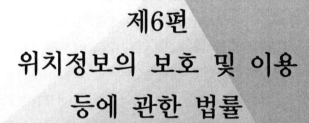

제6편
위치정보의 보호 및 이용
등에 관한 법률

제1장 총칙

1. 목적(제1조)

이 법은 위치정보의 유출·오용 및 남용으로부터 사생활의 비밀 등을 보호하고 위치정보의 안전한 이용환경을 조성하여 위치정보의 이용을 활성화함으로써 국민생활의 향상과 공공복리의 증진에 이바지함을 목적으로 한다.

2. 정의(제2조)

이 법에서 사용하는 용어의 정의는 다음과 같다.

가. 위치정보

'위치정보'라 함은 이동성이 있는 물건 또는 개인이 특정한 시간에 존재하거나 존재하였던 장소에 관한 정보로서 전기통신사업법 제2조 제2호 및 제3호에 따른 전기통신설비 및 전기통신회선설비를 이용하여 수집된 것을 말한다.

나. 개인위치정보

'개인위치정보'라 함은 특정 개인의 위치정보(위치정보만으로는 특정 개인의 위치를 알 수 없는 경우에도 다른 정보와 용이하게 결합하여 특정 개인의 위치를 알 수 있는 것을 포함한다)를 말한다.

다. 개인위치정보주체

'개인위치정보주체'라 함은 개인위치정보에 의하여 식별되는 자를 말한다.

라. 위치정보 수집사실 확인자료

'위치정보 수집사실 확인자료'라 함은 위치정보의 수집요청인, 수집일시 및 수집 방법에 관한 자료(위치정보는 제외한다)를 말한다.

마. 위치정보 이용·제공사실 확인자료

'위치정보 이용·제공사실 확인자료'라 함은 위치정보를 제공받는 자, 취득경로, 이용·제공일시 및 이용·제공방법에 관한 자료(위치정보는 제외한다)를 말한다.

바. 위치정보사업

'위치정보사업'이라 함은 위치정보를 수집하여 위치기반서비스사업을 하는 자에게 제공하는 것을 사업으로 영위하는 것을 말한다.

사. 위치기반서비스사업

'위치기반서비스사업'이라 함은 위치정보를 이용한 서비스(이하 '위치기반서비스'라 한다)를 제공하는 것을 사업으로 영위하는 것을 말한다.

아. 위치정보시스템

'위치정보시스템'이라 함은 위치정보사업 및 위치기반서비스사업을 위하여 정보통신망 이용촉진 및 정보보호 등에 관한 법률 제2조 제1항 제1호에 따른 정보통신망을 통하여 위치정보를 수집·저장·분석·이용 및 제공할 수 있도록 서로 유기적으로 연계된 컴퓨터의 하드웨어, 소프트웨어, 데이터베이스 및 인적자원의 결합체를 말한다.

제2장 위치정보사업의 허가 등

1. 개인위치정보를 대상으로 하는 위치정보사업의 허가 등(제5조)

가. 위치정보사업의 허가

개인위치정보를 대상으로 하는 위치정보사업을 하려는 자는 상호, 주된 사무소의 소재지, 위치정보사업의 종류 및 내용, 위치정보시스템을 포함한 사업용 주요 설비 등에 대하여 대통령령으로 정하는 바에 따라 방송통신위원회의 허가를 받아야 한다. 이에 따라 허가를 하는 경우에는 위치정보의 정확성·신뢰성 제고, 공정경쟁 또는 개인위치정보의 보호를 위한 연구·개발에 필요한 조건을 붙일 수 있으며, 허가의 대상자는 법인으로 한정한다.

나. 허가시 심사사항

방송통신위원회가 허가를 할 때에는 다음의 사항을 종합적으로 심사하여야 한다.
1) 위치정보사업계획의 타당성
2) 개인위치정보 보호 관련 기술적·관리적 조치계획
3) 위치정보사업 관련 설비규모의 적정성
4) 재정 및 기술적 능력
5) 그 밖에 사업수행에 필요한 사항

다. 변경허가의 신청

위치정보사업의 허가를 받은 자(이하 '개인위치정보사업자'라 한다)가 허가를 받은 사항 중 위치정보시스템을 변경(변경으로 인하여 개인위치정보 보호를 위한 기술적 수준이 허가받은 때보다 낮아지는 경우로 한정한다)하려는 경우에는 대통령령으로 정하는 바에 따라 방송통신위원회의 변경허가를 받아야 하고, 상호 또는 주된 사무소의 소재지를 변경하려는 경우에는 방송통신위원회에 변경신고를 하여야 한다.

라. 의무적 허가 또는 변경허가 사항

방송통신위원회는 허가 또는 변경허가의 신청이 다음의 어느 하나에 해당하는 경우를 제외하고는 허가 또는 변경허가를 하여야 한다.

1) 심사사항에 부적합한 경우

2) 신청한 자가 법인이 아닌 경우

3) 신청한 법인의 임원이 제6조 제1항 각 호의 어느 하나에 해당하는 경우

4) 신청한 법인이 제13조 제1항에 따른 허가 취소처분이나 사업의 폐지 명령을 받은 후 3년이 지나지 아니한 경우

5) 그 밖에 이 법 또는 다른 법률에 따른 제한에 위반되는 경우

2. 개인위치정보를 대상으로 하지 아니하는 위치정보사업의 신고(제5조의2)

가. 신고사항

개인위치정보를 대상으로 하지 아니하는 위치정보사업만을 하려는 자는 다음의 사항을 대통령령으로 정하는 바에 따라 방송통신위원회에 신고하여야 한다. 만일, 개인위치정보사업자가 이에 따른 허가를 신청한 때 개인위치정보를 대상으로 하지 아니하는 위치정보사업의 신고에 필요한 서류를 첨부한 경우에는 이에 따른 신고를 한 것으로 본다.

1) 상호

2) 주된 사무소의 소재지

3) 위치정보사업의 종류 및 내용

4) 위치정보시스템을 포함한 사업용 주요 설비

나. 사업신고 제한

사업의 폐지명령을 받은 후 1년이 지나지 아니한 자(법인인 경우에는 그 대표자를 포함한다)는 제1항에 따른 위치정보사업의 신고를 할 수 없다.

다. 변경신고 및 변경신고 사항

위치정보사업의 신고를 한 자(이하 '사물위치정보사업자'라 한다)는 신고한 사항 중 다음

각 호의 어느 하나에 해당하는 사항을 변경하려는 경우 대통령령으로 정하는 바에 따라 방송통신위원회에 변경신고를 하여야 한다.

1) 상호

2) 주된 사무소의 소재지

3) 위치정보시스템(변경으로 인하여 위치정보 보호를 위한 기술적 수준이 신고한 때보다 낮아지는 경우로 한정한다)

3. 임원 또는 종업원의 결격사유(제6조)

다음의 어느 하나에 해당하는 사람은 개인위치정보사업자 또는 사물위치정보사업자(이하 '위치정보사업자'라 한다)의 임원이 될 수 없고, 다음 각 호의 어느 하나에 해당하는 종업원은 제16조 제1항에 따른 위치정보 접근권한자(이하 이 조에서 '접근권한자'라 한다)로 지정될 수 없다.

1) 미성년자 · 피성년후견인 또는 피한정후견인

2) 파산자로서 복권되지 아니한 사람

3) 이 법, 정보통신망 이용촉진 및 정보보호 등에 관한 법률, 전기통신기본법, 전기통신사업법 또는 전파법을 위반하여 금고 이상의 실형을 선고받고 그 집행이 종료(집행이 종료된 것으로 보는 경우를 포함한다)되거나 집행이 면제된 날부터 3년이 지나지 아니한 사람

4) 이 법, 정보통신망 이용촉진 및 정보보호 등에 관한 법률, 전기통신기본법, 전기통신사업법」 또는 전파법을 위반하여 금고 이상의 형의 집행유예를 선고받고 그 유예기간 중에 있는 사람

5) 이 법, 정보통신망 이용촉진 및 정보보호 등에 관한 법률, 전기통신기본법, 전기통신사업법 또는 전파법을 위반하여 벌금형을 선고받고 3년이 지나지 아니한 사람

6) 제13조 제1항에 따른 허가의 취소처분 또는 사업의 폐지명령을 받은 후 3년이 지나지 아니한 자. 이 경우 법인인 때에는 허가취소 또는 사업폐지명령의 원인이 된 행위를 한 사람과 그 대표자를 말한다.

4. 위치정보사업의 휴업·폐업 등(제8조)

가. 휴업

위치정보사업자가 위치정보사업의 전부 또는 일부를 휴업하려는 경우에는 개인위치정보주체에 대한 휴업기간 및 휴업 사실의 통보계획을 정하여(개인위치정보사업자만 해당한다) 다음의 구분에 따라 방송통신위원회의 승인을 받거나 방송통신위원회에 신고하여야 한다. 이 경우 휴업기간은 1년을 초과할 수 없다.

1) 개인위치정보사업자: 승인

2) 사물위치정보사업자: 신고

나. 폐업

위치정보사업자가 위치정보사업의 전부 또는 일부를 폐업하려는 경우에는 개인위치정보주체에 대한 폐업 사실의 통보계획을 정하여(개인위치정보사업자만 해당한다) 다음의 구분에 따라 방송통신위원회의 승인을 받거나 방송통신위원회에 신고하여야 한다.

1) 개인위치정보사업자: 승인

2) 사물위치정보사업자: 신고

다. 휴폐업시 통보사항

승인을 받은 개인위치정보사업자는 휴업하려는 날 또는 폐업하려는 날의 30일 전까지 다음의 구분에 따른 사항을 개인위치정보주체에게 통보하여야 한다.

1) 제1항 제1호에 따른 휴업승인: 휴업하는 위치정보사업의 범위 및 휴업기간

2) 제2항 제1호에 따른 폐업승인: 폐업하는 위치정보사업의 범위 및 폐업일자

라. 휴폐업시 폐기자료

승인을 받아 위치정보사업의 전부 또는 일부를 휴업하는 개인위치정보사업자와 제2항에 따라 위치정보사업의 전부 또는 일부를 폐업하는 위치정보사업자는 휴업 또는 폐업과 동시에 다음의 구분에 따라 개인위치정보 및 위치정보 수집사실 확인 자료를 파기하여야 한다.

1) 휴업승인: 개인위치정보(사업의 일부를 휴업하는 경우에는 휴업하는 사업의 개인위치정

보로 한정한다)

2) 폐업승인: 개인위치정보 및 위치정보 수집사실 확인자료(사업의 일부를 폐업하는 경우에 는 폐업하는 사업의 개인위치정보 및 위치정보 수집사실 확인자료로 한정한다)

3) 폐업신고: 위치정보 수집사실 확인자료(사업의 일부를 폐업하는 경우에는 폐업하는 사업 의 위치정보 수집사실 확인자료로 한정한다)

5. 위치기반서비스사업의 신고(제9조)

가. 방송통신위원회 신고 및 신고내용

위치기반서비스사업(개인위치정보를 대상으로 하지 아니하는 위치기반서비스사업은 제 외한다. 이하 이 조, 제9조의2, 제10조 및 제11조에서 같다)을 하려는 자는 상호, 주된 사무소 의 소재지, 사업의 종류, 위치정보시스템을 포함한 사업용 주요 설비 등에 대하여 대통령령 으로 정하는 바에 따라 방송통신위원회에 신고하여야 한다. 이 경우 방송통신위원회는 제1 항에 따른 신고 내용을 검토하여 이 법에 적합하면 신고를 수리하여야 한다.

나. 사업신고자격 제한

사업의 폐지명령을 받은 후 1년이 지나지 아니한 자(법인인 경우에는 그 대표자를 포함한다) 는 제1항에 따른 위치기반서비스사업의 신고를 할 수 없다.

다. 변경신고 및 신고사항

위치기반서비스사업의 신고를 한 자는 다음의 어느 하나에 해당하는 사항을 변경하려는 경우 대통령령으로 정하는 바에 따라 방송통신위원회에 변경신고를 하여야 한다. 이 경우 방송통신위원회는 변경신고를 받은 경우 그 내용을 검토하여 이 법에 적합하면 신고를 수리 하여야 한다.

1) 상호

2) 주된 사무소의 소재지

3) 위치정보시스템(변경으로 인하여 개인위치정보 보호를 위한 기술적 수준이 신고한 때보 다 낮아지는 경우로 한정한다)

라. 신고의제

개인위치정보사업자가 제5조 제1항에 따른 허가를 신청한 때 제1항에 따른 위치기반서비스사업의 신고(제9조의2 제1항 본문에 따른 소상공인등인 경우에는 같은 항 단서에 따른 신고를 말한다)에 필요한 서류를 첨부한 경우에는 제1항에 따른 위치기반서비스사업의 신고(제9조의2 제1항 본문에 따른 소상공인등인 경우에는 같은 항 단서에 따른 신고를 말한다)를 한 것으로 본다.

6. 소상공인 등의 위치기반서비스사업의 신고(제9조의2)

가. 산업신고 및 신고사항

제9조 제1항에도 불구하고 소상공인기본법 제2조에 따른 소상공인이나 1인 창조기업 육성에 관한 법률 제2조에 따른 1인 창조기업(이하 '소상공인등'이라 한다)으로서 위치기반서비스사업을 하려는 자는 제9조제1항에 따른 신고를 하지 아니하고 위치기반서비스사업을 할 수 있다. 다만, 사업을 개시한 지 1개월이 지난 후에도 계속해서 위치기반서비스사업을 하려는 자는 사업을 개시한 날부터 1개월 이내에 다음의 사항을 대통령령으로 정하는 바에 따라 방송통신위원회에 신고하여야 한다.

1) 상호
2) 주된 사무소의 소재지
3) 사업의 종류 및 내용

나. 사업자격신고 제한

사업의 폐지명령을 받은 후 1년이 지나지 아니한 자(법인인 경우에는 그 대표자를 포함한다)는 제1항에 따른 위치기반서비스사업을 할 수 없다. 〈개정 2020. 6. 9.〉

다. 변견신고 및 신고사항

신고를 한 자는 신고한 사항 중 다음의 어느 하나에 해당하는 사항을 변경한 경우 변경한 날부터 1개월 이내에 대통령령으로 정하는 바에 따라 방송통신위원회에 변경신고를 하여야 한다.

1) 상호

2) 주된 사무소의 소재지

라. 자격변경시 신고

위치기반서비스사업을 개시한 자 또는 같은 항 단서에 따라 신고한 자가 소상공인등에 해당하지 아니하게 된 경우 그 사유가 발생한 날부터 1개월 이내에 대통령령으로 정하는 바에 따라 제9조제1항에 따른 신고에 필요한 사항을 보완하여 방송통신위원회에 신고하여야 한다.

7. 위치기반서비스사업의 휴업 · 폐업 등(제11조)

가. 휴업

위치기반서비스사업자가 사업의 전부 또는 일부를 휴업하고자 하는 때에는 휴업기간을 정하여 휴업하고자 하는 날의 30일 전까지 이를 개인위치정보주체에게 통보하고 방송통신위원회에 신고하여야 한다. 이 경우 휴업기간은 1년을 초과할 수 없으며, 휴업과 동시에 개인위치정보(사업의 일부를 휴업하는 경우에는 휴업하는 사업의 개인위치정보로 한정한다)를 파기하여야 한다.

나. 폐업

위치기반서비스사업자가 사업의 전부 또는 일부를 폐업하고자 하는 때에는 폐업하고자 하는 날의 30일 전까지 이를 개인위치정보주체에게 통보하고 방송통신위원회에 신고하여야 한다. 이 경우 폐업와 동시에 개인위치정보 및 위치정보 이용 · 제공사실 확인자료(사업의 일부를 폐업하는 경우에는 폐업하는 사업의 개인위치정보 및 위치정보 이용 · 제공사실 확인자료로 한정한다)를 파기하여야 한다.

8. 과징금의 부과 등(제14조)

가. 매출액의 100분의 3 이하의 과징금

방송통신위원회는 제13조 제1항에 따른 사업의 정지가 개인위치정보주체의 이익을 현저히 저해할 우려가 있는 경우에는 사업의 정지명령 대신 위치정보사업 또는 위치기반서비스사업 매출액의 100분의 3 이하의 과징금을 부과할 수 있으며, 이에 따른 매출액의 산정 등 과징금을 부과하는 기준 및 절차에 관하여 필요한 사항은 대통령령으로 정한다.

나. 가산금징수

방송통신위원회는 위 가.항에 따른 과징금을 납부하여야 할 자가 납부기한까지 이를 납부하지 아니한 때에는 체납된 과징금에 대하여 납부기한의 다음날부터 연 100분의 8 범위 안에서 대통령령으로 정하는 비율의 가산금을 징수한다.

다. 강제징수

방송통신위원회는 과징금납부의무자가 납부기한까지 과징금을 납부하지 아니한 때에는 기간을 정하여 독촉을 하고, 그 지정한 기간 이내에 과징금 및 제3항에 따른 가산금을 납부하지 아니한 때에는 국세체납처분의 예에 따라 이를 징수한다.

제3장 위치정보의 보호

제1절 통칙

1. 위치정보의 수집 등의 금지(제15조)

가. 위치정보수집 및 이용 등 금지

(1) 원칙

누구든지 개인위치정보주체의 동의를 받지 아니하고 해당 개인위치정보를 수집·이용 또는 제공하여서는 아니 된다.

(2) 예외

다만, 다음의 어느 하나에 해당하는 경우에는 그러하지 아니하다.

> 개인의 동의를 얻지 아니하고 당해 개인의 위치정보를 수집·이용 또는 제공한 자는 3년 이하의 징역 또는 3천만원 이하의 벌금에 처한다.

1) 제29조(긴급구조를 위한 개인위치정보의 이용) 제1항에 따른 긴급구조기관의 긴급구조 요청 또는 같은 조 제7항에 따른 경보발송요청이 있는 경우
2) 제29조 제2항에 따른 경찰관서의 요청이 있는 경우
3) 다른 법률에 특별한 규정이 있는 경우

나. 정보통신기기 복제 및 도용 금지

누구든지 타인의 정보통신기기를 복제하거나 정보를 도용하는 등의 방법으로 개인위치정보 사업자 및 위치기반서비스사업자(이하 '개인위치정보사업자등'이라 한다)를 속여 타인의 개인위치정보를 제공받아서는 아니된다.

다. 위치정보수집장치 판매 등 금지

위치정보를 수집할 수 있는 장치가 붙여진 물건을 판매하거나 대여·양도하는 자는 위치정보 수집장치가 붙여진 사실을 구매하거나 대여·양도받는 자에게 알려야 한다.

2. 위치정보의 보호조치 등(제16조)

가. 사업자의 보호조치

위치정보사업자등은 위치정보의 누출, 변조, 훼손 등을 방지하기 위하여 위치정보의 취급·관리 지침을 제정하거나 접근권한자를 지정하는 등의 관리적 조치와 방화벽의 설치나 암호화 소프트웨어의 활용 등의 기술적 조치를 하여야 한다. 이 경우 관리적 조치와 기술적 조치의 구체적 내용은 대통령령으로 정한다.

> 기술적·관리적 조치를 하지 아니한 자는 1년 이하의 징역 또는 2천만원 이하의 벌금에 처한다.

나. 위치정보수집 자료 보존

위치정보사업자등은 위치정보 수집·이용·제공사실 확인자료를 위치정보시스템에 자동으로 기록되고 보존되도록 하여야 한다.

> 이를 위반한 자는 1년 이하의 징역 또는 2천만원 이하의 벌금에 처한다.

다. 방통위의 점검

방송통신위원회는 위치정보를 보호하고 오용·남용을 방지하기 위하여 소속 공무원으로 하여금 기술적·관리적 조치의 내용과 기록의 보존실태를 대통령령으로 정하는 바에 의하여 점검하게 할 수 있으며, 이에 따라 기술적·관리적 조치의 내용과 기록의 보존실태를 점검하는 공무원은 그 권한을 표시하는 증표를 지니고 이를 관계인에게 내보여야 한다.

점검하는 공무원은 점검의 근거 및 목적, 점검 일시, 점검자의 인적사항, 점검내용을 점검 3일 전까지 그 위치정보사업자 또는 위치기반서비스사업자에게 통보하여야 한다. 다만, 개인위치정보의 침해 사고가 발생하거나 개인위치정보의 침해에 대한 구체적인 민원이 제기된 경우로서 긴급을 요할 때에는 그러하지 아니하다.

3. 위치정보의 누설 등의 금지(제17조)

위치정보사업자등과 그 종업원이거나 종업원이었던 사람은 직무상 알게 된 위치정보를 누설 · 변조 · 훼손 또는 공개하여서는 아니 된다.

개인위치정보를 누설, 변조, 훼손 또는 공개한 자는 5년 이하의 징역 또는 5천만원 이하의 벌금에 처한다.

4. 개인위치정보주체에 대한 위치정보 처리 고지 등(제17조의2)

위치정보사업자등이 개인위치정보주체에게 위치정보 처리와 관련한 사항의 고지 등을 하는 때에는 이해하기 쉬운 양식과 명확하고 알기 쉬운 언어를 사용하여야 한다.

제2절 개인위치정보의 보호

1. 개인위치정보의 수집(제18조)

가. 정보주체의 동의

위치정보사업자가 개인위치정보를 수집하고자 하는 경우에는 미리 다음의 내용을 이용약관에 명시한 후 개인위치정보주체의 동의를 얻어야 하며, 이에 따른 동의를 하는 경우 개인위치정보의 수집의 범위 및 이용약관의 내용 중 일부에 대하여 동의를 유보할 수 있다.

1) 위치정보사업자의 상호, 주소, 전화번호 그 밖의 연락처

2) 개인위치정보주체 및 법정대리인(제25조(법정대리인의 권리) 제1항에 따라 법정대리인

의 동의를 얻어야 하는 경우로 한정한다)의 권리와 그 행사방법

3) 위치정보사업자가 위치기반서비스사업자에게 제공하고자 하는 서비스의 내용

4) 위치정보 수집사실 확인자료의 보유근거 및 보유기간

5) 그 밖에 개인위치정보의 보호를 위하여 필요한 사항으로서 대통령령으로 정하는 사항

나. 최소정보수집원칙

위치정보사업자가 개인위치정보를 수집하는 경우에는 수집목적을 달성하기 위하여 필요한 최소한의 정보를 수집하여야 한다.

> 개인위치정보주체의 동의를 얻지 아니하거나 동의의 범위를 넘어 개인위치정보를 수집 · 이용 또는 제공한 자 및 그 정을 알고 영리 또는 부정한 목적으로 개인위치정보를 제공받은 자는 5년 이하의 징역 또는 5천만원 이하의 벌금에 처한다.

2. 개인위치정보의 이용 또는 제공(제19조)

가. 정보이용 서비스 제공시 정보주체의 동의사항

위치기반서비스사업자가 개인위치정보를 이용하여 서비스를 제공하고자 하는 경우에는 미리 다음의 내용을 이용약관에 명시한 후 개인위치정보주체의 동의를 얻어야 한다.

1) 위치기반서비스사업자의 상호, 주소, 전화번호 그 밖의 연락처

2) 개인위치정보주체 및 법정대리인(제25조 제1항에 따라 법정대리인의 동의를 얻어야 하는 경우로 한정한다)의 권리와 그 행사방법

3) 위치기반서비스사업자가 제공하고자 하는 위치기반서비스의 내용

4) 위치정보 이용 · 제공사실 확인자료의 보유근거 및 보유기간

5) 그 밖에 개인위치정보의 보호를 위하여 필요한 사항으로서 대통령령으로 정하는 사항

또한, 위치기반서비스사업자가 개인위치정보를 개인위치정보주체가 지정하는 제3자에게 제공하는 서비스를 하고자 하는 경우에는 위 가.항 각호의 내용을 이용약관에 명시한 후 제공받는 자 및 제공목적을 개인위치정보주체에게 고지하고 동의를 얻어야 한다.

나. 위치정보 제공사실 즉시 통지

위치기반서비스사업자가 개인위치정보를 개인위치정보주체가 지정하는 제3자에게 제공하는 경우에는 매회 개인위치정보주체에게 제공받는 자, 제공일시 및 제공목적을 즉시 통보하여야 한다. 다만, 대통령령으로 정하는 바에 따라 개인위치정보주체의 동의를 받은 경우에는 최대 30일의 범위에서 대통령령으로 정하는 횟수 또는 기간 등의 기준에 따라 모아서 통보할 수 있다.

> 위치기반서비스사업자가 통보하는 경우에는 위치정보사업자가 개인위치정보를 수집한 해당 통신단말장치로 통보하여야 한다.
> 개인위치정보를 수집한 해당 통신단말장치가 문자, 음성 또는 영상의 수신기능을 갖추지 아니한 경우, 개인위치정보주체가 개인위치정보를 수집한 해당 통신단말장치 외의 통신단말장치 또는 전자우편주소 등으로 통보할 것을 미리 요청한 경우에는 개인위치정보주체가 미리 특정하여 지정한 통신단말장치 또는 전자우편주소 등으로 통보할 수 있다.

다. 정보주체의 동의유보

개인위치정보주체는 제1항·제2항 및 제4항에 따른 동의를 하는 경우 개인위치정보의 이용·제공목적, 제공받는 자의 범위 및 위치기반서비스의 일부와 개인위치정보주체에 대한 통보방법에 대하여 동의를 유보할 수 있다.

> 개인위치정보주체의 동의를 얻지 아니하거나 동의의 범위를 넘어 개인위치정보를 수집·이용 또는 제공한 자 및 그 정을 알고 영리 또는 부정한 목적으로 개인위치정보를 제공받은 자는 5년 이하의 징역 또는 5천만원 이하의 벌금에 처한다.

3. 위치정보사업자의 개인위치정보 제공 등(제19조)

개인위치정보의 이용 또는 제공) 제1항 또는 제2항에 따라 개인위치정보주체의 동의를 얻은 위치기반서비스사업자는 제19조 제1항 또는 제2항의 이용 또는 제공목적을 달성하기 위하여 해당 개인위치정보를 수집한 위치정보사업자에게 해당 개인위치정보의 제공을 요청할 수 있다. 이 경우 위치정보사업자는 정당한 사유없이 제공을 거절하여서는 아니되며, 이에 따라 위치정보사업자가 위치기반서비스사업자에게 개인위치정보를 제공하는 절차 및 방법에 대하여는 대통령령으로 정한다.

4. 개인위치정보 등의 이용·제공의 제한 등(제21조)

위치정보사업자등은 개인위치정보주체의 동의가 있거나 다음의 어느 하나에 해당하는 경우를 제외하고는 개인위치정보 또는 위치정보 수집·이용·제공사실 확인자료를 제18조(개인취치정보의 수집) 제1항 및 제19조(개인위치정보의 이용 또는 제공) 제1항·제2항에 의하여 이용약관에 명시 또는 고지한 범위를 넘어 이용하거나 제3자에게 제공하여서는 아니된다.

1) 위치정보 및 위치기반서비스 등의 제공에 따른 요금정산을 위하여 위치정보 수집·이용·제공사실 확인자료가 필요한 경우

2) 통계작성, 학술연구 또는 시장조사를 위하여 특정 개인을 알아볼 수 없는 형태로 가공하여 제공하는 경우

> 이용약관에 명시하거나 고지한 범위를 넘어 개인위치정보를 이용하거나 제3자에게 제공한 자는 5년 이하의 징역 또는 5천만원 이하의 벌금에 처한다.

5. 사업의 양도 등의 통지(제22조)

위치정보사업자등으로부터 사업의 전부 또는 일부의 양도·합병 또는 상속 등(이하 '양도등'이라 한다)으로 그 권리와 의무를 이전받은 자는 30일 이내에 다음 의 사항을 대통령령으로 정하는 바에 의하여 개인위치정보주체에게 통지하여야 한다.

1) 사업의 전부 또는 일부의 양도등의 사실

2) 위치정보사업자등의 권리와 의무를 승계한 자의 성명, 주소, 전화번호 그 밖의 연락처

3) 그 밖에 개인위치정보 보호를 위하여 필요한 사항으로서 대통령령으로 정하는 사항

위치정보사업자등은 개인위치정보주체에 사업의 양도·합병 또는 상속 등을 통지하는 경우 서명 또는 전자우편 그 밖의 방법으로 개인위치정보주체에 대한 통지 및 인터넷홈페이지에 30일 이상 게시하여야 한다.

6. 개인위치정보의 파기 등(제23조)

위치정보사업자등은 개인위치정보의 수집, 이용 또는 제공목적을 달성한 때에는 제16조 제2항에 따라 기록·보존하여야 하는 위치정보 수집·이용·제공사실 확인자료 외의 개인위치정보는 즉시 파기하여야 한다.

제3절 개인위치정보주체 등의 권리

1. 개인위치정보주체의 권리 등(제24조)

가. 정보주체의 동의 철회권

개인위치정보주체는 위치정보사업자등에 대하여 언제든지 제18조 제1항 및 제19조 제1항·제2항·제4항에 따른 동의의 전부 또는 일부를 철회할 수 있다.

나. 정보주체의 개인위치정보 제공 등 일시중시요청권

개인위치정보주체는 위치정보사업자등에 대하여 언제든지 개인위치정보의 수집, 이용 또는 제공의 일시적인 중지를 요구할 수 있다. 이 경우 위치정보사업자등은 요구를 거절하여서는 아니 되며, 이를 위한 기술적 수단을 갖추어야 한다.

다. 정보주체의 정정 등 요구권

개인위치정보주체는 위치정보사업자등에 대하여 다음의 어느 하나에 해당하는 자료 등의 열람 또는 고지를 요구할 수 있고, 해당 자료 등에 오류가 있는 경우에는 그 정정을 요구할 수 있다. 이 경우 위치정보사업자등은 정당한 사유없이 요구를 거절하여서는 아니 된다.

1) 본인에 대한 위치정보 수집ㆍ이용ㆍ제공사실 확인자료

2) 본인의 개인위치정보가 이 법 또는 다른 법률의 규정에 의하여 제3자에게 제공된 이유 및 내용

라. 개인위치정보 파기

위치정보사업자등은 개인위치정보주체가 동의의 전부 또는 일부를 철회한 경우에는 지체없이 수집된 개인위치정보 및 위치정보 수집ㆍ이용ㆍ제공사실 확인자료(동의의 일부를 철회하는 경우에는 철회하는 부분의 개인위치정보 및 위치정보 이용ㆍ제공사실 확인자료로 한정한다)를 파기하여야 한다.

> 개인위치정보를 파기하지 아니한 자는 1년 이하의 징역 또는 2천만원 이하의 벌금에 처한다.

2. 법정대리인의 권리(제25조)

가. 법정대리인의 동의(14세 미만의 아동)

위치정보사업자등이 14세 미만의 아동으로부터 개인위치정보를 수집ㆍ이용 또는 제공하고자 하는 경우(제18조 제1항, 제19조 제1항, 제2항 또는 제21조)에는 그 법정대리인의 동의를 얻어야 하고, 대통령령으로 정하는 바에 따라 법정대리인이 동의하였는지를 확인하여야 한다.

나. 법정대리인 의제

제18조(개인위치정보의 수집) 제2항ㆍ제19조(개인위치정보의 이용 또는 제공) 제5항 및 제24조(개인위치정보주체의 권리 등)의 규정은 제1항에 따라 법정대리인이 동의를 하는 경우에 이를 준용한다. 이 경우 '개인위치정보주체'는 '법정대리인'으로 본다.

3. 8세 이하 아동 등의 보호를 위한 위치정보이용(제26조)

가. 동의의제

다음의 어느 하나에 해당하는 사람(이하 '8세 이하의 아동 등'이라 한다)의 보호의무자가

8세 이하의 아동 등의 생명 또는 신체의 보호를 위하여 8세 이하의 아동 등의 개인위치정보의 수집·이용 또는 제공에 동의하는 경우에는 본인의 동의가 있는 것으로 본다.

1) 8세 이하의 아동

2) 피성년후견인

3) 장애인복지법 제2조 제2항 제2호에 따른 정신적 장애를 가진 사람으로서 장애인고용촉진 및 직업재활법 제2조 제2호에 따른 중증장애인에 해당하는 사람(장애인복지법 제32조에 따라 장애인 등록을 한 사람만 해당한다)

여기서 8세 이하의 아동 등의 보호의무자는 8세 이하의 아동 등을 사실상 보호하는 자로서 다음의 어느 하나에 해당하는 자를 말한다.

1) 8세 이하의 아동의 법정대리인 또는 보호시설에 있는 미성년자의 후견 직무에 관한 법률 제3조에 따른 후견인

2) 피성년후견인의 법정대리인

3) 제1항 제3호의 자의 법정대리인 또는 장애인복지법 제58조 제1항 제1호에 따른 장애인 거주시설(국가 또는 지방자치단체가 설치·운영하는 시설로 한정한다)의 장, 정신건강 증진 및 정신질환자 복지서비스 지원에 관한 법률 제22조에 따른 정신요양시설의 장 및 같은 법 제26조에 따른 정신재활시설(국가 또는 지방자치단체가 설치·운영하는 시설로 한정한다)의 장

그 외 이에 따른 동의의 요건은 대통령령으로 정한다.

> 서면동의서에 8세 이하의 아동 등의 보호의무자임을 증명하는 서면을 첨부하여 위치정보사업자등에게 제출하여야 한다.
> 서면동의서에는 8세 이하의 아동 등의 성명, 주소 및 생년월일, 보호의무자의 성명, 주소 및 연락처, 개인위치정보 수집, 이용 또는 제공의 목적이 8세 이하의 아동 등의 생명 또는 신체의 보호에 한정된다는 사실, 동의의 연월일을 기재하고 그 보호의무자가 기명날인 또는 서명하여야 한다.

나. 보호의무자 의제규정

제18조부터 제22조까지 및 제24조의 규정은 제2항에 따라 보호의무자가 동의를 하는 경우에 이를 준용한다. 이 경우 '개인위치정보주체'는 '보호의무자'로 본다.

4. 손해배상(제27조)

개인위치정보주체는 위치정보사업자등의 제15조부터 제26조까지의 규정을 위반한 행위로 손해를 입은 경우에 그 위치정보사업자등에 대하여 손해배상을 청구할 수 있다. 이 경우 그 위치정보사업자등은 고의 또는 과실이 없음을 입증하지 아니하면 책임을 면할 수 없다.

5. 분쟁의 조정 등(제28조)

가. 재정신청

위치정보사업자등은 위치정보와 관련된 분쟁에 대하여 당사자 간 협의가 이루어지지 아니하거나 협의를 할 수 없는 경우에는 방송통신위원회에 재정을 신청할 수 있다.

나. 조정신청

위치정보사업자등과 이용자는 위치정보와 관련된 분쟁에 대하여 당사자 간 협의가 이루어지지 아니하거나 협의를 할 수 없는 경우에는 개인정보 보호법 제40조에 따른 개인정보분쟁조정위원회에 조정을 신청할 수 있다.

제4장 긴급구조를 위한 개인위치정보 이용

1. 긴급구조를 위한 개인위치정보의 이용(제29조)

가. 긴급구조 목적 위치정보 제공요청

(1) 재난 및 안전관리 기본법 제3조 제7호

재난 및 안전관리 기본법 제3조 제7호에 따른 긴급구조기관(이하 '긴급구조기관'이라 한다)은 급박한 위험으로부터 생명·신체를 보호하기 위하여 개인위치정보주체, 개인위치정보주체의 배우자, 개인위치정보주체의 2촌 이내의 친족 또는 민법 제928조에 따른 미성년후견인(이하 '배우자등'이라 한다)의 긴급구조요청이 있는 경우 긴급구조 상황 여부를 판단하여 위치정보사업자에게 개인위치정보의 제공을 요청할 수 있다. 이 경우 배우자등은 긴급구조 외의 목적으로 긴급구조요청을 하여서는 아니 된다.

(2) 경찰법 제2조

경찰법 제2조에 따른 경찰청·지방경찰청·경찰서(이하 '경찰관서'라 한다)는 위치정보사업자에게 다음의 어느 하나에 해당하는 개인위치정보의 제공을 요청할 수 있다. 다만, 1)에 따라 경찰관서가 다른 사람의 생명·신체를 보호하기 위하여 구조를 요청한 자(이하 '목격자'라 한다)의 개인위치정보를 제공받으려면 목격자의 동의를 받아야 한다.

1) 생명·신체를 위협하는 급박한 위험으로부터 자신 또는 다른 사람 등 구조가 필요한 사람(이하 '구조 받을 사람'이라 한다)을 보호하기 위하여 구조를 요청한 경우 구조를 요청한 자의 개인위치정보

2) 구조 받을 사람이 다른 사람에게 구조를 요청한 경우 구조 받을 사람의 개인위치정보(이에 따라 다른 사람이 경찰관서에 구조를 요청한 경우 경찰관서는 구조받을 사람의 의사를 확인하여야 한다.)

3) 실종아동 등의 보호 및 지원에 관한 법률 제2조 제2호에 따른 실종아동 등(이하 '실종아동 등'이라 한다)의 생명·신체를 보호하기 위하여 같은 법 제2조 제3호에 따른 보호자(이하

'보호자'라 한다)가 실종아동 등에 대한 긴급구조를 요청한 경우 실종아동 등의 개인위치
정보

위 각 사항에 대한 긴급구조요청은 공공질서의 유지와 공익증진을 위하여 부여된 대통령령
으로 정하는 특수번호 전화서비스를 통한 호출로 한정한다.

나. 위치정보사업자의 개인위치정보수집 의무

구조요청을 받은 위치정보사업자는 해당 개인위치정보주체의 동의 없이 개인위치정보를
수집할 수 있으며, 개인위치정보주체의 동의가 없음을 이유로 긴급구조기관 또는 경찰관서
의 요청을 거부하여서는 아니 된다.

다. 정보제공시 정보주체에 즉시통보

(1) 정보주체에 즉시 통보

긴급구조기관, 경찰관서 및 위치정보사업자는 개인위치정보를 요청하거나 제공하는 경우
그 사실을 해당 개인위치정보주체에게 즉시 통보하여야 한다.

(2) 예외

다만, 즉시 통보가 개인위치정보주체의 생명 · 신체에 대한 뚜렷한 위험을 초래할 우려가
있는 경우에는 그 사유가 소멸한 후 지체 없이 통보하여야 한다.

라. 위치정보사업자의 위험경보발송의무

긴급구조기관은 태풍, 호우, 화재, 화생방사고 등 재난 또는 재해의 위험지역에 위치한
개인위치정보주체에게 생명 또는 신체의 위험을 경보하기 위하여 위치정보사업자에게 경보
발송을 요청할 수 있으며, 요청을 받은 위치정보사업자는 위험지역에 위치한 개인위치정보
주체의 동의가 없음을 이유로 경보발송을 거부하여서는 아니 된다.

마. 위치정보사용 제한

긴급구조기관 및 경찰관서와 긴급구조업무에 종사하거나 종사하였던 사람은 긴급구조 목적으로 제공받은 개인위치정보를 긴급구조 외의 목적에 사용하여서는 아니 된다.

> 개인위치정보를 긴급구조 외의 목적에 사용한 자는 5년 이하의 징역 또는 5천만원 이하의 벌금에 처한다.

바. 경찰관서의 위치정보 요청사항 보관 등

경찰관서는 개인위치정보의 제공을 요청한 때에는 다음의 사항을 보관하여야 하며, 해당 개인위치정보주체가 수집된 개인위치정보에 대한 확인, 열람, 복사 등을 요청하는 경우에는 지체 없이 그 요청에 따라야 한다.

1) 요청자

2) 요청 일시 및 목적

3) 위치정보사업자로부터 제공받은 내용

4) 개인위치정보 수집에 대한 동의(제2항 단서로 한정한다)

> 위치정보시스템 접속 기록을 전자적으로 기록, 보관하여야 한다. 긴급구조기관의 경우도 또한 같다.

사. 제공받은 위치정보 제3자 제공금지

(1) 원칙

긴급구조기관 및 경찰관서는 제공받은 개인위치정보를 제3자에게 알려서는 아니 된다.

(2) 예외

다만, 다음 각 호의 경우에는 그러하지 아니하다.

1) 개인위치정보주체의 동의가 있는 경우

2) 긴급구조 활동을 위하여 불가피한 상황에서 긴급구조기관 및 경찰관서에 제공하는 경우

개인위치정보주체의 동의를 받지 아니하거나 긴급구조 외의 목적으로 개인위치정보를 제공
하거나 제공받은 자는 5년 이하의 징역 또는 5천만원 이하의 벌금에 처한다.

2. 개인위치정보의 요청 및 방식 등(제30조)

가. 위치정보제공 방식

긴급구조기관 및 경찰관서는 제29조 제1항 및 제2항에 따라 위치정보사업자에게 개인위치
정보를 요청할 경우 위치정보시스템을 통한 방식으로 요청하여야 하며, 위치정보사업자는
긴급구조기관 및 경찰관서로부터 요청을 받아 개인위치정보를 제공하는 경우 위치정보시스
템을 통한 방식으로 제공하여야 한다.

나. 위치정보제공자료 등 보고

긴급구조기관 및 경찰관서는 국회 행정안전위원회에, 위치정보사업자는 국회 과학기술정
보방송통신위원회에 제1항 및 제29조 제11항에 따른 개인위치정보의 요청 및 제공에 관한
자료를 매 반기별로 보고하여야 한다. 다만, 제1항에 따른 요청 및 제공에 관한 자료와 제29조
제11항에 따른 요청 및 제공에 관한 자료는 구분하여 보고하여야 한다.

자료는 전자적 파일의 형태로 하여 정보통신망 이용촉진 및 정보보호 등에 관한 법률에 따른
정보통신망을 이용하여 전송하거나, 그 내용을 기록, 보관, 출력할 수 있는 전자적 정보저장
매체에 기록하여 제출할 수 있다.

3. 가족관계 등록전산정보의 이용(제30조의2)

긴급구조기관은 제29조(긴급구조를 위한 개인위치정보의 이용) 제1항에 따른 긴급구조요
청을 받은 경우 긴급구조 요청자와 개인위치정보주체 간의 관계를 확인하기 위하여 가족관
계의 등록 등에 관한 법률 제11조 제6항에 따른 등록전산정보자료의 제공을 법원행정처장에
게 요청할 수 있다.

가족관계 제11조(전산정보처리조직에 의한 등록사무의 처리 등) ① 시·읍·면의 장은 등록사무를 전산정보처리조직에 의하여 처리하여야 한다.

② 본인이 사망하거나 실종선고·부재선고를 받은 때, 국적을 이탈하거나 상실한 때 또는 그 밖에 대법원규칙으로 정한 사유가 발생한 때에는 등록부를 폐쇄한다.

③ 등록부와 제2항에 따라 폐쇄한 등록부(이하 '폐쇄등록부'라 한다)는 법원행정처장이 보관·관리한다.

④ 법원행정처장은 등록부 또는 폐쇄등록부(이하 '등록부등'이라 한다)에 기록되어 있는 등록사항과 동일한 전산정보자료를 따로 작성하여 관리하여야 한다.

⑤ 등록부등의 전부 또는 일부가 손상되거나 손상될 염려가 있는 때에는 법원행정처장은 대법원규칙으로 정하는 바에 따라 등록부등의 복구 등 필요한 처분을 명할 수 있다.

⑥ 등록부등을 관리하는 사람 또는 등록사무를 처리하는 사람은 이 법이나 그 밖의 법에서 규정하는 사유가 아닌 다른 사유로 등록부등에 기록된 등록사항에 관한 전산정보자료(이하 '등록전산정보자료'라 한다)를 이용하거나 다른 사람(법인을 포함한다)에게 자료를 제공하여서는 아니 된다.

4. 비용의 감면(제31조)

위치정보사업자는 제29조(긴급구조를 위한 개인위치정보의 이용) 제7항에 따라 경보발송을 하거나 제30조(개인위치정보의 요청 및 방식 등) 제1항에 따라 긴급구조기관 또는 경찰관서에 개인위치정보를 제공할 경우 비용을 감면할 수 있다.

5. 통계자료의 제출 등(제32조)

위치정보사업자는 제29조 제7항에 따른 경보발송 및 제30조 제1항에 따른 개인위치정보의 제공에 관한 통계자료를 매 반기별로 국회 과학기술정보방송통신위원회와 방송통신위원회에 각각 제출하여야 하며, 이에 따른 통계자료의 제출 방법 등에 필요한 사항은 대통령령으로 정한다.

제5장 벌칙

1. 5년 이하의 징역 또는 5천만원 이하의 벌금(제39조)

다음의 어느 하나에 해당하는 자는 5년 이하의 징역 또는 5천만원 이하의 벌금에 처한다.

1) 제5조 제1항의 규정을 위반하여 허가를 받지 아니하고 위치정보사업을 하는 자 또는 거짓이나 그 밖의 부정한 방법으로 허가를 받은 자

2) 제17조의 규정을 위반하여 개인위치정보를 누설 · 변조 · 훼손 또는 공개한 자

3) 제18조 제1항 · 제2항 또는 제19조 제1항 · 제2항 · 제5항을 위반하여 개인위치정보주체의 동의를 얻지 아니하거나 동의의 범위를 넘어 개인위치정보를 수집 · 이용 또는 제공한 자 및 그 정을 알고 영리 또는 부정한 목적으로 개인위치정보를 제공받은 자

4) 제21조의 규정을 위반하여 이용약관에 명시하거나 고지한 범위를 넘어 개인위치정보를 이용하거나 제3자에게 제공한 자

5) 제29조 제8항을 위반하여 개인위치정보를 긴급구조 외의 목적에 사용한 자

6) 제29조 제11항을 위반하여 개인위치정보주체의 동의를 받지 아니하거나 긴급구조 외의 목적으로 개인위치정보를 제공하거나 제공받은 자

2. 3년 이하의 징역 또는 3천만원 이하의 벌금(제40조)

다음의 어느 하나에 해당하는 자는 3년 이하의 징역 또는 3천만원 이하의 벌금에 처한다.

1) 제5조 제7항의 규정을 위반하여 변경허가를 받지 아니하고 위치정보사업을 하는 자 또는 거짓이나 그 밖의 부정한 방법으로 변경허가를 받은 자

2) 제5조의2 제1항을 위반하여 신고를 하지 아니하고 개인위치정보를 대상으로 하지 아니하는 위치정보사업을 하는 자 또는 거짓이나 그 밖의 부정한 방법으로 신고한 자

3) 제9조 제1항, 제9조의2 제1항 단서 또는 같은 조 제4항을 위반하여 신고를 하지 아니하고 위치기반서비스사업을 하는 자 또는 거짓이나 그 밖의 부정한 방법으로 신고한 자

4) 제13조 제1항에 따른 사업의 폐지명령을 위반한 자

5) 제15조 제1항을 위반하여 개인위치정보주체의 동의를 받지 아니하고 해당 개인위치정보를 수집 · 이용 또는 제공한 자

6) 제15조 제2항을 위반하여 타인의 정보통신기기를 복제하거나 정보를 도용하는 등의 방법으로 개인위치정보사업자등을 속여 타인의 개인위치정보를 제공받은 자

3. 1년 이하의 징역 또는 2천만원 이하의 벌금(제41조)

다음의 어느 하나에 해당하는 자는 1년 이하의 징역 또는 2천만원 이하의 벌금에 처한다.

1) 제5조의2 제3항 제3호 또는 제9조 제3항 제3호를 위반하여 변경신고를 하지 아니하고 위치정보시스템을 변경한 자 또는 거짓이나 그 밖의 부정한 방법으로 위치정보시스템의 변경신고를 한 자

2) 제8조 제4항 또는 제11조 제1항 · 제2항을 위반하여 위치정보를 파기하지 아니한 자

3) 제13조 제1항에 따른 사업의 정지명령을 위반한 자

4) 제16조 제1항을 위반하여 기술적 · 관리적 조치를 하지 아니한 자(제38조의3에 따라 준용되는 자를 포함한다)

5) 제16조 제2항을 위반하여 위치정보 수집 · 이용 · 제공사실 확인자료가 위치정보시스템에 자동으로 기록 · 보존되도록 하지 아니한 자

6) 제29조 제5항을 위반하여 긴급구조기관 또는 경찰관서의 요청을 거부하거나 제29조 제7항을 위반하여 경보발송을 거부한 자

4. 양벌규정(제42조)

법인의 대표자나 법인 또는 개인의 대리인, 사용인, 그 밖의 종업원이 그 법인 또는 개인의 업무에 관하여 제39조부터 제41조까지의 어느 하나에 해당하는 위반행위를 하면 그 행위자를 벌하는 외에 그 법인 또는 개인에게도 해당 조문의 벌금형을 과(科)한다. 다만, 법인 또는 개인이 그 위반행위를 방지하기 위하여 해당 업무에 관하여 상당한 주의와 감독을 게을리 하지 아니한 경우에는 그러하지 아니하다.

제7편
실종아동 등의 보호 및
지원에 관한 법률

1. 목적(제1조)

이 법은 실종아동 등의 발생을 예방하고 조속한 발견과 복귀를 도모하며 복귀 후의 사회 적응을 지원함으로써 실종아동 등과 가정의 복지증진에 이바지함을 목적으로 2005년 5월 31일 법률 제7560호로 제정되었다.

2. 정의(제2조)

이 법에서 사용하는 용어의 정의는 다음과 같다.

가. 아동 등

'아동 등'이란 다음 각 목의 어느 하나에 해당하는 사람을 말한다.

> 가. 실종 당시 18세 미만인 아동
> 나. 장애인복지법 제2조의 장애인 중 지적장애인, 자폐성장애인 또는 정신장애인
>
> > 제2조(장애인의 정의 등) ① '장애인'이란 신체적·정신적 장애로 오랫동안 일상생활이나 사회생활에서 상당한 제약을 받는 자를 말한다.
> > ② 이 법을 적용받는 장애인은 제1항에 따른 장애인 중 다음 각 호의 어느 하나에 해당하는 장애가 있는 자로서 대통령령으로 정하는 장애의 종류 및 기준에 해당하는 자를 말한다.
> > 1. '신체적 장애'란 주요 외부 신체 기능의 장애, 내부기관의 장애 등을 말한다.
> > 2. '정신적 장애'란 발달장애 또는 정신질환으로 발생하는 장애를 말한다.
> > ③ '장애인학대'란 장애인에 대하여 신체적·정신적·정서적·언어적·성적 폭력이나 가혹행위, 경제적 착취, 유기 또는 방임을 하는 것을 말한다
>
> 다. 치매관리법 제2조 제2호의 치매환자
>
> > 제2조(정의) 이 법에서 사용하는 용어의 뜻은 다음과 같다.
> > 1. '치매'란 퇴행성 뇌질환 또는 뇌혈관계 질환 등으로 인하여 기억력, 언어능력, 지남력(指南力), 판단력 및 수행능력 등의 기능이 저하됨으로써 일상생활에서 지장을 초래하는 후천적인 다발성 장애를 말한다.

나. 실종아동 등

'실종아동 등'이란 약취(略取) · 유인(誘引) 또는 유기(遺棄)되거나 사고를 당하거나 가출하
거나 길을 잃는 등의 사유로 인하여 보호자로부터 이탈(離脫)된 아동 등을 말한다.

다. 보호자

'보호자'란 친권자, 후견인이나 그 밖에 다른 법률에 따라 아동 등을 보호하거나 부양할
의무가 있는 사람을 말한다. 다만, 제4호의 보호시설의 장 또는 종사자는 제외한다.

라. 보호시설

'보호시설'이란 사회복지사업법 제2조(정의) 제4호에 따른 사회복지시설 및 인가 · 신고
등이 없이 아동 등을 보호하는 시설로서 사회복지시설에 준하는 시설을 말한다.

마. 유전자검사

'유전자검사'란 개인 식별(識別)을 목적으로 혈액 · 머리카락 · 침 등의 검사대상물로부터
유전자를 분석하는 행위를 말한다.

바. 유전정보

'유전정보'란 유전자검사의 결과로 얻어진 정보를 말한다.

사. 신상정보

'신상정보'란 이름 · 나이 · 사진 등 특정인(特定人)임을 식별하기 위한 정보를 말한다.

3. 국가의 책무(제3조)

가. 보건복지부장관

보건복지부장관은 실종아동 등의 발생예방, 조속한 발견 · 복귀와 복귀 후 사회 적응을 위하여 다음의 사항을 시행하여야 한다.

1) 실종아동 등을 위한 정책 수립 및 시행

2) 실종아동 등과 관련한 실태조사 및 연구

3) 실종아동 등의 발생예방을 위한 연구 · 교육 및 홍보

4) 제8조에 따른 정보연계시스템 및 데이터베이스의 구축 · 운영

5) 실종아동 등의 가족지원

6) 실종아동 등의 복귀 후 사회 적응을 위한 상담 및 치료서비스 제공

7) 그 밖에 실종아동 등의 보호 및 지원에 필요한 사항

나. 경찰청장

경찰청장은 실종아동 등의 조속한 발견과 복귀를 위하여 다음의 사항을 시행하여야 한다.

1) 실종아동 등에 대한 신고체계의 구축 및 운영

2) 실종아동 등의 발견을 위한 수색 및 수사

3) 제11조에 따른 유전자검사대상물의 채취

4) 그 밖에 실종아동 등의 발견을 위하여 필요한 사항

다. 아동정책조정위원회

아동복지법 제10조에 따른 아동정책조정위원회는 제1항의 보건복지부장관의 책무와 제2항의 경찰청장의 책무 등 실종아동 등과 관련한 국가의 책무수행을 종합 · 조정한다.

아동복지법 제10조(아동정책조정위원회) ① 아동의 권리증진과 건강한 출생 및 성장을 위하여 종합적인 아동정책을 수립하고 관계 부처의 의견을 조정하며 그 정책의 이행을 감독하고 평가하기 위하여 국무총리 소속으로 아동정책조정위원회(이하 '위원회'라 한다)를 둔다.

② 위원회는 다음 각 호의 사항을 심의·조정한다.

1. 기본계획의 수립에 관한 사항

2. 아동의 권익 및 복지 증진을 위한 기본방향에 관한 사항

3. 아동정책의 개선과 예산지원에 관한 사항

4. 아동 관련 국제조약의 이행 및 평가·조정에 관한 사항

5. 아동정책에 관한 관련 부처 간 협조에 관한 사항

6. 그 밖에 위원장이 부의하는 사항

4. 실종아동의 날과 실종아동주간(제3조의2)

실종아동 등에 대한 사회적 책임을 환기하고 아동의 실종을 예방하기 위하여 매년 5월 25일을 실종아동의 날로 하고, 실종아동의 날부터 1주간을 실종아동주간으로 하며, 국가와 지방자치단체는 실종아동의 날과 실종아동주간의 취지에 적합한 행사와 교육·홍보사업을 실시할 수 있다.

5. 실종아동전문기관의 설치 등(제5조)

보건복지부장관은 제3조 제1항 제2호부터 제7호까지의 업무를 전담하는 실종아동전문기관을 설치하여 운영하거나 사회복지법인 등 대통령령으로 정하는 법인 또는 단체에 그 업무의 전부 또는 일부를 위탁하여 운영하게 할 수 있으며, 이에 따른 실종아동전문기관 및 법인·단체(이하 '전문기관'이라 한다)의 운영 등에 필요한 사항은 대통령령으로 정한다.

개정 ⇨ 제5조(실종아동 등 관련 업무 위탁) ① 보건복지부장관은 제3조제1항제2호부터 제7호까지의 업무를 「아동복지법」 제10조의2에 따른 아동권리보장원 및 대통령령으로 정하는 법인 · 단체에 위탁할 수 있다.

② 제1항에 따른 아동권리보장원 및 법인 · 단체(이하 '전문기관'이라 한다)의 위탁 운영 등에 필요한 사항은 대통령령으로 정한다.

〈전문개정 2020. 4. 7.〉

〈시행일 : 2020. 10. 8.〉: 제5조

6. 신고의무 등(제6조)

가. 신고의무

다음의 어느 하나에 해당하는 사람은 그 직무를 수행하면서 실종아동 등임을 알게 되었을 때에는 제3조 제2항 제1호에 따라 경찰청장이 구축하여 운영하는 신고체계(이하 '경찰신고체계'라 한다)로 지체 없이 신고하여야 한다.

1) 보호시설의 장 또는 그 종사자

2) 아동복지법 제13조에 따른 아동복지전담공무원

3) 청소년 보호법 제35조에 따른 청소년 보호 · 재활센터의 장 또는 그 종사자

4) 사회복지사업법 제14조에 따른 사회복지전담공무원

5) 의료법 제3조에 따른 의료기관의 장 또는 의료인

6) 업무 · 고용 등의 관계로 사실상 아동 등을 보호 · 감독하는 사람

이를 위반하여 신고를 하지 아니한 자는 200만원 이하의 과태료를 부과한다.

나. 지자체장의 신고접수서 작성제출

지방자치단체의 장이 관계 법률에 따라 아동 등을 보호조치할 때에는 아동 등의 신상을 기록한 신고접수서를 작성하여 경찰신고체계로 제출하여야 한다.

다. 보호시설 장 등의 미아보호시 신상카드 작성제출

보호시설의 장 또는 정신건강증진 및 정신질환자 복지서비스 지원에 관한 법률 제3조 제5호에 따른 정신의료기관의 장이 보호자가 확인되지 아니한 아동 등을 보호하게 되었을 때에는 지체 없이 아동 등의 신상을 기록한 카드(이하 '신상카드'라 한다)를 작성하여 지방자치단체의 장과 전문기관의 장에게 각각 제출하여야 한다.

> 신상카드를 보내지 아니한 자는 200만원 이하의 과태료를 부과한다.

또한, 지방자치단체의 장은 출생 후 6개월이 경과된 아동의 출생신고를 접수하였을 때에는 지체 없이 해당 아동의 신상카드를 작성하여 그 사본을 경찰청장에게 보내야 하며, 경찰청장은 실종아동 등인지 여부를 확인하여 그 결과를 해당 지방자치단체의 장에게 보내야 한다. 지방자치단체의 장은 경찰청장이 해당 아동을 실종아동 등으로 확인한 경우 전문기관의 장에게 해당 실종아동 등의 신상카드의 사본을 보내야한다.

7. 미신고 보호행위의 금지(제7조)

누구든지 정당한 사유 없이 실종아동 등을 경찰관서의 장에게 신고하지 아니하고 보호할 수 없다.

> 정당한 사유 없이 실종아동 등을 보호한 자는 5년 이하의 징역 또는 3천만원 이하의 벌금에 처한다.

가. 지문 등 정보 등록 및 사전신고증 발급

경찰청장은 실종아동 등의 조속한 발견과 복귀를 위하여 아동 등의 보호자가 신청하는 경우 아동 등의 지문 및 얼굴 등에 관한 정보(이하 '지문 등 정보'라 한다)를 제8조의2에 따른 정보시스템에 등록하고 아동 등의 보호자에게 사전신고증을 발급할 수 있다. 이에 따라 지문 등 정보를 등록한 후 해당 신청서(서면으로 신청한 경우로 한정한다)는 지체 없이 파기하여야 한다. 이에 따른 지문 등 정보의 범위, 사전신고증 발급에 필요한 등록 방법 및 절차 등에 필요한 사항은 행정안전부령으로 정한다.

나. 데이터베이스 구축

경찰청장은 위 가.항에 따라 등록된 지문 등 정보를 데이터베이스로 구축·운영할 수 있다. 또한 이에 따른 신청서의 파기 방법과 절차 및 제3항에 따른 데이터베이스 구축 등과 관련된 사항은 대통령령으로 정한다.

8. 실종아동 등의 지문 등 정보의 등록·관리(제7조의3)

경찰청장은 보호시설의 입소자 중 보호자가 확인되지 아니한 아동 등으로부터 서면동의를 받아 아동 등의 지문 등 정보를 등록·관리할 수 있다. 이 경우 해당 아동 등이 미성년자·심신상실자 또는 심신미약자인 때에는 본인 외에 법정대리인의 동의를 받아야 한다. 다만, 심신상실·심신미약 또는 의사무능력 등의 사유로 본인의 동의를 얻을 수 없는 때에는 본인의 동의를 생략할 수 있으며, 이에 따른 지문 등 정보의 등록·관리를 위하여 제7조의2 제3항에 따른 데이터베이스를 활용할 수 있다.

9. 지문 등 정보의 목적 외 이용제한(제7조의4)

누구든지 정당한 사유 없이 지문 등 정보를 실종아동 등을 찾기 위한 목적 외로 이용하여서는 아니 된다.

10. 정보연계시스템 등의 구축·운영(제8조)

가. 보건복지부장관 – 정보연계시스템구축

보건복지부장관은 실종아동 등을 신속하게 발견하기 위하여 실종아동 등의 신상정보를 작성, 취득, 저장, 송신·수신하는 데 이용할 수 있는 전문기관·경찰청·지방자치단체·보호시설 등과의 협력체계 및 정보네트워크(이하 '정보연계시스템'이라 한다)를 구축·운영하여야 한다.

나. 전문기관의 장 – 데이터베이스를 구축

전문기관의 장은 실종아동 등을 발견하기 위하여 제6조 제3항 및 제4항에 따라 받은 신상카드를 활용하여 데이터베이스를 구축·운영하여야 한다. 또한, 전문기관의 장은 제6조 제3

항 및 제4항에 따라 받은 실종아동 등의 신상카드 등 필요한 자료를 경찰청장에게 제공하여야 한다.

다. 경찰청장의 자료제출

경찰청장은 데이터베이스의 구축·운영을 위하여 제3조 제2항, 제6조 제1항·제2항 및 제7조에 따른 신고 등 필요한 자료를 전문기관의 장에게 제공하여야 한다.

11. 실종아동 등 신고·발견을 위한 정보시스템의 구축·운영(제8조의2)

경찰청장은 실종아동 등에 대한 신속한 신고 및 발견 체계를 갖추기 위한 정보시스템(이하 '정보시스템'이라 한다)을 구축·운영하여야 한다. 이 경우 경찰청장은 실종아동 등의 조속한 발견을 위하여 제8조 제1항에 따라 구축·운영 중인 정보연계시스템을 사회복지사업법 제6조의2 제2항에 따라 구축·운영하는 사회복지업무 관련 정보시스템과 연계하여 해당 정보시스템이 보유한 실종아동 등의 신상정보의 내용을 활용할 수 있다.

> 경찰청장은 실종아동 등의 신속한 신고 및 발견을 위한 업무에 활용하기 위하여 정보시스템에 실종아동 등에 대한 실종선고의 접수 및 처리에 관한 정보, 그 밖에 실종아동 등의 조속한 발전을 위해 필요한 정보를 데이터베이스로 등록·관리 할 수 있다.

12. 수색 또는 수사의 실시 등(제9조)

가. 경찰관서 장의 수색 및 수사실시여부 결정

경찰관서의 장은 실종아동 등의 발생 신고를 접수하면 지체 없이 수색 또는 수사의 실시 여부를 결정하여야 한다.

> 또 범죄로 인한 경우를 제외하고 실종아동 등의 조속한 발견을 위하여 필요한 때에는 실종아동 등의 보호자의 동의를 받아 위치정보 보호 및 이용 등에 관한 법률에 따른 위치정보사업자에게 개인위치정보의 제공을 요청할 수 있다. 다만 보호자와 연락이 되지 않는 등의 사유로 사전에 보호자의 동의를 받기 어려운 경우에는 개인위치정보의 제공을 요청한 후 보호자의 동의를 받을 수 있다.

나. 개인위치정보등 제공요청

경찰관서의 장은 실종아동 등(범죄로 인한 경우를 제외한다. 이하 이 조에서 같다)의 조속한 발견을 위하여 필요한 때에는 다음의 어느 하나에 해당하는 자에게 실종아동 등의 위치확인에 필요한 위치정보의 보호 및 이용 등에 관한 법률 제2조 제2호에 따른 개인위치정보, 인터넷주소자원에 관한 법률 제2조 제1호에 따른 인터넷주소 및 통신비밀보호법 제2조 제11호 마목·사목에 따른 통신사실확인자료(이하 '개인위치정보등'이라 한다)의 제공을 요청할 수 있다. 이 경우 경찰관서의 장의 요청을 받은 자는 통신비밀보호법 제3조에도 불구하고 정당한 사유가 없으면 이에 따라야 한다.

1) 위치정보의 보호 및 이용 등에 관한 법률 제5조 제7항에 따른 개인위치정보사업자
2) 정보통신망 이용촉진 및 정보보호 등에 관한 법률 제2조 제1항 제3호에 따른 정보통신서비스 제공자 중에서 대통령령으로 정하는 기준을 충족하는 제공자
3) 정보통신망 이용촉진 및 정보보호 등에 관한 법률 제23조의3에 따른 본인확인기관
4) 개인정보 보호법 제24조의2에 따른 주민등록번호 대체가입수단 제공기관

> 경찰관서의 장은 개인정보의 제공을 요청하려는 경우 실종아동 등의 보호자 또는 실종신고자에게 실종아동 등의 성명 및 휴대전화번호, 보호자의 성명, 연락처 및 실종아동 등과의 관계, 실종장소, 실종경위 그 밖에 개인위치정보의 제공 요청을 하기 위하여 필요한 사항을 확인할 수 있다.
> 경찰관서의 장은 개인정보의 제공을 요청하였을 때에는 요청일시 및 위치정보사업자로부터 제공받은 개인위치정보의 내용 등을 기록 보관하여야 한다.

다. 개인위지정보제공 의무

개인위치정보자료제공 요청을 받은 자는 그 실종아동 등의 동의 없이 개인위치정보등을 수집할 수 있으며, 실종아동 등의 동의가 없음을 이유로 경찰관서의 장의 요청을 거부하여서는 아니 된다.

> ⇨ 경찰관서의 장의 요청을 거부한 자는 2년 이하의 징역 또는 1천만원 이하의 벌금에 처한다.

라. 제공자료 파기

경찰관서와 경찰관서에 종사하거나 종사하였던 자는 실종아동 등을 찾기 위한 목적으로 제공받은 개인위치정보등을 실종아동 등을 찾기 위한 목적 외의 용도로 이용하여서는 아니 되며, 목적을 달성하였을 때에는 지체 없이 파기하여야 한다.

> 개인위치정보를 실종아동 등의 찾기 위한 목적 외의 용도로 이용한 자는 5년 이하의 징역 또는 3천만원 이하의 벌금에 처한다.

13. 공개 수색 · 수사 체계의 구축 · 운영(제9조의2)

경찰청장은 실종아동 등의 조속한 발견과 복귀를 위하여 실종아동 등의 공개 수색 · 수사 체계를 구축 · 운영할 수 있으며, 이에 따라 공개 수색 · 수사를 위하여 실종아동 등의 보호자의 동의를 받아 정보통신망 이용촉진 및 정보보호 등에 관한 법률 제2조 제1항 제1호 및 제2호에 따른 정보통신망 또는 정보통신서비스 및 방송법 제2조 제1호에 따른 방송 등을 이용하여 실종아동 등과 관련된 정보를 공개할 수 있다.

> 자료: 경찰청장은 실종아동 등의 공개 수색 수사를 위하여 필요한 경우 유괴 · 실종정보발령시스템을 구축, 운영할 수 있다. 또 조속한 발견과 복귀를 위하여 공개 수색 · 수사가 필요하고, 실종아동 등의 보호자가 관련된 정보의 공개에 대하여 동의한 경우, 상습적인 가출 전력이 없는 실종아동 등에 관하여 경찰관서에 신고가 접수된 경우 실종경보를, 유괴 또는 납치 사건으로 의심할 만한 증거나 단서가 존재하는 실종아동 등에 관하여 경찰관서에 신고가 접수된 경우 유괴경보를 발령할 수 있으며, 경보 발령시 범죄심리전문가의 의견을 들을 수 있다.
> 경찰청장은 실종경보 또는 유괴정보를 발령하는 경우에는 발령지역 및 발령매체의 범위를 정하여야 하며, 필요한 경우에는 그 범위를 변경할 수 있다. 한편 발령의 중단이 필요하다고 인정되는 경우에는 이를 해제할 수 있다. 다만 실종아동 등의 보호자가 실종경보 또는 유괴정보의 해제를 요구한 때에는 이를 해제하여야 한다.

14. 실종아동 등 조기발견 지침 등(제9조의3)

보건복지부장관은 불특정 다수인이 이용하는 시설에서 실종아동 등을 빨리 발견하기 위하여 다음의 사항을 포함한 실종아동 등 발생예방 및 조기발견을 위한 지침(이하 '실종아동 등 조기발견 지침'이라 한다)을 마련하여 고시하여야 한다.

1) 보호자의 신고에 관한 사항

2) 실종아동 등 발생 상황 전파와 경보발령 절차

3) 출입구 감시 및 수색 절차

4) 실종아동 등 미발견 시 경찰 신고 절차

5) 경찰 도착 후 경보발령 해제에 관한 사항

6) 그 밖에 실종아동 등 발생예방과 찾기에 관한 사항

또한, 다음의 어느 하나에 해당하는 시설·장소 중 대통령령으로 정하는 규모의 시설·장소의 소유자·점유자 또는 관리자(이하 이 조에서 '관리주체'라 한다)는 실종아동 등이 신고되는 경우 실종아동 등 조기발견 지침에 따라 즉시 경보발령, 수색, 출입구 감시 등의 조치를 하여야 한다.

1) 유통산업발전법에 따른 대규모점포

2) 관광진흥법에 따른 유원시설

3) 도시철도법에 따른 도시철도의 역사(출입통로·대합실·승강장 및 환승통로와 이에 딸린 시설을 포함한다)

4) 여객자동차 운수사업법에 따른 여객자동차터미널

5) 공항시설법에 따른 공항시설 중 여객터미널

6) 항만법에 따른 항만시설 중 여객이용시설

7) 철도산업발전기본법에 따른 철도시설 중 역시설(물류시설은 제외한다)

8) 체육시설의 설치·이용에 관한 법률에 따른 전문체육시설

9) 공연법에 따른 공연이 행하여지는 공연장 등 시설 또는 장소

10) 박물관 및 미술관 진흥법에 따른 박물관 및 미술관

11) 지방자치단체가 문화체육관광 진흥 목적으로 주최하는 지역축제가 행하여지는 장소

12) 그 밖에 대통령령으로 정하는 시설·장소

15. 출입 · 조사 등(제10조)

가. 경찰청장 등의 보고 및 자료제출 명령 등

경찰청장이나 지방자치단체의 장은 실종아동 등의 발견을 위하여 필요하면 관계인에 대하여 필요한 보고 또는 자료제출을 명하거나 소속 공무원으로 하여금 관계 장소에 출입하여 관계인이나 아동 등에 대하여 필요한 조사 또는 질문을 하게 할 수 있다.

> 명령을 위반하여 보고 또는 자료제출을 하지 아니하거나, 거짓 보고 또는 거짓의 자료제출을 하거나, 정당한 사유 없이 관계 공무원의 출입 또는 조사를 기피한 자에게는 500만원 이하의 과태료를 부과한다.

나. 실종아동 등가족 동반

경찰청장이나 지방자치단체의 장은 제1항에 따른 출입 · 조사를 실시할 때 정당한 이유가 있는 경우 소속 공무원으로 하여금 실종아동 등의 가족 등을 동반하게 할 수 있다.

다. 증표소지 및 제지

관계장소 출입 · 조사 또는 질문을 하려는 관계공무원은 그 권한을 표시하는 증표를 지니고 이를 관계인 등에게 내보여야 한다.

> 위계 또는 위력을 행사하여 관계공무원의 출입 또는 조사를 거부하거나 방해한 자는 2년 이하의 징역 또는 1천만원 이하의 벌금에 처한다.

16. 유전자검사의 실시(제11조)

가. 유전자검사 실시

경찰청장은 실종아동 등의 발견을 위하여 다음의 어느 하나에 해당하는 자로부터 유전자검사대상물(이하 '검사대상물'이라 한다)을 채취할 수 있으며 검사기관은 유전자검사를 실시하고 그 결과를 데이터베이스로 구축 · 운영할 수 있다.

1) 보호시설의 입소자나 정신건강증진 및 정신질환자 복지서비스 지원에 관한 법률 제3조제5호에 따른 정신의료기관의 입원환자 중 보호자가 확인되지 아니한 아동 등

2) 실종아동 등을 찾고자 하는 가족

3) 그 밖에 보호시설의 입소자였던 무연고아동

나. 검사대상장의 동의 및 동의생략

경찰청장은 검사대상물을 채취하려면 미리 검사대상자의 서면동의를 받아야 한다. 이 경우 검사대상자가 미성년자, 심신상실자 또는 심신미약자일 때에는 본인 외에 법정대리인의 동의를 받아야 한다. 다만, 심신상실, 심신미약 또는 의사무능력 등의 사유로 본인의 동의를 받을 수 없을 때에는 본인의 동의를 생략할 수 있다.

17. 유전정보의 목적 외 이용금지 등(제12조)

누구든지 실종아동 등을 발견하기 위한 목적 외의 용도로 검사대상물을 채취하거나 유전자검사를 실시하거나 유전정보를 이용할 수 없다. 또한 검사대상물의 채취, 유전자검사 또는 유전정보관리에 종사하고 있거나 종사하였던 사람은 채취한 검사대상물 또는 유전정보를 외부로 유출하여서는 아니 된다.

> 자료: 누구든지 실종아동 등을 발견하기 위한 목적 외의 용도로 검사대상물을 채취하거나 유전자검사를 실시하거나 유전정보를 이용할 수 없다. 또 검사대상물의 채취, 유전자검사 또는 유전정보관리에 종사하고 있거나 종사하였던 사람은 채취한 검사대상물 또는 유전정보를 외부로 유출하여서는 안 된다.
>
> > 목적 외의 용도로 검사대상물의 채취 또는 유전자검사를 실시하거나 유전정보를 이용한 자는 2년 이하의 징역 또는 1천만원 이하의 벌금에 처한다.
> > 채취한 검사대상물 또는 유전정보를 외부로 유출한 자는 2년 이하의 징역 또는 1천만원 이하의 벌금에 처한다.

18. 검사대상물 및 유전정보의 폐기(제13조)

가. 검사대상물 폐기

검사기관의 장은 유전자검사를 끝냈을 때에는 지체 없이 검사대상물을 폐기하여야 한다. 또한, 검사기관의 장은 다음의 어느 하나에 해당할 때에는 해당 유전정보를 지체 없이 폐기하여야 한다. 다만, 제3호에도 불구하고 검사대상자 또는 법정대리인

이 제3호에서 정한 기간(이하 '보존기간'이라 한다)의 연장을 요청하는 경우에는 실종아동 등의 보호자를 확인할 때까지 그 기간을 연장할 수 있다.

1) 실종아동 등이 보호자를 확인하였을 때
2) 검사대상자 또는 법정대리인이 요청할 때
3) 유전자검사일부터 10년이 경과되었을 때

나. 검사대방법 폐기 등 기록보관

검사기관의 장은 검사대상물·유전정보의 폐기 및 유전정보의 보존기간 연장에 관한 사항을 기록·보관하여야 하며, 이때 검사대상물·유전정보의 폐기절차 및 방법, 유전정보의 보존기간 연장, 기록 및 보관 등에 필요한 사항은 행정안전부령으로 정한다.

19. 유전자검사 기록의 열람 등(제14조)

검사기관의 장은 검사대상자 또는 법정대리인이 유전자검사 결과기록의 열람 또는 사본의 발급을 요청하면 이에 따라야 하며, 이에 따른 기록의 열람 또는 사본의 발급에 관한 신청절차 및 서식 등에 관하여 필요한 사항은 행정안전부령으로 정한다.

20. 신상정보의 목적 외 이용 금지(제15조)

누구든지 정당한 사유 없이 실종아동 등의 신상정보를 실종아동 등을 찾기 위한 목적 외의 용도로 이용할 수 없다.

21. 관계 기관의 협조(제16조)

보건복지부장관이나 경찰청장은 실종아동 등의 조속한 발견·복귀와 복귀 후 지원을 위하여 관계 중앙행정기관의 장 또는 지방자치단체의 장에게 필요한 협조를 요청할 수 있다. 이 경우 협조요청을 받은 기관의 장은 특별한 사유가 없으면 이에 따라야 한다.

22. 벌칙

가. 5년 이하의 징역 또는 5천만원 이하의 벌금(제17조)

> 제7조를 위반하여 정당한 사유없이 실종아동 등을 보호한 자 및 제9조 제4항을 위반하여 개인위치정보등을 실종아동 등을 찾기 위한 목적 외의 용도로 이용한 자는 5년 이하의 징역 또는 5천만원 이하의 벌금에 처한다.

나. 2년 이하의 징역 또는 2천만원 이하의 벌금(제18조)

다음의 어느 하나에 해당하는 자는 2년 이하의 징역 또는 2천만원 이하의 벌금에 처한다.

1) 위계(僞計) 또는 위력(威力)을 행사하여 제10조 제1항에 따른 관계공무원의 출입 또는 조사를 거부하거나 방해한 자

2) 제7조의4를 위반하여 지문 등 정보를 실종아동 등을 찾기 위한 목적 외로 이용한 자

3) 제9조 제3항을 위반하여 경찰관서의 장의 요청을 거부한 자

4) 제12조 제1항을 위반하여 목적 외의 용도로 검사대상물의 채취 또는 유전자검사를 실시하거나 유전정보를 이용한 자

5) 제12조 제2항을 위반하여 채취한 검사대상물 또는 유전정보를 외부로 유출한 자

6) 제15조를 위반하여 신상정보를 실종아동 등을 찾기 위한 목적 외의 용도로 이용한 자

23. 과태료(제19조)

가. 500만원 이하의 과태료

다음의 어느 하나에 해당하는 자에게는 500만원 이하의 과태료를 부과한다.

1) 제9조의3 제2항을 위반하여 실종아동 등 조기발견 지침에 따른 조치를 하지 아니한 자

2) 제10조 제1항에 따른 명령을 위반하여 보고 또는 자료제출을 하지 아니하거나, 거짓 보고 또는 거짓의 자료제출을 하거나, 정당한 사유 없이 관계 공무원의 출입 또는 조사를 기피한 자

나. 200만원 이하의 과태료

다음의 어느 하나에 해당하는 자는 200만원 이하의 과태료를 부과한다.

1) 제6조 제1항에 따른 신고를 하지 아니한 자
2) 제6조 제3항에 따른 신상카드를 보내지 아니한 자
3) 제9조의3 제3항에 따른 교육·훈련을 실시하지 아니하거나 그 결과를 보고하지 아니한 자

제8편
부정경쟁방지 및
영업비밀보호에 관한 법률

제1장 총칙

1. 목적(제1조)

이 법은 국내에 널리 알려진 타인의 상표 · 상호(商號) 등을 부정하게 사용하는 등의 부정경쟁행위와 타인의 영업비밀을 침해하는 행위를 방지하여 건전한 거래질서를 유지함을 목적으로 한다.

2. 정의(제2조)

이 법에서 사용하는 용어의 뜻은 다음과 같다.

가. 부정경쟁행위

'부정경쟁행위'란 다음 각 목의 어느 하나에 해당하는 행위를 말한다.

> 가. 국내에 널리 인식된 타인의 성명, 상호, 상표, 상품의 용기 · 포장, 그 밖에 타인의 상품임을 표시한 표지(標識)와 동일하거나 유사한 것을 사용하거나 이러한 것을 사용한 상품을 판매 · 반포(頒布) 또는 수입 · 수출하여 타인의 상품과 혼동하게 하는 행위
> 나. 국내에 널리 인식된 타인의 성명, 상호, 표장(標章), 그 밖에 타인의 영업임을 표시하는 표지(상품 판매 · 서비스 제공방법 또는 간판 · 외관 · 실내장식 등 영업제공 장소의 전체적인 외관을 포함한다)와 동일하거나 유사한 것을 사용하여 타인의 영업상의 시설 또는 활동과 혼동하게 하는 행위
> 다. 가목 또는 나목의 혼동하게 하는 행위 외에 비상업적 사용 등 대통령령으로 정하는 정당한 사유 없이 국내에 널리 인식된 타인의 성명, 상호, 상표, 상품의 용기 · 포장, 그 밖에 타인의 상품 또는 영업임을 표시한 표지(타인의 영업임을 표시하는 표지에 관하여는 상품 판매 · 서비스 제공방법 또는 간판 · 외관 · 실내장식 등 영업제공 장소의 전체적인 외관을 포함한다)와 동일하거나 유사한 것을 사용하거나 이러한 것을 사용한 상품을 판매 · 반포 또는 수입 · 수출하여 타인의 표지의 식별력이나 명성을 손상하는 행위

라. 상품이나 그 광고에 의하여 또는 공중이 알 수 있는 방법으로 거래상의 서류

마. 상품이나 그 광고에 의하여 또는 공중이 알 수 있는 방법으로 거래상의 서류 또는 통신에 그 상품이 생산·제조 또는 가공된 지역 외의 곳에서 생산 또는 가공된 듯이 오인하게 하는 표지를 하거나 이러한 표지를 한 상품을 판매·반포 또는 수입·수출하는 행위

바. 타인의 상품을 사칭(詐稱)하거나 상품 또는 그 광고에 상품의 품질, 내용, 제조방법, 용도 또는 수량을 오인하게 하는 선전 또는 표지를 하거나 이러한 방법이나 표지로써 상품을 판매·반포 또는 수입·수출하는 행위

사. 다음의 어느 하나의 나라에 등록된 상표 또는 이와 유사한 상표에 관한 권리를 가진 자의 대리인이나 대표자 또는 그 행위일 전 1년 이내에 대리인이나 대표자이었던 자가 정당한 사유 없이 해당 상표를 그 상표의 지정상품과 동일하거나 유사한 상품에 사용하거나 그 상표를 사용한 상품을 판매·반포 또는 수입·수출하는 행위

　(1) 「공업소유권의 보호를 위한 파리협약」(이하 '파리협약'이라 한다) 당사국

　(2) 세계무역기구 회원국

　(3) 「상표법 조약」의 체약국(締約國)

아. 정당한 권원이 없는 자가 다음의 어느 하나의 목적으로 국내에 널리 인식된 타인의 성명, 상호, 상표, 그 밖의 표지와 동일하거나 유사한 도메인이름을 등록·보유·이전 또는 사용하는 행위

　(1) 상표 등 표지에 대하여 정당한 권원이 있는 자 또는 제3자에게 판매하거나 대여할 목적

　(2) 정당한 권원이 있는 자의 도메인이름의 등록 및 사용을 방해할 목적

　(3) 그 밖에 상업적 이익을 얻을 목적

자. 타인이 제작한 상품의 형태(형상·모양·색채·광택 또는 이들을 결합한 것을 말하며, 시제품 또는 상품소개서상의 형태를 포함한다. 이하 같다)를 모방한 상품을 양도·대여 또는 이를 위한 전시를 하거나 수입·수출하는 행위. 다만, 다음의 어느 하나에 해당하는 행위는 제외한다.

　(1) 상품의 시제품 제작 등 상품의 형태가 갖추어진 날부터 3년이 지난 상품의 형태를 모방한 상품을 양도·대여 또는 이를 위한 전시를 하거나 수입·수출하는 행위

　(2) 타인이 제작한 상품과 동종의 상품(동종의 상품이 없는 경우에는 그 상품과 기능 및 효용이 동일하거나 유사한 상품을 말한다)이 통상적으로 가지는 형태를 모방한 상품을 양도·대여 또는 이를 위한 전시를 하거나 수입·수출하는 행위

차. 사업제안, 입찰, 공모 등 거래교섭 또는 거래과정에서 경제적 가치를 가지는 타인의 기술적 또는 영업상의 아이디어가 포함된 정보를 그 제공목적에 위반하여 자신 또는 제3자의

영업상 이익을 위하여 부정하게 사용하거나 타인에게 제공하여 사용하게 하는 행위. 다만, 아이디어를 제공받은 자가 제공받을 당시 이미 그 아이디어를 알고 있었거나 그 아이디어가 동종 업계에서 널리 알려진 경우에는 그러하지 아니하다.

카. 그 밖에 타인의 상당한 투자나 노력으로 만들어진 성과 등을 공정한 상거래 관행이나 경쟁질서에 반하는 방법으로 자신의 영업을 위하여 무단으로 사용함으로써 타인의 경제적 이익을 침해하는 행위

나. 영업비밀

'영업비밀'이란 공공연히 알려져 있지 아니하고 독립된 경제적 가치를 가지는 것으로서, 비밀로 관리된 생산방법, 판매방법, 그 밖에 영업활동에 유용한 기술상 또는 경영상의 정보를 말한다.

다. 영업비밀 침해행위

'영업비밀 침해행위'란 다음 각 목의 어느 하나에 해당하는 행위를 말한다.

가. 절취(竊取), 기망(欺罔), 협박, 그 밖의 부정한 수단으로 영업비밀을 취득하는 행위(이하 '부정취득행위'라 한다) 또는 그 취득한 영업비밀을 사용하거나 공개(비밀을 유지하면서 특정인에게 알리는 것을 포함한다.

나. 영업비밀에 대하여 부정취득행위가 개입된 사실을 알거나 중대한 과실로 알지 못하고 그 영업비밀을 취득하는 행위 또는 그 취득한 영업비밀을 사용하거나 공개하는 행위

다. 영업비밀을 취득한 후에 그 영업비밀에 대하여 부정취득행위가 개입된 사실을 알거나 중대한 과실로 알지 못하고 그 영업비밀을 사용하거나 공개하는 행위

라. 계약관계 등에 따라 영업비밀을 비밀로서 유지하여야 할 의무가 있는 자가 부정한 이익을 얻거나 그 영업비밀의 보유자에게 손해를 입힐 목적으로 그 영업비밀을 사용하거나 공개하는 행위

마. 영업비밀이 라목에 따라 공개된 사실 또는 그러한 공개행위가 개입된 사실을 알거나 중대한 과실로 알지 못하고 그 영업비밀을 취득하는 행위 또는 그 취득한 영업비밀을 사용하거나 공개하는 행위

바. 영업비밀을 취득한 후에 그 영업비밀이 라목에 따라 공개된 사실 또는 그러한 공개행위가 개입된 사실을 알거나 중대한 과실로 알지 못하고 그 영업비밀을 사용하거나 공개하는 행위

라. 도메인이름

도메인이름이란 인터넷상의 숫자로 된 주소에 해당하는 숫자·문자·기호 또는 이들의 결합을 말한다.

2. 부정경쟁방지 및 영업비밀보호 사업(제2조의2)

특허청장은 부정경쟁행위의 방지 및 영업비밀보호를 위하여 연구·교육 및 홍보, 부정경쟁 방지를 위한 정보관리시스템 구축 및 운영, 그 밖에 대통령령으로 정하는 사업을 할 수 있다.

제2장 부정경쟁행위의 금지 등

1. 국기·국장 등의 사용 금지(제3조)

파리협약 당사국, 세계무역기구 회원국 또는 상표법 조약 체약국의 국기·국장(國章), 그 밖의 휘장이나 국제기구의 표지와 동일하거나 유사한 것은 상표로 사용할 수 없다. 다만, 해당 국가 또는 국제기구의 허락을 받은 경우에는 그러하지 아니하다.

또한, 파리협약 당사국, 세계무역기구 회원국 또는 상표법 조약 체약국 정부의 감독용 또는 증명용 표지와 동일하거나 유사한 것은 상표로 사용할 수 없다. 다만, 해당 정부의 허락을 받은 경우에는 그러하지 아니하다.

2. 자유무역협정에 따라 보호하는 지리적 표시의 사용금지 등(제3조의2)

가. 원칙

정당한 권원이 없는 자는 대한민국이 외국과 양자간(兩者間) 또는 다자간(多者間)으로 체결하여 발효된 자유무역협정에 따라 보호하는 지리적 표시(이하 이 조에서 '지리적 표시'라 한다)에 대하여는 제2조 제1호 라목 및 마목의 부정경쟁행위 이외에도 지리적 표시에 나타난 장소를 원산지로 하지 아니하는 상품(지리적 표시를 사용하는 상품과 동일하거나 동일하다고 인식되는 상품으로 한정한다)에 관하여 다음 각 호의 행위를 할 수 없다.

> 1. 진정한 원산지 표시 이외에 별도로 지리적 표시를 사용하는 행위
> 2. 지리적 표시를 번역 또는 음역하여 사용하는 행위
> 3. '종류', '유형', '양식' 또는 '모조품' 등의 표현을 수반하여 지리적 표시를 사용하는 행위

또한, 정당한 권원이 없는 자는 다음 각 호의 행위를 할 수 없다.

1. 제1항 각 호에 해당하는 방식으로 지리적 표시를 사용한 상품을 양도·인도 또는 이를 위하여 전시하거나 수입·수출하는 행위
2. 제2조 제1호 라목 또는 마목에 해당하는 방식으로 지리적 표시를 사용한 상품을 인도하거나 이를 위하여 전시하는 행위

나. 예외

위 가.항 각 호에 해당하는 방식으로 상표를 사용하는 자로서 다음 각 호의 요건을 모두 갖춘 자는 위 가.항에도 불구하고 해당 상표를 그 사용하는 상품에 계속 사용할 수 있다.

1. 국내에서 지리적 표시의 보호개시일 이전부터 해당 상표를 사용하고 있을 것
2. 제1호에 따라 상표를 사용한 결과 해당 지리적 표시의 보호개시일에 국내 수요자 간에 그 상표가 특정인의 상품을 표시하는 것이라고 인식되어 있을 것

3. 부정경쟁행위 등의 금지청구권 등(제4조)

가. 금지 및 예방청구

부정경쟁행위나 제3조의2 제1항 또는 제2항을 위반하는 행위로 자신의 영업상의 이익이 침해되거나 침해될 우려가 있는 자는 부정경쟁행위나 제3조의2 제1항 또는 제2항을 위반하는 행위를 하거나 하려는 자에 대하여 법원에 그 행위의 금지 또는 예방을 청구할 수 있다.

나. 금지 및 예방청구 시 병행조치청구

금지 및 예방 청구를 할 때에는 다음의 조치를 함께 청구할 수 있다.

1) 부정경쟁행위나 제3조의2 제1항 또는 제2항을 위반하는 행위를 조성한 물건의 폐기
2) 부정경쟁행위나 제3조의2 제1항 또는 제2항을 위반하는 행위에 제공된 설비의 제거
3) 부정경쟁행위나 제3조의2 제1항 또는 제2항을 위반하는 행위의 대상이 된 도메인이름의 등록말소 제3조의 제2항을 위반하는 행위의 금지 또는 예방을 위하여 필요한 조치

4. 부정경쟁행위 등에 대한 손해배상책임(제5조)

고의 또는 과실에 의한 부정경쟁행위나 제3조의2 제1항 또는 제2항을 위반한 행위(제2조 제1호 다목의 경우에는 고의에 의한 부정경쟁행위만을 말한다)로 타인의 영업상 이익을 침해하여 손해를 입힌 자는 그 손해를 배상할 책임을 진다.

5. 부정경쟁행위 등으로 실추된 신용의 회복(제6조)

법원은 고의 또는 과실에 의한 부정경쟁행위로 타인의 영업상의 신용을 실추시킨 자에게는 부정경쟁행위나 위반한 행위로 인하여 자신의 영업상의 이익이 침해된 자의 청구에 의하여 제5조에 따른 손해배상을 갈음하거나 손해배상과 함께 영업상의 신용을 회복하는 데에 필요한 조치를 명할 수 있다.

6. 부정경쟁행위 등의 조사 등(제7조)

가. 부정경쟁행위 등의 조사 등

특허청장·특별시장·광역시장·특별자치시장·도지사·특별자치도지사(이하 '시·도지사'라 한다) 또는 시장·군수·구청장(자치구의 구청장을 말한다. 이하 같다)은 제2조 제1호(아목과 카목은 제외한다)의 부정경쟁행위나 제3조, 제3조의2 제1항 또는 제2항을 위반한 행위를 확인하기 위하여 필요한 경우로서 다른 방법으로는 그 행위 여부를 확인하기 곤란한 경우에는 관계 공무원에게 영업시설 또는 제조시설에 출입하여 관계 서류나 장부·제품 등을 조사하게 하거나 조사에 필요한 최소분량의 제품을 수거하여 검사하게 할 수 있다.

> 특허청장·특별시장·광역시장·특별자치시장·도지사·특별자치도지사 또는 시장·군수·구청장은 조사에 필요한 최소분량의 제품을 수거할 때에는 그 제품의 소유자나 점유자에게 수거 등을 발급하여야 한다.
> 특허청장·시·도지사 또는 시장·군수·구청장은 수거한 제품을 검사한 결과 그 제품이 부정경쟁행위나 자유무역협정에 따라 보호하는 지리적 표시의 사용금지 등의 행위와 관련되지 아니한 경우에는 수거 당시의 소유자나 점유자에게 돌려주어야 한다.

나. 중복조사 제한

특허청장, 시·도지사 또는 시장·군수·구청장이 제1항에 따른 조사를 할 때에는 행정조사기본법 제15조(중복조사의 제안)에 따라 그 조사가 중복되지 아니하도록 하여야 한다.

다. 증표의 휴대 및 제시

조사 등을 하는 공무원은 그 권한을 표시하는 증표를 지니고 이를 관계인에게 내보여야 한다.

> 제15조(중복조사의 제한) ① 제7조(조사의 주기)에 따라 정기조사 또는 수시조사를 실시한 행정기관의 장은 동일한 사안에 대하여 동일한 조사대상자를 재조사 하여서는 아니된다. 다만, 당해 행정기관이 이미 조사를 받은 조사대상자에 대하여 위법행위가 의심되는 새로운 증거를 확보한 경우에는 그러하지 아니하다.
> ② 행정조사를 실시한 행정기관의 장은 행정조사를 실시하기 전에 다른 행정기관에서 동일한 조사대상자에게 동일하거나 유사한 사안에 대하여 행정조사를 실시하였는지 여부를 확인할 수 있다.
> ③ 행정조사를 실시할 행정기관의 장이 제2항에 따른 사실을 확인하기 위하여 행정조사의 결과에 대한 자료를 요청하는 경우 요청받은 행정기관의 장은 특별한 사유가 없는 한 관련 자료를 제공하여야 한다.

7. 위반행위의 시정권고(제8조)

특허청장, 시·도지사 또는 시장·군수·구청장은 제2조 제1호(아목과 카목은 제외한다)의 부정경쟁행위나 제3조, 제3조의2 제1항 또는 제2항을 위반한 행위가 있다고 인정되면 그 위반행위를 한 자에게 30일 이내의 기간을 정하여 그 행위를 중지하거나 표지를 제거 또는 폐기할 것 등 그 시정에 필요한 권고를 할 수 있다.

> 시정권고는 권고사유와 시정기한을 분명하게 적은 문서로 하여야 한다.
> 특허청장, 시·도지사 또는 시장·군수·구청장 시정권고를 하기 위하여 필요하다고 인정되는 경우 또는 그 시정권고의 이행 여부를 확인하기 위하여 필요하다고 인정되는 경우에는 관계 공무원으로 하여금 현장을 확인하게 할 수 있다.
> 현장을 확인하는 공무원은 그 권한을 표시하는 증표를 지니고 관계인에게 보여야 한다.

8. 의견청취(제9조)

특허청장, 시·도지사 또는 시장·군수·구청장은 제8조에 따른 시정권고를 하기 위하여 필요하다고 인정하면 대통령령으로 정하는 바에 따라 당사자·이해관계인 또는 참고인의 의견을 들어야 한다.

특허청장, 시·도지사 또는 시장·군수·구청장은 의견을 들으려는 경우에는 의경청취 예정일 10일 전까지 시정권고의 상대방, 이해관계인, 참고인 또는 그 대리인에게 서면으로 그 뜻을 통지하여 의견을 진술할 기회를 주어야 한다.

통지를 받은 시정권고의 상대방, 이해관계인, 참고인 또는 그 대리인은 지정된 일시에 지정된 장소로 출석하여 의견을 진술하거나 서면으로 의견을 제출할 수 있다.

시정권고의 상대방, 이해관계인, 참고인 또는 그 대리인이 출석하여 의견을 진술하였을 때에는 관계 공무원은 그 요지를 서면으로 작성한 후 의견 진술자에게 그 내용을 확인하고 서명 또는 날인하게 하여야 한다.

통지에는 정당한 사유 없이 이에 따르지 아니하면 의견을 진술할 기회를 포기한 것으로 본다는 뜻을 밝혀야 한다.

제3장 영업비밀의 보호

1. 영업비밀 원본 증명(제9조의2)

가. 전자지문 등록

영업비밀 보유자는 영업비밀이 포함된 전자문서의 원본 여부를 증명받기 위하여 제9조의3(원본증명기관의 지정 등)에 따른 영업비밀 원본증명기관에 그 전자문서로부터 추출된 고유의 식별값(이하 '전자지문'(電子指紋)이라 한다)을 등록할 수 있다.

나. 원본증명서 발급

영업비밀 원본증명기관은 제1항에 따라 등록된 전자지문과 영업비밀 보유자가 보관하고 있는 전자문서로부터 추출된 전자지문이 같은 경우에는 그 전자문서가 전자지문으로 등록된 원본임을 증명하는 증명서(이하 '원본증명서'라 한다)를 발급할 수 있다.

다. 정보보유 추정

원본증명서를 발급받은 자는 전자지문의 등록 당시에 해당 전자문서의 기재 내용대로 정보를 보유한 것으로 추정한다.

2. 원본증명기관의 지정 등(제9조의3)

가. 원본증명기관 지정

특허청장은 전자지문을 이용하여 영업비밀이 포함된 전자문서의 원본 여부를 증명하는 업무(이하 '원본증명업무'라 한다)에 관하여 전문성이 있는 자를 중소벤처기업부장관과 협의하여 영업비밀 원본증명기관(이하 '원본증명기관'이라 한다)으로 지정할 수 있다.

나. 원본증명기관의 지정 요건

원본증명기관으로 지정을 받으려는 자는 대통령령으로 정하는 전문인력과 설비 등의 요건을 갖추어 특허청장에게 지정을 신청하여야 한다.

전문인력: 전자지문을 이용하여 영업비밀이 포함된 전자문서의 원본 여부를 증명하는 업무에 필요한 설비의 운영인력으로서 다음의 요건을 갖춘 사람 3명 이상을 보유할 것
ⓐ 국가기술자격법에 따른 정보통신기사·정보처리기사 또는 전자계산기조직응용기사 이상의 국가기술자격을 갖출 것
ⓑ 국가기술자격법에 따른 정보기술분야 또는 통신분야에서 2년 이상 근무한 경력이 있을 것

설비: 원본증명업무에 필요한 설비로서 다음의 사항에 관하여 특허청장이 정하여 고시하는 기준에 맞는 설비를 갖출 것
ⓐ 원본증명업무 관련 정보의 보관 및 송신, 수신에 관한 사항
ⓑ 네트워크 및 시스템 보안 체계에 관한 사항
ⓒ 화재 및 수해 등 재해 예방 체계에 관한 사항
ⓓ 그 밖에 원본증명업무 관련 시스템 관련 설비 등 원본증명업무의 운영, 관리를 위하여 필요한 사항

다. 원본증명기관의 의무사항

원본증명기관은 원본증명업무의 안전성과 신뢰성을 확보하기 위하여 다음 각 호에 관하여 대통령령으로 정하는 사항을 지켜야 한다.

전자지문의 추출·등록 및 보관, 영업비밀 원본 증명 및 원본증명서의 발급, 원본증명업무에 필요한 전문인력의 관리 및 설비의 보호, 그 밖에 원본증명업무의 원영·관리 등에 관하여 다음의 사항을 지켜야 한다.

1) 전자지문의 추출·등록 및 보관

> (1) 원본증명기관은 원본등록 신청인이 보유한 영업비밀로부터 전자지문을 추출·등록한 후 신청인에게 원본등록확인서를 발급할 것
> (2) 원본증명기관은 등록된 전자지문을 안전하게 보관할 것

2) 영업비밀 원본 증명 및 원본증명서의 발급

> (1) 원본증명기관은 원본증명서 발급 시 발급받으려는 사람의 신원확인을 위한 절차 등의 기준을 마련할 것
> (2) 원본증명기관은 원본증명서의 발급명세 등을 관리할 것

3) 원본증명업무에 필요한 전문인력의 관리 및 설비의 보호

> (1) 원본증명기관은 원본증명업무 담당 및 책임 직원에 대하여 그 운영과 관련된 교육을 실시할 것
> (2) 원본증명기관은 원본증명업무를 수행하기 위하여 설비의 변경이 필요한 경우 특허청장에게 알릴 것

4) 그 밖에 원본증명업무의 운영·관리 등

> (1) 원본증명기관은 원본증명업무와 관련한 정보가 훼손 또는 변경되지 않도록 관리할 것
> (2) 원본증명기관은 원본증명업무에 관한 기록을 관리할 것
> (3) 원본증명기관은 특허청장이 정하여 고시하는 시기에 운영·관리 등에 대하여 정기적으로 점검을 받을 것

3. 원본증명기관에 대한 시정명령 등(제9조의4)

가. 특허청장의 시정명령 및 사유

특허청장은 원본증명기관이 다음의 어느 하나에 해당하는 경우에는 6개월 이내의 기간을 정하여 그 시정을 명할 수 있다.

1) 원본증명기관으로 지정을 받은 후 제9조의3 제2항에 따른 요건에 맞지 아니하게 된 경우
2) 제9조의3 제4항에 따라 대통령령으로 정하는 사항을 지키지 아니한 경우

나. 보조금반환명령

특허청장은 원본증명기관이 제9조의3 제3항에 따른 보조금을 다른 목적으로 사용한 경우에는 기간을 정하여 그 반환을 명할 수 있다.

다. 지정취소

특허청장은 원본증명기관이 다음의 어느 하나에 해당하는 경우에는 그 지정을 취소하거나 6개월 이내의 기간을 정하여 원본증명업무의 전부 또는 일부의 정지를 명할 수 있다. 다만, 제1호 또는 제2호에 해당하는 경우에는 그 지정을 취소하여야 한다.

1) 거짓이나 그 밖의 부정한 방법으로 지정을 받은 경우
2) 원본증명업무의 전부 또는 일부의 정지명령을 받은 자가 그 명령을 위반하여 원본증명업무를 한 경우
3) 정당한 이유 없이 원본증명기관으로 지정받은 날부터 6개월 이내에 원본증명업무를 시작하지 아니하거나 6개월 이상 계속하여 원본증명업무를 중단한 경우
4) 시정명령을 정당한 이유 없이 이행하지 아니한 경우
5) 보조금 반환명령을 이행하지 아니한 경우

라. 지정취소시 자료인계

(1) 자료인계

지정이 취소된 원본증명기관은 지정이 취소된 날부터 3개월 이내에 등록된 전자지문이나 그 밖에 전자지문의 등록에 관한 기록 등 원본증명업무에 관한 기록을 특허청장이 지정하는

다른 원본증명기관에 인계하여야 한다. 다만, 다른 원본증명기관이 인수를 거부하는 등 부득이한 사유로 원본증명업무에 관한 기록을 인계할 수 없는 경우에는 그 사실을 특허청장에게 지체 없이 알려야 한다.

원본증명업무에 관한 기록을 인계할 수 없는 경우에는 원본증명기관 업무인계 불가 신고서에 인계 불가 사유서 1부, 원본증명 업무에 관한 기록 및 그 목적 1부를 첨부하여 특허청장에게 알려야 한다.

(2) 인계지체시 시정명령
특허청장은 제3항에 따라 지정이 취소된 원본증명기관이 제4항을 위반하여 원본증명업무에 관한 기록을 인계하지 아니하거나 그 기록을 인계할 수 없는 사실을 알리지 아니한 경우에는 6개월 이내의 기간을 정하여 그 시정을 명할 수 있다.

4. 과징금(제9조의5)

가. 부과기준
특허청장은 제9조의4 제3항에 따라 업무정지를 명하여야 하는 경우로서 그 업무정지가 원본증명기관을 이용하는 자에게 심한 불편을 주거나 공익을 해칠 우려가 있는 경우에는 업무정지명령을 갈음하여 1억원 이하의 과징금을 부과할 수 있으며, 이에 따라 과징금을 부과하는 위반행위의 종류·정도 등에 따른 과징금의 금액 및 산정방법, 그 밖에 필요한 사항은 대통령령으로 정한다.

나. 강제징수
특허청장은 제1항에 따라 과징금 부과처분을 받은 자가 기한 내에 과징금을 납부하지 아니하는 경우에는 국세 체납처분의 예에 따라 징수한다.

자료: 원본증명기관의 위반행위의 종류, 정도 등에 따른 과징금의 부과기준

(1) 일반기준

1) 업무정비 1개월은 30일을 기준으로 한다.

2) 위반행위의 종류에 따른 과징금의 금액은 업무정지기간에 1일당 과징금의 금액을 곱한 금액으로 한다.

3) 나목의 업무정지기간(원본증명업무의 정지명령을 받은 자가 그 명령을 위반하여 원본증명업무를 한 경우: 위반횟수별 처벌기준: 1차(지정취소)은 산정된 기간(가중 또는 감경을 한 경우에는 그에 따라 가중 또는 감경된 기간을 말한다)을 말한다.

4) 1일당 과징금의 금액은 위반행위를 한 자의 최근 1년간 월평균 원본증명 등록 건수를 산출한다.

5) 라목(시정명령을 받은 경우 그 시정명령을 정당한 이유 없이 이행하지 않은 경우: 위반횟수별 처분기준: 1차(업무정지 1개월), 2차(업무정지 2개월), 3차(업무정지 6개월)의 최근 1년간 월평균 원본증명 등록건수는 해당 업체에 대한 처분일이 속한 월의 이전 1년간 월평균 원본증명 등록건수를 기준으로 한다. 다만, 신규지정·휴업 등으로 인하여 1년간의 월평균 원본증명 등록건수를 산출할 수 없거나 1년간의 월평균 원본증명 등록건수를 기준으로 하는 것이 불합리하다고 인정되는 경우에는 일별 원본증명 등록건수를 기준으로 산출하거나 조정한다.

6) 과징금 산정금액이 1억원을 초과하는 경우에는 과징금의 금액을 1억원으로 한다.

(2) 과징금의 산정방법

1년간 월평균 원본증명 등록건수(단위: 건)	1일당 과징금 금액(단위: 만원)
600 이하	20
600 초과 1,200 이하	40
1,200 초과	60

특허청장은 과징금을 부과하려면 그 위반행위의 종류와 과징금의 금액을 분면히 적어 이를 낼 것을 서면으로 알려야 한다.

5. 청문(제9조의6)

특허청장은 제9조의4 제3항에 따라 지정을 취소하거나 업무정지를 명하려면 청문을 하여야 한다.

6. 비밀유지 등(제9조의7)

누구든지 원본증명기관에 등록된 전자지문이나 그 밖의 관련 정보를 없애거나 훼손·변경·위조 또는 유출하여서는 아니 되며, 또한 원본증명기관의 임직원이거나 임직원이었던 사람은 직무상 알게 된 비밀을 누설하여서는 아니 된다.

7. 영업비밀 침해행위에 대한 금지청구권 등(제10조)

영업비밀의 보유자는 영업비밀 침해행위를 하거나 하려는 자에 대하여 그 행위에 의하여 영업상의 이익이 침해되거나 침해될 우려가 있는 경우에는 법원에 그 행위의 금지 또는 예방을 청구할 수 있으며, 이에 따른 청구를 할 때에는 침해행위를 조성한 물건의 폐기, 침해행위에 제공된 설비의 제거, 그 밖에 침해행위의 금지 또는 예방을 위하여 필요한 조치를 함께 청구할 수 있다.

8. 영업비밀 침해에 대한 손해배상책임(제11조)

고의 또는 과실에 의한 영업비밀 침해행위로 영업비밀 보유자의 영업상 이익을 침해하여 손해를 입힌 자는 그 손해를 배상할 책임을 진다.

9. 영업비밀 보유자의 신용회복(제12조)

법원은 고의 또는 과실에 의한 영업비밀 침해행위로 영업비밀 보유자의 영업상의 신용을 실추시킨 자에게는 영업비밀 보유자의 청구에 의하여 제11조에 따른 손해배상을 갈음하거나 손해배상과 함께 영업상의 신용을 회복하는 데에 필요한 조치를 명할 수 있다.

10. 선의자에 관한 특례(제13조)

거래에 의하여 영업비밀을 정당하게 취득한 자가 그 거래에 의하여 허용된 범위에서 그 영업비밀을 사용하거나 공개하는 행위에 대하여는 제10조(영업비밀 침해행위에 대한 금지청구권)부터 제12조까지(영업비밀 보유자의 신용회복)의 규정을 적용하지 아니한다. 여기서 '영업비밀을 정당하게 취득한 자'란 제2조 제3호 다목 또는 바목에서 영업비밀을 취득할 당시에 그 영업비밀이 부정하게 공개된 사실 또는 영업비밀의 부정취득행위나 부정공개행위가 개입된 사실을 중대한 과실 없이 알지 못하고 그 영업비밀을 취득한 자를 말한다.

제12조(영업비밀 보유자의 신용회복)

---

11. 시효(제14조)

제10조 제1항에 따라 영업비밀 침해행위의 금지 또는 예방을 청구할 수 있는 권리는 영업비밀 침해행위가 계속되는 경우에 영업비밀 보유자가 그 침해행위에 의하여 영업상의 이익이 침해되거나 침해될 우려가 있다는 사실 및 침해행위자를 안 날부터 3년간 행사하지 아니하면 시효(時效)로 소멸한다. 그 침해행위가 시작된 날부터 10년이 지난 때에도 또한 같다.

제4장 보칙

1. 손해액의 추정 등(제14조의2)

가. 손해액의 추정

부정경쟁행위, 제3조의2 제1항이나 제2항을 위반한 행위 또는 영업비밀 침해행위로 영업상의 이익을 침해당한 자가 제5조 또는 제11조에 따른 손해배상을 청구하는 경우 영업상의 이익을 침해한 자가 부정경쟁행위, 제3조의2 제1항이나 제2항을 위반한 행위 또는 영업비밀 침해행위를 하게 한 물건을 양도하였을 때에는 제1호의 수량에 제2호의 단위수량당 이익액을 곱한 금액을 영업상의 이익을 침해당한 자의 손해액으로 할 수 있다. 이 경우 손해액은 영업상의 이익을 침해당한 자가 생산할 수 있었던 물건의 수량에서 실제 판매한 물건의 수량을 뺀 수량에 단위수량당 이익액을 곱한 금액을 한도로 한다. 다만, 영업상의 이익을 침해당한 자가 부정경쟁행위, 제3조의2 제1항이나 제2항을 위반한 행위 또는 영업비밀 침해행위 외의 사유로 판매할 수 없었던 사정이 있는 경우에는 그 부정경쟁행위, 제3조의2 제1항이나 제2항을 위반한 행위 또는 영업비밀 침해행위 외의 사유로 판매할 수 없었던 수량에 따른 금액을 빼야 한다.

1) 물건의 양도수량

2) 영업상의 이익을 침해당한 자가 그 부정경쟁행위, 제3조의2 제1항이나 제2항을 위반한 행위 또는 영업비밀 침해행위가 없었다면 판매할 수 있었던 물건의 단위수량당 이익액

제3조의2(자유무역협정에 따라 보호하는 지리적 표시의 사용금지 등)

① 정당한 권원이 없는 자는 대한민국이 외국과 양자간(兩者間) 또는 다자간(多者間)으로 체결하여 발효된 자유무역협정에 따라 보호하는 지리적 표시(이하 이 조에서 '지리적 표시'라 한다)에 대하여는 제2조 제1호 라목 및 마목의 부정경쟁행위 이외에도 지리적 표시에 나타난 장소를 원산지로 하지 아니하는 상품(지리적 표시를 사용하는 상품과 동일하거나 동일하다고 인식되는 상품으로 한정한다)에 관하여 다음 각 호의 행위를 할 수 없다.

> 1. 진정한 원산지 표시 이외에 별도로 지리적 표시를 사용하는 행위
> 2. 지리적 표시를 번역 또는 음역하여 사용하는 행위
> 3. '종류', '유형', '양식' 또는 '모조품' 등의 표현을 수반하여 지리적 표시를 사용하는 행위

② 정당한 권원이 없는 자는 다음 각 호의 행위를 할 수 없다.

> 1. 제1항 각 호에 해당하는 방식으로 지리적 표시를 사용한 상품을 양도·인도 또는 이를 위하여 전시하거나 수입·수출하는 행위
> 2. 제2조 제1호 라목 또는 마목에 해당하는 방식으로 지리적 표시를 사용한 상품을 인도하거나 이를 위하여 전시하는 행위

제5조(부정경쟁행위 등에 대한 손해배상책임)

고의 또는 과실에 의한 부정경쟁행위나 제3조의2 제1항 또는 제2항을 위반한 행위(제2조 제1호 다목의 경우에는 고의에 의한 부정경쟁행위만을 말한다)로 타인의 영업상 이익을 침해하여 손해를 입힌 자는 그 손해를 배상할 책임을 진다.

제11조(영업비밀 침해에 대한 손해배상책임)

고의 또는 과실에 의한 영업비밀 침해행위로 영업비밀 보유자의 영업상 이익을 침해하여 손해를 입힌 자는 그 손해를 배상할 책임을 진다.

나. 손해액 추정

부정경쟁행위, 제3조의2 제1항이나 제2항을 위반한 행위 또는 영업비밀 침해행위로 영업상의 이익을 침해당한 자가 제5조 또는 제11조에 따른 손해배상을 청구하는 경우 영업상의 이익을 침해한 자가 그 침해행위에 의하여 이익을 받은 것이 있으면 그 이익액을 영업상의 이익을 침해당한 자의 손해액으로 추정한다.

다. 통상손해배상청구

부정경쟁행위, 제3조의2 제1항이나 제2항을 위반한 행위 또는 영업비밀 침해행위로 영업상

의 이익을 침해당한 자는 제5조 또는 제11조에 따른 손해배상을 청구하는 경우 부정경쟁행위 또는 제3조의2 제1항이나 제2항을 위반한 행위의 대상이 된 상품 등에 사용된 상표 등 표지의 사용 또는 영업비밀 침해행위의 대상이 된 영업비밀의 사용에 대하여 통상 받을 수 있는 금액에 상당하는 금액을 자기의 손해액으로 하여 손해배상을 청구할 수 있다.

라. 통상손해 초과액 청구

부정경쟁행위, 제3조의2 제1항이나 제2항을 위반한 행위 또는 영업비밀 침해행위로 인한 손해액이 제3항에 따른 금액을 초과하면 그 초과액에 대하여도 손해배상을 청구할 수 있다. 이 경우 그 영업상의 이익을 침해한 자에게 고의 또는 중대한 과실이 없으면 법원은 손해배상 금액을 산정할 때 이를 고려할 수 있다.

마. 법원의 재량에 의한 손해액인정

법원은 부정경쟁행위, 제3조의2 제1항이나 제2항을 위반한 행위 또는 영업비밀 침해행위에 관한 소송에서 손해가 발생된 것은 인정되나 그 손해액을 입증하기 위하여 필요한 사실을 입증하는 것이 해당 사실의 성질상 극히 곤란한 경우에는 제1항부터 제4항까지의 규정에도 불구하고 변론 전체의 취지와 증거조사의 결과에 기초하여 상당한 손해액을 인정할 수 있다.

바. 손해배상액 한도

법원은 영업비밀 침해행위가 고의적인 것으로 인정되는 경우에는 제11조에도 불구하고 제1항부터 제5항까지의 규정에 따라 손해로 인정된 금액의 3배를 넘지 아니하는 범위에서 배상액을 정할 수 있다.

사. 배상액 산정시 고려사항

배상액을 판단할 때에는 다음 각 호의 사항을 고려하여야 한다.

1. 침해행위를 한 자의 우월적 지위 여부

2. 고의 또는 손해 발생의 우려를 인식한 정도

3. 침해행위로 인하여 영업비밀 보유자가 입은 피해규모

4. 침해행위로 인하여 침해한 자가 얻은 경제적 이익

5. 침해행위의 기간 · 횟수 등

6. 침해행위에 따른 벌금

7. 침해행위를 한 자의 재산상태

8. 침해행위를 한 자의 피해구제 노력의 정도

2. 자료의 제출(제14조의3)

법원은 부정경쟁행위, 제3조의2 제1항이나 제2항을 위반한 행위 또는 영업비밀 침해행위로 인한 영업상 이익의 침해에 관한 소송에서 당사자의 신청에 의하여 상대방 당사자에 대하여 해당 침해행위로 인한 손해액을 산정하는 데에 필요한 자료의 제출을 명할 수 있다. 다만, 그 자료의 소지자가 자료의 제출을 거절할 정당한 이유가 있는 경우에는 그러하지 아니하다.

3. 비밀유지명령(제14조의4)

가. 비밀유지명령

법원은 부정경쟁행위, 제3조의2 제1항이나 제2항을 위반한 행위 또는 영업비밀 침해행위로 인한 영업상 이익의 침해에 관한 소송에서 그 당사자가 보유한 영업비밀에 대하여 다음 각 호의 사유를 모두 소명한 경우에는 그 당사자의 신청에 따라 결정으로 다른 당사자(법인인 경우에는 그 대표자), 당사자를 위하여 소송을 대리하는 자, 그 밖에 해당 소송으로 인하여 영업비밀을 알게 된 자에게 그 영업비밀을 해당 소송의 계속적인 수행 외의 목적으로 사용하거나 그 영업비밀에 관계된 이 항에 따른 명령을 받은 자 외의 자에게 공개하지 아니할 것을 명할 수 있다. 다만, 그 신청 시점까지 다른 당사자(법인인 경우에는 그 대표자), 당사자를 위하여 소송을 대리하는 자, 그 밖에 해당 소송으로 인하여 영업비밀을 알게 된 자가 제1호에 규정된 준비서면의 열람이나 증거 조사 외의 방법으로 그 영업비밀을 이미 취득하고 있는 경우에는 그러하지 아니하다.

1) 이미 제출하였거나 제출하여야 할 준비서면 또는 이미 조사하였거나 조사하여야 할 증거에 영업비밀이 포함되어 있다는 것
2) 제1호의 영업비밀이 해당 소송 수행 외의 목적으로 사용되거나 공개되면 당사자의 영업에 지장을 줄 우려가 있어 이를 방지하기 위하여 영업비밀의 사용 또는 공개를 제한할 필요가 있다는 것

나. 비밀유지명령신청 방법

비밀유지명령의 신청은 다음 각 호의 사항을 적은 서면으로 하여야 한다.
1) 비밀유지명령을 받을 자
2) 비밀유지명령의 대상이 될 영업비밀을 특정하기에 충분한 사실
3) 제1항 각 호의 사유에 해당하는 사실

다. 비밀유지명령결정 송달

법원은 비밀유지명령이 결정된 경우에는 그 결정서를 비밀유지명령을 받은 자에게 송달하여야 하며, 결정서가 비밀유지명령을 받은 자에게 송달된 때부터 효력이 발생한다.

라. 비밀요지명령신청 기각시 불복방법

비밀유지명령의 신청을 기각 또는 각하한 재판에 대하여는 즉시항고를 할 수 있다.

4. 비밀유지명령의 취소(제14조의5)

가. 비밀유지명령의 취소

비밀유지명령을 신청한 자 또는 비밀유지명령을 받은 자는 제14조의4 제1항에 따른 요건을 갖추지 못하였거나 갖추지 못하게 된 경우 소송기록을 보관하고 있는 법원(소송기록을 보관하고 있는 법원이 없는 경우에는 비밀유지명령을 내린 법원)에 비밀유지명령의 취소를 신청할 수 있고, 법원은 비밀유지명령의 취소 신청에 대한 재판이 있는 경우에는 그 결정서를 그 신청을 한 자 및 상대방에게 송달하여야 한다. 비밀유지명령을 취소하는 재판은 확정되어야 그 효력이 발생한다.

나. 불복방법

비밀유지명령의 취소 신청에 대한 재판에 대하여는 즉시항고를 할 수 있다.

다. 비밀유지명령 취소재판 고지

비밀유지명령을 취소하는 재판을 한 법원은 비밀유지명령의 취소 신청을 한 자 또는 상대방 외에 해당 영업비밀에 관한 비밀유지명령을 받은 자가 있는 경우에는 그 자에게 즉시 비밀유지명령의 취소 재판을 한 사실을 알려야 한다.

5. 소송기록 열람 등의 청구 통지 등(제14조)

가. 소송기록 열람 등의 청구 통지

비밀유지명령이 내려진 소송(모든 비밀유지명령이 취소된 소송은 제외한다)에 관한 소송기록에 대하여 민사소송법 제163조 제1항의 결정이 있었던 경우, 당사자가 같은 항에서 규정하는 비밀 기재 부분의 열람 등의 청구를 하였으나 그 청구절차를 해당 소송에서 비밀유지명령을 받지 아니한 자가 밟은 경우에는 법원서기관, 법원사무관, 법원주사 또는 법원주사보(이하 이 조에서 '법원사무관등'이라 한다)는 민사소송법 제163조 제1항의 신청을 한 당사자(그 열람 등의 청구를 한 자는 제외한다. 이하 제3항에서 같다)에게 그 청구 직후에 그 열람 등의 청구가 있었다는 사실을 알려야 한다.

나. 소송기록 열람 등 제한

법원사무관등은 위 가.항의 청구가 있었던 날부터 2주일이 지날 때까지(그 청구절차를 행한 자에 대한 비밀유지명령신청이 그 기간 내에 행하여진 경우에는 그 신청에 대한 재판이 확정되는 시점까지) 그 청구절차를 행한 자에게 제1항의 비밀 기재 부분의 열람 등을 하게 하여서는 아니 된다.

제163조(비밀보호를 위한 열람 등의 제한) ① 다음 각호 가운데 어느 하나에 해당한다는 소명이 있는 경우에는 법원은 당사자의 신청에 따라 결정으로 소송기록중 비밀이 적혀 있는 부분의 열람·복사, 재판서·조서중 비밀이 적혀 있는 부분의 정본·등본·초본의 교부(이하 '비밀 기재 부분의 열람 등'이라 한다)를 신청할 수 있는 자를 당사자로 한정할 수 있다.
소송기록 중에 당사자의 사생활에 관한 중대한 비밀이 적혀 있고, 제3자에게 비밀 기재부분의 열람 등을 허용하면 당사자의 사회생활에 지장이 클 우려가 있는 때
소송기록 중에 당사자가 가지는 영업비밀(부정경쟁방지 및 영업비밀보호에 관한 법률 제2조 제2호에 규정된 영업비밀을 말한다)이 적혀 있는 때

6. 기록의 송부(제14조의7)

제5조에 따른 손해배상청구의 소가 제기된 때에는 법원은 필요한 경우 특허청에 대하여 제7조에 따른 부정경쟁행위 등의 조사기록(사건관계인, 참고인 또는 감정인에 대한 심문조서 및 속기록 기타 재판상 증거가 되는 일체의 것을 포함한다)의 송부를 요구할 수 있다.

7. 다른 법률과의 관계(제15조)

특허법실용신안법, 디자인보호법, 상표법, 농수산물 품질관리법 또는 저작권법에 제2조부터 제6조까지 및 제18조 제3항과 다른 규정이 있으면 그 법에 따른다.
또한, 독점규제 및 공정거래에 관한 법률, 표시·광고의 공정화에 관한 법률, 하도급거래 공정화에 관한 법률 또는 형법 중 국기·국장에 관한 규정에 제2조 제1호 라목부터 바목까지, 차목 및 카목, 제3조부터 제6조까지 및 제18조 제3항과 다른 규정이 있으면 그 법에 따른다.

8. 신고포상금 지급(제16조)

특허청장은 제2조 제1호 가목에 따른 부정경쟁행위(상표법 제2조 제1항 제10호에 따른 등록상표에 관한 것으로 한정한다)를 한 자를 신고한 자에게 예산의 범위에서 신고포상금을 지급할 수 있으며, 이에 따른 신고포상금 지급의 기준·방법 및 절차에 필요한 사항은 대통령령으로 정한다.

9. 업무의 위탁 등(제17조)

특허청장은 제2조의2에 따른 연구 · 교육 · 홍보 및 정보관리시스템의 구축 · 운영에 관한 업무를 대통령령으로 정하는 산업재산권 보호 또는 부정경쟁방지 업무와 관련된 법인이나 단체(이하 이 조에서 '전문단체'라 한다)에 위탁할 수 있다.

10. 규제의 재검토(제17조의2): 기존 제17조의2는 제17조의3으로 이동.

특허청장은 다음 각 호의 사항에 대하여 2015년 1월 1일을 기준으로 3년마다(매 3년이 되는 해의 기준일과 같은 날 전까지를 말한다) 그 타당성을 검토하여 개선 등의 조치를 하여야 한다.

1) 제9조의4에 따른 원본증명기관에 대한 행정처분 기준

2) 제20조에 따른 과태료 부과기준

11. 벌칙 적용에서의 공무원 의제(제17조의3): 제17조의 2에서 이동

제17조 제3항에 따른 지원업무에 종사하는 자는 형법 제127조 및 제129조부터 제132조까지의 규정에 따른 벌칙의 적용에서는 공무원으로 본다.

12. 벌칙(제18조)

가. 15년 이하의 징역 또는 15억원 이하의 벌금

영업비밀을 외국에서 사용하거나 외국에서 사용될 것임을 알면서도 다음 각 호의 어느 하나에 해당하는 행위를 한 자는 15년 이하의 징역 또는 15억원 이하의 벌금에 처한다. 다만, 벌금형에 처하는 경우 위반행위로 인한 재산상 이득액의 10배에 해당하는 금액이 15억원을 초과하면 그 재산상 이득액의 2배 이상 10배 이하의 벌금에 처한다.

1) 부정한 이익을 얻거나 영업비밀 보유자에 손해를 입힐 목적으로 한 다음 각 목의 어느 하나에 해당하는 행위

> 가. 영업비밀을 취득·사용하거나 제3자에게 누설하는 행위
>
> 나. 영업비밀을 지정된 장소 밖으로 무단으로 유출하는 행위
>
> 다. 영업비밀 보유자로부터 영업비밀을 삭제하거나 반환할 것을 요구받고도 이를 계속 보유하는 행위

2) 절취·기망·협박, 그 밖의 부정한 수단으로 영업비밀을 취득하는 행위

3) 제1호 또는 제2호에 해당하는 행위가 개입된 사실을 알면서도 그 영업비밀을 취득하거나 사용(제13조 제1항에 따라 허용된 범위에서의 사용은 제외한다)하는 행위

나. 10년 이하의 징역 또는 5억원 이하의 벌금

제1항 각 호의 어느 하나에 해당하는 행위를 한 자는 10년 이하의 징역 또는 5억원 이하의 벌금에 처한다. 다만, 벌금형에 처하는 경우 위반행위로 인한 재산상 이득액의 10배에 해당하는 금액이 5억원을 초과하면 그 재산상 이득액의 2배 이상 10배 이하의 벌금에 처한다.

다. 3년 이하의 징역 또는 3천만원 이하의 벌금

다음 각 호의 어느 하나에 해당하는 자는 3년 이하의 징역 또는 3천만원 이하의 벌금에 처한다.

1) 제2조 제1호(아목, 차목 및 카목은 제외한다)에 따른 부정경쟁행위를 한 자

2) 제3조를 위반하여 다음 각 목의 어느 하나에 해당하는 휘장 또는 표지와 동일하거나 유사한 것을 상표로 사용한 자

> 가. 파리협약 당사국, 세계무역기구 회원국 또는 「상표법 조약」 체약국의 국기·국장, 그 밖의 휘장
>
> 나. 국제기구의 표지
>
> 다. 파리협약 당사국, 세계무역기구 회원국 또는 「상표법 조약」 체약국 정부의 감독용·증명용 표지

라. 1년 이하의 징역 또는 1천만원 이하의 벌금

다음 각 호의 어느 하나에 해당하는 자는 1년 이하의 징역 또는 1천만원 이하의 벌금에 처한다.

1) 제9조의7 제1항을 위반하여 원본증명기관에 등록된 전자지문이나 그 밖의 관련 정보를 없애거나 훼손 · 변경 · 위조 또는 유출한 자

2) 제9조의7 제2항을 위반하여 직무상 알게 된 비밀을 누설한 사람

13. 미수(제18조의2)

제18조 제1항 및 제2항의 미수범은 처벌한다.

14. 예비 · 음모(제18조의3)

제18조 제1항의 죄를 범할 목적으로 예비 또는 음모한 자는 3년 이하의 징역 또는 3천만원 이하의 벌금에 처한다. 또한, 제18조 제2항의 죄를 범할 목적으로 예비 또는 음모한 자는 2년 이하의 징역 또는 2천만원 이하의 벌금에 처한다.

제9편
변호사법

1. 변호사 제도의 의의

변호인은 소송의 주체에 해당되는 것은 아니고, 피고인 피의자의 방어권을 보충하는 것을 주 업무로 하는 보조자에 해당되며 소송관계인에 해당되는 것이다.

변호인제도를 두는 근본적인 이유는 법률전문가에 해당되며 국가권력기관인 검사는 강한 권한과 조직을 가지고 있는 반면에 피고인 피의자는 법률적으로 해박한 지식을 가지고 있지 않으며 검사와 대등하게 자신을 변론할 사실상의 능력이 없는 경우가 일반적이기 때문인 것이다. 따라서 피고인 피의자와 일정한 신뢰관계를 유지하면서 검사와 대등한 법률지식을 갖춘 검사의 공격에 맞설 수 있는 방어무기의 대등성을 확보할 수 있고 공정한 재판을 기대하기 위해서 이러한 제도를 두는 것이다.

2. 변호사법 위반의 범위

변호사가 아닌 자가 아래 각 행위를 하였을 경우 변호사법에 의하여 징역형 또는 벌금형에 처해질 수 있다.

[법률사무취급단속법]

제1조 (비변호사의 법률사무취급) 변호사아닌 자가 금품, 향응 기타 이익을 받거나 받기로 약속하고 또는 제3자에게 이를 공여하게 하거나 공여하게 할 것을 약속하고 다음 각호에 규정된 사건에 관하여 감정, 대리, 중재, 화해 또는 청탁을 하거나 이러한 행위를 알선한 자는 3년이하의 징역에 처한다.

1. 소송사건, 비송사건, 소원 또는 심사의 청구나 이의신청 기타 행정기관에 대한 불복신청사건
2. <u>수사기관에서 수사중인 형사피의사건 또는 탐사사건</u>
3. 법령에 의하여 설치된 조사기관에서의 조사사건

제2조 (청탁등 명목의 금품수수) 공무원이 취급하는 사건 또는 사무에 관하여 청탁 또는 알선을 한다는 명목으로 금품, 향응 기타 이익을 받거나 받을 것을 약속하고 또는 제3자에게 이를 공여하게 하거나 공여하게 할 것을 약속한 자는 3년이하의 징역에 처한다.

제3조 (상습범) 상습적으로 전2조의 죄를 범한 자는 5년이하의 징역에 처한다.

제4조 (부정변호사) 변호사가 그 정을 알면서 전3조에 규정된 자로부터 사건수임의 주선을 받은 때에는 1년이하의 징역 또는 20만원이하의 벌금에 처한다.

제5조 (몰수·추징) 범인 또는 정을 아는 제3자가 받은 금품 기타 이익은 몰수한다. 이를 몰수할 수 없는 때에는 그 가액을 추징한다.

제6조 (타인의 권리의 양수, 양수가장) 타인의 권리를 양수하거나 양수를 가장하여 소송, 조정 또는 화해 기타의 방법으로 그 권리를 실행함을 업으로 하는 자는 3년이하의 징역에 처한다.

3. 변호사법위반시 처벌범위

가. 7년 이하의 징역 또는 5천만원 이하의 벌금(제109조)

다음 각 호의 어느 하나에 해당하는 자는 7년 이하의 징역 또는 5천만원 이하의 벌금에 처한다. 이 경우 벌금과 징역은 병과(倂科)할 수 있다.

1) 변호사가 아니면서 금품·향응 또는 그 밖의 이익을 받거나 받을 것을 약속하고 또는 제3자에게 이를 공여하게 하거나 공여하게 할 것을 약속하고 다음 각 목의 사건에 관하여 감정·대리·중재·화해·청탁·법률상담 또는 법률관계 문서 작성, 그 밖의 법률사무를 취급하거나 이러한 행위를 알선한 자

> 가. 소송 사건, 비송 사건, 가사 조정 또는 심판 사건
> 나. 행정심판 또는 심사의 청구나 이의신청, 그 밖에 행정기관에 대한 불복신청 사건
> 다. 수사기관에서 취급 중인 수사 사건
> 라. 법령에 따라 설치된 조사기관에서 취급 중인 조사 사건
> 마. 그 밖에 일반의 법률사건

2) 제33조 또는 제34조(제57조, 제58조의16 또는 제58조의30에 따라 준용되는 경우를 포함한다)를 위반한 자

나. 5년 이하의 징역 또는 3천만 원 이하의 벌금(110조)

변호사나 그 사무직원이 다음 각 호의 어느 하나에 해당하는 행위를 한 경우에는 5년 이하의 징역 또는 3천만 원 이하의 벌금에 처한다. 이 경우 벌금과 징역은 병과 할 수 있다.

> 1. 판사 · 검사, 그 밖에 재판 · 수사기관의 공무원에게 제공하거나 그 공무원과 교제한다는 명목으로 금품이나 그 밖의 이익을 받거나 받기로 한 행위
> 2. 제1호에 규정된 공무원에게 제공하거나 그 공무원과 교제한다는 명목의 비용을 변호사 선임료 · 성공사례금에 명시적으로 포함시키는 행위

다. 5년 이하의 징역 또는 1천만원 이하의 벌금(제111조)

공무원이 취급하는 사건 또는 사무에 관하여 청탁 또는 알선을 한다는 명목으로 금품 · 향응, 그 밖의 이익을 받거나 받을 것을 약속한 자 또는 제3자에게 이를 공여하게 하거나 공여하게 할 것을 약속한 자는 5년 이하의 징역 또는 1천만원 이하의 벌금에 처한다. 이 경우 벌금과 징역은 병과 할 수 있다.

라. 3년 이하의 징역 또는 2천만원 이하의 벌금(112조)

다음 각 호의 어느 하나에 해당하는 자는 3년 이하의 징역 또는 2천만원 이하의 벌금에 처한다. 이 경우 벌금과 징역은 병과 할 수 있다.

1) 타인의 권리를 양수하거나 양수를 가장하여 소송 · 조정 또는 화해, 그 밖의 방법으로 그 권리를 실행함을 업(業)으로 한 자
2) 변호사의 자격이 없이 대한변호사협회에 그 자격에 관하여 거짓으로 신청하여 등록을 한 자
3) 변호사가 아니면서 변호사나 법률사무소를 표시 또는 기재하거나 이익을 얻을 목적으로 법률 상담이나 그 밖의 법률사무를 취급하는 뜻을 표시 또는 기재한 자
4) 대한변호사협회에 등록을 하지 아니하거나 제90조 제3호에 따른 정직 결정 또는 제102조 제2항에 따른 업무정지명령을 위반하여 변호사의 직무를 수행한 변호사
5) 제32조(제57조, 제58조의16 또는 제58조의30에 따라 준용되는 경우를 포함한다)를

위반하여 계쟁권리를 양수한 자

6) 제44조 제2항(제58조의16이나 제58조의30에 따라 준용되는 경우를 포함한다)을 위반하여 유사 명칭을 사용한 자

7) 제77조의2 또는 제89조의8을 위반하여 비밀을 누설한 자

마. 벌칙(제113조)

다음 각 호의 어느 하나에 해당하는 자는 1년 이하의 징역 또는 1천만원 이하의 벌금에 처한다.

1) 제21조의2 제1항을 위반하여 법률사무소를 개설하거나 법무법인·법무법인(유한) 또는 법무조합의 구성원이 된 자

2) 제21조의2 제3항(제31조의2 제2항에 따라 준용하는 경우를 포함한다)에 따른 확인서를 거짓으로 작성하거나 거짓으로 작성된 확인서를 제출한 자

3) 제23조 제2항 제1호 및 제2호를 위반하여 광고를 한 자

4) 조세를 포탈하거나 수임제한 등 관계 법령에 따른 제한을 회피하기 위하여 제29조의2(제57조, 제58조의16 또는 제58조의30에 따라 준용되는 경우를 포함한다)를 위반하여 변호하거나 대리한 자

5) 제31조 제1항 제3호(제57조, 제58조의16 또는 제58조의30에 따라 준용되는 경우를 포함한다)에 따른 사건을 수임한 변호사

6) 제31조의2 제1항을 위반하여 사건을 단독 또는 공동으로 수임한 자

7) 제37조 제1항(제57조, 제58조의16 또는 제58조의30에 따라 준용되는 경우를 포함한다)을 위반한 자

바. 상습범(제114조)

상습적으로 제109조 제1호, 제110조 또는 제111조의 죄를 지은 자는 10년 이하의 징역에 처한다.

4. 탐정업무의 변호사법과 충돌 우려

가. 현행 변호사법이 규제하는 분야가 탐정이 주로 다루어야 할 업무 내용이나 성격과 비교하

여 볼 때 가장 유사하기 때문에 다양한 문제를 발생시킬 개연성이 높다. 변호사법에서 기본이 되는 법률사무취급단속법(1961. 10. 17. 법률 제751호로 제정)은 변호사 아닌 자의 변호활동 등으로 생기는 피해를 예방하고 법질서를 수립하기 위한 목적으로 제정되었다. 과거의 '법률사무취급단속'은 입법 당시부터 변호사 아닌 자의 활동이 금지된 대상사건 및 금지대상행위를 비교적 구체적으로 제시하였다. 동 법의 입법취지를 살펴보면, 형사사건에 대한 각종 조사활동을 변호사가 아닌 다른 직종에 종사하는 자, 가령 공인탐정이라 하더라도 관여할 수 없도록 법률로 금지하고 있다.

나. 따라서 입법에 대한 변천과정을 보거나 현행 법률의 해석상, 변호사가 아닌 자인 탐정의 주된 업무영역이 되기 쉬운 형사·민사사건 관련 조사업무를 포함한 일체의 법률과 사무의 취급도 현행 변호사법 제109조에 저촉되므로 공인탐정의 적법한 조사활동을 위해서는 변호사법의 개정이 반드시 필요하며 동 법이 개정되지 않는다면 공인탐정의 활동은 거의 불가능하다는 견해도 있다. 특히, 변호사법에서 말하는 법률사건은 그 내용이 매우 포괄적이며 추상적으로 규정되어 있어서 그 법률을 해석할 때 탐정에 대한 조사업무가 제재대상이 될 수 있다. 한편, 이 법은 그 범위를 어디까지 인정하고 어떤 행위가 처벌대상이 되는지 기준이 명확하지 않아서 죄형법정주의의 원칙에도 위배되고 헌법상 보장된 직업선택의 자유에도 침해 될 소지가 높다.

다. 생각건대, 탐정업법의 제정을 통하여 기존 변호사 업무와 다소 중첩이 생기더라도 입법에 걸림돌이 되는 것은 아니라고 본다. 그 근거는 변호사법이 변호사의 독점적인 직무영역을 보장한다고 하더라도 탐정업에 대한 새로운 법률을 제정 시행하게 되면 신법우선의 원칙에 의해 변호사법 보다 탐정업법이 우선적으로 적용되어야 하기 때문이다. 이렇게 해석하는 것이 현행 변호사법과 상호 충돌하여 변호사의 업무를 침해한다는 단점보다는 오히려 변호사의 업무를 보조하면서 조사업무를 하게 된다면 국민을 위한 업무를 한층 더 전문화·기술화·분업화 할 수 있는 장점을 살릴 수 있을 것이다. 즉, 실무적인 여러 가지 조사나 정보 수집은 전문 탐정의 주된 업무로 하고, 수집된 정보나 증거자료를 바탕으로 재판 시 법률적으로 입증하고 변론하는 업무는 변호사의 주된 업무로 담당할 수 있도록 구분하게 되면, 국민의 실질적인 권리구제에도 많은 도움이 된다고 본다. 궁극적으로 국민의 실질적인 권익보호와 직업선택의 자유·변호사의 전문적인 업무가 조화를 이루기 위해서는 기존의 추상적이고 포괄적인 변호사법의 일부 규정을 정비하여 탐정업무와 상충을 방지하기 위한 입법기술적인 조치가 선행될 필요가 있는바, 이렇게 하는 것이 국민의 기본권 보호는 물론 여러 가지 업무부분에서 긍정적인 시너지효과를 기대할 수 있을 것으로 본다. 또한, 탐정의 조사업무와 변호사 직무의 연관성과 관련하여서는 변호사법 제34조와의 충돌문제도 부차적으로 검토할 필요가 있다. (변호사 또는 그 사무직원에게 소개 알선 유인하는 행위 및 비변호사와 동업금지, 소개 알선 또는 유인행위와 탐정의 행위와 구분 문제 등)

참고문헌

강영숙(2006), '한국의 공인탐정제도 도입에 관한 연구'. 박사학위 청구논문, 용인대학교대학원.

강효은(2000), 탐정은 벤처보다 났다, 동아일보사.

경찰대학(1996), 경찰윤리, 대한문화사.

경찰대학(1998), 경찰윤리론, 경희종합인쇄.

경찰대학(2003), 범죄수사론, 대한문화사, 경희종합인쇄.

경찰청(2009), 살인사건분석, 서울: 경찰청.

곽대경(2001), 경찰수사를 위한 범죄심리연구의 활용방안, 한국경찰학회보, 3, 1-21.

구기서, 약독물감정, 과학수사(1997), 경찰수사연구소.

권창국(2022), 범죄자 프로파일링 증거의 활용과 문제점에 관한 검토, 형사정책연구, 13, 247-280).

김경옥 · 이수정(2005), 범죄자 프로파일링을 위한 연쇄살인범죄의 유형 고찰, 한국심리학회지: 사회 및 성격, 19(1), 131-149.

김재민 · 박노섭 · 이동희 · 최정호 · 장윤식(2009), 경찰수사론.

김지영 · 박지선 · 박현호(2009), 연쇄성폭력범죄자 프로파일링과 프로파일링 제도 연구, 서울: 한국형 사정책연구원.

김지영 · 박혜선 · 김지연(2014), 연쇄 강력범의 실태조사(III): 연쇄강도, 서울: 한국형사정책연구원.

대검찰청(2018), 2018 범죄분석, 서울: 대검찰청

박연호(2002), 행정학 원론, 박영사.

박지선, 최낙범(2010), 범죄행동을 통한 대인 강도범죄자의 유형별 분류에 관한 연구, 한국공안행정학회보.

박지선 · 최낙범(2012), 범죄자 프로파일링에 대한 인식과 발전방향, 한국콘텐츠학회논문지, 12(6).

박형태, 공직윤리의 배경과 관련요소(1984) 치안논총, 제1집, 경찰대학.

손봉선(2000), 범죄수사론, 법문사.

손상철(2005), 민간조사학 개론, 백산출판사.

우정식, 일반경비: 질문검색 · 관찰기록(2006), 좋은 세상.

이동영(1999), 21세기, 공인탐정이 뛴다, 굿인포메이션.

이동영, 21세기 공인탐점이 뛴다(1999) 굿인포메이션.

이봉한(2000), 수사 I · II, 대명출판사.

이상원(2003), 시큐리티 교육훈련과 자격제도 개성에 관한 연구, 공안 행정학회보, 제15호, 한국공안 행정학회(pp. 116~118).

이상원(2004), 시큐리티 교육훈련과 자격제도 개선에 관한 연구, 공안행정학회보, 제15호, 한국공안행 정학회.

이상원(2005), 민간경비원 교육훈련 프로그램 개발에 관한 연구, 한국공안행정학회보, 제19호, 한국공
    안행정학회.

이상원, 경찰의 전문직업성에 관한 연구(1992), 치안논총, 제7집, 경찰대한.

이상원, 민간조사학개론(2017) 넥센미디어.

이상원, 범죄예방론(2007), 대명출판사.

이상원 · 김상균(2005), 경찰학개론, 대명출판사

이상원 · 김상균(2005), 범죄수사론, 대명출판사

이상원 · 김상균(2005), 범죄수사론, 양서원.

이상원 · 김상균(2006), '공인탐정 교육훈련 모형에 관한 연구', 한국민간경비학회 제8회 춘계학술세미
    나 발표자료.

이윤근(1999), 민간경비론, 육서당.

이점인, 공인탐정법(안)의 주요쟁점에 대한 고찰, 동아대학교 법학연구소, 동아법학 제78호.

이종복(1996), 21세기를 대비한 경찰윤리확립방안에 관한 고찰, 한국공안행정학회보, 제5호.

임명순(2006), 민강경비교육기관 개방에 따른 문제점 및 개선방안, 한국민간경비학회보, 제7호.

임준대(2009), 연쇄방화범 프로파일링과 이동특성, 한국공안행정학회보.

장진배, 유전자를 이용한 범죄수사에 관한 연구, 박사학위 청구논문(2005), 동국대대학원.

전대양(2006), 민간조사업법안의 주요쟁점에 관한 연구, 한국민간경비학회 제8회 춘계학술 세미나
    발표자료.

조기주(1989), 국민윤리, 박영사.

조용철(2006), '공인 탐정 인력의 전문화 방안에 관한 연구'. 한국민간경비학회, 제9회 정기학술 세미나
    발표자료

허경미(2008), 범죄프로파일링 기법의 효과적인 활용방안, 용안: 치안정책연구소.

황지태(2004), 강잘도범의 범행대상 선택에 관한 연구, 한국형사정책연구.

Alison, L., Bennel, C., Mokros, A., & Ormerod, D. (2002). The personality paradox in offender
    profiling; A theoretical review of the processes involved in deriving background
    characteristics from crime scene actionsm psychology, policy, and Law, 8, 115-135.

Alison, L., J. & Canter, D. V. (1999). Professional, lefal, and ethical issues in offender
    profilimg. In D. V. Canter & L. J. Alison(Eds.), Profiling in policy and practice (pp.
    21-54). Oxford: Wiley.

Alison, L., West, A., & Goodwill, A, (2004). The academic and the practitioner: Pragmatists views of offender profiling. Psychology, public policy, and Law, 10, 71–101.

Bartol, C. R. & Bartol, A. M. (2008). Crominal Behavior: A Psychosocial approach (8th ed). New Jersey: Pearson Prentice Hall.

Brussel, J. S. (1968). Casebook of a crime psychiatrist, New York: Grove.

Canter, D. V. & Youngs, D. (2003). Beyond Offender Profiling: The need for an investigative psychology.

Douglas, J. E., Burgess, A. G., & Ressler, R. K. (2006). Crime Classification Manual(2nd edition). California: John Wilet & Sons.

Fox, J. A. & Levin, J. (1999). Serial munder: Popular myths and empirical realities. In M. D. Smith & M. A. Zahn (Eds), Asourcebook of social research (pp. 165–175). Thousand Oaks, CA: Sage Publications.

Hazelwood, R. R. & Warren, J. (2003). Linkage analysis: Modus operandi, ritual, and signaturen in serial sexual crime. Aggression and Violent Behavior, 8, 587–598.

Holmes, R. M. & Holmes, S. T. (2002). profiling violent crimes: An investigative tool (3rd ed.). California: Sage Publications.

In D. Carson & R. Bull (Eds.), Handbook of psychology in legal contexts (2nd ed., pp. 171–205). Oxford: Wiley.

Innes, B, (2003), Profile of criminal mind, London: Amberj Books.

Janis, I. L. (1982), Groupthink: Psychological studies of policy decisions and fiascos, Boston: Houghton–Mifflin.

Keppel, R. D. (1985) Signature murderers: A report of several related cases, journal of Forensic, Sciences, 40, 670–674.

Milgram, S. (1974), Obedience to authority, New York: Haper & Row.

Prentky, R. A., Burgess, A. W., Rokous, F., Lee, A., Hartman, C., Ressler, R., & Douglas, J. (1989) The presumptive role of fantasy in serial swxual homicide American Journal of psychiatry, 146, 887–891.

Salfati G. G. & Canter, D. V. (1999), Differentiating stranger murders:

Snyder, M. & Swann, W. B. (1978). Hypothesis–testing processes in social interaction, Journal of Personality and Social Psychology, 36, 1202–1212.

Turvey, B. (2002). Criminal profiling: An introduction to behavioral evidence analysis (2nd ed.). London: Academic Press.

Tversky, A. & Kahneman, D. (1974). Judgment under uncertainty: Heuristics and biases,

Scence, 185, 1124-1131.

Asset Security Implementation Kit, Western Australian Department Department of Training and Employment, 2003.

Brian Ord & Gary Shaw, Interviewing Explained, LwxisNexis Butterxorths, 2004.

Charies P. Nemeth, Private Security and The Investigative Process, Boston : B. H., 2000.

Keith Ashley, The Ptivate Investigators's Handbook, Sydney : Southwood Press, 2001.

Martin Gill & Jerry Hart, Polocing as Business : The Organisation and Structure of Private Investigation, Policing and Society.

Mosher F.(1986), Democracy and The Public Service, Oxford : Oxford Press.

Robert D. McCrie, Security Operation Management, MA : Butterworth Heinemann, 2001.

Ronald Vogel and Reed Adams(1983), Police Professionalism, Jourmal of Police Science and Administration, Vol. 11.

저자약력

김동근 _ 법학박사 · 행정사
숭실대학교 법학과 졸업
숭실대학교 대학원 법학과 졸업(법학박사 – 행정법)

현) 대한탐정협회 부회장
   서울디지털대학교 평생교육원 탐정사자격과정 전임교수
   행정법률 사무소 청신호 대표행정사
   숭실대학교 초빙교수
   공인행정심판학회 학회장
   공인행정사협회 법제위원회 위원장
   공인행정사협회 행정심판전문가과정 전임교수
   공무원연금관리공단 행정사지원 양성과정 강사
   대한행정사회 대위원
   중앙법률사무교육원 교수(행정법)
   YMCA병설 월남시민문화연구소 연구위원
   내외일보 논설위원
   법률사무소 로앤어스
   숭실대학교 글로벌미래교육원 탐정사최고전문가과정 주임교수

전) 서울시장후보 법률특보단장

저서
핵심재개발 · 재건축분쟁실무(진원사), 부동산소송(진원사), 건축분쟁실무(진원사), 건축법 이론 및 실무(진원사), 주택법 이론 및 실무(진원사), 국토계획법 이론 및 실무(진원사), 도시개발법 이론 및 실무(진원사), 주택상가임대차보호법 분쟁실무(법률출판사), 민사소송준비부터 가압류 · 강제집행까지(법률출판사), 민법총칙(진원사), 요건사실론(진원사), 답변서 · 준시서면 총서(진원사), 신종합법률실무대전 I II III(진원사), 민법의 이해와 실무(개정판) (중앙법

률사무교육원), 이혼소송에서 위자료 재산분할까지(진원사), 유형별 가사분쟁실무(진원사), 이혼소송준비부터 가압류 강제집행까지(법률출판사), 가사소송법실무(진원사), 가사소송실무ⅠⅡ(진원사), 상속분할과 유류분청구(진원사), 미성년·성년후년소송(진원사), 조문별 핵심판례 도시및주거환경정비법(상,하)(진원사), 유형별 민사집행법 판례정리집(상,하)(진원사), 누구나 쉽게할 수 있는 민사소송(진원사), 나홀로 하는 민사소송실무(진원사), 나홀로 하는 형사소송실무(진원사), 나홀로 하는 가사소송실무(진원사), 나홀로 하는 보전소송실무(진원사), 나홀로 하는 민사집행실무(진원사), 나홀로 하는 어음수표소송(진원사), 나홀로 하는 교통사고 손해배상소송(진원사), 나홀로 하는 부동산소송실무(진원사), 나홀로 하는 소장작성례(진원사), 나홀로 하는 가족관계사건등록절차(진원사), 사건유형별 행정소송 이론 및 실무(법률출판사), 사건유형별 행정심판 이론 및 실무(진원사), 한권으로 끝내는 운전면허취소·정지구제 행정심판(법률출판사), 한권으로 끝내는 공무원·교원 소청심사청구(법률출판사), 한권으로 끝내는 영업정지·취소 구제행정심판(법률출판사), 비송사건절차법 이론 및 실무(법률출판사), 토지수용보상실무(법률출판사), 출입국관리법 이론 및 실무(법률출판사)

공저자

이기원 _ 법학박사·탐정사
숭실대학교 대학원 법학과(법학박사 – 형사법)

현) 서울디지털대학교 평생교육원 탐정사자격과정 전임교수
  숭실대학교 법학과 외래교수
  월남시민문화연구소 연구위원

전) 광운대학교, 홍익대학교, 대전대학교, 강원대학교, 조선대학교 외래교수

저서
법학개론(법률출판사)
법과 생활(법률출판사)

탐정활동 및 탐정실무기법 Ⅱ

2021년 3월 20일 1판 1쇄 인쇄
2021년 3월 30일 1판 1쇄 발행

저 자   김동근 · 이기원
발 행 인   김용성
발 행 처   법률출판사
　　　　　서울시 동대문구 휘경로2길 3, 4층
　　　　　☎ 02) 962-9154　　팩스 02) 962-9156
등 록 번 호   제1-1982호
ISBN   978-89-5821-382-6 13360
e-mail :   lawnbook@hanmail.net